O SUICÍDIO DO OCIDENTE

JONAH GOLDBERG

O SUICÍDIO DO OCIDENTE

COMO O TRIBALISMO, O POPULISMO, O NACIONALISMO E A POLÍTICA IDENTITÁRIA ESTÃO DESTRUINDO A DEMOCRACIA

Tradução de
Alessandra Bonrruquer

1ª edição

EDITORA RECORD
RIO DE JANEIRO • SÃO PAULO

2020

CIP-BRASIL. CATALOGAÇÃO NA PUBLICAÇÃO
SINDICATO NACIONAL DOS EDITORES DE LIVROS, RJ

Goldberg, Jonah.

G564s   O suicídio do ocidente: como o tribalismo, o populismo, o nacionalismo e a política identitária estão destruindo a democracia. / Jonah Goldberg; tradução Alessandra Bonrruquer. – 1ª ed. – Rio de Janeiro: Record, 2020.

     Tradução de: Suicide of the west
     Apêndice
     Inclui índice
     ISBN 978-85-01-11926-1

     1. Democracia – Estados Unidos. 2. Cultura política – Estados Unidos 3. Estados Unidos – Política e governo. I. Bonrruquer, Alessandra. II. Título.

CDD: 321.80973
CDU: 321.7(73)

20-64302

Meri Gleice Rodrigues de Souza – Bibliotecária – CRB-7/6439

Título original em inglês: Suicide of the west

Texto revisado segundo o novo Acordo Ortográfico da Língua Portuguesa.

Direitos exclusivos de publicação em língua portuguesa para o Brasil adquiridos pela
EDITORA RECORD LTDA.
Rua Argentina, 171 – 20921-380 – Rio de Janeiro, RJ – Tel.: (21) 2585-2000,
que se reserva a propriedade literária desta tradução.

Impresso no Brasil

ISBN 978-85-01-11926-1

EDITORA AFILIADA

Seja um leitor preferencial Record.
Cadastre-se em www.record.com.br
e receba informações sobre nossos
lançamentos e nossas promoções.

Atendimento e venda direta ao leitor:
sac@record.com.br

Para Lucianne Goldberg, guerreira feliz.

Sumário

PARTE III

PARTE I

Introdução:
tropeçando em um milagre

Não há Deus neste livro.

Os seres humanos desta história são animais que evoluíram de outros animais, os quais, por sua vez, evoluíram de animais ainda mais constrangedores e, antes disso, de um humilhante mar de limo, lodo, carnes e vegetais no ensopado original. Saímos da lama, não de algum Jardim do Éden. Aliás, se o Jardim do Éden existiu, era uma favela. Criamos o Milagre da modernidade por nós mesmos e, se o perdermos, também será nossa responsabilidade.

Este livro assume que o Altíssimo não guia os assuntos humanos e não intercede em nosso favor. Deus não está no retrato. Bem, Ele está no retrato no sentido de que a *ideia* de Deus — e deuses — tem grande papel nos assuntos humanos. Mas minha hipótese é a de que Deus está em nossas mentes e corações, não no céu acima de nós.

A única concessão a minhas próprias crenças está na palavra "assume" do parágrafo anterior. Assumo isso com vistas a um argumento. Não sou ateu, mas acho útil personificar um ateu para o argumento que desejo apresentar, como meio de guiar o leitor através de uma maneira de pensar sobre o mundo.

Nas democracias baseadas no Iluminismo, as alegações de que algo é verdadeiro porque Deus disse são inerentemente suspeitas, pois parte do objetivo iluminista era criar um espaço no qual as pessoas pudessem discordar sobre aquilo que Deus queria de nós — se é que queria alguma coisa. É por isso que a mais elevada forma de argumentação em uma democracia lança mão de fatos fundamentados na razão e na decência. Não nego que sou passional em certas partes deste livro, mas tento não deixar que a paixão passe à frente dos fatos ou argumentos. Isso porque acredito que a persuasão importa, embora não se possa perceber isso nos últimos anos da vida norte-americana. À direita e à esquerda, persuadir os oponentes está fora de moda, substituído pelo mandado de agitar os apoiadores. Estou cansado disso, particularmente em meu próprio "lado". Assim, decidi correr o risco e fazer isso à moda antiga.

Para os objetivos deste livro, assumo que quase todas as importantes verdades sobre o bem e o mal ou a liberdade e a tirania não são evidentes. Mas podem ser descobertas. As verdades que conhecemos foram descobertas por nós mesmos, durante um longo período. Após milhares de gerações de tentativa e erro, descobrimos as "melhores práticas" lá fora no mundo, como prêmios em alguma eterna caça ao tesouro. Se os conceitos de certo e errado fossem tão universalmente óbvios para todos como os conceitos de quente e frio, estariam vazias as prateleiras das bibliotecas que rangem sob o peso de tomos narrando guerras e barbaridades.

E, para aqueles que não conseguem suspender a fé em Deus e acreditam que Ele revelou tudo que precisamos saber, sem problema. Tudo que eu peço é que vocês tenham em mente que Ele levou muito tempo para revelar tudo. Os judeus, para não mencionar Jesus, surgiram muito tarde na história da humanidade. E, muito depois de os Dez Mandamentos e a Bíblia terem surgido, a maior parte da humanidade passou milhares de anos ignorando as instruções divinas.

Se Deus não pode receber o crédito, no entanto, tampouco o pode qualquer um de seus substitutos mais populares. Não houve dialética, inevitabilidade, teleologia ou algoritmo oculto a transformar o sucesso humano em resultado garantido. O que aconteceu, *aconteceu*, mas não *tinha* de acontecer. Não há "lado certo da história". Nada é predeterminado.

Se você não consegue abandonar a ideia de que existe um grande plano para o universo — de que nós, como indivíduos, nação ou espécie, temos algum destino inevitável —, também não tem problema. Tudo que peço é que você considere uma proposição secundária: *não temos nenhuma escolha a não ser viver sob a hipótese de que é assim*.

Por exemplo, muitos filósofos, físicos e neurocientistas possuem evidências depressivamente convincentes de que não existe livre-arbítrio. As imagens cerebrais revelam que muitas de nossas decisões conscientes já foram tomadas subconscientemente antes de surgirem em nossa cabeça. Parece que livre-arbítrio é somente uma história que nosso cérebro nos conta.

Mas eis o problema: mesmo que você acredite que não existe livre--arbítrio, é impossível viver qualquer tipo de vida decente com base nessa crença. Mesmo que nossas escolhas pessoais sejam alguma ficção profunda, ainda precisamos nos convencer a sair da cama pela manhã. Ainda somos obrigados, como sociedade, a julgar as pessoas como se elas fizessem suas próprias escolhas.

O mesmo vale para toda nação e civilização. Você pode acreditar que forças frias e impessoais impulsionam a humanidade para certo destino assim como o vento impulsiona uma folha, mas ainda precisamos argumentar sobre quem eleger para presidente, o que o Congresso deve fazer e o que as escolas devem ensinar. Tagarele o quanto quiser com seus amigos de bar sobre como o livre-arbítrio é uma ilusão; você ainda precisará ir trabalhar pela manhã.

Todos entendemos, instintivamente, que as escolhas importam — paradoxalmente, porque não temos escolha a não ser pensar assim.

Para que fique claro, não estou defendendo algum tipo de niilismo ou relativismo moral. O filósofo Richard Rorty famosamente escreveu, em *Consequences of Pragmatism* [Consequências do pragmatismo]:

Suponha que Sócrates estava errado, que *não* vimos a Verdade certa vez e, portanto, não a reconheceremos instintivamente quando a virmos novamente. Isso significa que, quando a polícia secreta chegar, quando os torturadores violarem o inocente, não haverá nada que possamos dizer a eles na linha de "Há algo em seu interior que vocês estão traindo. Embora vocês personifiquem as práticas de uma sociedade totalitária que durará para sempre, para além dessas práticas há algo que os condena".

É difícil conviver com essa ideia, assim como com a observação de Sartre:

Amanhã, após minha morte, certas pessoas podem decidir estabelecer o fascismo e as outras podem se sentir acovardadas ou miseráveis o suficiente para permitir. Nesse momento, o fascismo será a verdade do homem, e tanto pior para nós. Na realidade, as coisas serão como o homem decidir que serão.[1]

Acho que há muita verdade nisso. O que as sociedades decidem ser certo ou errado se torna o que *é* certo e errado para a maioria das pessoas que vivem nelas. Mas as lições da história demonstram que as sociedades podem escolher mal, e isso pode ser provado empiricamente, a partir dos fatos e da razão. Algumas culturas são melhores que outras, não por causa de alguma diáfana alegação metafísica, mas porque permitem que mais pessoas tenham vidas felizes, prósperas e significativas, sem prejudicar outras pessoas no processo. Como isso é verdade, estamos todos incumbidos de lutar por uma sociedade melhor, de defender as lições duramente aprendidas da história humana e de sermos gratos por tudo que conquistamos. Este livro começa e termina com essa simples ideia.

Com tudo isso em mente, vamos revisar, não necessariamente em ordem, o conteúdo deste livro.

Meu argumento começa com algumas afirmações: o capitalismo não é natural. A democracia não é natural. Os direitos humanos não são naturais. O mundo em que vivemos hoje não é natural e chegamos a ele mais ou menos por acidente. O estado natural da humanidade é a pobreza opressiva, pontuada pela violência horripilante e terminando em morte precoce. Foi assim durante muito, muito tempo.

Imagine que você é um alienígena encarregado de acompanhar o *Homo sapiens* nos últimos 250 mil anos.[2]* A cada 10 mil anos, você volta para conferir.

---

* Tradicionalmente, a data de emergência do *Homo sapiens* foi há cerca de 200 mil anos. Pesquisas mais recentes sugerem que os primeiros *Homo sapiens* podem ter existido na área do que hoje é o Marrocos há uns 300 mil anos. Usei a média.

Em seu bloco de notas, você registrou algo assim:

Visita 1: símios quase sem pelos, eretos e nômades, forrageando e lutando por comida.

Visita 2: bandos de símios quase sem pelos, eretos e nômades, forrageando e lutando por comida. Nenhuma mudança.

Visita 3: bandos de símios quase sem pelos, eretos e nômades, forrageando e lutando por comida. Nenhuma mudança.

Com exceção de alguns detalhes interessantes sobre suas migrações e subsequentes mudanças de dieta, ferramentas rudimentares e competição com os neandertais, você escreveria a mesma coisa *23 vezes* durante 230 mil anos. Na vigésima quarta visita, você notaria algumas mudanças espantosas. Agricultura básica e domesticação de animais foram descobertas por muitas das dispersas populações humanas. Algumas usam metal para produzir armas e ferramentas. A cerâmica avançou consideravelmente. Abrigos rudimentares feitos de lama e grama pontilham algumas paisagens (introduzindo um novo conceito na história humana: o *lar*). Mas não há estradas e nenhuma edificação de pedra que mereça esse nome. Mesmo assim, foi um avanço bastante impressionante em meros 10 mil anos.

Retornando avidamente 10 mil anos depois, a nave de nosso visitante alienígena sem dúvida seria detectada pelo NORAD. Ele poderia chegar aqui a tempo de ver o show de Janet Jackson durante o intervalo do Super Bowl.

Em outras palavras, quase todo o progresso da humanidade ocorreu nos últimos 10 mil anos. Mas isso é enganoso. É como dizer que, entre Jeff Bezos, Mark Zuckerberg e eu, nosso patrimônio líquido combinado é de mais de 150 bilhões de dólares. Porque, durante a maior parte desses 10 mil anos, a maior parte da humanidade viveu na miséria. De fato, muitos argumentam — plausivelmente — que a revolução agrícola *piorou* as coisas. Nossa dieta se tornou menos diversificada e, para a vasta maioria, os dias passaram a ser definidos pelo trabalho tedioso e extenuante.

A espantosa verdade é que quase todo o progresso humano ocorreu nos últimos trezentos anos (e, para muitos dos bilhões de não ocidentais retirados da pobreza esmagadora graças ao capitalismo, nos últimos trinta anos). Por volta do ano 1700, em um canto do continente eurasiano, a humanidade tropeçou em uma nova maneira de organizar a sociedade e pensar sobre o mundo. Não pareceu óbvio, mas foi como se um grande contingente da humanidade tivesse atravessado um portal para um mundo diferente.

Seguindo o sociólogo Robin Fox e o historiador Ernest Gellner, chamo esse mundo diferente de "o Milagre". E nós o criamos, mesmo sem saber muito bem o que estávamos fazendo. "Únicos entre as espécies", escreveu Fox, "criamos o ambiente novo e o ambiente supernovo que se seguiram ao Milagre, por nós mesmos e para nós mesmos."[3]

O Milagre está relacionado a mais que economia, mas a economia é a melhor maneira de contar a história do salto quântico da humanidade para fora de seu ambiente natural de pobreza. Até a década de 1700, os seres humanos de todos os lugares — Europa, América do Norte, América do Sul, Ásia, África, Austrália e Oceania — viviam com o equivalente a algo entre 1 e 3 dólares por dia. Desde então, a prosperidade humana explodiu em todo o mundo, começando na Inglaterra e na Holanda, com o restante da Europa Ocidental e da América do Norte logo atrás. Debata as mudanças climáticas o quanto quiser. Este é o gráfico de "taco de hóquei" mais importante de toda a história humana:[4]

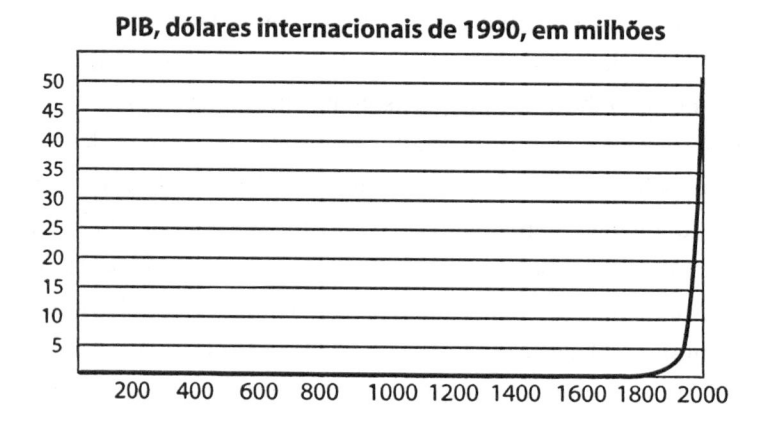

PIB, dólares internacionais de 1990, em milhões

Incluí um apêndice, com gráficos, narrando a transformação do Milagre em detalhes, possivelmente detalhes demais. Se você precisa de persuasão adicional sobre esse ponto, eu o encorajo a lê-lo. Se não precisa, sinta-se livre para passar direto por ele.

Contudo, é crucial que o leitor percorra o restante do livro sabendo quão diferente se tornou o ambiente da humanidade em um piscar de olhos, em termos evolutivos. Como disse o economista Todd G. Buchholz, "Durante a maior parte da vida do homem na Terra, ele não viveu melhor sobre duas pernas do que vivera sobre quatro".[5] Pela primeira vez na história humana, o grande desafio não era sobreviver, mas lidar com a abundância.

Como discuto longamente, o Milagre foi produto de uma transformação profunda e sem precedentes na maneira como os seres humanos pensavam sobre o mundo e seu lugar nele. A prosperidade do Milagre não ocorreu em função da revolução científica, da acumulação de propriedade privada ou do comércio. Todas essas coisas desempenharam papéis importantes, mas a ciência, a tecnologia, o comércio e a propriedade existiram em incontáveis civilizações anteriores ao Milagre e, todavia, não conseguimos atingir velocidade de escape do *status quo* de 1 a 3 dólares por dia. As ideias mudaram tudo. Essa nova maneira de pensar, que chamo de revolução lockiana, representou uma ampla e profunda mudança nas atitudes populares. Ela defendia que o indivíduo era soberano; que nossos direitos vinham de Deus, não do governo; que os frutos de nosso trabalho nos pertenciam; e que nenhum homem deveria ser menos igual perante a lei por causa de sua fé ou classe. É claro que tal modo revolucionário de ver o mundo não foi universalmente aceito ou imediatamente implementado, mas o interruptor mental fora acionado.

Pela primeira vez na história humana, o próprio Estado era mais que uma glorificada empreitada criminosa. A emergência do Estado há milhares de anos foi uma precondição benéfica para o surgimento do Milagre, mas não altera o fato de que o Estado começou como meio de exploração. Todos os Estados anteriores ao Milagre foram projetados para o progresso da minúscula parcela de seres humanos no topo. Em todo o mundo, os governantes viam as massas como pouco mais que instrumentos de sua vontade. Certamente, os seres humanos inventaram todo tipo de teologia e ideologia, como o direito divino dos reis, para racionalizar esses sistemas como algo mais nobre (e alguns eram melhores que outros), mas, na hora da verdade, os interesses dos governantes sempre vinham primeiro.

E, no entanto, esses sistemas duraram milhares de anos. De fato, a maioria dos seres humanos vive em sociedades nas quais as antigas regras ainda se aplicam em grande medida. Por quê? Porque há algo sobre a tirania, a monarquia e o autoritarismo que "funciona", com o que quero dizer que há algo em nossa programação que acha tais sistemas *naturais*.

O que nos leva à natureza humana, o assunto do capítulo 1. Os fósseis dos primeiros primatas com o prefixo latino *Homo* têm pouco menos de 6 milhões de anos. O *Homo sapiens* surgiu entre 200 mil e 300 mil anos atrás. O Milagre começou há trezentos anos. Estamos falando de meia dúzia de vidas humanas.*

A mudança evolutiva não opera em uma linha de tempo tão curta. O ponteiro mal se move em incrementos de 10 mil anos. Em outras palavras, todo mundo que está lendo este livro carrega a mesma programação básica que os seres humanos que labutavam nos campos de trigo da Mesopotâmia ou carregavam espadas nas florestas da África, da Alemanha ou do Vietnã. Mesmo levando-se em conta a visão de que certas populações possuem traços distintivos que evoluíram em períodos mais curtos que os últimos dez ou vinte milênios, tais diferenças são triviais contra o pano de fundo da programação inata que adquirimos entre os últimos 200, 300 mil anos — quem dirá nos últimos 6 milhões de anos.

Para todas as intenções e propósitos, a natureza humana permanece constante enquanto o mundo muda à nossa volta. Essa verdade é mais bem compreendida a partir da literatura em comparação à ciência. Quando lemos sobre personagens do passado distante ou do futuro distante, o que os torna reconhecíveis é o fato de ainda serem como *nós*: seres humanos com todos os desejos, alegrias e medos normais que experimentamos.

Dito claramente, da perspectiva de nossos genes, não deveríamos viver como vivemos, com riqueza, direitos, liberdade e todos os seus frutos. Como

---

* Pense nisso da seguinte maneira. Meu pai nasceu quando Oliver Wendell Holmes estava na Suprema Corte. Holmes lutou na Guerra Civil Americana sob Abraham Lincoln. Lincoln era um jovem que trabalhava em uma fazenda de Indiana quando John Quincy Adams foi eleito presidente. Em 1775, Adams, ainda menino, ouviu os tiros do Cerco de Boston, durante o qual George Washington comandou as forças coloniais. Washington nasceu em 1732, no alvorecer do Milagre. São cinco vidas humanas. Se quiser seis, o pai de Washington nasceu em 1694 e morreu à avançada idade de 48 anos, cerca de quatorze anos além da expectativa de vida média de um inglês ou colono naquela época.

descrevo no capítulo sobre a natureza humana, nossa condição natural não é meramente pobre, ela é *tribal*.[6]

Durante toda a história humana — e a maior parte da história primata[7] — até a revolução agrícola, os seres humanos viveram em grupos pequenos e frequentemente nômades. Isso significa que toda política, religião e economia humana — na extensão em que podemos usar tais palavras — era *pessoal*. Tribos e bandos realmente têm políticas internas. Somos imbuídos de um "instinto de coalizão" muito forte que nos ajuda a forjar alianças baseadas na lealdade e na reciprocidade. Mas, novamente, trata-se de interações pessoais, face a face. Nosso entendimento de nosso lugar no universo, nosso senso de self em relação aos outros, foi definido por um pequeno punhado de pessoas que tiveram de trabalhar cooperativamente para sobreviver.

Em resumo, todo sentido era tribal. E, como o grande economista e filósofo Friedrich Hayek observou, os seres humanos ainda estão programados para entender o mundo em termos pessoais e tribais.

O segredo do Milagre — e da própria modernidade — deriva de nossa habilidade de conter essa tendência. É natural dar preferência à família e aos amigos — os membros da tribo — e ver estranhos como o Inimigo, o Outro perigoso. Quase todas as formas elevadas de organização social expandem a definição de "nós" para permitir modalidades mais amplas de cooperação. A religião nos ensina que nossos correligionários são aliados, mesmo quando são estranhos. O Estado nação nos diz que os outros cidadãos são parte do glorioso *nós*. Mesmo o racismo moderno desempenha esse papel, assim como o comunismo, o fascismo e quase todos os outros ismos modernos.

Falaremos sobre esses ismos em breve. Por agora, os dois mais importantes são o liberalismo — e não me refiro a democratas ou progressistas partidários, mas ao entendimento original, baseado no Iluminismo, de direitos naturais e governo limitado — e o capitalismo. Entendido corretamente, o capitalismo não é uma ideologia ou um sistema separado do liberalismo. Mas separá-los aqui pode ser útil.

Nos capítulos seguintes, mostro como o liberalismo e o capitalismo criaram o Milagre, e como os Estados Unidos da América são fruto desse Milagre. Mas o ponto-chave a ser entendido neste livro é que nenhum deles é natural. A ideia de que devemos presumir que estranhos não apenas são inerentemente confiáveis, mas também possuem dignidade e direitos inatos não nos ocorre de forma natural. Temos de ser ensinados a pensar assim, cuidadosamente ensinados. O mercado livre é ainda menos natural, porque nos encoraja a ver os estranhos não somente como toleráveis, mas também como *clientes*.

A invenção do dinheiro foi um dos maiores avanços da liberação humana em toda a história registrada porque diminuiu as barreiras à interação humana benéfica. O dinheiro reduz a tendência natural de adquirir coisas de estranhos por meio da violência ao oferecer a oportunidade de comércio. Um dono de mercearia pode ter preconceito contra católicos, judeus, negros, brancos, gays ou algum outro grupo. Mas seu interesse pessoal o encoraja a ignorar tais coisas. Do mesmo modo, a cliente pode não gostar dele, mas seu interesse pessoal a encoraja a deixar tais sentimentos de lado a fim de comprar os ingredientes do jantar. Em um mercado livre, o dinheiro corrói casta e classe e lubrifica a interação social.

A violência, a maneira natural de conseguir o que se quer de estranhos, é soma zero. Eu bato em você com uma pedra e pego sua maçã. Há um vencedor que come a maçã e um perdedor com um galo na cabeça. O comércio é mutuamente benéfico, porque o comprador precisa da maçã e o vendedor precisa do dinheiro para alguma outra coisa. O comércio constrói confiança e encoraja estranhos a se ver como iguais em uma transação. O trabalho e o comércio em uma ordem de mercado criam métricas objetivas para julgar as pessoas. "Não ligo se Fulano é [negro, judeu, gay, católico], ele faz um bom trabalho e chega no horário." O liberalismo, ao impor o Estado de direito e reconhecer os direitos de todos, especialmente os direitos de propriedade, torna o comércio mais fácil. O comércio, por sua vez, torna o liberalismo mais desejável.

O Milagre vem dessa visão de mundo. Ele é produto de uma revolução burguesa, uma ideologia de mérito, diligência, inovação, contratos e direitos da classe média do século XVIII. O capitalismo é o mais cooperativo sistema já criado para melhorar pacificamente a vida das pessoas. Ele tem uma única falha fatal: *não parece ser assim*.

O sistema de mercado é tão bom em fazer com que pessoas de todo o mundo trabalhem juntas que mal notamos o quanto estamos cooperando. O liberalismo, entrementes, ao se recusar a dar às pessoas direção e sentido vindos de cima — como fez todo o sistema antigo e faz todo o totalitarismo moderno —, depende de uma sociedade civil saudável para fornecer a sensação de sentido e pertencimento que tanto desejamos. A sociedade civil, como explicarei mais tarde, é um vasto ecossistema social — famílias, escolas, igrejas, associações, esportes, negócios, comunidades locais etc. — que medeia a vida entre o Estado e o indivíduo. É a sociedade civil saudável, e não o Estado, que civiliza as pessoas. Chegamos a esse mundo da mesma maneira que qualquer homem das cavernas, viking, asteca ou romano: seres humanos em estado bruto, literal e figurativamente. Começando com a família, a sociedade civil nos introduz ao diálogo sobre o mundo e nosso lugar nele.

Quando a sociedade civil falha, as pessoas caem pelas fendas. As causas da falha podem assumir muitas formas, assim como as consequências. Mas uma coisa permanece bastante constante: quando falhamos em civilizar adequadamente as pessoas, a natureza humana acorre. Na ausência de uma alternativa mais elevada, a natureza humana nos impulsiona a entender o mundo em nossos próprios termos instintuais: isso é o tribalismo.

A ilustração mais fácil desse mecanismo é a maneira como jovens de famílias disfuncionais e comunidades fragmentadas entram em gangues de rua há milhares de anos, em todo lugar do planeta. As gangues oferecem sentido e sensação de pertencimento, e operam de acordo com a lógica nós-*versus*-eles do tribalismo. Líderes comunitários heroicos entendem isso muito melhor que o restante de nós. É por isso que praticamente toda intervenção com jovens em situação de risco envolve fazer com que eles encontrem ligações mais saudáveis na sociedade civil, frequentemente por meio dos esportes, mas também do trabalho voluntário, do treinamento vocacional, da música, da arte e de outras atividades produtivas.

A mesma dinâmica se repete com terroristas, a Ku Klux Klan, a máfia e cultos de todo tipo. Fazer com que esses tribalistas modernos encontrem sentido em outro lugar — na família, no trabalho, na fé — é a única maneira de civilizá-los.

Esse problema não é novo. Ele começou com a própria modernidade.

Em seu livro *Tribe: On Homecoming and Belonging* [Tribo: sobre volta ao lar e pertencimento], Sebastian Junger conta como as colônias inglesas na América do Norte foram afligidas por um problema bizarro: milhares de colonos europeus brancos queriam desesperadamente ser indígenas, mas praticamente nenhum indígena queria ser europeu. "Se um menino indígena que foi criado entre nós, aprendeu nossa língua e se habituou a nossos costumes", explicou Benjamin Franklin em carta a um amigo em 1753, "visitar seus familiares e fizer um único passeio indígena com eles, não haverá como persuadi-lo a voltar". Porém, acrescentou Franklin, quando brancos eram aprisionados pelos indígenas, eles se tornavam nativos e queriam permanecer indígenas, mesmo após retornarem a suas famílias. "Aqueles resgatados por seus amigos são tratados com toda a ternura imaginável, a fim de se convencer a permanecer entre os ingleses, mas, em pouco tempo, enojam-se de nosso modo de vida [...] e aproveitam a primeira oportunidade para fugir novamente para as florestas."[8]

Como observa Junger, esse fenômeno parecia ir contra todas as suposições de avanço civilizatório. E, mesmo assim, continuava a acontecer, milhares e milhares de vezes.[9] Por quê? Porque há algo profundamente sedutor na vida tribal. A maneira ocidental dá muito trabalho.

Mas esse não é um fenômeno somente entre pessoas pobres, pouco educadas ou estrangeiras no Novo Mundo. A atração pela tribo está inscrita em todo coração humano e pode assumir formas altamente sofisticadas e intelectualizadas. Em capítulos posteriores, argumento que a sensação de alienação que sentimos em relação ao capitalismo democrático liberal deveria ser corretamente compreendida como *romantismo*. Como veremos, é complicado identificar precisamente o significado, a história e as formas de romantismo. Mas concordo com os acadêmicos que argumentam que o romantismo começa com o filósofo francês Jean-Jacques Rousseau. A essência do romantismo, para Rousseau e aqueles que se seguiram, é a primazia dos sentimentos. Especificamente, o fato de sentirmos que o mundo em que vivemos não está certo, que é insatisfatório e desprovido de autenticidade e sentido (ou simplesmente exige demais de nós e deve haver uma maneira mais fácil). Em segundo lugar, como nossos sentimentos nos dizem que o mundo está desequilibrado, que é manipulado, artificial, injusto ou — mais frequentemente — opressivo e explorador, nossa programação nos leva à crença de que *alguém deve ser responsável*. Os malvados que puxam as cordinhas assumem formas diferentes, dependendo da variante de tribalismo. Mas os mais comuns incluem judeus, capitalistas e — atualmente na direita — globalistas e marxistas culturais.

Assim, argumento que o romantismo não acabou, ainda que o período que chamamos de romântico tenha sido consignado a livros pesadões nas bibliotecas. O capitalismo democrático liberal não nos dá muito em termos de sentido; ele meramente nos fornece a liberdade de encontrá-lo na sociedade civil e no mercado. Para alguns — muitos! —, isso não basta. Assim, buscamos novas teorias, causas e ideologias que tenham todas as respostas e prometam nos tirar daqui e nos levar para um imaginado mundo melhor, repleto de harmonia, igualdade — ao menos para as pessoas certas —, autenticidade e sentido.

Karl Marx, apesar de toda a sua falação sobre socialismo científico, era um romântico incurável, convencido de que forças malévolas — os judeus, a classe dirigente, os industriais, o "capital" — exploravam as massas.[10] Ele argumentou — "profetizou" é uma palavra melhor — que, se as massas, os trabalhadores do mundo, se unissem em solidariedade tribal, poderiam derrotar seus mestres e levar a humanidade a um novo e glorioso reino no qual viveríamos essencialmente como se vivia no Éden. O nazismo partilhou muitas dessas teorias sobre quem estava por trás da cortina, manipulando o povo alemão. A visão de Adolf Hitler sobre o fim da história era diferente da de Marx, mas ele partilhava do sonho de que sua tribo chegaria à Terra Prometida.

Afirmo que todas as rebeliões contra a ordem liberal do Milagre são de natureza fundamentalmente romântica e *reacionária*. Elas buscam alguma concepção moderna e futurística da organização social. Em vez disso, retornam a alguma forma de solidariedade tribal na qual estamos todos unidos. O romantismo é a voz com a qual nosso homem primitivo interior grita: "Tem de haver uma maneira melhor!"

Mas — alerta de spoiler! — *não há*. É isso. Olhe em torno: você está em pé sobre o fim da história. Em termos econômicos, nenhum outro sistema cria riqueza. Podemos ficar mais ricos e solucionar muitos dos problemas que ainda afligem a sociedade moderna. Os remédios para esses problemas podem exigir mais ou menos intervenção governamental. Contudo, em última análise, não podemos aprimorar as hipóteses fundamentais do Milagre. Todos os outros tipos de economia — se é que existem outros tipos de economia* — focam não em criar riqueza, mas em redistribuí-la. Isso não é economia; isso é *política*.

O que nos leva ao segundo tema central deste livro: a corrupção.

Esse desejo de retornar a nosso self autêntico não pode ser erradicado (nem deveríamos tentar). Mas pode ser canalizado. Temos a necessidade e o desejo inatos de comer, mas esse desejo tem de ser cultivado da maneira correta se quisermos ter vidas saudáveis. Argumento que as ideias e os movimentos políticos baseados na ideia romântica de seguir nossos sentimentos e instintos podem ser mais bem entendidos como *corrupção*. Para o ouvido moderno, "corrupção" sugere criminalidade menor, especialmente entre políticos. Mas esse é um entendimento estrito e limitado sobre o que é realmente a corrupção. "Corrupção" significa literalmente deterioração, apodrecimento e putrefação.

Em outras palavras, corrupção é o processo natural de entropia a partir do qual a natureza toma de volta o que lhe pertence. A ferrugem corrói o ferro até que ele retorne ao solo. Os cupins comem qualquer casa de madeira se tiverem os dois únicos ingredientes de que necessitam: oportunidade e tempo. A única maneira de lutar contra as garras ávidas da natureza é o cuidado humano. Qualquer dono de barco sabe que não há substituto para a manutenção e a vigilância. E dá-se o mesmo com o Milagre.

Como toda geração entra neste mundo com sua programação natural intacta, toda geração deve ser convencida de que o mundo no qual teve a bênção de nascer é o melhor que existe. A corrupção está em ceder à sedução não do suborno, mas da natureza humana, do furioso rufar de nosso cérebro primitivo e dos sussurros internos de nossos sentimentos.

Quando comecei este livro, ninguém achava que Donald Trump fosse concorrer à presidência dos Estados Unidos, muito menos se *eleger* — nem mesmo o próprio Trump. Mas sua emergência se provou benéfica para minha tese mais ampla, mesmo que não tenha sido necessariamente benéfica para nossa sociedade. Argumento que a adoção do ramo de política de Donald

---

* Irving Kristol afirmou que não existem teorias econômicas não capitalistas. Acho que ele está certo. No momento em que um sistema econômico supostamente alternativo deixa de reconhecer o papel dos mercados e dos preços, ele deixa de ser um sistema econômico e se torna uma ideologia romântica que usa a linguagem da economia para soar mais atraente ou abalizada.

Trump pela direita representa uma rendição potencialmente catastrófica para os princípios conservadores e um sinal de quão profundamente a corrupção se instalou.

Mas a ascensão de Trump é um sintoma de problemas mais amplos, não sua causa. Ela deve ser entendida, ao menos em parte, como reação à guinada da esquerda para a política identitária, que é somente outra forma de tribalismo. Tragicamente, essa reação gerou, ou ao menos solidificou, uma política identitária própria. O Milagre marcou o início de uma filosofia que diz que toda pessoa deve ser julgada e respeitada por seus próprios méritos, não pela classe ou casta de seus ancestrais. A política identitária diz que cada grupo é uma categoria imutável, uma tribo permanente. Pior, ela age a partir da hipótese de que aquilo que beneficia um grupo ocorre à custa de outro.

A ascensão dos populismos e nacionalismos de esquerda e de direita que passaram a definir tanto da política atual é uma manifestação de corrupção. O Milagre trabalha com a hipótese de que o indivíduo é o centro moral de nosso sistema e, armado de razão, fatos, leis ou simplesmente moralidade (com sorte, todos os quatro), deve vencer qualquer embate contra uma multidão raivosa gritando com paixão tribal. Como argumento na Parte II, o gênio da constituição esteve em consagrar esse princípio na forma de lei.

Finalmente, há o último tema deste livro. Não ofereço muitas propostas de políticas públicas para remediar nossos problemas, em grande parte porque não acho que estejam relacionados a políticas públicas. A crise que atinge nossa civilização é fundamentalmente psicológica. Especificamente, estamos tomados pela *ingratidão* em relação ao Milagre. Nossas escolas e universidades, quando ensinam a tradição ocidental, o fazem de uma perspectiva de ressentida hostilidade por nossas realizações. Não é que a história que contam seja pura ficção — embora isso às vezes aconteça —, mas ela é, no melhor dos casos, uma meia verdade.

Considere o livro de Howard Zinn, *A People's History of the United States* [História dos Estados Unidos contada pelo povo]. Publicado em 1980, ele vendeu milhões de exemplares e é um dos textos mais amplamente consultados no país.[11]

No início de *A People's History*, Zinn confessa que só quer contar a história norte-americana da perspectiva dos oprimidos:

Assim, na inevitável tomada de partido que vem da seleção e da ênfase em história, prefiro tentar contar a história do descobrimento da América do ponto de vista dos aruaques, da constituição do ponto de vista dos escravos, de Andrew Jackson como visto pelos cherokees, da guerra civil como vista pelos irlandeses de Nova York, da guerra contra o México como vista pelos soldados desertores do exército de Scott, do surgimento do industrialismo como visto pelas jovens mulheres nas fábricas de tecido de Lowell, da guerra hispano-americana como vista pelos cubanos, da conquista das Filipinas como vista pelos soldados negros em Luzon, da era dourada como vista pelos fazendeiros sulistas, da Primeira Guerra Mundial como vista pelos socialistas, da Segunda Guerra Mundial como vista pelos pacifistas, do New Deal como visto pelos negros do Harlem, do império norte-americano do pós-guerra como visto pelos peões na América Latina.[12]

Tudo isso deve ser ensinado. Mas a ideia agora é que essa é *a única história que vale a pena conhecer*. Que *essa e somente essa* é a história da América. Ao transformar os fundadores em nada mais que gananciosos racistas brancos, ao denunciar Colombo como nada mais que um genocida, ao argumentar que a escravidão é um pecado unicamente ocidental e norte-americano, ao alegar que "civilização ocidental" e "excepcionalismo norte-americano" são somente eufemismos para "racismo" e "imperialismo", os intelectuais tomados de *ressentimento* nas imponentes alturas de nossa cultura buscam transformar a história do Milagre em Maldição, deixando-os como únicos narradores legítimos de nossa civilização.

A maioria dos americanos não subscreve a visão da América defendida por Zinn. Mas creio que a maioria dos americanos é ingrata em relação àquilo que o Milagre nos trouxe. Às vezes, essa ingratidão se manifesta simplesmente ao darmos nossa boa fortuna como certa. E isso é suficiente para destruir uma civilização. Porque manter uma civilização, lutar contra a corrupção, dá *trabalho*. Se não ensinarmos às pessoas como manter aquilo que têm de precioso, elas simplesmente não se darão o trabalho de defender essas coisas contra aqueles que pensam que o que temos é mau.

Assim como os filhos mimados dos ricos costumam se mostrar ingratos em relação às oportunidades oferecidas por seus pais, nós, como sociedade, somos ingratos em relação a nossa herança coletiva. O sistema sob o qual vivemos é como a proverbial gansa dos ovos de ouro.

Você provavelmente está familiarizado com a história, mas acho que seria instrutivo analisá-la mais de perto. Há muitas versões da fábula desde Esopo e a Antiguidade, mas as duas mais antigas no Ocidente vêm da França e da Inglaterra.

Na versão francesa clássica, a história é mais ou menos assim: um camponês e sua esposa descobrem uma gansa que bota um ovo de ouro por dia. Pensando a respeito, eles deduzem que ela deve ter uma grande pepita na barriga. A fim de pegar o ouro, eles a matam. Depois de fazerem isso, descobrem, para sua surpresa, que a gansa não difere em nenhum aspecto das outras. O imprudente casal agora não tem nem um montão de ouro, nem nenhum outro ovo.[13]

A versão anterior de William Caxton (1484) é ligeiramente diferente e mais fiel à de Esopo. Dessa vez, trata-se de um único fazendeiro. Não contente com um ovo de ouro por dia, ele ordena que a gansa dobre a cota. A gansa responde que não pode fazer isso ("E ela disse a ele/ Certamente,/ Meu mestre, não tenho como fazê-lo"). O fazendeiro fica furioso com a notavelmente generosa — e polida! — criatura e a mata.[14]

A moral de ambas as versões em geral é a mesma: a cobiça é má. Querer mais do que temos leva a nada termos. Mas a verdade é que as lições são bastante diferentes.

Na primeira versão, o camponês e a esposa usam a razão; na segunda, o fazendeiro sucumbe à raiva. As consequências práticas são as mesmas — o fim dos ovos de ouro —, mas os erros derivam de tipos diferentes de tolice. Os camponeses não são insanos por pensar que uma ave que produz ovos de ouro deve ter ouro dentro de si. O fazendeiro, no entanto, é insano por não levar em consideração a palavra de uma gansa mágica quando ela insiste que não pode botar mais de um ovo de ouro por dia (uma riqueza imensa no século XV). E ficar tão furioso com a ave a ponto de matá-la é realmente insano.

Sim, ambas as histórias são sobre cobiça. Mas o que realmente as une é *a ingratidão*.

O que *você* faria se encontrasse uma gansa que bota um ovo de ouro por dia? Parece razoável supor que, sendo uma pessoa sensata, você cuidaria dela, deixando-a tão confortável quanto possível. Você a alimentaria melhor do que a uma gansa convencional. Poderia construir uma cerca em torno de seu ninho. Se a gansa polidamente dissesse precisar de certas coisas para manter a produção, você levaria essas solicitações a sério. Para usar outro provérbio antigo, você não olharia os dentes do cavalo que lhe foi dado.

Essas duas versões da gansa que bota ovos de ouro falam dos dois tipos de ataque ao Milagre. Em uma delas, a pura raiva gerada pela sensação de "Eu mereço mais!" leva à morte da criatura. Na outra, a húbris intelectual leva um casal a pensar que pode ser mais esperto que o Milagre o qual, literalmente, chegou gingando até suas vidas como um presente. A primeira é análoga à raiva populista que fervilha na esquerda e na direita. A segunda espelha a mentalidade de supostos intelectuais convencidos de que são mais espertos que o mercado e o sistema que herdaram. E ambas as histórias destacam a ingratidão que define nossos tempos.

Deixe-me encerrar com outra parábola, provavelmente mais familiar aos leitores.

Na cena de abertura de *O poderoso chefão* (tanto no livro como no filme), Don Corleone recebe visitantes no dia do casamento da filha. A tradição siciliana manda que ele conceda qualquer favor pedido nesse dia. Seu primeiro suplicante é Amerigo Bonasera, o agente funerário.[15]

"Criei minha filha como americana", diz Bonasera no livro que inspirou o filme. "Acredito na América. A América fez minha fortuna. Dei liberdade à minha filha, mas a ensinei a jamais desonrar sua família."

Infelizmente, a filha começou a namorar um americano que tentou estuprá-la. "Ela resistiu. Ela manteve sua honra." O namorado e outro jovem a espancaram violentamente em retaliação. "Fui à polícia, como bom americano", diz ele. Mas, a despeito de ser julgados e condenados, os jovens receberam um tapinha na mão de um juiz leniente e provavelmente corrupto. "Eles foram soltos no mesmo dia. Fiquei em pé no tribunal, como um idiota, enquanto aqueles bastardos sorriam para mim. Então disse à minha mulher: 'Vamos pedir justiça a Don Corleone.'"

Don Corleone interrompe o silêncio para perguntar: "Por que você procurou a polícia? Por que não veio me ver no começo dessa história?"

Bonasera tergiversa e pergunta: "O que o senhor quer de mim? Diga-me o que quer. Mas faça o que estou lhe implorando para fazer." Então ele sussurra no ouvido do Don, dizendo que deseja ver os jovens mortos.

O Don diz ao agente funerário que ele está exagerando, que essa punição não é razoável. O agente funerário responde, sem rodeios: "Eu pago o que o senhor pedir."

Isso enfurece Don Corleone. Em uma voz que Mario Puzo descreveu como "fria como a morte", ele responde: "Nós nos conhecemos há muitos anos [...] mas, até hoje, você jamais me procurou em busca de conselho ou ajuda. Não me lembro da última vez em que fui convidado para tomar café na sua casa, apesar de a minha mulher ser madrinha de sua única filha. Sejamos francos. Você recusou minha amizade. Você temia ficar em dívida comigo."

O agente funerário murmura: "Eu não queria me meter em confusão."

Don Corleone o interrompe com um gesto. "Não. Não fale. Você achou que a América era um paraíso. Você tinha um bom negócio, vivia bem, achava que o mundo era um lugar inofensivo cujos prazeres você podia aproveitar à vontade. Você jamais se cercou de amigos verdadeiros. Afinal, a polícia o protegia, havia tribunais, você e os seus não sofreriam nenhum mal. Você não precisava de Don Corleone. Muito bem. Eu fiquei magoado, mas não sou o tipo de pessoa que impõe sua amizade àqueles que não a valorizam, àqueles que não me têm em grande conta."

O Don sorri desdenhosamente. "Agora você vem até mim e diz: 'Don Corleone, faça justiça.' E você não pede com respeito. Você não oferece amizade. Você entra na minha casa no dia do casamento da minha filha, pede que eu mate e diz 'Pago o que o senhor pedir'. [...] O que eu fiz para que você me tratasse com tanto desrespeito?"

O agente funerário responde: "A América foi boa para mim. Eu queria ser um bom cidadão. Eu queria que minha filha fosse americana."

O Don aplaude sardonicamente e diz: "Muito bem dito. Muito bem. Então você não tem do que se queixar. O juiz decidiu. A América decidiu. Leve flores e chocolates para sua filha quando for visitá-la no hospital. Isso a confortará. Fique contente. Afinal, não foi uma coisa séria, os garotos são jovens, ardorosos, e um deles é filho de um político poderoso [...] Então me dê sua palavra de que você deixará essa loucura de lado. Isso não é americano. Perdoe. Esqueça. A vida é cheia de infortúnios."

Os dois discutem sobre justiça *versus* vingança. E, novamente, o agente funerário pergunta: "Quanto devo pagar ao senhor?" O Don, furioso, vira as costas para Bonasera e pergunta: "Por que você tem medo de me oferecer

sua lealdade?" Ele fala sobre a demora e a corrupção do sistema norte-
-americano. "Você vai aos tribunais e espera meses. Você gasta dinheiro
com advogados que sabem muito bem que o farão de bobo. Você aceita a
decisão de um juiz que se vende como a pior prostituta de rua [...] Se você
tivesse me procurado em busca de justiça para a escória que arruinou sua
filha, eles estariam derramando lágrimas amargas até hoje. Se, por algum
infortúnio, um homem honesto como você fizesse inimigos, eles seriam
meus inimigos [...] e então, creia-me, eles teriam medo de você."

O agente funerário finalmente entende e implora: "Seja meu amigo. Eu
aceito." Quando Bonasera cede e pede que Don Corleone seja seu amigo, ele
está voltando as costas para a América. Está rejeitando — não sem razão,
é claro — a visão de mundo lockiana, o Milagre, em favor de uma ordem
política mais natural e eterna. Ela age a partir da suposição de que não há
uma ordem estendida de regras e contratos abstratos, mas somente poder,
lealdade, reciprocidade, alianças, honra e amizade. Certo e errado são definidos por aquilo que é bom para sua tribo. Não é coincidência o fato de o nome
Amerigo Bonasera ser traduzido do italiano como "Boa noite, América".

O universo moral de *O poderoso chefão* é o universo moral de todas
as políticas anteriores ao Milagre. Ele é natural. Ele espreita por baixo da
superfície de toda sociedade e toda alma. Está lá, esperando para reciclar o
Milagre e devolver a humanidade à natureza. E tudo que a natureza precisa
é que permitamos. Nada é garantido. Nada está escrito. Tudo que é bom
no mundo exige trabalho. Espero que este livro ajude na tarefa que cabe a
cada um de nós.

UM

Natureza humana: nosso homem tribal interno

A natureza humana é real. Poucas declarações são menos controversas entre as pessoas que estudam o assunto e mais controversas entre as que não estudam.

É justo dizer que nenhum psicólogo, neurocientista, linguista (incluindo Noam Chomsky) ou economista reputado disputa o fato de que os seres humanos vêm com muitos programas pré-instalados. De fato, a metáfora da moda hoje não é programa, mas "app", como os aplicativos de nossos smartphones. Diferentes situações iniciam diferentes aplicativos e, às vezes, eles podem estar em conflito.

Todos os debates sérios sobre inato *versus* adquirido começam com a premissa de que muitas coisas são inatas. A única questão é o que podemos acrescentar a esses elementos inatos ou que aplicativos podemos desativar. Pense em um carro. De modo geral, todos concordamos que um carro vem com motor, quatro pneus e volante. Essas coisas são padronizadas. São características inatas. As características adquiridas são os opcionais, e aqui há muitas opções. Contudo, não importa quantos adicionais você compre, seu carro não será um helicóptero.

Em seu esclarecedor livro *Just Babies: The Origins of Good and Evil* [Apenas bebês: as origens do bem e do mal], o psicólogo Paul Bloom narra um número notável de experimentos realizados com bebês e crianças pequenas. (Fique tranquilo: nenhum bebê foi ferido no processo.) Ele demonstra que bebês de somente 6 meses já apresentam vários traços psicológicos que sugerem senso moral inato. Por exemplo, bebês entre 6 e 10 meses assistiram a cenas com marionetes. Uma marionete tentava subir uma colina. Outra marionete vinha ajudá-la ou então a atrapalhava, bloqueando seus esforços. Em seguida, os bebês puderam escolher entre a marionete malvada e a marionete boazinha. Eles quase uniformemente preferiram a marionete boazinha. Quando um estudo similar foi realizado com crianças de 20 meses, elas recompensaram a marionete boazinha com um doce e puniram a marionete malvada tomando seu doce.[1] Outros estudos confirmam que todos nascemos com uma programação muito básica sobre empatia, altruísmo, cooperação e outras intuições morais.

Bloom tem o cuidado de observar que não é somente porque nascemos com uma espécie de senso moral que somos morais. Em vez disso, nascemos com papilas gustativas morais. Como as usamos depende do ambiente em que crescemos e, crucialmente, de como definimos a "moralidade".

Uma das mais importantes descobertas não somente de Bloom, mas de milhares de pesquisadores de várias disciplinas, é que todos nascemos com uma desconfiança natural de estranhos. Bebês muito novos conseguem identificar línguas e seu choro até mesmo apresenta o sotaque regional. "Bebês conseguem reconhecer a língua a que foram expostos e a preferem a outras línguas, mesmo quando falada por estranhos", relata Bloom. "Experimentos que usam metodologias nas quais bebês sugam a chupeta para indicar suas preferências descobriram que bebês russos preferem russo, bebês franceses preferem francês, bebês norte-americanos preferem inglês, e assim por diante. Esse efeito surge *minutos após o nascimento, sugerindo que os bebês estão se familiarizando com os sons abafados que ouviram no útero*" [ênfase minha].[2]

Interessantemente, nossos cérebros dedicam uma quantidade imensa de recursos ao reconhecimento facial. Sem dúvida, há muitas razões para isso. Por exemplo, grande parte da comunicação humana inicial era feita não verbalmente, e isso ainda é verdadeiro para os seres humanos de hoje, particularmente antes de aprendermos a falar. Podemos debater se ler faces foi importante no passado ou é importante hoje, mas nossa habilidade de *reconhecer* faces claramente era mais vital no passado. Ser capaz de distinguir instantaneamente entre familiares ou amigos e estranhos podia significar a diferença entre vida e morte. (É revelador que nossa habilidade de identificar faces seja muito mais sofisticada que nossa habilidade de articular verbalmente as diferenças entre elas. A maioria de nós consegue distinguir instantaneamente entre, digamos, Matt Damon e Matthew McConaughey. Mas você consegue explicar instantaneamente o que torna suas faces tão diferentes?)

O desejo de unidade e a desconfiança de estranhos são tendências humanas universais — mas somente tendências. Embora eu não ache que o aprendizado seja capaz de removê-las completamente, elas certamente podem ser moderadas e canalizadas de maneiras produtivas. É um clichê comum entre certas tribos de humanistas dizer algo como "a única raça é a raça humana", o que, claro, é somente uma versão mais secular de "somos todos filhos de Deus" e outras amáveis platitudes similares. Com todo o restante sendo igual, acho que se trata de um clichê benigno que merece ser incorporado a nosso dogma civilizatório. Mas devo observar que, de todos os sistemas já criados que realmente colocaram essa crença em prática, nenhum foi mais bem-sucedido em campo que o mercado. O mercado diminui o risco — ou "preço" — de desconfiança ao permitir que pessoas e culturas muito diferentes encontrem um interesse comum.

A desconfiança de estranhos e o desejo de unidade são temas importantes neste livro, porque iluminam um fato muito mais amplo: a ideologia segue o fluxo da natureza humana. Crianças e adultos ouvem constantemente que o ódio é aprendido. Isso é um nonsense risível. Em um sentido muito real, nascemos para odiar tanto quanto nascemos para amar. A tarefa de pais, escolas, sociedade e civilização não é nos ensinar a não odiar, assim como não é nos ensinar a não amar. O papel de todas essas instituições é nos ensinar o que devemos ou não odiar.

Bloom escreve que "praticamente todos os leitores deste livro acreditam que é errado odiar alguém somente por causa da cor de sua pele. Mas esse é um insight moderno; durante a maior parte da história humana, ninguém viu nada errado com o racismo".[3] Todas as pessoas boas devem odiar o mal, mas a definição do que constitui o mal é bastante variada ao longo do tempo, e refinar a definição de mal é a própria essência do que as civilizações *fazem*.

Toda cultura conhecida odeia algumas coisas e ama outras. E toda ideologia política conhecida considera algum grupo o Outro. Nas famosas palavras do filósofo pró-nazista Carl Schmitt: "Diz-me quem é teu inimigo e eu te direi quem és."[4] O fascismo supostamente é definido pela demonização do "outro". Obviamente, na Alemanha nazista, o Outro era mais bem representado pelos judeus. Mas os comunistas também tinham seus Outros. Eles tinham nomes como burgueses, classe governante ou *kulaks*. O liberalismo contemporâneo odeia uma multidão de Outros. Provavelmente todos nós já encontramos amantes declarados da tolerância que falam sobre o quanto odeiam as pessoas intolerantes — mas somente *certos tipos* de pessoas intolerantes. Já perdi a conta das vezes em que ouvi pessoas insistirem que o menor preconceito contra muçulmanos é mau e então explicarem quão horríveis são os cristãos evangélicos.

O antropólogo Richard Shweder compilou uma útil lista das coisas que diferentes sociedades consideraram louváveis, neutras ou estarrecedoras:

> masturbação, homossexualidade, abstinência sexual, poligamia, aborto, circuncisão, castigo corporal, pena de morte, islã, cristianismo, judaísmo, capitalismo, democracia, queima de bandeiras, minissaias, cabelo comprido, calvície, consumo de álcool, consumo de carne, inoculação, ateísmo, idolatria, divórcio, casamento de viúvos, casamento arranjado, casamento por amor, pais e filhos dormindo na mesma cama, pais e filhos não dormindo na mesma cama, mulheres tendo permissão para trabalhar fora, mulheres não tendo permissão para trabalhar fora.[5]

Em outras palavras, a capacidade dos seres humanos de pensar que certas coisas são "naturalmente" boas ou más é notavelmente elástica. Mas há uma diferença entre elástica e infinita. Por exemplo, o incesto sempre foi tabu por toda parte. Obviamente, a força desse tabu variou, mas nenhuma sociedade jamais o celebrou. (Infelizmente, ele vem sendo constantemente enfraquecido na cultura popular norte-americana.) Similarmente, não há nenhuma sociedade no mundo — hoje ou em qualquer momento do passado — na qual as pessoas não tenham dado preferência a seus familiares e amigos em relação a estranhos, um ponto ao qual retornarei bastante em capítulos posteriores.

O antropólogo Donald E. Brown compilou uma lista de atributos que descrevem "as pessoas universais", ou seja, todo mundo, em toda parte. "Os universais humanos — dos quais centenas já foram identificados — consistem nas características de cultura, sociedade, linguagem, comportamento e mente que, até agora, no exame dos registros, são encontradas entre todos os povos conhecidos pela etnografia e pela história."[6] A lista é longa demais para reproduzir aqui. Mas algumas das mais importantes, ao menos para nossos objetivos, incluem alimentos proibidos, alternância de turnos, autoimagem, coalizões, comércio, conflito, consciência do que (preocupação com o que) os outros pensam, cooperação e comportamento cooperativo, correção de injustiças, desejo de que a autoimagem seja positiva, desigualdades de prestígio, discurso especial para ocasiões especiais, divinação, doces favoritos, endogrupos (como distintos dos exogrupos), entificação (tratar padrões e relações como coisas), estrutura social, estupro, etiqueta, etnocentrismo, expressões proibidas, fala simbólica, fofoca, folclore, governo, homens e mulheres e adultos e crianças vistos como tendo naturezas diferentes, homens dominando o espaço público/político, homens mais agressivos, homens mais inclinados à violência letal, homens mais inclinados ao furto, identidade (coletiva), inveja, jejum, julgamento dos outros, lanças, leis (regras de pertencimento), leis (direitos e obrigações), líderes, mágica, mágica para aumentar a longevidade, mágica para garantir a sobrevivência, manipulação da autoimagem, mecanismos de defesa psicológica, medo, mitos, narrativa, papel e personalidade vistos em inter-relação dinâmica (ou seja, afastamentos do papel podem ser explicados em termos de personalidade individual), partilha de alimentos, planejamento, planejamento para o futuro, preferência pelos próprios filhos e familiares próximos (nepotismo), promessas, propriedade, proscrição do estupro, reciprocidade negativa (vingança, retaliação), reciprocidade positiva (reconhecimento dos indivíduos pela face), relações familiares traduzidas em relações básicas de procriação, ritos de passagem, rituais, sanções, sanções incluindo a remoção da unidade social, sanções por crimes contra a coletividade, self como nem totalmente passivo nem totalmente autônomo, self como responsável, self como sujeito e objeto, self distinto do outro, sentimentos morais, simbolismo, socialização, socialização esperada dos familiares mais velhos, socialização incluindo treinamento para usar o vaso sanitário, status atribuído e adquirido, status baseado em algo que não sexo, idade ou parentesco, status corporativo, status de parentesco, status distinguido do indivíduo, status e papéis, sucessão, superestimação da objetividade de pensamento, tabus, taxonomia, territorialidade, tomada coletiva de decisões, troca de presentes, trocas recíprocas (de trabalho, mercadorias ou serviços), vida em grupo, vida interna privada e vieses endogrupais em favor dos familiares próximos (como distintos dos familiares distantes).

Novamente, essa é apenas uma lista parcial.

Um dos mais interessantes tabus da vida norte-americana é a proibição de discutir a natureza humana. Essa proibição é inteiramente moderna. Os antigos gregos e romanos, sem mencionar toda a grande religião mundial, consideravam a natureza humana não somente real, mas também tema essencial de estudo e contemplação. Acho que há múltiplas razões sobrepostas — muitas delas louváveis — para nossa aversão ao assunto. Nossa civilização lutou para estar à altura da igualdade universal consagrada na declaração da independência, na constituição norte-americana e em cânones similares. A discussão da natureza humana inevitavelmente leva a debates sobre as diferenças genéticas entre grupos ou alegações de que certos comportamentos ou escolhas não são "naturais". Também vai contra a ideia de que o indivíduo está livre de restrições externas — ou internas! —, um dogma quase exclusivamente ocidental. Outra razão pela qual "natureza humana" soa como incitação é o fato de ela se opor à tradição iluminista francesa que acredita na "perfectibilidade do homem".

Embora algumas dessas preocupações sejam válidas, o fato é que os universais humanos identificados por Brown se aplicam a negros e brancos, asiáticos e aborígenes. Sou agnóstico quanto às diferenças raciais, em parte porque não entendo por que elas importam, ainda que existam. A maioria das boas obras sobre o assunto — pois há muitas obras terríveis — foca em grandes diferenças agregadas e estatísticas entre as populações. O que quer que possa ou não explicar essas diferenças não tem qualquer relevância para a maneira como devemos tratar os indivíduos em termos de leis, maneiras ou moralidade.

Mas uma das fontes do tabu contra discussões sobre a natureza humana precisa ser abordada: a ideia do bom selvagem.

Embora Jean-Jacques Rousseau frequentemente receba o crédito por ter cunhado a expressão "bom selvagem", essa honra pertence a John Dryden, que em 1670 escreveu, em *The Conquest of Granada* [A conquista de Granada]:

Sou tão livre quanto a natureza criou o homem,
Antes das desonrosas leis da servidão,
Quando o bom selvagem corria solto pelas florestas.[7]

"O conceito de bom selvagem foi inspirado pela descoberta, por parte dos colonos europeus, de povos indígenas nas Américas, na África e (mais tarde) na Oceania", escreve Steven Pinker. "Ele captura a crença de que os seres humanos em estado natural são altruístas, pacíficos e despreocupados, e que flagelos como cobiça, ansiedade e violência são produtos da civilização."[8]

Novamente, Rousseau não cunhou o termo, mas foi um grande popularizador do mito. Ele escreveu em 1755:

Tantos escritores concluíram apressadamente que o homem é naturalmente cruel e requer instituições civis para abrandar-se, ao passo que nada é mais gentil que o homem em estado primitivo, colocado pela natureza a meio caminho entre a estupidez dos brutos e a fatal ingenuidade dos homens civilizados.[9]

"Rousseau inverteu os polos da civilização e da barbárie", escreve Arthur Herman. "Seus hinos de louvor ao homem primitivo, ao 'bom selvagem' [...] que vive em espontânea harmonia com a natureza e os outros seres humanos, tinham a intenção de reprovar seus refinados contemporâneos parisienses. Mas também eram uma reprovação à ideia de história como progresso."[10] Para Rousseau, o advento da propriedade privada, o desenvolvimento das artes e o avanço geral da saúde e da prosperidade humanas eram na verdade gigantescos recuos.

Rousseau é considerado por muitos o pai do romantismo. E, para um seminário de história intelectual, essa é uma boa maneira de descrevê-lo.

Porém, defendo que o romantismo não deveria ser entendido como escola de arte, literatura ou filosofia, mas como escola de rebelião contra a natureza artificial do Iluminismo e seus frutos: capitalismo, democracia, direitos naturais e ciência. O espírito romântico se rebela contra a jaula de ferro da modernidade, exigindo o retorno a uma imaginada autenticidade em harmonia com a natureza. A rebelião romântica é menos um argumento e mais um grito primal. É a sensação de que o mundo à nossa volta é desumanizador, falso, artificial e opressivo. "O romantismo não está situado precisamente nem na escolha de temas nem na verdade exata, mas em um modo de sentir", explicou o poeta francês Charles Baudelaire (o homem que, aliás, cunhou o termo "modernidade").[11]

Retornarei a esse ponto nos próximos capítulos, mas, por agora, o importante é que essa ideia, essa *sensação* de que o homem moderno é corrupto e não natural — ou, mais especificamente, que foi corrompido pela sociedade moderna —, recobre vastas parcelas de nossa cultura. Ela alimenta uma miríade de suposições ideológicas e religiosas sobre as "eras douradas" do passado, e nostálgicas ideias de que as coisas costumavam ser melhores nas gerações anteriores.

O romantismo não é nem de direita nem de esquerda, porque é uma paixão pré-racional inscrita no coração humano. Ele se manifesta de diferentes maneiras e em diferentes épocas ao longo do espectro ideológico. Foi o combustível por trás do nacionalismo, do populismo, do radicalismo e de várias formas de política "reacionária". Também foi a fonte da maioria da grande arte nos últimos trezentos anos, falando de e para as partes da alma que não podem falar somente através da razão e da ciência.

Em resumo, é uma rebelião contra as restrições artificiais da civilização moderna. Ele grita "Eu não sou um número!", "Eu não sou uma máquina!" ou "O homem não pode me sujeitar!".

Uma tendência comum entre as várias correntes de romantismo de esquerda, incluindo muitas variedades de marxismo, e de libertarianismo e anarquismo de direita é que elas dão grande importância ao fato de que o Estado e mesmo a própria civilização são formas de violência institucionalizada. Como veremos, isso é em grande medida verdadeiro. Esse insight sai dos trilhos quando assume que o passado era menos violento, que os seres humanos viviam em paz e harmonia em alguma era dourada, antes que a força escravizadora do Estado se impusesse.

"Para muitas pessoas, a ideia de que a violência está enraizada na natureza humana é difícil de aceitar", escreve Francis Fukuyama em *As origens da ordem política: dos tempos pré-humanos até a Revolução Francesa*. "Muitos antropólogos, em particular, estão comprometidos, como Rousseau, com a visão de que a violência é uma invenção das civilizações tardias, e muitas pessoas gostariam de acreditar que as primeiras sociedades sabiam viver em equilíbrio com seu ambiente. Infelizmente, há poucas evidências para suportar qualquer uma dessas visões."[12] Deirdre McCloskey observa, com razão, que "conquista, escravização, roubo, assassinato — em resumo, força — caracterizaram os tristes anais da humanidade desde Caim e Abel."[13]

De acordo com Steven Pinker, autor de *Os anjos bons da nossa natureza: por que a violência diminuiu*, se proporções similares de pessoas morressem em função da violência no século XX como morriam na maioria das sociedades pré-históricas, o número de mortos no século XX — supostamente o "século mais sangrento" — seria não de 100 milhões, mas de 2 de bilhões de pessoas, ou vinte vezes maior.[14] Isso porque cerca de um terço dos seres humanos primitivos em sociedades de pequena escala morria somente em ataques e lutas (embora esse número seja enganoso, uma vez que a taxa de mortalidade entre os homens era o dobro da taxa entre as mulheres).[15]

"Para minimizar os riscos, as sociedades primitivas escolhiam táticas como emboscadas e ataques ao alvorecer", escreve Nicholas Wade em *Before the Dawn: Recovering the Lost History of Our Ancestors* [Antes do alvorecer: recuperando a história perdida de nossos ancestrais]. "Mesmo assim, as fatalidades eram enormes, até porque eles não faziam prisioneiros. Essa política era compatível com seu objetivo estratégico costumeiro: exterminar a sociedade oponente. Guerreiros capturados eram mortos imediatamente, com exceção dos iroqueses, que levavam os cativos para casa a fim de torturá-los antes de matá-los, e de certas tribos da Colômbia, que gostavam de engordar os prisioneiros antes de comê-los."[16] Para geração após geração, um dia após o outro, o conflito era *normal*.

Esse ponto já não é debatido entre os acadêmicos mais sérios. As pessoas que acham que já vivemos em gloriosa harmonia uns com os outros — e com o meio ambiente — não são cientistas, mas poetas e propagandistas. Evidências do passado ensanguentado da humanidade podem ser encontradas em registros arqueológicos, análises de DNA, textos de antigos comentaristas e historiadores, e relatos em primeira mão de sociedades remanescentes que até agora resistiram à modernidade.

Napoleon Chagnon, o famoso — e famosamente controverso — antropólogo, viveu entre o povo ianomâmi, da Amazônia, por longos períodos entre a década de 1960 e o fim da década de 1990. Ele descobriu que o assassinato era uma instituição central da vida.[17] Cerca de 40% dos homens com mais de 24 anos já haviam participado da morte de alguém. Um terço das mortes de homens adultos se devia à violência, e mais de dois terços dos homens com mais de 40 anos já haviam perdido um parente próximo para a violência.[18]

Chagnon descobriu que a cultura ianomâmi vivia em estado de "conflito crônico". Os motivos mais comuns para ataques e batalhas revolviam em torno do esforço para roubar mulheres, recuperar mulheres roubadas ou vingar-se de sequestros passados de mulheres. É claro que os homens guerreavam por outras razões: vendetas familiares eram particularmente populares. Mas Chagnon não encontrou muitas evidências para confirmar a ortodoxia prevalente da época, a de que a guerra era "moderna" e as sociedades primitivas só recorriam a ela em função da escassez de recursos, especificamente "escassez de proteínas". Essa é uma versão de uma suposição muito comum — a de que a escassez de recursos é a causa central das guerras. Obviamente, isso não é absurdo. Mas é exagerado. Guerras muito frequentemente são subproduto de orgulho, honra e desejo por status.[19]

A barbárie do passado dificilmente é definida somente pela prevalência da guerra. Considere somente dois dos mais óbvios exemplos do que hoje consideramos comportamentos barbáricos: tortura e escravidão.

A tortura, a imposição deliberada de dor ou agonia como instrumento punitivo, de diversão ou de lucro, era o passatempo internacional do homem pré-moderno (e não acabou subitamente na década de 1700). Em sociedades antigas, muitas formas de tortura eram rituais preliminares para o sacrifício humano. Os astecas rotineiramente queimavam as vítimas, removiam-nas das chamas e então arrancavam seus corações ainda batendo.[20] Os maias pulavam a parte das chamas e simplesmente prendiam as vítimas em um altar e arrancavam seus corações.[21]

Os assírios merecem seu status no hall da fama da tortura. O esfolamento — no qual a pele era removida com a vítima ainda viva — era particularmente popular. O empalamento era ainda mais reverenciado. Os melhores torturadores eram capazes de fazer isso de maneira a manter o empalado vivo e sofrendo durante dias.[22] Os persas também eram criativos. Um método envolvia simplesmente forçar a pessoa a ficar em pé em um cômodo cheio de cinzas muitas finas, por tanto tempo quanto conseguisse. Quando a vítima caía de fadiga, ela inalava as cinzas e sufocava lentamente.

Mas isso parece preferível a "sentar na banheira". Nessa prática, a vítima era colocada em uma banheira de madeira com somente a cabeça para fora. O executor pintava o rosto da vítima com leite e mel. Moscas começavam a pousar no nariz e nas pálpebras da vítima. Ela também era alimentada regularmente e, em pouco tempo, estava praticamente nadando em seus próprios excrementos. Nesse estágio, larvas e vermes começavam a devorar seu corpo. Uma vítima aparentemente sobreviveu por dezessete dias. Ela apodreceu ainda viva.[23] (O escafismo, uma variante dessa técnica, envolvia mais ou menos a mesma coisa, mas com a vítima presa a botes ou toras.)

Se você gosta desse tipo de coisa, a internet é um bufê de métodos de tortura, de costurar animais no interior de vítimas vivas, para que eles comam seu caminho para fora, a usar fogo para forçar ratos a comer seu caminho para dentro. Os gregos antigos nem sequer *consideravam* confissões a menos que fossem obtidas sob tortura. Os romanos tinham a mesma prática.[24] Eles também aperfeiçoaram a crucificação, da qual recebemos a palavra "excruciante". Os chineses tinham *lingchi*, ou morte por mil cortes.

A centralidade da tortura como ferramenta de estadismo em todo o mundo não pode ser exagerada. Mas poucas sociedades empregaram mais tempo, energia e ingenuidade nessa prática que os europeus medievais.[25]

Os membros mais persistentes do culto ao bom selvagem podem alegar que todas as culturas e civilizações foram subsequentes à queda do homem. Contudo, simplesmente não há nada dos registros arqueológicos que suporte isso. "Precisamos reconhecer e aceitar a ideia de um passado não pacífico durante toda a extensão da existência humana", escreve Stephen A. LeBlanc, coautor, com Katherine E. Register, de *Constant Battles: Why We Fight* [Batalhas constantes: por que lutamos]. "Embora certamente tenha havido épocas e lugares nos quais a paz prevaleceu, de modo geral tais interlúdios parecem ter sido breves e infrequentes [...] Para entender muito da guerra atual, precisamos vê-la como comportamento humano comum e quase universal que está conosco desde que passamos de macacos a humanos."[26]

E então há a escravidão.

Certamente é verdade que a escravidão era menos comum entre os homens primitivos que entre as sociedades que surgiram após a revolução agrícola. Não porque o homem primitivo era mais moral, mas porque o homem primitivo era *muito mais pobre*. Os escravos eram uma despesa grande demais para os bandos nômades. Vigiar um inimigo que não queria ser parte do grupo era custoso e perigoso. As crianças podiam ser tomadas como ativos — uma prática comum em muitas sociedades primitivas, notadamente entre os indígenas norte-americanos — e as mulheres podiam ser forçadas ao casamento, que muito frequentemente era um tipo de escravidão. Mas os guerreiros capturados de outra tribo eram um inconveniente. Era melhor matá-los, em geral de maneira teatral, para diversão dos vitoriosos.

Depois da revolução agrícola, há mais ou menos 11 mil anos, a escravidão emergiu praticamente por toda parte. Nossos textos mais antigos fazem referência a ela. A Bíblia a trata como característica dos assuntos humanos. O código de Hamurabi diz que libertar um escravo é crime punível com a morte.[27] Há registros de escravidão na China já em 1800 a.C.[28]

Por razões compreensíveis, a vergonhosa experiência norte-americana com a escravidão informa a maneira como falamos sobre essa instituição. Isso é correto e adequado. Mas também distorce nosso entendimento. Como relatou Thomas Sowell, os norte-americanos tendem a acreditar — porque foi isso que nos ensinaram — que a escravidão é uma instituição inerentemente racista.[29] Alguns até mesmo parecem acreditar que se trata de um pecado unicamente americano. Os Estados Unidos certamente devem assumir seu uso dos escravos e o papel central que o racismo desempenhou nele. Porém, o entendimento convencional inverte a causalidade. O racismo norte-americano deriva da escravidão, não o contrário.

Historicamente falando, há dois aspectos notáveis na escravidão nos Estados Unidos. O primeiro é a hipocrisia. Outras sociedades se apoiaram mais que nós na escravidão e algumas possivelmente foram mais cruéis com seus escravos (embora a escravidão norte-americana fosse bastante cruel). Mas nenhuma dessas sociedades foi fundada nos princípios da dignidade e dos direitos humanos universais. Romanos, gregos, chineses e egípcios não eram hipócritas por manter seres humanos em escravidão; eles acreditavam sinceramente que ela era natural (até mesmo Aristóteles disse isso).[30] Mas os Estados Unidos nasceram com a declaração da independência e as palavras "todos os homens são criados iguais". Isso é irreconciliável com a escravidão, não importa a racionalização.[31] O que nos leva à segunda notável questão sobre a escravidão norte-americana. Contra o pano de fundo dos últimos 10 mil anos, algo surpreendente sobre a escravidão americana é que não é que tenha existido, mas que tenha acabado. No contexto dos últimos mil anos, houve muitos esforços para abolir a escravidão. Muitos falharam e outros foram somente meias medidas, estabelecendo várias formas de escravidão *de facto*, como a vassalagem. Durante o século XIX, a escravidão foi considerada ilegal em grande parte da Europa e na maioria das colônias do norte e dos estados norte-americanos. A Inglaterra aboliu o comércio de escravos em 1807. A Holanda a seguiu em 1814.[32] O Congresso de Viena, que determinou o destino da Europa pós-napoleônica, condenou a escravidão.[33] A Grã-Bretanha a aboliu em todas as suas colônias em 1834, embora os holandeses só a tenham seguido em 1863.[34]

Os Estados Unidos, entrementes, embora tivessem banido o comércio de escravos em 1808,[35] demoraram mais tempo, e os esforços foram sangrentos e dolorosos. Encerramos a prática oficialmente só em 1865, com a aprovação da décima terceira emenda. O timing não foi acidental. "O fato é que a escravidão desapareceu somente quando o capitalismo industrial emergiu", escreve o economista Don Boudreaux. "E desapareceu primeiro onde o capitalismo industrial apareceu primeiro: na Grã-Bretanha. Isso não foi coincidência. A escravidão foi destruída pelo capitalismo."[36] Adam Smith não somente se opunha à escravidão por razões morais,* como também a considerava incompatível com o livre mercado. "Parece, de acordo com a experiência de todas as eras e nações, que o trabalho feito por um homem livre sai mais barato, no fim das contas, que o trabalho realizado por escra-

---

* Smith escreveu em *A teoria dos sentimentos morais*: "Não há negro da costa da África que não [...] possua um grau de magnanimidade que a alma de seu sórdido mestre quase sempre mal é capaz de conceber. A fortuna jamais exerceu mais cruelmente seu império sobre a humanidade que quando sujeitou essas nações de heróis ao refugo das prisões da Europa, a miseráveis que não possuem as virtudes nem dos países dos quais partiram, nem daqueles aos quais chegaram, e cuja frivolidade, brutalidade e baixeza tão justamente os expõem ao desdém dos conquistados." Adam Smith. "V.1.19.: Of the Influence of Custom and Fashion upon our Notions of Beauty and Deformity." *The Theory of Moral Sentiments*. Library of Economics and Liberty. Disponível em: http://www.econlib.org/library/Smith/smMS5.html.

vos."[37] Smith também escreveu que "qualquer trabalho que ele faça para além do suficiente para garantir sua própria sobrevivência só pode ser espremido dele pela violência, e não por qualquer interesse próprio".[38]

O fato de termos precisado de uma guerra para pôr fim à instituição demonstra que nem todo mundo viu a luz ao mesmo tempo. Tampouco é acurado dizer que a guerra foi iniciada para acabar com a escravidão, embora saibamos que não teria ocorrido em sua ausência. A verdade é que uma ordem democrática liberal — e, por extensão, uma economia moderna — não pode durar enquanto tolerar a escravidão. Várias contradições internas levaram à guerra civil. Como disse Abraham Lincoln, "Não acredito que esse governo possa durar sendo permanentemente meio escravo e meio livre". E, famosamente, invocando a admoestação de Jesus, "uma casa dividida contra si mesma não pode subsistir".[39]

Tire a declaração da independência da equação e a escravidão norte-americana era *normal*. Os economistas do MIT Daron Acemoglu e Alexander Wolitzky escreveram:

> Os modelos econômicos convencionais do mercado de trabalho, independentemente de incorporar imperfeições, assumem que as transações são "livres". Durante a maior parte da história humana, no entanto, a maioria das transações de trabalho foi "coerciva", significando que a ameaça de força era essencial para convencer os trabalhadores a participar do relacionamento empregatício e, portanto, para determinar a remuneração. A escravidão e o trabalho forçado eram as formas mais comuns de transação laboral na maioria das civilizações antigas, incluindo Grécia, Egito, Roma, vários impérios islâmicos e asiáticos e as mais conhecidas civilizações pré-colombianas.[40]

Em outras palavras, a própria noção de que os seres humanos podem vender serviços ou trabalho em um mercado livre é uma ideia notavelmente recente. Inversamente, embora quase todas as doutrinas socialistas e comunistas aleguem se opor à escravidão — incluindo a chamada escravidão assalariada, no caso dos marxistas —, a realidade do socialismo levado a sua conclusão lógica com frequência conduziu à escravidão na forma de trabalho forçado. As economias comandadas são somente isto: economias *comandadas.* A União Soviética, a Alemanha nazista, a China comunista e a Coreia do Norte empregaram amplamente o trabalho forçado. O sistema *laogai* chinês foi criado na década de 1950, seguindo o modelo do gulag soviético. *Laogai* significa reforma a partir do trabalho, e a ideia ostensiva era criar comunistas comprometidos ao forçá-los ao doutrinamento com o auxílio do trabalho extenuante. O sistema se tornou um centro de lucros para os líderes do partido e existe até hoje, embora o governo tenha abandonado o nome *laogai* em favor de *jianyu*, ou "prisão". Mas a prática persiste. Na década de 2000, revelou-se que os administradores continuavam a lucrar com os prisioneiros, mesmo depois de eles terem trabalhado até a morte, ao vender seus órgãos.[41]

O fato de a China ter continuado a empregar trabalho escravo mesmo depois de adotar o "capitalismo" não se deve ao capitalismo propriamente entendido, mas ao autoritarismo. Os regimes autoritários podem ter lucro, mas isso não os torna sistemas de livre mercado. Os escravagistas do sul ficaram muito ricos, mas todos os outros permaneceram pobres — ou escravizados — porque lhes foi negado o escopo total de liberdade e direitos necessário para que o capitalismo funcione. É bom que a China tenha adotado alguns princípios de mercado, porque a história demonstra que o desenvolvimento de uma classe média forte cria a demanda por um governo responsivo e responsabilizável. Contudo, a China não será um país livre enquanto o Partido Comunista não estiver na pilha de cinzas da história, que é seu lugar. Por enquanto, ela deve ser entendida como aristocracia autoritária *de facto*, como veremos.

Os discípulos do bom selvagem e os igualitários radicais não são os únicos eleitorados contrariados pela realidade da natureza humana. Os defensores do livre mercado costumam ser confrontados pelo inconveniente fato de que *Homo sapiens* e *Homo economicus* não são sinônimos.

A expressão *Homo economicus*, homem econômico, emergiu como criticismo a John Stuart Mill e outros pensadores, que foram vistos — em geral de modo injusto, particularmente no caso de Adam Smith — como reduzindo os seres humanos a seres econômicos puramente racionais e maximizadores de lucros. Não tenho certeza de que Mill realmente acreditava que o homem era puramente um maximizador de lucros, e tenho certeza de que Smith não acreditava. Em outras palavras, *Homo economicus* é um daqueles termos, como "darwinismo social", com poucos aderentes, se algum, mas especialmente úteis como epítetos intelectuais. Mill deixou bastante claro que sua definição do homem como maximizador de lucros estava ligada ao estudo da economia:

> A geometria pressupõe uma definição arbitrária de linha, "que possui comprimento, mas não largura". Da mesma maneira, a economia política pressupõe *uma definição arbitrária de homem, como ser que invariavelmente faz aquilo a partir do que pode obter a maior quantidade de necessidades, conveniências e luxos com a menor quantidade de trabalho e autonegação física com que podem ser obtidos no estado atual de conhecimento* [ênfase minha].[42]

Um especialista em futebol teria uma definição de *Homo footballis* que ignoraria o que os jogadores fazem fora de campo. É escandaloso que um economista tenha uma definição de ser humano contingente à atividade econômica?

Mesmo assim, é verdade que, historicamente, muitos economistas e ideólogos do livre mercado observaram o comportamento econômico através das estreitas lentes da economia. E, para ser justo, o marxismo também tem a tendência de reduzir tudo a questões econômicas. O antigo adágio "se você só tem um martelo, todo problema parece um prego" parece pertinente. Alguns ideólogos do livre mercado frequentemente soam como se acreditassem no *Homo economicus*.

De qualquer modo, o fato é que os seres humanos não são definidos pela busca do lucro, mesmo que frequentemente o busquem. Muitos críticos acham a ideia de "homem econômico" um espantalho útil em suas acusações ao capitalismo, porque, ligada à ideia de homem econômico, está a ideia de que "a ganância é boa", nas palavras do espantalho de Oliver Stone, Gordon Gekko, no filme 1987, de *Wall Street: poder e cobiça*.

Sempre que encontramos essas questões, é justo dizer que tendemos a pensar que os seres humanos são motivados pela ganância financeira muito mais do que realmente são. A ganância certamente é um item básico da natureza humana, mas a ganância por dinheiro só passou a existir após a invenção do dinheiro — o que, em termos evolutivos, não faz muito tempo.

As pessoas razoáveis decerto concordam que a ganância é mais antiga que o dinheiro. Podemos ver com facilidade por que evoluiu a ganância por comida e outros recursos básicos. Podemos imaginar incontáveis circunstâncias na história humana nas quais o altruísta morreu de fome, ao passo que o ganancioso sobreviveu e, portanto, passou adiante seus genes.

Porém, assim como a ganância — ou cobiça —, o altruísmo é natural. Sem altruísmo, é improvável que a raça humana tivesse chegado tão longe. O altruísmo pode ser motivado pela compaixão, outra tendência humana universal. Mas também está intimamente relacionado à troca de presentes, à reciprocidade e à cooperação. Muito antes de haver moedas, a economia do homem primitivo era governada pela troca de presentes e pela reciprocidade: eu faço uma coisa para você e você faz uma coisa para mim. Eu lhe dou um pedaço de carne e você me ajuda a me defender do perseguidor que tenta me roubar. (A economia social das prisões — discutivelmente a mais próxima do estado natural na sociedade moderna — funciona de acordo com esses princípios.) Richard Leakey e Kurt Lewin atribuíram a essência da sobrevivência da espécie humana à concepção de reciprocidade. Pequenos bandos dos primeiros seres humanos só puderam sobreviver ao aprender a partilhar recursos "em uma rede honrada de obrigações".[43] Uma descoberta bem estabelecida da antropologia, da psicologia e da sociologia é o fato de que as pessoas que violam as normas de reciprocidade são evitadas pelo grupo mais amplo. Mesmo entre organizações criminosas — gangues prisionais, máfia etc. —, as regras de reciprocidade devem ser honradas no interior do grupo. As pessoas que mais aderem a essas normas — os generosos, os filantropos etc. — são admiradas e costumam ser dotadas de autoridade, política ou moral, sobre as outras. Os "grandes homens" que lideravam as sociedades primitivas com frequência obtinham seu status pela percebida justiça com que distribuíam recursos entre o grupo.[44]

O que nos leva à admiração. É claro que, com todo o restante sendo igual, as pessoas preferem ser ricas a pobres. Mas o que querem ainda mais é ser admiradas, respeitadas e valorizadas. Adam Smith entendeu isso — e tantas outras coisas sobre a natureza humana — em *A teoria dos sentimentos morais*:

O homem naturalmente deseja não apenas ser amado, mas ser amorável, ser aquela coisa que é o objeto natural e apropriado do amor.

> Ele naturalmente teme não somente ser odiado, mas ser odioso, ser aquela coisa que é o objeto natural e apropriado do ódio. Ele deseja não somente elogios, mas ser elogiável, ser aquela coisa que, embora não seja elogiada por ninguém, é o objeto natural e apropriado do elogio. Ele teme não somente a culpa, mas ser culpável, ser aquela coisa que, embora não seja culpada por ninguém, é o objeto natural e apropriado da culpa.[45]

O desejo de ser admirado está programado em nós, assim como nos chimpanzés. Até onde posso dizer, não há debate sobre isso entre as diversas disciplinas que estudam tais coisas. Mas os pesquisadores focam menos no desejo de admiração e mais na ideia de "status". O status é a essência da política dos chimpanzés, como argumentou persuasivamente Frans de Waal em seu livro *Chimpanzee Politics: Power and Sex Among Apes* [Política dos chimpanzés: poder e sexo entre macacos].[46] Seria estranho alguém que acredita na evolução pensar que algo central na vida de nossos primos genéticos mais próximos é irrelevante para nós.

Os sociólogos distinguem entre dois tipos de status em todas as sociedades humanas: atribuído e adquirido. O "status atribuído" se refere àquilo com que você nasce. A realeza é o exemplo quintessencial de status atribuído: a crença de que algumas pessoas nascem em situação melhor ou pior graças a sua linhagem ou seus pais. Em numerosas sociedades, com a Índia provavelmente sendo a mais famosa, toda a população estava dividida em diferentes categorias de status atribuído, chamadas castas. Essas castas estabeleciam os parâmetros aceitáveis de praticamente todo evento significativo da vida, incluindo os lugares onde viver, com quem se casar e mesmo que tipo de ocupação ter. O sistema de castas da Europa talvez tenha sido menos austero, mas não era menos obrigatório, com categorias de servos, camponeses, nobreza e outras classificações do valor humano inato.

Uma das maiores e menos apreciadas realizações da Revolução Americana foi a decisão de abolir tais coisas. Uma boa razão para ela ser tão pouco apreciada é o fato de que mantivemos outra versão de status atribuído: a escravidão. Na tradição romana, os escravos não eram nascidos, mas criados. O filho de um escravo não herdava seu status. No sul dos Estados Unidos, os defensores da escravidão perceberam que essa tradição comum de escravidão era incompatível com seu sistema e adotaram a noção aristotélica de que algumas pessoas simplesmente são escravas por natureza, tornando a escravidão um status atribuído.[47]

Embora tenhamos abandonado o status formal, legal e atribuído nos Estados Unidos, o desejo por status ainda é um fato de nossas vidas. Se você teve uma experiência típica no ensino secundário, sabe que a busca por status é a própria essência da vida social adolescente. Os adolescentes não falam de status, mas de popularidade, embora essa não seja uma distinção significativa. As panelinhas são puramente uma questão de status. Assim como as competições frequentemente mesquinhas e cruéis que definem a política dos vestiários e playgrounds. O mesmo vale para as prisões.

Mais amplamente, só precisamos olhar para o continuado sucesso das dinastias políticas para ver que o status herdado ainda desempenha grande papel em nossa cultura. Kennedy, Bush, Clinton, Roosevelt, Romney — atribuímos status aos filhos das pessoas famosas, cujo valor e honra não foram adquiridos por suas próprias ações. Em termos de marketing, certos sobrenomes e linhagens se tornaram um tipo de título herdado, embora hoje chamemos isso de "marca".

Esse é ainda mais o caso fora da política. Falamos de maneira casual sobre a "realeza de Hollywood", sem entender de fato o que queremos dizer com isso. Preocupado com minha alma imortal, jurei jamais escrever sobre as Kardashian, mas acho que não coloco minha alma em perigo simplesmente por observar que tratamos aquele bando ridículo de desmioladas e desmazeladas como algum tipo de pequena nobreza das celebridades.[48]

Isso é natural. Toda família tem em si uma centelha de ambição dinástica. Lembrei do sermão sobre a importância da família feito por Tywin Lannister a Jaime Lannister em *Game of Thrones*: "Sua mãe está morta. Em pouco tempo, eu estarei morto, e você, seu irmão, sua irmã e todos os filhos dela estarão mortos, apodrecendo no solo. É o nome da família que sobrevive. É tudo que sobrevive. Não sua glória ou sua honra pessoal, mas a família. Entende?"[49]

O status está intimamente ligado a nosso instinto natural por autoridade e hierarquia, encontrado em praticamente toda espécie animal que vive em grupos. Cães, galinhas e macacos têm ordens hierárquicas. Jonathan Haidt comenta que esses impulsos são tão intensos que se manifestam na linguagem. "O impulso de respeitar relacionamentos hierárquicos é tão profundo que muitas línguas o codificam diretamente", escreve ele. "Em francês, como em outras línguas latinas, os falantes são obrigados a escolher se se dirigirão a alguém usando a forma respeitosa (*vous*) ou a forma familiar (*tu*). Mesmo o inglês, que não incorpora status nas conjugações verbais, o incorpora em outros lugares. Até recentemente, os americanos se dirigiam a estranhos e superiores usando título mais sobrenome (srta. Smith, dr. Jones), ao passo que pessoas íntimas e subordinados eram chamados pelo nome. Se você já sentiu uma pontada de irritação quando uma vendedora o chamou pelo primeiro nome sem ser convidada ou uma pontada de estranheza quando uma pessoa mais velha e há muito reverenciada lhe disse para chamá-la pelo nome, então você já experimentou a ativação de alguns dos módulos que formam a fundação autoridade/subversão."[50]

O uso da palavra "fundação" se refere a uma parte da teoria das fundações morais formulada por Haidt e outros pesquisadores. Ele a explica no inovador *The Righteous Mind: Why Good People Are Divided by Politics and Religion* [A mente virtuosa: por que pessoas boas são divididas por política e religião]. Se ler o texto de Haidt e não terminar confiante de que há algo chamado "natureza humana", você pode muito bem parar de ler este livro.

A teoria das fundações morais afirma que há seis componentes nos sentimentos morais que formam a base de todas as formas de raciocínio moral. Eles são: cuidado, justiça, liberdade, lealdade, autoridade e santidade. A maneira como essas fundações são aplicadas e interagem explica todas as variações das culturas e sociedades humanas quando se trata de como definimos certo e errado.

De fato, a necessidade de normas de comportamento é outra faceta universal da natureza humana. Como vimos, há muita variabilidade nas normas que estabelecemos, mas a necessidade delas é uniforme em todas as sociedades. E certas regras básicas de conduta ou comportamento moral parecem ser universais e pré-racionais. Quando alguém fura a fila no supermercado, ocorre uma reação química em nossos cérebros que nos enche de raiva. Nossa reação costuma ser desproporcional ao dano que realmente nos foi causado. Isso porque evoluímos para considerar violações das normas muito mais graves do que são no Walmart ou Kroger locais. Uma violação das normas na savana africana podia ser uma questão de vida ou morte.

Paul Bloom afirma que a tendência inata e universal das crianças de delatar irmãos e colegas de classe parece ser uma forma inicial de imposição das normas. Um indicador-chave é o fato de que elas raramente inventam coisas ao delatar. Os psicólogos Gordon Ingram e Jesse Bering estudaram a delação infantil em uma escola de baixa renda em Belfast e descobriram que "a grande maioria das falas infantis sobre o comportamento de seus pares assumiu a forma de descrição de uma violação das normas".[51]

Em termos evolutivos, as normas importam porque são a base de toda cooperação. Se os homens primitivos vivessem vidas solitárias, como acreditava Thomas Hobbes, elas não importariam. Mas evoluímos em grupos, especificamente tribos. Sem cooperação, ainda seríamos uma espécie intermediária, não os principais predadores do planeta. E a cooperação é impossível sem normas ou regras. Pense por um momento e isso ficará óbvio. Um grupo de caça não pode trabalhar como grupo a menos que concorde com regras, incluindo linhas de autoridade. O que separa um exército de uma turba é que os soldados conhecem seu lugar e seus deveres, mesmo que não estejam sendo supervisionados.

O próprio Charles Darwin especulou que a cooperação — altruísmo, reciprocidade, consenso sobre normas e, acima de tudo, unidade — era a chave da sobrevivência humana. A tribo que trabalha junta sobrevive para passar seus genes adiante. "Se [...] uma tribo incluísse [...] membros corajosos, empáticos e fiéis, sempre prontos para avisar sobre o perigo, ajudar e defender uns aos outros", observou Darwin, "essa tribo sem dúvida seria mais bem-sucedida e conquistaria a outra."[52] A cooperação explica a evolução da linguagem, da religião, da guerra e de quase toda empreitada unicamente humana. Mas o impulso e o desejo de cooperar não são um fenômeno restrito à sociedade. A política, muito antes de termos a palavra "política", significava formar coalizões no interior do bando, da tribo ou de qualquer unidade social. Chimpanzés e seres humanos formam coalizões em torno de todo tipo de interesse. Essas coalizões são como subtribos, tão sujeitas à lógica de nós-*versus*-eles quanto a tribo como um todo em relação a um inimigo estrangeiro. Como veremos, a terrível condição de nossa política hoje é uma função dessa tendência, conforme os americanos se dividem em coalizões "tribais" contra outros americanos que só veem como "o outro".

A aderência às normas é impossível sem algum entendimento coletivo de que normas precisam ser impostas. O livro de Paul H. Robinson e Sarah

M. Robinson, *Pirates, Prisoners, and Lepers: Lessons from Life Outside the Law* [Piratas, prisioneiros e leprosos: lições da vida do lado de fora da lei], demonstra de maneira brilhante e, para mim, incontroversa como noções de punição e retribuição são não apenas universais (um ponto relativamente incontroverso), como também absolutamente necessárias à cooperação. Isso é muito mais controverso. Um número crescente de criminologistas e eticistas vê a punição como ilegítima e perigosa. David Garland, professor de sociologia e direito da Universidade de Nova York, insiste: "É somente o processo convencional de socialização (moralidade e senso de dever internalizados, incentivos e recompensas à conformidade, redes práticas e culturais de expectativas e interdependências mútuas etc.) que se mostra capaz de promover a conduta adequada em bases consistentes e regulares."[53] Outro acadêmico afirma que "a instituição da punição criminal é ética, política e legalmente injustificável [...] [Uma] sociedade preocupada em proteger todos os seus membros das violações de suas reivindicações de direitos deveria se basear em instituições que não a punição criminal".[54]

Entretanto, como demonstram os Robinson, com exaustivas citações de pesquisas psicológicas e registros históricos, a cooperação é insustentável sem algum tipo de sanção contra aqueles que não cooperam. Se você e nove amigos receberem a tarefa de cavar uma vala sob o sol quente com a promessa de que, ao fim do dia, receberão uma bela refeição, por quanto tempo você tolerará que um caronista fisicamente capaz fique sentado à sombra de uma árvore enquanto você labuta em desconforto? Quão provável será que o grupo inclua o preguiçoso na refeição ao fim do dia? Incontáveis experimentos de laboratório e da vida real demonstram que o caronista será punido, certamente com desprezo e em geral com exclusão da recompensa.

Esse instinto de impor as normas grupais se manifesta por toda parte, das tribos primitivas às equipes esportivas e mesmo, como demonstram os Robinson, em comunas hippies utópicas nas quais todo mundo supostamente é livre para se dedicar a suas excentricidades. Sempre que o instinto não é imposto por uma autoridade central ou pelo próprio coletivo — ou por ambos —, a unidade se desintegra. Mesmo o jovem Bernie Sanders foi expulso de sua comuna porque estava menos interessado em realizar o trabalho do socialismo que em conversar sobre a necessidade dele.[55]

E assim passamos à faceta final, crucial, da natureza humana: o sentido. Somos criadores de sentido. O que quero dizer com "sentido"? Simplesmente que temos a tendência natural de imbuir coisas, práticas, pessoas, eventos, ideias e tudo mais a nosso redor com um significado para além do racional e material. Considere o sentido que investimos na comida. O jantar em família, dividir o pão com velhos amigos, Ação de Graças — investimos nessas coisas muito mais sentido que a necessidade de sustento. Há vasta literatura antropológica e sociológica dedicada ao papel que a alimentação desempenha em toda cultura. A forma primária do que os cientistas sociais chamam de "troca de presentes" foi, até muito recentemente, a partilha de alimentos.[56]

Durante milênios, a comida — sua preparação, bênção, partilha — foi a base da sociedade. Muitos importantes feriados religiosos do judaísmo, do cristianismo e do islamismo envolvem comida, na forma de consumo comunitário ou abstenção comunitária. De fato, quando algumas denominações cristãs recebem a *comunhão* — ou seja, não somente se unem à comunidade de cristãos, mas entram no corpo da própria Igreja —, elas o fazem comendo a carne transubstanciada de Jesus. Dependendo da denominação, trata-se de um momento solene ou celebratório, mas, em todos os casos, o significado é maior que meramente engolir "meu biscoitinho", nas palavras de Donald Trump.[57]

Em sociedades de subsistência, um grande banquete unia todos os aspectos da vida. Era uma celebração, uma causa para dar graças e um entretenimento. Era a pedra angular da política: a autoridade do Grande Homem derivava, em grande parcela, da maneira como distribuía os alimentos aos membros do clã ou da tribo durante tais reuniões. Também era uma ferramenta vital da diplomacia. A paz com a tribo inimiga costumava ser negociada e celebrada com um banquete. Os casamentos, uma das ferramentas centrais das alianças, eram efetivados e solenizados com um grande festim.[58]

A Bíblia hebraica está repleta de incontáveis regras sobre que tipo de animais podemos comer, como eles devem ser preparados etc. A mente moderna contempla tais regras e diz "Ah, era uma questão de higiene" ou algo assim. Mas isso é olhar para a árvore e não ver a floresta. Sem dúvida, a higiene teve papel em tais normas, mas dizer que *Kashrut* ("kosherismo") é somente a versão antiga de uma placa dizendo "os funcionários devem lavar as mãos" é absurdo. Antes da revolução científica, nós não compartimentalizávamos o sentido como fazemos hoje.

Pense nisso da seguinte maneira. Para algumas tribos primitivas, uma árvore era muitas coisas: fonte de combustível, recurso para fabricar abrigos e ferramentas, brinquedo para as crianças, talvez fonte de alimento e manifestação de alguma entidade ou propósito divino. Separar as maneiras práticas de ver a árvore das maneiras transcendentais é uma invenção moderna. Na extensão em que qualquer um acredite que somos simplesmente *Homo economicus* e nada mais, esse alguém cega a si mesmo para o vasto escopo de sentido que não pode ser reduzido a *inputs* econômicos.

Ernest Gellner argumenta que, na transição para a modernidade, perdemos algo que definia como os seres humanos viam o mundo até trezentos anos atrás.[59] Costumávamos empilhar sentido sobre sentido, como uma folha de filme colorido sobre a outra. Utilidade e sacralidade, hábito e ritual, conveniência e tradição, metáfora e fato: cada camada repousava sobre a seguinte, produzindo uma única lente através da qual víamos o mundo. A revolução científica mudou isso. Agora seguramos cada folha de filme separadamente e olhamos para o mundo através dela. Temos uma folha para a religião. Outra para os negócios. Outra ainda para a família. Seguramos cada uma delas como uma lente de aumento especial e separada para cada espécime.

Essa divisão do trabalho mental ajudou a produzir enorme prosperidade, curar doenças, reduzir a violência e liberar a humanidade de milênios de superstições que impediam os indivíduos humanos de atingir seu potencial.

No entanto, também produziu enormes desafios, porque essa maneira de ver o mundo não é natural. A tendência moderna de colocar diferentes aspectos da vida em diferentes silos — religião aqui, entretenimento ali, comida acolá, política adiante — é totalmente alienígena à maneira como o homem evoluiu para viver. Em nosso habitat evolutivo natural, empilhamos sentido em cima de sentido. A família é um laço sagrado, mas também um mecanismo de sobrevivência. A comida é sustento, mas também uma oportunidade de comunhão e sacralização. A política não é um mecanismo artificial ou uma esfera separada da vida, bloqueada da religião, da sobrevivência ou da comunidade, mas o modo como cada questão importante da vida cotidiana é respondida e como Deus, os deuses ou nossos ancestrais queriam que vivêssemos — tudo ao mesmo tempo.

Ao separar os diferentes sentidos da vida, cada um deles parece diluído, menos abrangente e recompensador. Sentimos falta da unidade da mente pré-iluminista. E ansiamos para restaurar sentido onde ele não existe. Queremos pôr fim à divisão do trabalho e encontrar modos de vida "autênticos" e "holísticos". Adotamos ideologias que prometem unidade, que seremos todos parte da mesma família ou tribo. Seguimos líderes de esquerda e de direita que prometem derrubar os muros e acabar com a divisão — mas sempre em nossos termos. Grande parte da retórica sobre os males do dinheiro e do "sistema capitalista" não trata realmente do dinheiro, mas do quanto nossas vidas foram despedaçadas por essa divisão entre trabalho físico e espiritual, banindo do cotidiano o êxtase da transcendência. Isso, em resumo, é o temperamento romântico. O romântico quer derrubar os muros das vidas compartimentalizadas e restaurar uma sensação de unidade sagrada ou patriótica de sentido e propósito.

No entanto, só porque a mente moderna compartimentaliza mais que a antiga, isso não significa que os muros sejam tão altos ou reforçados quanto pensamos. Eles estão sendo derrubados todos os dias, em nossas próprias mentes e na comunidade mais ampla. Isso porque nosso homem tribal interno não gosta deste mundo e está desesperado para voltar ao lugar de onde veio. O problema é que buscar tal unidade em todas as coisas é o primeiro passo para deixar o Milagre da modernidade. O desejo de descompartimentalizar cada faceta da vida — trabalho, família, política, economia, arte etc. — é reacionário. É uma tentação totalitarista e uma corrupção da civilização na qual temos a bênção de viver. E é absolutamente natural.

DOIS

CORROMPENDO O MILAGRE: QUANDO A NATUREZA HUMANA REAGE

Naturam expelles furca, tamen usque recurret. ("Você pode expulsar a natureza com um forcado, mas ela continuará a voltar.")

— HORÁCIO[1]

A liberdade é algo frágil e nunca está a mais de uma geração da extinção. Não é nossa por herança; cada geração deve lutar por ela e defendê-la constantemente, pois ela só ocorre uma vez para um povo. Aqueles que a conheceram e perderam jamais a conheceram novamente.

— RONALD REAGAN, 1967[2]

No romance clássico de William Golding, *Senhor das moscas*, um grupo de estudantes britânicos se perde em uma ilha deserta. Em certos aspectos, esses adolescentes são o pináculo da civilização ocidental. Mas, sem supervisão, quase instantaneamente se esquecem das regras da sociedade. Transbordando de testosterona, adrenalina e todas as confusões sexuais da adolescência, eles regridem aos primitivos mecanismos instintivos. Formam coalizões não somente para caçar, mas também para obter status, segurança e poder. Tornam-se tribais, cruéis e supersticiosos. Em sua paranoia, criam um demônio que tanto temem quanto idolatram. Eles enfiam a cabeça apodrecida de um porco em uma estaca, chamam-na de o "senhor das moscas" (a tradução literal de "Belzebu")[3] e a idolatram como seu deus. Mas a besta explica ao gentil e obstinadamente civilizado Simon que a cabeça de porco não é a besta real. A besta não é "algo que você poderia caçar e matar", porque a besta real reside no interior das próprias crianças.[4]

Essa besta interna é a natureza humana. Ela não pode ser morta, somente domada. E, mesmo então, vigilância constante se faz necessária.

A história da civilização é, bastante literalmente, a história de domar, dirigir, canalizar ou refrear a natureza humana. É a natureza humana que pega o que você quer, particularmente de estranhos, se você puder se safar. É a natureza humana que mata — novamente, particularmente estranhos — se você não gosta de alguém ou se sente ameaçado por ele. É a natureza humana que concede favores à família e aos amigos. As civilizações — todas elas — estabelecem regras de um tipo ou outro para dirigir ou canalizar a natureza humana para fins produtivos. O que conta como fim produtivo evoluiu com o tempo. Durante a maior parte dos últimos 10 mil anos, os fins produtivos eram definidos como "aquilo que é bom para os governantes". Desde o Iluminismo, a definição foi aprimorada. As ideologias modernas do socialismo, do nacionalismo e da democracia afirmam que os fins de uma sociedade justa devem ser a melhoria do "povo". Porém, com a natureza humana sendo como é, as elites de todas as sociedades costumam encontrar maneiras de se beneficiar. E as definições de "povo" com frequência se mostram bastante seletivas.

Quando um político usa seu poder e sua autoridade para obter ganhos pessoais, chamamos isso de "corrupção". E está certo. Esse entendimento da corrupção, no entanto, é somente o pequeno tentáculo de uma besta maior. O significado mais antigo e mais autêntico de "corrupção", de acordo com o *Oxford English Dictionary*, é: "A destruição ou estrago de algo, especialmente pela desintegração ou decomposição, com a relacionada, insalubre e repugnante putrefação."[5]

Esse entendimento da corrupção já foi central para nossa visão de mundo e de nosso lugar nele. A frase "das cinzas às cinzas e do pó ao pó" não está na Bíblia — ela vem do Livro de Oração Comum —, mas essa era a ideia.[6] Gênesis 3:19 vai ao âmago da questão: "No suor do teu rosto comerás o teu pão, até que te tornes à terra; porque dela foste tomado; porquanto és pó e em pó te tornarás." Hamlet comenta que "pode-se pescar com um verme que tenha corroído um rei e comer o peixe que se alimentou desse verme".[7]

Antes da revolução científica, a corrupção era mais que uma metáfora em nossas vidas cotidianas. Os cortes e arranhões do dia a dia podiam levar à morte se infeccionassem. Sem refrigeração, a comida não defumada começava a estragar quase imediatamente. A madeira, um material de construção universal, sempre perdia a batalha contra a deterioração e a decomposição. Como conter o poder corruptor da natureza era uma obsessão da vida cotidiana. Pense sobre o que queremos dizer quando falamos de sociedades, civilizações ou impérios "decadentes". "Decadente" vem do latim medieval *decadentia*, significando degradar ou degradação. Uma civilização degradada, como uma casa degradada, é uma que cedeu às forças naturais da entropia.

Desde as primeiras sociedades que podiam chamar a si mesmas de "civilizadas", o trabalho dos decisores políticos — fossem reis, padres, legisladores ou burocratas — era evitar o poder corruptor da natureza humana. Quando a lei dos homens desaparece ou perde força, a lei da natureza retorna rapidamente.

Isso é mais óbvio quando as pessoas recorrem à violência. Quando um partidário político ou um zelote religioso pega uma arma e sai matando pessoas, todos compreendemos intuitivamente que a violência representa um enorme recuo. Mas essa linguagem é inadequada. Trata-se na verdade de uma forma de deterioração, uma regressão à crueldade, uma expressão da selvageria natural da humanidade.

Um slogan feminista comum é que os homens devem ser "ensinados a não estuprar". Alguns parecem acreditar que essa é uma posição contra algum campo de pedagogia pró-estupro. Mas, em seu sentido mais simples, as feministas estão certas: os homens precisam ser ensinados a não estuprar porque o estupro é natural. O estupro foi considerado, por incontáveis sociedades, a extensão natural da conquista militar. Quando os ianomâmis capturam uma mulher, todo o grupo de ataque a estupra. Então ela é levada ao vilarejo, onde qualquer um que queira estuprá-la pode fazê-lo. Em seguida, ela é forçada a se casar com um dos homens da tribo.[8]

Em seu artigo "Explaning Wartime Rape", Jonathan Gottschall, estudioso desse grave tema, revisa a prevalência e ubiquidade do estupro durante as guerras e conclui: "Em resumo, as evidências históricas e antropológicas sugerem que, no contexto da guerra, o estupro é uma prática humana antiga e que prevaleceu obstinadamente em uma concatenação espantosamente diversa de sociedades e épocas humanas."[9]

É significativo que tanto o estupro quanto sua proibição sejam universais em todas as sociedades. Não era uma questão de moralidade, mas de ética situacional. Tudo dependia de quem era estuprado e por que razão. Mesmo entre os !kungs e os ianomâmis, o estupro *no interior* da tribo, família ou bando em geral era considerado tabu. Mas o estupro — ou assassinato — *do Outro* era não meramente tolerado, mas celebrado. As mulheres eram espólios legítimos de guerra, desde os tempos pré-históricos até anteontem, em todo canto do globo.[10]

Fala-se muito sobre a "cultura de estupro" nos Estados Unidos, como se, de algum modo, fôssemos tolerantes a ele. Como deveríamos ter zero tolerância ao estupro, essa alegação é, em um sentido bastante estrito, verdadeira. Mas a realidade é que os Estados Unidos — e o Ocidente de maneira geral — são menos tolerantes com o estupro que qualquer outra sociedade da história humana.

Quando digo que o estupro é natural, não quero dizer que todos os homens estão igualmente dispostos a estuprar. Ele certamente era mais fácil para alguns homens pré-históricos que para outros. E o estupro — como a violência em geral — é muito mais prevalente entre os homens. Meu ponto é que as normas sociais contra o estupro são invenções modernas, constructos artificiais de nossa civilização. Isso não significa que essas normas sejam ruins; isso as torna importantes, nobres e dignas de proteção.

O ponto-chave, todavia, é que, quando testemunhamos o mal do estupro, uma parte de nós o reconhece pelo que é. Ele não é uma expressão da cultura capitalista, mas uma regressão ao self mais básico do homem. Muito antes de o feminismo assumir a luta contra o estupro, a civilização já trabalhava para torná-lo inaceitável. O estupro é uma manifestação tangível da corrupção do comportamento civilizado. Se você quer retornar ao tempo do mítico bom selvagem, você quer retornar a um tempo no qual o estupro era uma parte rotineira e aceitável dos assuntos humanos.

Uma ferramenta-chave para fazer com que os seres humanos joguem por regras mais nobres que as da selva é a ideia de virtude. Definições de virtude variam com o tempo e o lugar, mas estão unidas pela ideia de que pessoas virtuosas aderem a um código moral acima do mero egoísmo. A virtude requer a negação dos instintos mais básicos — ou seja, da natureza humana —, e fazer isso é certo. É por isso que C. S. Lewis argumentou que "coragem não é simplesmente *uma* das virtudes, mas a forma de toda virtude na hora do teste".[11] Ou, como disse John Locke, "a fortidão é a guarda e o apoio das outras virtudes".[12] Em resumo, a virtude exige esforço.

"O recurso do homem em face do destino e das circunstâncias cegas era sua virtude", escreve Arthur Herman. "Originalmente, *virtus* significava coragem em batalha, mas passou a incluir principalmente integridade em todas as esferas da vida. A virtude era a força interna necessária para superar 'as pedras e flechas da ultrajante fortuna', como disse Shakespeare, e forjar seu próprio destino."[13] Em outras palavras, a virtude já não era somente coragem em batalhas militares, mas coragem na batalha contra a natureza humana. Nenhum princípio é verdadeiramente mantido, a menos que tenha um preço.

Ao menos até o surgimento das modernas doutrinas de progresso — whiggismo, hegelianismo, marxismo e progressismo em geral —, que partilham a fé teleológica no inevitável aprimoramento humano, o poder metafórico da corrupção e dos ciclos eternos da vida informavam quase toda literatura, filosofia, teologia e, ainda mais importante, a vida cotidiana. Ele explicava por que quase toda sociedade acreditava que as civilizações espelhavam as idades do homem. Era a nota de rodapé de toda explicação sobre por que o amor se desvanece, a fé fraqueja e o homem decepciona Deus.

Um dos tropos mais estúpidos das pessoas inteligentes é a noção de que a ciência moderna depôs o homem como "centro do universo".[14] John Bargh, de Yale, afirma que Galileu "removeu a Terra de sua posição privilegiada no centro do universo". A *Britannica Concise Encyclopedia* nos diz que "o destronamento da Terra como centro do universo causou profundo choque".

É moderno o conceito de que o centro é lugar de privilégio e honra. Como escrevi em meu último livro, "antes de Copérnico, o consenso entre cientistas e teólogos ocidentais era de que, de acordo com Aristóteles, a Terra era ou estava na abertura anal do universo, literalmente".[15]

Em 1486, o importante filósofo Giovanni Pico escreveu seu *Discurso sobre a dignidade do homem*, comumente chamado de manifesto da Renascença italiana. E comentou que a Terra reside nas "partes excrementais e sujas do baixo mundo". Dois séculos antes, Tomás de Aquino concluíra que, "no universo, a Terra — que todas as esferas circundam e que, quanto ao lugar, está no centro — é o mais material e grosseiro de todos os corpos". No *Inferno* de Dante, o círculo mais baixo do inferno é o centro exato do planeta, que o historiador Dennis Danielson descreve como "centro morto do universo".[16]

Em resumo, este fétido mundo era não meramente corrupto, mas corruptor. O ideal, o puro, o verdadeiro estavam no outro mundo, e o homem de virtude e integridade lutava contra as tentações vulgares, naturais, que desviavam seus olhos do que era bom e nobre.

"Porque eu sei que depois da minha morte certamente vos corrompereis, e vos desviareis do caminho que vos ordenei", disse Moisés aos israelitas. "Então este mal vos alcançará nos últimos dias, quando fizerdes mal aos olhos do Senhor, para o provocar à ira com a obra das vossas mãos."[17]

Na Epístola de Tiago, Jesus proclama: "Adúlteros! Vocês não sabem que amizade com o mundo é inimizade com Deus? Quem quer ser amigo do mundo se torna inimigo de Deus."[18]

Padres católicos, freiras e monges viram as costas às tentações mundanas porque elas são o caminho para a corrupção.

A ideia de que a natureza humana está corrompendo tudo que é divino, nobre ou bom não é meramente o tema de filósofos e teólogos. Ela tem sido o problema central da política e da administração desde a revolução agrícola.

Em *As origens da ordem política*, Francis Fukuyama demonstra que há certos traços universais em todas as sociedades humanas, características fixas da condição humana com as quais as ordens políticas precisam trabalhar, em vez de negá-las ou apagá-las, a fim de obter sucesso. A primeira delas é:

> aptidão inclusiva, seleção de parentesco e altruísmo recíproco são modos padronizados de sociabilidade. Todos os seres humanos gravitam

na direção de favorecer familiares e amigos com os quais trocaram favores, a menos que fortemente incentivados a agir de outro modo.[19]

Sem "fortes incentivos contrários", argumenta Fukuyama, "a propensão humana natural de favorecer a família e os amigos — algo a que me refiro como patrimonialismo — se reafirma constantemente."

Ele acrescenta que "grupos organizados — mais frequentemente de ricos e poderosos — se entrincheiram com o tempo e começam a exigir privilégios do Estado. Particularmente quando a um prolongado período de paz e estabilidade se segue uma crise financeira e/ou militar, esses grupos patrimoniais entrincheirados intensificam sua influência ou impedem que o Estado responda adequadamente".[20] Os detalhes variam, mas os temas permanecem constantes. As elites sucumbem às tentações da natureza humana e, em função de sua corrupção, a civilização perde a integridade que tornava possível a grandeza.

Essa observação, feita na linguagem das ciências sociais, pode ser encontrada na poesia de Shakespeare (particularmente nas peças romanas), em incontáveis lições da Bíblia e em quase toda história de quase todo império caído. Mancur Olson escreve:

> Muitos ficaram intrigados com o misterioso declínio ou colapso de grandes impérios ou civilizações e pela notável ascensão à riqueza, ao poder ou às realizações culturais de povos anteriormente periféricos ou obscuros. O colapso do Império Romano do Ocidente e sua derrota por tribos dispersas que, de outro modo, não teriam nenhuma importância é um de muitos exemplos enigmáticos. Em repetidas ocasiões, os imponentes impérios da China decaíram a ponto de se tornar vítimas de povos muito menos numerosos ou sofisticados, como os mongóis, ou de levantes de camponeses pobres em províncias remotas. O Oriente Médio fornece vários exemplos de impérios caídos, assim como as civilizações indígenas da Mesoamérica; mesmo antes de o Império Asteca ser destruído por um pequeno contingente de espanhóis, muitos impérios e culturas parecem ter sido suplantados por tribos previamente obscuras, com suas grandes pirâmides ou cidades abandonadas à natureza. O padrão não foi muito diferente nos Andes, em Angkor Wat e outros lugares.[21]

Esse padrão, como ele comenta, era bem conhecido quando Heródoto começou a escrever. "A maioria das cidades anteriormente grandiosas se tornou insignificante, e aquelas que no presente são poderosas eram fracas em tempos antigos. Assim, discursarei igualmente sobre ambos os tipos, convencido de que a felicidade humana jamais dura muito tempo em um único período."[22]

Historiadores e cientistas políticos focam nas elites por razões perfeitamente compreensíveis: por definição, é nelas que reside o poder. Do mesmo modo que as pessoas roubam bancos porque é lá que está o dinheiro, os que estudam o poder estudam aqueles que o detêm. (Além disso, as elites tendem a deixar registros escritos de seus atos, o que torna possível estudá-los. Mesmo as "histórias sociais" de grupos marginais dependem intensamente das evidências deixadas por seus mestres, empregadores e governantes.)

Mas essa ênfase pode distorcer nosso entendimento das coisas. Se entendemos a história das civilizações decadentes como puramente a história das elites corruptas, é natural acreditar que o problema está nas elites. Isso leva a muitas fantasias sobre "movimentos populares" imunes aos pecados e tentações que definem os ricos e poderosos. Mas as elites são compostas de seres humanos, seguindo-se que os problemas das elites são problemas dos próprios seres humanos. As civilizações também podem morrer quando as massas são corruptas.

Hoje, fervilha uma lenta febre jacobina contra os assim chamados 1%. Essa insípida descrição das elites econômicas é logicamente absurda, pois é um fato matemático que sempre haverá uma camada de 1% no topo. Um Bernie Sanders com tendências stalinistas poderia, em teoria, liquidar os 1% no topo e, nesse mesmo ato, criar 1% inteiramente novo. Remova o último andar de um edifício e o andar de baixo se tornará o último. A única maneira de assegurar que não há último andar é destruir toda a estrutura.

Poderíamos substituir o escalão econômico superior por uma amostra aleatória de quadros mais amplos dos 99% abaixo. Existe qualquer depoimento convincente, com exceção dos ouvidos nos campi marxistas e na música folclórica, que persuadiria uma pessoa razoável de que os mesmos problemas que afligem o 1% atual não infectariam rapidamente o novo 1%? Conheça o novo chefe, que é igual ao antigo.

Os donos das mercearias de bairro empregam seus filhos e sobrinhos com tanta certeza sobre a correção do que estão fazendo quanto os administradores de fundos hedge e magnatas imobiliários de Nova York. Na verdade, eles provavelmente se sentem mais justificados, pois a loja do pai e da mãe não conta com uma equipe de advogados e fiscais de conformidade encarregada de evitar as corrupções do nepotismo. Empregar o filho no negócio da família — fazenda, loja, tanto faz — parece totalmente natural porque é.

De fato, o nepotismo é uma boa ilustração do conflito eterno entre civilização e natureza humana. A palavra em si é instrutiva. Ela deriva do italiano *nepotismo*, retirado do latim *nepos*, que significa "neto" e é a raiz de *nephew* [sobrinho].[23]

A luta da Igreja católica contra o nepotismo durou séculos. Esperava-se que os padres seguissem da melhor maneira possível a admoestação bíblica de não se tornar "amigos deste mundo", a fim de poder servir melhor à Igreja. Jesus levou uma vida casta e jamais se casou. Paulo instruiu seus seguidores a ser celibatários sempre que possível.[24] E os cristãos, principalmente os líderes da Igreja, eram instruídos a ser tão parecidos com Cristo quanto possível. Mesmo assim, durante mil anos, não houve uma regra uniforme de celibato clerical na Igreja ocidental[25] (e os padres do sexo masculino podem se casar nos ritos das igrejas orientais, mas somente antes de se tornarem padres). Como os seres humanos tendem a fazer, os padres costumam colocar seus próprios desejos ou as necessidades de suas famílias acima da Igreja. Vários concílios os aconselharam a ser celibatários e não ter filhos como medida para combater a imagem de autoindulgência e corrupção clerical, mas, na maior parte do tempo, não foram obedecidos.

Com o tempo, o clero se tornou uma aristocracia paralela. Os padres deixavam propriedades para seus filhos e construíam coalizões e dinastias no interior da Igreja. Em resposta, no século XI o papa Benedito VIII proibiu que os filhos de padres herdassem propriedades.[26] Foi somente no Segundo Concílio de Latrão, em 1139, que a Igreja proibiu totalmente o casamento de clérigos.[27]

Embora tais decisões tenham se provado relativamente efetivas na hierarquia clerical mais baixa, repetiu-se a história, antiga como o tempo, das elites no topo se isentando das regras que aplicavam aos outros. Os cardeais cediam a seus desejos carnais. Os bispos expandiam suas riquezas e propriedades. E mesmo os papas tendiam a criar suas próprias "dinastias papais". Foi assim que nasceu o termo "nepotismo" ou "sobrinhismo". Muitas vezes, os supostos sobrinhos dos cardeais realmente eram sobrinhos; em outras, "sobrinhos" era um eufemismo para filhos. Um dos mais importantes centros de poder da Igreja era a superintendência do Estado eclesiástico. De

1566 a 1692 — durante 126 anos! —, a superintendência foi exercida pelo sobrinho de um cardeal.

O papa Calisto III, da família Borgia, promoveu dois de seus sobrinhos a cardeais. Um deles, Rodrigo, se tornou o papa Alexandre VI. Ele, por sua vez, promoveu a cardeal o irmão de sua amante, que se tornaria o papa Paulo III. Paulo III promoveu dois sobrinhos a cardeais.[28] Essa prática continuou até 1692, quando o papa Inocêncio XII publicou a bula *Romanum decet Pontificem*, limitando a habilidade papal de conceder propriedades ou privilégios a familiares.[29]

Mais que qualquer outra instituição da civilização ocidental, a Igreja católica se dedicou a rejeitar as tentações naturais da natureza humana. Ou, se você preferir, ela se dedicou — e ainda se dedica — a canalizar a natureza humana para direções produtivas e virtuosas. Quando a Igreja falhou em seguir esses princípios, ela se abriu a acusações da mais pura forma de hipocrisia. A repulsa de Martinho Lutero pelo nepotismo foi a base de uma de suas quatro acusações à Igreja católica. Mas qual era, exatamente, a essência da queixa de Lutero? A de que a Igreja se tornara *mundana demais*, um eufemismo para o entendimento mais amplo da corrupção.

A hipocrisia é uma falha terrível, mas quase sempre mal compreendida. A hipocrisia é o ato de violar um ideal ou princípio que se admoesta os outros a seguir. Pessoas demais acreditam que a hipocrisia é uma falha tanto do ideal como do hipócrita. Isso é tolice. Um mundo sem hipocrisia é um mundo sem ideais. Um glutão pode ser hipócrita ao aconselhar outros a não ser glutões, mas isso não significa que seu conselho está errado. Donde a famosa frase de La Rochefoucauld: "A hipocrisia é o tributo que o vício paga à virtude." E o que é o vício? Bem, as definições variam. Mas uma definição genérica pode ser: ceder de maneira inapropriada a nossos instintos e desejos naturais — o oposto da virtude.

A corrupção que assalta a Igreja pode ser mais bem entendida como a natureza se reafirmando — nesse caso, a natureza humana. A Igreja respondeu implementando regras que tornavam mais difícil que seus oficiais cedessem às tentações sussurradas por seus próprios genes. É isso que as instituições civilizadoras *fazem*, e o mundo estaria pior se, no desejo de evitar a acusação de hipocrisia, elas suspendessem todas as restrições ao comportamento natural.

Toda instituição humana enfrentou desafios similares. Novamente, a primeira ferramenta do poder político não é o dinheiro, a força ou a lei, mas a família. Toda sociedade primitiva foi governada, primeiro e acima de tudo, por uma intrincada rede de alianças familiares. Os cientistas sociais chamam isso de "familialismo". Toda monarquia e todo império foram similarmente mantidos por uma rede de relacionamentos de consanguinidade e casamento. De fato, o casamento — particularmente o poligâmico — foi uma ferramenta de estadismo em todo continente povoado durante milênios. Um rei com várias esposas era recompensado com muitos filhos, que podiam ser oferecidos em casamento para cimentar alianças. Diz-se que o primeiro imperador Ch'in tinha mais de 3 mil esposas e concubinas.[30]

Essa prática trazia enormes vantagens políticas para o imperador, mas vinha com problemas administrativos igualmente maciços. A resposta chinesa foi criar uma lendária burocracia baseada no mérito. Os exames de admissão eram vistos como antídoto ao apadrinhamento nepotístico. E, comparada ao que veio antes, a burocracia chinesa foi um avanço impressionante. Porém, novamente, você pode expulsar a natureza com um forcado — ou, nesse caso, um teste de funcionalismo público —, mas ela invariavelmente retorna. Os burocratas usaram suas posições de poder da mesma maneira que os padres da Igreja católica. Eles construíram dinastias pessoais — coalizões de interesse comum —, recompensaram familiares e amigos e enriqueceram à custa do público.[31]

Uma reforma famosa para manter os burocratas na linha foi levar um passo adiante o princípio do celibato clerical: a castração. Muitos impérios usavam eunucos como assistentes e servos confiáveis, supondo que um homem sem filhos não seria tentado a enriquecer a própria família (e que um homem sem equipamento masculino totalmente funcional não seria seduzido por outras tentações). A prática certamente tinha algum mérito, donde sua ubiquidade e longevidade em muitas civilizações e séculos. Mas, novamente, você pode separar o homem de seus genitais, mas não pode separá-lo de sua natureza. Mesmo eunucos tinham familiares. De fato, algumas famílias castravam deliberadamente os filhos com o único propósito de ter um dos seus em posição de poder. (Na Europa, muitos segundos e terceiros filhos eram similarmente encorajados a se tornar eunucos figurados a serviço da Igreja, por razões similares.) Um ditado chinês captura bem o problema: "Quando um homem se torna oficial, sua mulher, seus filhos, seus cães, seus gatos e mesmo suas galinhas sobem ao céu."[32]

Os janízaros do Império Otomano oferecem um exemplo similar da dificuldade de banir a natureza humana. O sultão Murad I criou os janízaros ou "novos soldados" em 1383.[33] Eles serviam como uma espécie de guarda pretoriana, leais somente ao imperador. Em teoria, essa lealdade era derivada do fato de que não tinham outra família. Eles eram crianças cristãs roubadas de suas famílias, quase sempre nos Bálcãs, ainda muito jovens, e transportadas para a capital e outras grandes cidades. Os batedores percorriam as províncias em busca das crianças cristãs mais promissoras — muçulmanos não podiam ser escravos — e as arrancavam de suas famílias. As crianças eram criadas por famílias turcas, constantemente supervisionadas por eunucos e educadas de forma a não ter nenhuma lealdade com exceção a seu mestre, o sultão. A ideia deve parecer familiar a qualquer um que já tenha lido *A República* de Platão, em que os guardiões são retirados de seus pais naturais a fim de evitar todas as formas de nepotismo. (Sócrates até mesmo sugere que os guardiões não sejam informados de que têm pais humanos.)[34]

Os janízaros eram escravos, mas ricamente recompensados, graças ao notável sistema de mérito a que eram conscritos. Treinados não somente para a guerra, mas também para a administração, eles estudavam numerosas línguas, matemática e, é claro, o Alcorão. E literalmente dirigiam o Império Otomano como generais, ministros, governadores provinciais e burocratas. Alguns, como Sokollu Mehmed Pasha, até mesmo chegaram ao cargo de grão-vizir. Sokollu serviu três sultões diferentes e foi efetivamente o primeiro-ministro do Império Otomano. Como o serviço público só estava aberto a estrangeiros, esse império foi uma verdadeira bizarrice histórica: um império escravo governado por escravos.[35]

Mas não durou. Novamente, esse brilhante sistema de contradição, ou ao menos compensação, da natureza humana foi destruído pela natureza humana. Com o tempo, como em todos os grupos nos quais uma forte identidade coletiva é formada, coalizões de interesse pessoal começaram a se formar. Os ingredientes-chave para essa transformação em todos os eventos da história humana parecem ser poder e tempo. Quando um grupo coeso detém coletivamente o poder por um longo período, é somente questão de tempo para que tire vantagem.

Os janízaros se tornaram uma classe predatória ou parasítica, na prática mantendo o Estado refém de seus interesses. Em 1826, Mahmud II decidiu que estava na hora de amputar o membro outrora saudável, mas agora corrupto e putrefato, do corpo político. Os janízaros se rebelaram e sua rebelião foi esmagada. Milhares de janízaros morreram durante o massacre que se seguiu e que foi chamado de "acidente auspicioso".[36]

—————

A lição dos eunucos chineses, dos janízaros otomanos e de incontáveis outros grupos é a mesma:[37] com tempo e incentivo, qualquer agrupamento de seres humanos começará a ver a si mesmo como grupo coeso, casta ou classe aristocrática. Assim como qualquer grupo aleatório de cães — tanto de raça como sem raça definida — rapidamente formará uma matilha com identidade coletiva, os seres humanos farão o mesmo com tempo e os incentivos certos. As crianças em *Senhor das moscas*, os competidores de *Survivor*, alunos de Stanford nos experimentos da prisão, jogadores do Seattle Seahawks, policiais, bombeiros, fuzileiros navais, coptas, sunitas, sindicatos de professores, gangues de rua, professores universitários — a lista é tão infinita quanto as subdivisões de trabalho e identidade em qualquer sociedade. Essa tendência humana natural não é nem boa, nem ruim. É simplesmente um fato. A capacidade de despertar nossos instintos tribais e de coalizão para nos organizar em torno de identidades que não raça e parentesco pode ser fonte de coisas maravilhosas ou horríveis. A unidade é um valor neutro. O status moral da unidade é derivado inteiramente do que o grupo faz. Qualquer que seja o rótulo designado para o grupo — classe, facção, seita etc. —, a única ocasião em que coalizões ou grupos com seus próprios interesses se tornam uma ameaça real para a sociedade mais ampla é quando reivindicam o poder do Estado para sua própria agenda.

Como discutirei com mais detalhes em breve, os pais fundadores dos Estados Unidos e outros intelectuais do Iluminismo entendiam isso implicitamente. Os remédios para esse problema são muitos, mas dois merecem menção: a virtude e o pluralismo. Já discutimos a virtude. Inculcar um profundo comprometimento com certos princípios elevados é um baluarte contra a corrupção.

A segunda noção, o pluralismo, é menos óbvia, mas não menos importante.

Em ciência política e economia institucional, pluralismo implica a ideia de que o poder deve ser distribuído amplamente na sociedade. O economista e vencedor do prêmio Nobel Douglass C. North e seus coautores argumentam, em *Violence and Social Orders: A Conceptual Framework for Interpreting Recorded Human History* [Violência e ordens sociais: uma estrutura conceitual para interpretar a história humana registrada], que quase todas as coisas que associamos a sociedades saudáveis e modernas são diretamente atribuíveis à multiplicação de instituições. Quando só existe um punhado de "partes interessadas" em uma sociedade — em geral os padres, os aristocratas rurais, os militares, talvez algumas guildas e burocracias e, é claro, o monarca —, o poder é definido pelos relacionamentos pessoais entre um minúsculo conjunto de elites. Elas na verdade formam uma coalizão governante contra as massas e projetam o sistema para seu benefício. Porém, em algum momento, se há instituições suficientes, os relacionamentos entre elas se tornam "impessoais", pela simples razão de que há elites e centros de poder demais para conduzir a política a partir de relacionamentos pessoais. Em casos ideais, a sociedade chega a um ponto de inflexão e as elites concordam com regras gerais que incluem todos, inclusive elas mesmas. (Elas também reconhecem que as instituições mais bem-sucedidas são instituições abertas que atraem talentos de uma base tão ampla quanto possível.) Por fim, isso dá nascimento ao estado de direito, que afirma que os vencedores devem obedecer às mesmas regras que os perdedores e que ninguém pode exercer poder arbitrário.

O papel desempenhado pelas instituições é mais antigo e mais amplo que o de meros partidos políticos, mas observar como os partidos operam em sociedades democráticas desenvolvidas ajuda a ilustrar o ponto. Como vimos inúmeras vezes no último século, qualquer país pode realizar eleições. Em muitas partes do mundo, a piada corrente sobre as eleições era "um homem, um voto, uma vez". Em outras palavras, quando o candidato "democrático" chegava ao poder, ele já não tinha uso para a democracia. O teste real é quando há transferência de poder de um partido para o outro. Em países democráticos saudáveis, o partido — ou partidos — fora do poder ainda tem direitos e prerrogativas, e a habilidade de dificultar a vida do partido no poder. Os partidos participam de um sistema — a constituição — que tira muitas opções da mesa, de usar violência contra seus oponentes a se agarrar ao poder ao fim do mandato definido e desrespeitar os direitos da oposição e do povo em geral.

Esse princípio emergiu da interação entre as instituições. Afinal, os partidos políticos evoluíram como coalizões e instituições de elite — ou seja, facções —, não organizações eleitorais. E, começando na Inglaterra, por razões que discutiremos com mais detalhes em outro capítulo, essas facções chegaram a um sistema no qual o respeito por elites dissidentes e hostis e instituições fora do poder estava inscrito na lei e, ainda mais importante, na *cultura*. Uma massa crítica de instituições e o equilíbrio de poder entre elas forçou as elites — os nobres e o rei — a abandonarem o uso da violência para resolver disputas políticas. Isso exigiu não somente a criação de espaço político e social para a discordância, mas também a aceitação psicológica da ideia de que as pessoas têm o direito de estar erradas.

Esse foi um avanço conceitual na história da humanidade. Em sociedades tradicionais — e nas sociedades autoritárias modernas —, o único freio ao poder é o poder. Um rei pode se abster de destruir um nobre poderoso, mas causador de problemas, mas não porque a *lei* o impede. A única coisa que realmente impede os governantes de destruírem as elites rivais é a análise custo-benefício no estilo *Game of Thrones*. Atacar esse lorde será caro demais em termos de recursos militares ou ouro? Fazer isso encorajará ainda mais dissensão? Terei problemas com a Igreja? Em sociedades primitivas, tais cálculos eram muito mais simples: conseguiremos tomá-los de surpresa? Temos lanças suficientes? E assim por diante.

O pluralismo institucional impôs restrições não somente às elites, mas também ao que elas podiam fazer com o Estado. Em sociedades nas quais o Estado escolhe lados — pune dissidentes, reprime as fés minoritárias etc. —, o controle do Estado se torna tudo. Em sociedades nas quais há uma variedade de instituições, um interruptor cognitivo é acionado e as pessoas subitamente entendem que todo mundo tem interesse em manter as regras do jogo justas para todos. Como veremos, esse foi o insight central dos fundadores.

E, ao passo que meu uso do termo "pluralismo" inclui tudo isso, também inclui algo ainda mais amplo. A modernidade requer e cria *pluralidade de sentidos e identidades* não simplesmente *entre* a população, mas também *no interior* de cada pessoa. Isso está em claro contraste com a sociedade primitiva, na qual identidade e sentido estavam unidos e eram inseparáveis da tribo. Durante a maior parte da história humana, o sentido estava confinado a uma zona muito estrita: "nós." *Nós* podíamos ser uma tribo, uma fé, uma cidade-Estado ou uma classe específica. As regras para *nós* eram diferentes das regras para *eles*, e não havia nada errado em usar força ou

Estado — que, no fim das contas, eram o mesmo — para arbitrariamente impor as regras em nosso favor.

O tribalismo é natural, mas também pode ser fabricado. O tribalismo fabricado é a própria essência da política identitária, o coração da aristocracia e a alma do nacionalismo. "Política identitária" pode ser um termo moderno, mas é uma ideia antiga. Adotá-la não é um passo adiante, mas um recuo ao passado.

Quando toda a sua identidade está contida em um único grupo ou causa, sua preocupação com as instituições e pessoas fora de seu grupo diminui ou desaparece. O pretoriano que *só* se importa com a guarda logicamente não se importa com sua família, seu país, sua fé ou qualquer outra coisa. O mafioso que se preocupa somente com *La Cosa Nostra* (literalmente "a nossa coisa") não se preocupa com leis, país ou noções convencionais de moralidade. Na sociedade aberta, mantemos muitas lealdades: para com a família, a sociedade, o trabalho, a fé etc. Quando mantém lealdades concorrentes ou simplesmente múltiplas, você se abre para a ideia de que os oponentes não são seus inimigos. O pluralismo cria espaços sociais e psicológicos nos quais os outros são livres para também perseguir seus interesses. A liberdade religiosa que emergiu do Tratado de Vestfália permitiu que diferentes tipos de fé operassem livremente, desde que todos obedecessem a certas regras de comportamento mais ou menos neutras.

Em uma sociedade aberta, o soldado católico pode ter colegas de armas protestantes. O médico judeu tem pacientes gentios. O oficial afro-americano considera os oficiais brancos seus irmãos na força policial. Isso pode significar que temos ligações mais frágeis com qualquer identidade específica, mas esse é o preço que pagamos pela paz e pela liberdade. Também pode significar que nossas ligações são mais fortes, porque derivam de uma escolha informada ou de um salto de fé. De qualquer modo, o pluralismo requer tolerância e que estejamos abertos à possibilidade de nossa identidade não ser a única verdadeira ou certa.

Essa divisão mental do trabalho torna a modernidade possível. A mais importante divisão é entre o que os sociólogos alemães chamaram de *gesellschaft* [sociedade] e *gemeinschaft* [comunidade]. A maneira mais fácil de lembrar da diferença é a palavra *sell* [vender] em *gesellschaft*. A mais importante divisão da sociedade moderna é entre a ordem externa e impessoal dos contratos, do comércio e da lei e a ordem pessoal da família, dos amigos e da comunidade. Todos vivemos em ambos os reinos simultaneamente, mesmo que as regras nesses dois reinos sejam muito diferentes.

Os seres humanos não foram projetados para viver na ordem de mercado dos contratos, do dinheiro e das regras impessoais, quem dirá em imensas sociedades governadas por um Estado centralizado. Fomos projetados para viver em bandos ou no que a maior parte das pessoas chama de tribos. O cérebro humano foi projetado para gerenciar relacionamentos sociais estáveis com cerca de 150 pessoas. Esse é o número de Dunbar, em homenagem ao antropólogo Robin Dunbar.[38] Outros chegaram a números ligeiramente diferentes,[39] mas o argumento permanece: fomos projetados pela evolução para sermos parte de um grupo, mas um grupo de tamanho muito limitado. Esses grupos assumiram várias estruturas, ainda que sua anatomia básica geralmente fosse a mesma. Havia um Grande Homem ou outra forma de chefe ou "alfa". Existia pouca divisão do trabalho para além da que separava homens e mulheres e os muitos jovens ou muito velhos. No sentido mais básico, esses bandos eram socialistas ou comunistas, uma vez que seus recursos geralmente eram partilhados. Mas a programação genética enfatizava claramente o *nós* sobre o *eu*.

Ainda mantemos essa programação e ela atrita constantemente com a modernidade.

Meu pai costumava dizer que, em termos de negócios, a coisa mais corruptora não é o dinheiro, mas a amizade. Se um estranho o procurasse e oferecesse dinheiro para contratar o filho totalmente desqualificado, meu pai responderia: "Dê o fora daqui." Mas se um amigo de vida inteira o procurasse e dissesse que seu filho desqualificado realmente precisava de uma força, a resposta talvez ainda fosse não, mas a decisão seria muito mais difícil. Isso porque somos programados para ajudar nossos amigos e nossa família de maneiras que não estão presentes quando se trata de estranhos.

As pessoas que pensam que o dinheiro é uma força corruptora não percebem que simplesmente não podemos tratar todo mundo como amigo ou familiar. A glória do dinheiro — e do estado de direito — é que ele nos empodera para cooperarmos com estranhos. Não precisamos conhecer ou ser parentes do açougueiro de quem compramos bacon. Um homem rico e um homem pobre têm o direito de comprar qualquer produto que desejem, desde que tenham os fundos necessários. O poder democratizante do dinheiro é um dos grandes avanços esquecidos da humanidade.

Mas a família não coopera de acordo com as regras da ordem de mercado. De fato, na minha família, somos comunistas, no sentido de que operamos sob a máxima "de cada segundo suas habilidades e a cada segundo suas necessidades". Não cobro da minha filha a comida que ela consome e eu e minha mulher não apresentamos a ninguém uma conta pelos serviços domésticos que prestamos. Se um amigo ou familiar precisa dormir na minha casa ou pegar meu carro emprestado, isso recai sob a economia natural e tribal da reciprocidade ou, mais simplesmente, dos favores. Porém, se um estranho quiser usar meu carro ou dormir na minha casa, as regras serão muito diferentes.

O problema é que a ordem de mercado não é natural. É uma invenção humana, não menos artificial somente porque foi desenvolvida durante incontáveis gerações. E, como ela não parece natural, deixa muitas pessoas indiferentes, particularmente aquelas que são empobrecidas na moeda da *gemeinschaft* — que significa comunidade, amizade, família. A maior força na corrupção da modernidade é o esforço político organizado — ativo em toda geração — de impor as regras da *gemeinschaft* à *gesellschaft*. Toda ideologia política anticapitalista é uma variante da ideia de que a sociedade deveria operar como uma família, uma tribo, uma pequena comunidade na qual todos se conhecem. A política identitária em todas as suas formas é somente um subconjunto dessa visão de mundo. Ela diz: "Minha tribo merece mais que a sua."

É interessante: o que hoje chamamos de corrupção em países em desenvolvimento ou "atrasados" — tribalismo, favoritismo, nepotismo, autocontratação, patronato, suborno etc. — foi chamado de outra forma durante a maior parte da história humana: política. Similarmente, Tammany Hall e outras máquinas políticas dos séculos XIX e XX são consideradas exemplos claríssimos de corrupção, muito embora a maior parte dos seres humanos de todos os tempos veja aquele modelo de política como muito mais autêntico e natural que o ideal de "governo limpo" de hoje.

Passe alguns minutos estudando o que os ativistas querem dizer com "justiça social" e você descobrirá que geralmente se trata de um esforço reacionário. A justiça social alega que o estado de direito é um sistema fraudulento projetado para proteger os interesses do patriarcado, do privilégio branco ou daquele "1%". E afirma que regras abstratas ou princípios imemoriais são inadequados se não levaram à justiça "redistributiva" ou "econômica". Em outras palavras, como comentou famosamente Friedrich Hayek, a justiça social trata da vontade de poder subjetiva de uma coalizão tribal, não de princípios universais.[40]

Do mesmo modo, a política identitária de hoje defende que padrões objetivos de mérito ou noções de livre expressão são inválidos e mesmo racistas se perpetuarem o mal amorfamente definido do "privilégio branco". Organizações cristãs precisam adotar valores seculares, pois desviar-se dos princípios ou prioridades da justiça social é a nova forma de heresia. Os recentemente ressurgidos supremacistas brancos e vários "nacionalistas" partilham do mesmo pensamento categórico, argumentando que o sistema favorece as minorias. Tudo que importa é "vencer" para seu time, sua raça ou sua coalizão. Seguir as regras ou tolerar expressões das quais você discorda foi redefinido como rendição. O infortúnio de seus inimigos é sua vitória e vice-versa.

Novamente, essa é a maneira natural de os seres humanos pensarem sobre o mundo. É consistente com nossa programação básica. Durante o furacão Harvey, legiões de partidários foram ao Twitter comemorar o fato de que o Texas estava sendo punido por ser um "estado vermelho", por votar em Trump ou simplesmente por ser o Texas. Deixe de lado a estupidez dessas manifestações. Não há resposta mais humana que achar que uma tempestade terrível foi enviada para punir seus inimigos. Tudo que estava faltando era uma oferenda de cem touros para Baal ou Thor.

E tudo isso é uma corrupção do Milagre.

A entropia é o processo natural de deterioração, que é somente outra palavra para corrupção, e, como entende qualquer dono de casa que já se esforçou para combater a ferrugem, o apodrecimento e o mofo, manter a natureza afastada requer esforço. Bem, o Milagre é nossa casa, e nossa casa requer manutenção.

A humanidade não foi isenta da segunda lei da termodinâmica. Tudo sob o sol, e o próprio Sol, se dissipa e deteriora. O melhor que podemos fazer é manter a entropia a distância, lutando contra a ferrugem que consume cada liga metálica e os cupins e bactérias que consomem cada coisa viva. Sem esforço, a civilização morre, porque isto é a civilização: esforço. A humanidade vem decolando como um foguete desde a década de 1700, mas não chegamos a uma órbita estável no céu. E, mesmo que tivéssemos chegado, nenhuma órbita é estável no longo prazo. Uma hora ou outra a gravidade retoma o que é seu.

A complacência é uma receita para o suicídio em câmera lenta. As primeiras civilizações surgiram ao "conquistar" a natureza. Pântanos foram drenados e florestas foram derrubadas para dar lugar a plantações. Animais foram domados e domesticados para fornecer alimento. Abrigos foram construídos para evitar os elementos. Mas o mais importante esforço foi manter a natureza humana sob controle, em primeiro lugar regulamentando a violência que nos ocorre tão naturalmente. Com o passar dos milênios, esse esforço se tornou mais refinado, mas ainda marcado — em toda parte — por certa opressão e exploração. Isso só começou a mudar uma vez, e uma única vez, na história humana. Esse esforço exigiu trabalho, não simplesmente dos Estados — ou mesmo especialmente dos Estados —, mas também das pessoas. A tarefa não acabou, o trabalho não está pronto, *e jamais estará pronto*. Como espécie, estamos em um mar infinito e precisamos continuar remando ou afundaremos para as profundezas. A pobreza é natural; a riqueza exige esforço.

Nas melhores circunstâncias, toda empreitada importante exige esforço. Toda pessoa que já se casou entende que o casamento requer esforço. Todo atleta entende a importância da repetição e do treinamento. Todo general sabe que as tropas perdem a coesão a menos que ela seja cuidadosamente fomentada. O Milagre do capitalismo democrático liberal não é autossustentável. Dê as costas a sua manutenção e ele se despedaçará. Considere-o favas contadas e as pessoas começarão a ceder a seus impulsos naturais de tribalismo. As melhores perderão toda a convicção e as piores serão tomadas por passional intensidade. As coisas entrarão em colapso.[41]

No próximo capítulo, analiso como esse trabalho começou.

PARTE II

TRÊS

O Estado: um mito combinado

Como passamos do mundo dos caçadores-coletores para o estado? Vários pensadores falam sobre algo chamado "contrato social" como início da sociedade moderna. Essas teorias datam da Antiguidade, mas seus dias de glória ocorreram durante o Iluminismo, quando Hugo Grotius, Thomas Hobbes, John Locke, Jean-Jacques Rousseau, Immanuel Kant e outros defenderam uma ou outra versão da mesma ideia básica: os homens, em estado natural, concordaram em sacrificar algumas liberdades pessoais em troca de segurança. Mas há importantes diferenças entre as noções de contrato social. Por exemplo, o contrato social de Hobbes permitia que um Estado todo-poderoso — o Leviatã — protegesse a humanidade da vida em estado natural, que ele descreveu como "solitária, pobre, suja, brutal e curta".[1] O contrato social de Locke era muito melhor, uma vez que ele via o Estado como servo do povo, e não seu mestre.

O que une praticamente todos esses entendimentos clássicos dos contratos sociais é que eles estão errados. *Nunca houve nada parecido com um contrato social real.* Antes do Iluminismo, não há registro de nenhum grupo grande de pessoas, primitivas ou não, voluntariamente se unindo para escrever ou concordar com o tipo de contrato social que os filósofos descrevem.[2] É um mito útil, uma mentira vital; tomando de empréstimo o termo, o contrato social é um constructo social.

Na extensão em que já houve um contrato social, o primeiro — para emprestar uma frase de *O poderoso chefão* — foi uma oferta que os signatários não podiam recusar. E o poderoso chefão, nessa analogia, era uma espécie de gângster. Ele era o que Mancur Olson, um dos grandes economistas do último meio século, chamou de "bandido estacionário". Antes do bandido estacionário, havia somente bandidos errantes.

Bandidos errantes eram exatamente o que parecem ser. Eram invasores, guerreiros e saqueadores que varriam uma comunidade e pegavam tudo que podiam: grãos, ferramentas, armas, dinheiro, mulheres, crianças etc. Nem é preciso dizer que os bandidos errantes eram uma figura básica do estado natural. Os registros arqueológicos são claros a respeito.

Nos dias iniciais da revolução agrícola, a ameaça dos bandidos errantes era muito maior que nos dias dos caçadores-coletores. As tribos nômades eram alvos móveis. As comunidades agrícolas eram uma presa mais fácil porque permaneciam no mesmo lugar. Além disso, quando os seres humanos se assentaram para plantar, eles perderam a habilidade de se alimentar sustentavelmente de qualquer outra maneira. Consequentemente, ter os estoques de alimento e os equipamentos roubados e os homens fisicamente capazes massacrados com frequência era uma catástrofe. Como os bandidos errantes não tinham nenhuma intenção de retornar, eles tampouco tinham interesse em deixar algo de valor para trás.

As consequências dos bandidos errantes eram duradouras para as vítimas. Se você sabe que provavelmente será vítima de qualquer bando de ladrões que surja em seu caminho, é improvável que faça investimentos de longo prazo. Por que labutar nos campos ou restaurar o celeiro se você sabe que os hunos, os cimérios ou seja lá quem for voltarão e pegarão tudo de novo? "Em um mundo de bandidagem errante, há pouco ou nenhum incentivo para produzir ou acumular algo que possa ser roubado e, consequentemente, pouco ou nada a roubar", escreve Olson.[3]

Dessa forma, essa dinâmica se torna um problema também para os saqueadores. Assim como bons campos de caça ou pesca podem ser exauridos pelo uso excessivo, só é possível atacar e saquear o mesmo vilarejo determinado número de vezes antes que já não haja muito a roubar, particularmente quando as vítimas se recusam a fazer fúteis investimentos permanentes. Trata-se de um círculo vicioso que deixa tanto o ladrão como a vítima mais pobres a longo prazo.

O bandido estacionário é uma solução para esse problema muito sério. Olson teve essa ideia ao ler a obra clássica de Edward C. Banfield, *The Moral Basis of a Backward Society* [A base moral de uma sociedade atrasada], de 1958. Banfield conduziu meticulosas entrevistas com moradores de um vilarejo pobre no sul da Itália. Em uma dessas entrevistas, ele conversou com um monarquista que proclamou que "a monarquia é o melhor tipo de governo, porque o rei é dono do país. Como o dono de uma casa, quando a instalação elétrica está com defeito, ele conserta".[4]

Mais tarde, Olson conheceu a história do Lobo Branco, um saqueador da década de 1920 na China. Sendo o bandido errante quintessencial, Lobo Branco liderava um pequeno exército de saqueadores pelo interior, aterrorizando os vilarejos. Ele foi derrotado e morto por um guerreiro ainda mais forte, Feng Yuxiang. A coisa interessante é que os vilarejos receberam Feng Yuxiang como uma espécie de salvador, muito embora ele taxasse — ou seja, extorquisse — pesadamente a população local. Por que dar boas-vindas a um guerreiro sobre outro? Porque Feng Yuxiang se estabeleceu, fornecendo proteção contra todos os outros bandidos. Essa proteção introduziu estabilidade e previsibilidade na vida dos camponeses. Eles tinham de pagar pesadas taxas, mas também sabiam que ficariam com o suficiente para viver. E, desde que pagassem, suas vidas seriam poupadas. A ordem e a previsibilidade do bandido estacionário são, de acordo com Olson, "as primeiras bênçãos da mão invisível".[5]

"A mão invisível", um termo cunhado por Adam Smith, passou a descrever os benefícios sociais obtidos quando os indivíduos são empoderados para perseguir seus próprios interesses e se especializar economicamente. Ao permitir que os indivíduos trabalhem para seus próprios fins, toda a sociedade enriquece, como se guiada por uma mão invisível. Esse "como se" é essencial. Os detratores de Smith costumam descrever erroneamente a mão invisível, insinuando que os apoiadores do livre mercado acham que há alguma coisa guiando a coordenação, mas a questão é exatamente que a coordenação simplesmente emerge.

Olson explica como o modelo do bandido estacionário é um aprimoramento do que veio antes. Trata-se de simples matemática. O bandido estacionário tem um horizonte temporal mais longo. Ele percebe que tomar 100% da riqueza de um vilarejo o tornará mais rico agora. Mas o que ele receberá no ano seguinte? Nada. Se tomar metade este ano, haverá algo a tomar no ano que vem. Ele também percebe que, se permitir que os camponeses plantem mais grãos, haverá mais para taxar nos anos à frente. Isso o incentiva não somente a expulsar os bandidos errantes, mas também a investir em bens públicos além da segurança. Ele pode construir estradas ou emprestar recursos para a escavação de novos canais de irrigação ou para a derrubada de florestas para novos campos de plantio. O quanto ele taxa se torna uma simples questão de retorno do investimento. "O ponto inicial" para a teoria de desenvolvimento de Olson "é que nenhuma sociedade pode trabalhar satisfatoriamente se não tiver uma ordem pacífica e, em geral, também outros bens públicos".[6] O bandido estacionário é o primeiro provedor real de ordem pacífica, sem a qual a mão invisível jamais pode surgir.

Hoje, o Estado tem papel importante em tudo isso. Ele regula o uso da violência e protege o direito dos cidadãos de usarem suas propriedades. Sem a confiança de que a polícia impedirá as pessoas de roubar as padarias, o padeiro não fará pão. O bandido estacionário foi a primeira entidade a cumprir essa função.

É claro que isso não significa que o bandido estacionário seja boa pessoa. É muito provável que, na maioria das vezes, ele seja horrível, da perspectiva moral muito elevada em que estamos hoje, e, provavelmente, também de perspectivas menos elevadas (e sua mão na economia quase certamente estava longe de ser invisível). Assim, a acusação libertária clássica de que o governo é uma empreitada criminosa — feita mais famosamente por Albert Jay Nock, autor de *Our Enemy, the State* [Nosso inimigo, o Estado], de 1935 — tem certo mérito.[7]

A máfia trabalha a partir do mesmo princípio de exploração de longo prazo. Os mafiosos vendem proteção aos negócios, tanto legais quanto ilegais, em troca de "parte da ação". O don entende que, se roubar tudo de seus "clientes", de uma única vez, eles sairão do negócio.[8]

Mas o que Nock e outros não conseguiram entender é que há benefícios sociais no monopólio estatal da violência. Para começar, não teríamos direitos de propriedade sem Estado. Antes da ordem e da segurança do bandido estacionário, se um homem ou exército mais forte tomasse nossa propriedade, ela passaria a ser dele ou deles. Na lei da natureza, a posse é dez décimos da lei: o leão mais fraco não pode processar o leão mais forte quando ele fica com uma parte maior da presa abatida.[9]

Como tem interesse em permitir que seus súditos fiquem mais ricos — pois sua fatia aumenta juntamente com o tamanho da torta —, o bandido estacionário deve proteger a vida e a propriedade de seus "clientes" se quiser que continuem trabalhando para ele. Tudo em seu território lhe pertence, ele pode dizer, e isso é verdade no sentido de que pode tomar o que quiser. Mas ele entende que, na prática, as pessoas precisam de um nível mais alto de confiança de que ficarão com uma parte "justa" do que produzem.

Conseguir isso em uma sociedade ampla, na qual o governante não pode vigiar tudo sob seu domínio, requer regras claras. Essas regras começam como éditos arbitrários do chefe ou rei, mas rapidamente se tornam vinculatórias — e a introdução da escrita dá a elas um tipo de autoridade terrível, universal e, finalmente, sacra. O rei sempre tem o direito de mudar de ideia, claro. Porém, quando suplicantes vão à corte solucionar discórdias, o camponês com as alegações mais persuasivas de que está seguindo as regras reconhecidas tem as maiores chances de vencer. Se o rei fica do lado de alguém que quebrou as regras — como os reis costumavam fazer —, isso gera um custo social e político, no sentido de que ele está semeando dúvida e instabilidade.

Essa dinâmica provavelmente definiu os primeiros dias da revolução agrícola, quando os primeiros bandos e tribos se estabeleceram para plantar grãos. A partir daí foi quase inevitável que emergisse o Estado como o conhecemos hoje.

Como, exatamente, passamos do bandido estacionário para o Estado?

Há certo problema do ovo e da galinha aqui. Para antropólogos, sociólogos e cientistas políticos, um Estado autogerado, surgido simplesmente da colaboração voluntária de indivíduos e instituições — o que os acadêmicos chamam de "Estado puro" —, é mais ou menos como a cidade perdida de Atlântida. Eles acham que esse Estado provavelmente existiu. Mas simplesmente não conseguiram encontrá-lo. O que encontraram foram numerosos exemplos de "Estados concorrentes".[10] Esses Estados surgiram quando sociedades frouxamente associadas ou menos desenvolvidas reconheceram a necessidade de combater Estados já existentes. Como as sociedades governadas pelo Estado geralmente são maiores, mais organizadas e mais avançadas, elas tendem a predar com sucesso as sociedades sem Estado, repetindo o ciclo de bandido estacionário *versus* bandido errante em escala mais ampla. Em resposta, as presas se organizam para se defender contra os predadores. (Os fãs de *Game of Thrones* podem pensar em lorde Stark chamando seus vassalos.) Essa auto-organização quase reflexa em um tipo de formação permanente de batalha ocorreu várias vezes na história humana. Como Charles Tilly notoriamente afirmou, "a guerra fez o Estado e o Estado fez a guerra".[11]

Isso não significa que não houve um primeiro Estado. Com certeza algum lugar merece esse título. Mas o ponto importante é que os Estados evoluíram — emergiram, na verdade — do que veio antes deles, como solução para o problema da agressão externa. (Uma das únicas maneiras de termos algo parecido com um governo mundial real — ao menos durante nossas vidas — seria nosso planeta enfrentar uma invasão espacial. Talvez não aconteça, mas pode-se ver como seria possível.)

Quando as condições corretas estão presentes, formamos Estados. A guerra — ou seja, a ameaça externa — claramente é uma dessas condições. Outra, igualmente importante, é o tamanho da população. Quando segurança e ordem são fornecidas às sociedades, vários padrões secundários emergem. O trabalho se torna mais especializado, o que produz mais riqueza. Outra consequência das grandes populações e da segurança fornecida pelo Estado é o fato de os direitos de propriedade se tornarem mais seguros, ao menos para os proprietários ricos. A propriedade em si é um tipo de divisão do trabalho. Quando possui terras, você pode extrair mais produtividade ou riqueza delas. Mais riqueza e segurança contra inimigos externos significam mais população, e mais população significa mais riqueza e segurança. É um ciclo virtuoso. E, quando as sociedades aumentam, elas precisam de regras ainda mais formais para governá-las. "O crescimento simplesmente não ocorre a menos que a organização econômica existente seja eficiente", escreveram os economistas Douglass C. North e Robert Paul Thomas.[12] E isso "envolve o estabelecimento de arranjos institucionais e direitos de propriedade".[13]

A revolução agrícola tornou as sociedades de massa possíveis, e as sociedades de massa só podiam ser mantidas através da força, tanto física como psicológica. As tribos caçadoras-coletoras eram amplamente associações voluntárias, na medida em que o grupo era mantido por fortes laços consanguíneos e pela dependência mútua. Você podia partir se quisesse, e algumas famílias o faziam quando o bando ficava grande demais.

O filósofo Ernest Gellner argumenta que, no estado natural, a humanidade vivia universalmente sem propriedades. "Os caçadores-coletores são definidos pelo fato de que possuem pouco ou nenhum meio de produzir, acumular e estocar riquezas. Eles dependem do que podem encontrar ou matar. Suas sociedades são pequenas e caracterizadas por baixo nível de divisão do trabalho." Contudo, Gellner observa: "As sociedades agrárias produzem e estocam alimentos e adquirem outras formas de riqueza estocável."[14] Essa riqueza estocável não somente cria classes; ela também serve como forma de controle social. O alimento estocado é um seguro contra a perda da colheita e outras calamidades.

Contudo, a riqueza estocável não é somente comida. Ela também inclui as ferramentas para produzir mais comida, e as armas necessárias para protegê-la ou tomá-la. O dinheiro como depósito de valor é uma invenção relativamente recente. Antes da moeda, um homem era rico se possuía cabeças de gado, pás, espadas e escravos, entre outros meios de produção. Mas, antes da revolução agrícola, havia pouco uso para tudo isso. Alguns caçadores-coletores talvez carregassem ouro ou outros enfeites — as conchas estão entre os primeiros badulaques dos registros arqueológicos —, mas, sem residência fixa e sendo obrigados a permanecer em movimento, a riqueza era amplamente restrita ao que podiam carregar e usar.

As comunidades estabelecidas são comunidades de trabalhadores especializados. Para entender o poder da divisão do trabalho, considere o caso de um humilde sanduíche. Em 2015, um homem inspirado pelo canônico ensaio libertário de Leonard E. Read, "Eu, o lápis", decidiu fazer um sanduíche a partir do zero, ou seja, sem nenhum produto que não obtivesse por si mesmo. Ele plantou vegetais, destilou sal da água do mar, ordenhou uma vaca e usou o leite para fabricar queijo. Fez conserva de pepino em uma jarra, plantou trigo e o moeu para conseguir farinha para o pão. Coletou mel e matou uma galinha para obter a carne. O processo inteiro levou seis meses e custou 1.500 dólares. Ao fim do projeto, ele publicou o veredito sobre seu sanduíche: "Não é ruim. Mas isso é tudo. Não é ruim." Mesmo nesse caso, ele usou atalhos. Ele não comprou a vaca ou percorreu o interior do país em busca de sementes etc.[15]

A especialização inerente à revolução agrícola cria classes de pessoas de maneiras jamais imaginadas pelos pequenos bandos de caçadores. As plantações precisam ser cuidadas e protegidas. Isso significa que alguns são lavradores e outros são soldados. Outros ainda são mais adequados para trabalhar nos moinhos ou fazer pão. Quando pensamos no que é necessário para manter uma ampla sociedade baseada na agricultura, o número de trabalhos especializados aumenta muito rapidamente: soldados, fazendeiros, açougueiros, sapateiros, ferreiros, pedreiros, carpinteiros e, é claro, escravos e feitores. Como manter todos esses especialistas em seus papéis designados? A dependência da função de garantia do Estado é um método. Outro é a coerção.

A coerção, é claro, implica violência, e todas as sociedades, incluindo a nossa, em certa extensão dependem da violência para manter a ordem social. Os acadêmicos estremecem quando alguém tenta oferecer uma definição universal de Estado, mas há concordância praticamente universal sobre um componente essencial: a força.

Max Weber notoriamente definiu o Estado como "monopólio do uso legítimo da força física dentro de determinado território".[16] Weber seria o primeiro a observar que há um pouco mais que isso. Os Estados têm leis (e meios de impô-las), burocracias e sistemas de taxação. Mas, para um Estado ser um Estado, ele precisa ser capaz de impor suas regras, ou seja, sua vontade.

Trate-se do capricho arbitrário de um guerreiro do século III ou das orientações oficiais da Administração de Segurança e Saúde Ocupacional, se há uma lição a ser aprendida com a história é que, no fim das contas, as leis precisam ser impostas por meio da violência ou da ameaça de violência.[17] De fato, a própria palavra *enforce* [impor] significa literalmente *to use force* [usar força].[18]

Mas a coerção não assume somente a forma de força física, nem toda compulsão é violência. Nenhuma sociedade dura muito se for mantida somente pela violência ou mesmo pela ameaça de violência. A ideologia — com a qual quero dizer uma visão de mundo internamente coerente que nos diz como cooperarmos e nos comportarmos — é essencial. Se a violência é a única medida de certo e errado, o camponês tem todo incentivo para matar seu senhor, se puder sair impune. As sociedades de larga escala precisam de uma teologia e uma metafísica para ajudar todo mundo a "saber seu lugar" na ordem social hierárquica. As sociedades diferenciam entre usos legítimos e ilegítimos da violência por esse padrão.

Mesmo a Coreia do Norte contemporânea, que usa a violência e o medo mais que praticamente qualquer outro Estado, ainda devota maciços recursos à propagação de uma ideologia para seu povo. Sim, muitas pessoas obedecem ao Querido Líder por medo, mas basta ler as entrevistas com desertores ou as gravações de mulheres abertamente chorando de alegria ao ver Kim Jong-un para entender que algumas almas apaixonadas obedecem ao Querido Líder por amor.

"As sociedades agrárias tendem a desenvolver complexa diferenciação social, uma elaborada divisão do trabalho", escreve Gellner. "Duas especializações se tornam de fundamental importância: uma classe dirigente e um clero (especialistas em cognição, legitimação, salvação, ritual)."[19] Em outras palavras, você precisa de uma aristocracia, começando com um monarca, e de algum tipo de clero para explicar às pessoas por que o monarca merece obediência. Como dito em *Game of Thrones*, "a fé e a coroa. Esses são os dois pilares do reino. Se um deles cair, o outro também cairá".[20]

A aristocracia governa primariamente pela força. Os sacerdotes usam palavras, especificamente textos. De fato, o desenvolvimento da escrita foi possivelmente o maior salto adiante na história da coerção — e da cooperação — humana.

A habilidade de escrever palavras provavelmente começou com a necessidade de escrever números. Taxas e comércio exigem registros. Não somente a memória humana era inadequada para a tarefa de armazenar confiavelmente dados sobre todos aqueles alqueires de trigo e carregamentos de arroz, como o caráter dos memorizadores não era totalmente fidedigno.

"Os primeiros a superar o problema foram os antigos sumérios, que viviam no sul da Mesopotâmia", escreve Yuval Noah Harari:

Lá, o sol escaldante sobre planícies de lama fértil produzia colheitas abundantes e vilarejos prósperos. Conforme o número de habitantes crescia, crescia também a quantidade de informação requerida para coordenar seus afazeres. Entre os anos 3500 a.C. e 3000 a.C., alguns gênios sumérios desconhecidos inventaram um sistema para armazenar e processar informações fora de seus cérebros, um sistema projetado para lidar com grandes quantidades de dados matemáticos. Assim, os sumérios liberaram sua ordem social das limitações do cérebro humano, abrindo caminho para o surgimento de cidades, reinos e impérios. O sistema de processamento de dados inventado pelos sumérios é chamado de "escrita".[21]

Não demorou muito para que o sistema de contabilidade se tornasse um sistema de imposição de leis. Mesmo descontando-se minha vaidade em relação a minha profissão, é impossível exagerar a natureza revolucionária da palavra escrita. Arthur C. Clarke afirmou notoriamente: "Qualquer tecnologia suficientemente avançada é indistinguível da magia."[22] Esse certamente foi o caso dos primeiros livros e pergaminhos. A partir de rabiscos em uma página, os sábios e sacerdotes podiam aprender coisas que não sabiam e contar histórias sobre lugares distantes e eventos passados. (Em meio a toda a conversa sobre como "a nuvem" de armazenagem de dados é alguma novidade grandiosa sob o sol, as pessoas parecem esquecer que a Nuvem 1.0 foi inventada na Mesopotâmia há milhares de anos.)

A palavra escrita não meramente acelerou a difusão de informações de modo radical e profundo, como também tornou a santidade portável. Como observou Ernest Gellner, a escrita permite que a solenidade e a autoridade sejam desacopladas do contexto verbal. Antes da escrita, a santidade requeria um ritual verbal e presencial. Agora ela pode ser transportada por vastas distâncias e armazenada para as futuras gerações.[23]

Uma das primeiras linhas do código de Hamurabi diz: "Então Anu e Bel chamaram meu nome, Hamurabi, o príncipe exaltado, que temia a Deus, para implementar o governo da retidão na terra." O trabalho de Hamurabi era "destruir iníquos e malfeitores, de modo que os fortes não ferissem os fracos; para que, como Samas, eu governasse as pessoas de cabelos negros e iluminasse a terra, a fim de promover o bem-estar da humanidade". O epílogo do código estabelecia o status de Hamurabi como pai do povo, obedecendo aos comandos divinos. "Hamurabi é um governante que é como um pai para seus súditos; que reverencia as palavras de Marduque; que para Marduque conquistou o norte e o sul; que se regozija no coração de Marduque, seu senhor; que para todo o sempre concedeu benefícios a seus súditos e estabeleceu a ordem na terra."[24]

A Babilônia, a maior cidade do mundo na época, era a capital do Império Babilônico, que se estendia por grande parte do que hoje são o Iraque e a Síria.

Hamurabi criou seu famoso código como maneira de unir reinos díspares, otimizar a divulgação de regras entre seus diversos súditos imperiais e elevar seu status como pai divino de seu povo. Também foi uma espécie de legado. Ele queria um registro permanente de suas supostas sabedoria e justiça.

Há debate sobre como as 282 leis do código foram incorporadas à vida cotidiana. Mas, para nosso propósito, a coisa mais importante sobre o código de Hamurabi é que tanto ele quanto outras leis serviam como sistema operacional de uma vasta rede de cooperação. Eles faziam isso estabelecendo regras claras sobre violência, comércio e status social.

Um cidadão vivendo na costa do golfo Pérsico e um cidadão vivendo centenas de quilômetros Eufrates acima passaram a estar vinculados pelas mesmas regras, mesmo que jamais se conhecessem ou vissem seu governante.

As crianças em idade escolar aprendem que o código de Hamurabi foi um grande momento do progresso humano, mas isso não significa que fosse o que a maioria das pessoas hoje consideraria um documento "progressista". A lei número 15, por exemplo, declara: "Quem levar um escravo ou escrava da corte ou de um liberto para fora dos portões da cidade deve ser morto."[25]

Provavelmente, as leis mais famosas do código são as de número 196 a 199, que estabeleceram os princípios da *lex talionis* ou "olho por olho":

> 196. Se um homem arrancar o olho de outro homem, seu olho deve ser arrancado também [olho por olho].

> 197. Se ele quebrar um osso de outro homem, seu osso deve ser quebrado também.

> 198. Se ele arrancar o olho ou quebrar um osso de um liberto, deve pagar 1 mina de ouro.

> 199. Se ele arrancar o olho ou quebrar um osso de um escravo, deve pagar metade de seu valor.[26]

O código também diz que, se um filho golpear o pai, sua mão deve ser cortada.[27] É fácil ver tudo isso como bárbaro de nossa perspectiva — eu certamente vejo. Contudo, é importante reconhecer que regular a violência é uma grande dádiva para seres humanos que buscam segurança e ordem. A razão pela qual o bandido estacionário é bem recebido pelos camponeses é o fato de o uso previsível da violência ser preferível à violência arbitrária do bandido errante. Esse desejo e essa necessidade por ordem e segurança não mudaram com o surgimento do Estado, mas a natureza da ameaça mudou. A proteção militar contra os perigos externos se transformou na proteção policial contra os perigos internos.

O código também foi um grande avanço econômico. Grande parte dele lida com o comércio. Cerca de um terço dos 282 editos trata, de um jeito ou de outro, de práticas comerciais, crédito e propriedade. Por exemplo: "Se um mercador der a um agente milho, lã, óleo ou qualquer outra mercadoria para transportar, o agente deve emitir um recibo nesse valor e compensar o mercador por ele. Então receberá do mercador um recibo pelo dinheiro que tiver pagado."[28] Tais "melhores práticas" eram essenciais para um império agrícola em expansão.

Por fim, o código também registrou a hierarquia social do Império Babilônico. Hamurabi, naturalmente, era a pedra angular. Abaixo dele estavam os militares e sacerdotes, então os cidadãos e, finalmente, os escravos. Também havia um sistema de classes mais reconhecível. Os *amelu* eram a elite, incluindo sacerdotes, militares, oficiais do governo, proprietários de terras e mercadores. Abaixo dos *amelu* estavam os *mushkinu*: artesãos, fazendeiros, professores e outros trabalhadores. E, abaixo deles, os *ardu*, escravos. Mesmo os escravos tinham uma hierarquia registrada no código. Escravos podiam ser donos de escravos e dirigir seus próprios negócios em certas circunstâncias, que às vezes lhes permitiam comprar sua liberdade.[29]

Parte da genialidade do código — e por que as pessoas o adotaram — é o fato de universalizar regras informais e costumes não escritos. Hamurabi não era nenhum democrata, mas sentia deferência pelas tradições de seus súditos. De fato, as leis com frequência são indicadores atrasados, e não avançados, formalizando regras informais praticadas há muito tempo.

Isso destaca um ponto importante: a lei escrita — que era tanto civil como religiosa — refletia as normas culturais e psicológicas existentes tanto quanto as substituía. O exemplo mais óbvio é o princípio do "olho por olho". A ideia de justiça retributiva sem dúvida é muito mais antiga que o código. De fato, muitas evidências apoiam a alegação de que o desejo por justiça retributiva nem ao menos é uma "ideia", mas um instinto que descrevemos como ideia.[30] Mesmo assim, é importante reconhecer que os legisladores só podem trabalhar dentro dos limites da natureza humana. Ainda mais importante, devemos respeitar o fato de que muitas de nossas mais importantes instituições contam com profundos reservatórios de conhecimento. Tais instituições são evoluídos mecanismos de solução de problemas que emergiram a partir de um processo de descoberta e tentativa e erro.

Há uma história — provavelmente apócrifa — sobre quando Dwight Eisenhower era presidente da Universidade de Colúmbia. Como o campus estava sendo expandido, a universidade precisou construir novas calçadas. Um grupo de planejadores e arquitetos insistia que as calçadas deviam ser construídas em uma direção. Outro grupo dizia que precisavam ser construídas na direção oposta. Ambos os lados acreditavam que tinham razão na disputa. "Diz a lenda", escreveu meu colega na *National Review*, Kevin D. Williamson, "que Eisenhower solucionou o problema ordenando que nenhuma calçada fosse construída durante um ano. Os estudantes criariam trilhas ao caminhar sobre a grama e os construtores então pavimentariam os lugares pelos quais eles caminhavam. Nenhum dos planos anteriormente defendidos correspondia ao que os estudantes fizeram quando decidiram sozinhos".

"Há duas maneiras radicalmente diferentes de ver o mundo embutidas nessa história", escreve Williamson. "Nossas instituições existem para nos dizer o que fazer ou para facilitar as coisas para nós enquanto perseguimos nossos próprios objetivos e seguimos nossos próprios caminhos?"[31]

Essa é uma questão inteiramente válida e mesmo vital sobre a sociedade contemporânea. Porém, olhando para a evolução do Estado e de outras instituições, esta é a melhor resposta a que podemos chegar: ambos. O bandido estacionário não se estabeleceu como governante a fim de maximizar as liberdades ou oportunidades de suas vítimas-súditos-clientes. E o Estado não emergiu para benefício do povo, mas para benefício e segurança dos governantes. Hamurabi podia ter os melhores interesses de seu povo em mente ao publicar regras para quando e como esposas deviam ser mortas, escravos mutilados e crianças afogadas. Mas acho que uma pessoa razoável pode suspeitar que suas motivações também eram baseadas em interesses pessoais.

Assim, quando escrevo que essas sociedades "precisam" de aristocracias, ideologias etc., não quero dizer que alguém decidiu construir essas instituições por nenhuma razão que não o interesse pessoal. Esses são fenômenos naturais, universais humanos em escala de massa. Assim como o bolor limoso gera a si mesmo a partir de diferentes organismos unicelulares nas condições certas, os seres humanos se organizam em comunidades hierárquicas sob algum tipo de Estado.

Um exemplo fascinante dessa tendência humana natural pode ser encontrado nas penitenciárias norte-americanas. As gangues emergiram como Estados virtuais no ecossistema penal. Algumas até mesmo têm constituições escritas. Esses governos *de facto*, descritos por David Skarbek, foram uma resposta ao caos que tomou conta do sistema penitenciário na Califórnia e no Texas. O antigo código de conduta para os presidiários entrou em colapso na década de 1970, e as gangues preencheram o vácuo com um novo código, imposto por elas.[32] Esses novos bandidos estacionários devolveram a ordem às penitenciárias, não os guardas. Contudo, devemos manter em mente que os líderes das gangues não pretendiam impor alguma nova ordem social. A ordem social emergiu de sua busca por seus próprios e estritos interesses. "Esse processo de baixo para cima de emergência institucional", escreve Skarbek, "foi resultado das ações dos presidiários, mas não a execução de qualquer projeto seu".[33.]

Durante a maior parte da história humana, o interesse pessoal veio antes da ideologia. Os argumentos em defesa da aristocracia e da monarquia — fosse no Japão feudal, na Roma Antiga ou em qualquer outro lugar antes do Iluminismo — eram justificativas para a autoridade dos governantes. O Iluminismo alterou essa fórmula. Em vez de apelar para o mito e o mistério, os arquitetos iluministas apelaram para a razão.

Mas uma coisa não mudou: o Estado permanece sendo um mito combinado. Dizemos a nós mesmos que o Estado é uma coisa e nossa crença nessa coisa a torna real (assim como a crença em uma nação é o autor último de sua realidade). Afinal, você não pode tocar ou ver o Estado. Você pode ver edifícios, burocratas e soldados, mas essas coisas são ferramentas ou servidores do Estado, não o Estado em si. Não há um Grande e Poderoso Oz por trás da cortina. Não há nem mesmo um professor amarfanhado. O Estado existe porque as pessoas dizem que existe.

Quando o Estado desaparece, como na antiga União Soviética, qual é a única evidência tangível de que desapareceu? Os tanques ainda estão lá. Os edifícios também. A única prova real de que o Estado desapareceu é o fato de as pessoas pararem de agir como se ele existisse. Elas pararam de seguir suas ordens, o que significa que se recusam a cooperar umas com as outras sob a bandeira invisível do Estado.

Yuval Harari argumenta que praticamente toda a civilização — religião, corporações, dinheiro, ética, moralidade etc. — deveria ser vista como nada mais que uma coleção de histórias que contamos para nós mesmos.

Essas ficções ou constructos sociais frequentemente servem como software para a civilização. As histórias permitem que grandes populações cooperem em vastos territórios. Contamos a nós mesmos a história de que o papel-moeda tem valor e, como todo mundo concorda em respeitar essa história, o dinheiro é aceito no lugar das coisas de valor intrínseco. Em tempos de crise, quando revertemos a algo mais próximo do estado natural, a ilusão sobre o valor do dinheiro se torna clara. No mundo em estado natural, pós-apocalíptico, infestado de zumbis — desculpe, "mortos-vivos" — de *The Walking Dead*, o dinheiro só tem valor para acender fogueiras ou como papel higiênico.

A parte engraçada é que, nos Estados Unidos de hoje, as pessoas que percebem que o papel-moeda não é, ou temem que não seja, um depósito confiável de valor sentem necessidade de comprar ouro. Mas o valor do ouro também é um constructo social. No mundo socialmente construído da economia moderna, comprar ouro pode ser uma estratégia inteligente em algumas circunstâncias. Um berlinense de 1932 certamente preferiria ter ouro a marcos alemães. Mas um berlinense de 1945 poderia trocar todo o seu ouro por comida ou armas.

O dinheiro, claro, é somente uma das inumeráveis ficções que definem nossa concepção da realidade e de certo e errado. Dizemos a nós mesmos que os seres humanos têm direitos naturais ou concedidos por Deus. Onde está a prova física, tangível, visível? Não me conte uma história; me mostre uma evidência. O fato é que temos direitos porque alguns acreditam que eles são concedidos por Deus, mas muito mais pessoas acreditam que devemos agir *como se* eles fossem concedidos por Deus ou "reais" de alguma outra maneira.

Os economistas e outros estudiosos do desenvolvimento não gostam de chamar tais coisas de histórias. Eles preferem o termo "instituições". Por mim tudo bem. No nível mais básico, uma instituição não é um edifício ou uma organização, mas uma regra. Porém, antes que houvesse uma regra, havia uma história. E a religião — a mãe de tantas de nossas histórias — é a mais importante delas.

Coloque de lado todas as questões teológicas e simplesmente veja a religião como maneira de fazer com que seres humanos que não têm laços familiares e nem mesmo se conhecem cooperem. A religião nos fornece sentido, uma razão para nos comportarmos de certa maneira e tratarmos uns aos outros de certa maneira. Dois muçulmanos sunitas que se encontram têm uma história em comum, e essa história partilhada os leva a cooperarem, em vez de lutarem.

Parece tolo me dar o trabalho de demonstrar que a religião tem enorme poder sobre a maneira como os seres humanos se comportam, uma vez que essa é a única afirmação sobre a qual tanto seus defensores como seus críticos concordam. Ainda assim, somente para ilustrar o argumento, considere a história de Henrique IV sob forte nevasca em Canossa.

Em 1073, o papa Gregório VII decidiu reformar a investidura no Sacro Império Romano. Gregório acreditava que o papa, e não o imperador, devia ter o poder de nomear bispos e outras posições. O imperador da época, Henrique IV, gostava do poder de fazer tais nomeações. Assim, resistiu às reformas e denunciou Gregório. O papa respondeu excomungando Henrique em 1076. Isso criou uma crise para Henrique e para o império. Sem dúvida, Henrique estava preocupado com sua alma imortal, mas, mesmo que secretamente fosse um ateu, ele teria compreendido que o restante da sociedade acreditava na história. Ele não tinha como ser rei na Europa do século XI após ter sido excluído da Santa Madre Igreja. Gregório permitiu que Henrique fizesse penitência. Assim, aquele que provavelmente era o homem mais poderoso do mundo caminhou quilômetros através dos Alpes, de Espira, no que hoje é a Alemanha, até o Castelo Canossa, na região de Emília-Romanha, na Itália. Então passou três dias ajoelhado, descalço, na neve em frente ao castelo, durante uma tempestade, usando um cilício, jejuando e esperando o perdão do papa.[34]

Há razões para acreditar que a própria religião é uma adaptação evolutiva. A cooperação grupal é a chave da sobrevivência humana, e a religião pode ser uma fonte incrivelmente poderosa de coesão social, estimulando o sacrifício pelo bem maior da comunidade.

Todos pagamos impostos, obedecemos às regras de trânsito, trabalhamos e fazemos mil outras coisas todos os dias, obedecendo a regras intangíveis que emanam de incontáveis ficções combinadas. Não é grande exagero dizer: "Conta tuas histórias e eu te direi quem és."

A revolução agrícola criou uma paisagem social tão alienígena para nossa programação genética quanto uma colônia em Marte. As primeiras cidades-estados tinham dezenas, centenas ou milhares de habitantes vivendo lado a lado, competindo por recursos, parceiros e status. Os seres humanos se adaptaram a esse novo ambiente da única maneira que qualquer animal se adapta a um novo ambiente: aplicando sua natureza da melhor maneira que podiam. O Grande Homem foi substituído pelo bandido estacionário, que foi substituído pelo rei (imperador, tsar, faraó). Certamente o rei usava força para manter as pessoas na linha. Mas a força não era suficiente. Os seres humanos têm uma necessidade inata de conhecer seu lugar na sociedade. Temos uma fome instintiva por sentido e ordem.

Em resumo, as grandes populações precisavam de uma história. As histórias variavam em incontáveis detalhes, mas o roteiro e os temas eram quase universais. Isso porque as histórias que funcionavam eram aquelas que respondiam a nosso desejo inato por uma figura paterna, um chefe ou macaco alfa para tomar conta de nós. Revire todos os registros antropológicos e arqueológicos e você encontrará a mesma história, uma vez após a outra, durante milhares de anos. O rei é nomeado ou de outro modo escolhido por alguma autoridade divina para governar seu povo, como um pai.

Analisando a linha do tempo da humanidade desde as primeiras cidades-Estados, por volta de 4000 a.C., até hoje, a monarquia, definida de modo amplo, foi o arranjo-padrão dos assuntos humanos durante praticamente 99% desse período. A monarquia — ou algum tipo de aristocracia com uma figura solitária no topo — definiu quase todas as sociedades humanas até cerca de 1800. Há uma razão para os sacerdotes católicos serem chamados de padres e o papa ser *il Papa*.

E depois de 1800? Passaremos muito tempo nessa questão em capítulos posteriores, mas vale notar que a introdução da democracia não apagou subitamente nosso desejo e nossa tendência naturais de buscar figuras paternas. A União Soviética, supostamente o antídoto para todas as superstições que vieram antes, não poupou esforços para retratar Joseph Stalin como pai da pátria.[35] Adolf Hitler, que também rejeitou tanto os antigos costumes da monarquia quanto a inovação moderna da democracia, apresentou-se como pai da nação. Napoleão Bonaparte, Benito Mussolini, Francisco Franco, Mao Tse-tung, Mobutu Sese Seko, Fidel Castro, Hugo Chávez, Vladimir Putin e praticamente todo governante autoritário ostensivamente secular dos últimos dois séculos trabalharam assiduamente para interpretar o papel de pais de seus filhos-súditos. O próprio George Washington foi chamado de eterno "pai de seu país" antes mesmo de deixar a presidência. Seus colegas ainda são lembrados como "os pais fundadores".

Em outras palavras, mesmo quando removemos os dogmas que colocam a monarquia acima da democracia, o padrão se mantém com frequência. "Patriotismo" vem do latim *patria*, que significa pátria e é um derivativo de *pater* ou "pai". Isso indica por que não é suficiente dizer que homens fortes impuseram esse papel a suas respectivas populações. As pessoas *pediram por isso*. Elas celebraram isso. Praticamente todo líder de culto da memória humana alegou ser pai (ou mãe) do grupo e foi por causa dessa alegação — não a despeito dela — que os adoradores se reuniram em torno dele. E esse desejo não desapareceu no século XXI. Lembre-se do comediante Chris Rock insistindo que tínhamos de fazer o que o presidente Barack Obama queria porque "ele é o pai de nosso país".[36]

Dados os milhares de experimentos naturais na Eurásia, na América do Norte, na América do Sul e em todas as outras regiões do planeta, não há como evitar a conclusão de que essa ideia básica satisfaz alguma profunda necessidade inata dos seres humanos. Se a monarquia não fosse natural de alguma maneira profunda, ela não teria fornecido uma forma tão estável de governo durante milhares de anos. Se o desejo por um líder paternal que defende nossos melhores interesses não estivesse programado em nós, ele não seria um item básico das culturas políticas em todo o globo.

Se você esvaziasse uma jarra de formigas na superfície de algum distante planeta habitável, elas fariam exatamente o que fazem na Terra: começariam a construir colônias. Similarmente, deixados por conta própria em um ambiente não natural, os seres humanos "naturalmente" se organizam em torno de uma autoridade centralizada. O fato de que as monarquias de certa forma antecederam a revolução agrícola só reforça o argumento.

E aqui precisamos revisitar minha alegação sobre a corrupção. Quando as democracias desmoronam, frequentemente dizemos que elas estão "caindo" ou "regredindo" para o autoritarismo. O colapso da Venezuela se encaixa nesse modelo familiar. Essa é uma forma de entropia social. Mas nossa linguagem nos falha quando sociedades rejeitam a democracia e o mercado em favor de modelos de organização social supostamente "orientados para o futuro". Quando os bolcheviques tomaram a Rússia, os intelectuais ocidentais saudaram o evento como grande avanço nos assuntos humanos. A tomada de Cuba por Castro foi igualmente celebrada como um empolgante aprimoramento, uma maneira mais humana e racional de organizar a política e a economia. O que não se percebe é que todos os esforços para escapar do Milagre do capitalismo democrático liberal levam ao mesmo destino.

As categorias "esquerda" e "direita" tendem a nos enganar, assim como "para a frente" e "para trás". Thomas More não cunhou o termo "utopia" para nomear um lugar. Ele o contrastou com o termo "eutopia", que significa bom lugar. Entrementes, quantos bilhões não se beneficiaram da descoberta de um bom lugar, do oásis que é o Milagre? O ponto aqui é que não há nenhuma direção — esquerda, direita, para a frente, para trás — fora do oásis que não nos leve de volta para o deserto.

Em outras palavras, todo esforço para se afastar do capitalismo democrático liberal é reacionário, porque tenta restaurar a unidade de propósitos que define a mente pré-moderna ou tribal. Socialismo, nacionalismo, comunismo, fascismo e autoritarismo de todo tipo são formas de tribalismo. A mente tribal despreza a divisão. Ela despreza a divisão do trabalho e a desigualdade inevitavelmente gerada por ela. Despreza a divisão entre religioso e secular, entre indivíduo e grupo, entre sociedade civil e Estado. Quer assuma a forma de ortodoxia religiosa, dogma comunista, direito divino dos reis ou alguma variante da teoria de "justiça social", o mesmo impulso subjacente domina: devemos estar nisso juntos. A genialidade do Milagre está na divisão do trabalho, não somente nas manufaturas ou na ciência, mas em nossas mentes. Com exceção de tempos de guerra ou outra crise existencial, o sentido não pode ser uma empreitada coletiva, de massa, sem destruir o rico ecossistema de instituições que realmente nos fornecem sentido e asseguram nossa liberdade e prosperidade.

QUATRO

O NASCIMENTO DO CAPITALISMO: UM ACIDENTE GLORIOSO

De onde veio o milagre? Estranhamente, dado o quanto ele é recente e o quanto foi estudado, ninguém realmente sabe. Ou, para ser mais acurado, ninguém realmente concorda. Teorias não faltam, mas o consenso permanece notavelmente elusivo. E, frequentemente, quando os acadêmicos tentam sintetizar todo o conhecimento, eles jogam as mãos para os céus em consternação. Joel Mokyr começa seu intimidante *A Culture of Growth: The Origins of the Modern Economy* [Uma cultura de crescimento: as origens da economia moderna] narrando a súbita explosão de prosperidade que teve início na Europa na década de 1700 e vem se disseminando, aos trancos e barrancos, pelo globo desde então. "Os resultados foram inescapáveis: quase todo mundo no planeta, homens e mulheres, passou a viver mais tempo, comer melhor, ter mais tempo livre e mais acesso a recursos e delícias que previamente eram reservados aos muitos ricos e poderosos ou, mais comumente, eram totalmente desconhecidos."[1]

Os nomes para esse evento variam. Alguns o chamam de Grande Enriquecimento ou Grande Divergência. Prefiro Milagre por uma razão bastante simples. Milagres desafiam explicações. Quase todos os acadêmicos concordam que o Milagre começou no Ocidente, mas há muito pouco consenso sobre por quê.[2] Em seu posfácio à terceira edição de *O milagre europeu*, Eric Jones analisa a cacofonia intelectual em torno da questão sobre por que a modernidade emergiu e, com um misto de exasperação e bom humor, escreve: "Talvez, no fim das contas, haja algo sobrenatural na ascensão da Europa."[3]

Infelizmente, não há Deus neste livro e, portanto, essa explicação não está disponível para nós.[4]

A melhor explicação seguinte para a modernidade é: foi a Inglaterra. Muitas coisas recomendam essa teoria. De fato, se usarmos "onde" no sentido figurado, as origens do capitalismo e do Milagre permanecem um mistério. Porém, se usarmos "onde" literalmente, então saberemos a resposta: na Inglaterra.

"Ainda estamos experimentando os efeitos secundários de um evento espantoso", escreve Daniel Hannan em seu brilhante, inevitavelmente provocativo e amplamente mal compreendido livro, *Inventing Freedom: How the English-Speaking Peoples Made the Modern World* [Inventando a liberdade: como os povos de língua inglesa criaram o mundo moderno]. "Os habitantes de uma ilha úmida na ponta ocidental do continente eurasiano tropeçaram na ideia de que o governo devia se sujeitar à lei, e não o contrário. O estado de direito criou segurança para as propriedades e os contratos, o que, por sua vez, levou à industrialização e ao capitalismo moderno. Pela primeira vez na história da espécie, desenvolveu-se um sistema que, no todo, recompensava melhor a produção que a predação."[5]

O título original do livro, antes da publicação, era "A tribo da liberdade". A razão pela qual gosto tanto desse título é o fato de a visão de Hannan me ser muito cara. E, por essa e outras razões, a ideia de que a liberdade nasceu como idiossincrasia cultural de um povo obscuro merece um pouco mais de explicação que algumas das outras teorias sobre de onde veio a modernidade.

Um vasto mar de literatura, dogma, doutrina e ciência social foi dedicado à pergunta: "Por que a Inglaterra?"

Todos eles podem ser resumidos em uma única afirmação: a Inglaterra era *esquisita*. Quando digo "esquisita", não o faço com a menor sombra de insulto. Ela era gloriosa, maravilhosa, fantasticamente esquisita. Monty Python é esquisito. Meu pai era esquisito. O casamento é esquisito. A maioria das coisas alegres e preciosas da vida é esquisita, e é essa esquisitice que as torna alegres e preciosas.

Por que, pela primeira vez na história, essa esquisitice se manifestou? Daniel Hannan identifica cinco fatores cruciais em relação aos quais há amplo consenso:

1. **O desenvolvimento de um Estado nação.** É preciso certa coesão e ordem para deixar o Milagre emergir. E ele só surge em um regime que pode "aplicar as leis mais ou menos uniformemente a uma população unida por um senso de identidade partilhada".

2. **Intimamente ligada ao Estado nação, uma sociedade civil saudável, repleta de instituições concorrentes e complementares que servem para arraigar a sociedade e contrabalançar o poder arbitrário do Estado ou da coroa.** A soberania do indivíduo como artefato cultural está profundamente enraizada, e é ao menos parcialmente derivada do papel das instituições mediadoras. Como observou Alexis de Tocqueville, "o espírito de individualidade é a base do caráter inglês. A associação é um meio de conseguir coisas inatingíveis pelo esforço isolado [...] Que melhor exemplo de associação que a união de indivíduos para formar um clube ou quase qualquer associação ou corporação civil ou política."

3. **Geografia insular.** Inicialmente, a importância de ser uma ilha não é óbvia. Mas foi crucial por duas razões. Primeiro, ilhas possuem proteções naturais contra invasores estrangeiros. Isso permitiu que a Inglaterra fosse menos militarizada que as outras nações, uma vez que, na maior parte do tempo, as guerras ocorriam para repelir invasores estrangeiros. A desconfiança inglesa dos exércitos é produto direto desse arranjo acidental. Segundo, e diretamente relacionado, isso tornou o absolutismo político menos necessário. Reis adquiriram poderes absolutos pela mesma razão que "bandidos estacionários" foram bem recebidos por camponeses vitimados: para proteger a população de ameaças estrangeiras. A falta de um governante absoluto não somente deu espaço para que a sociedade civil e poderes concorrentes se desenvolvessem, como também impediu que o rei alegasse "possuir" o país (o povo e suas coisas), como era comum em outros lugares.

4. **Pluralismo religioso.** Isso me parece incontroverso, uma vez que, de modo geral, a hegemonia religiosa impede a inovação, a qual, até muito recentemente, era vista como heresia ou apostasia. Antes da reforma, a religião não era uma esfera da vida separada do trabalho e da família. Mesmo trabalhar de maneira diferente era visto como ameaça à ordem estabelecida. Falaremos mais sobre isso.

5. Por último e, segundo Hannan, mais importante, o *common law*. "Um sistema legal único que transformou o Estado em súdito do povo, e não o inverso".

É uma boa lista, e Hannan expõe um bom argumento. Mas ainda temos o problema da esquisitice inglesa. Com isso quero dizer que, como a modernidade surgiu somente uma vez e em um único lugar, é quase impossível saber com certeza *por que* surgiu lá. O método científico exige um teste real, e nenhum está disponível. Se a modernidade tivesse ocorrido em algum outro lugar — o Japão, digamos —, poderíamos comparar, contrastar, destilar os pontos comuns e apresentar uma hipótese testável.

Há uma objeção a esse ponto: a Holanda, uma grande república mercante, que compete com a Inglaterra como local de nascimento da corporação moderna. Talvez injustamente, estou excluindo os holandeses. O problema é que as duas nações estavam profundamente enredadas na cultura uma da outra, mesmo quando estavam em guerra. De fato, acho que posso defender o argumento de que nenhuma delas teria se tornado capitalista sem a outra. É um pouco como o problema de identificar o primeiro Estado. Ninguém identificou um "Estado puro", que tenha surgido por si mesmo. Os arqueólogos e antropólogos só conseguem localizar "Estados concorrentes", que emergiram a fim de competir ou resistir a algum outro Estado. Isso captura a dinâmica entre Inglaterra e Holanda.[7] Não tenho dúvida de que alguns partidários dos holandeses afirmariam que a Holanda puxou a Inglaterra para o Milagre, não o contrário. E estou aberto ao debate. Contudo, a partir das evidências que vi, a causalidade trabalha mais no sentido inverso, a despeito de numerosas contribuições holandesas. É como dois grandes jogadores de basquete que ficaram melhores por competirem entre si.

De todo modo, o transbordamento da Inglaterra e da Holanda para o restante da Europa foi rápido no século XVIII, novamente por causa da pressão competitiva virtuosa. Mas também por causa das hipóteses e instituições culturais partilhadas da Europa Ocidental cristã (a Rússia é outra história). "O 'efeito demonstração'", escreve Ralph Raico, "que tem sido um elemento constante do progresso europeu — e que pôde existir precisamente porque a Europa era um sistema descentralizado de jurisdições concorrentes —, ajudou a disseminar as políticas liberais que levaram prosperidade às cidades que primeiro as experimentaram."[8]

Como conta Hannan em detalhes amorosos e patrióticos, as raízes da democracia inglesa se estendem até a Antiguidade. Fontes datando do ano 600 mostram que os ingleses tinham um contrato social entre governante e governados, que evoluiu organicamente na Inglaterra muito antes que qualquer regra fosse escrita. Os reis se reuniam abertamente com lordes e outros líderes e prometiam cumprir seus deveres como servidores do povo. O historiador romano Tácito observou, há 2 mil anos, que essa era uma prática comum também entre as tribos germânicas. Mas somente a Inglaterra se ateve a ela, talvez porque ser uma nação insular a tenha protegido das guerras que destruíram tais tradições em outros lugares.

J. R. Maddicott, autor da obra de referência *Origins of the English Parliament, 924-1327* [Origens do Parlamento inglês, 924-1327], traça uma linha dos primeiros *witans* germânicos na Inglaterra até a Magna Carta e a democracia britânica hoje: "Substituindo 'condes' por 'magistrados' e 'barões' por 'tanos', não estamos assim tão distantes da aparência geral dos primeiros parlamentos."[9] Mais adiante, ele afirma que "em outras partes do Ocidente, a tradição legislativa germânica e carolíngia morreu no século X. Sua energética preservação e promoção na Inglaterra foi bastante excepcional. [...] Não precisamos nos esquivar da noção de excepcionalismo inglês".[10]

James Campbell, historiador medieval da Universidade de Oxford, concorda. "A visão de que as instituições representativas possuem raízes no passado medieval não é anacrônica, mas totalmente demonstrável", escreve ele. "Realmente parece que a história da liberdade constitucional tem importantes inícios na Inglaterra anglo-saxã."[11]

Os mecanismos formais da democracia não são as únicas características anatômicas da democracia que podem ser traçadas a Old Blighty [Grã-Bretanha]. O feudalismo na Inglaterra foi significativamente diferente do feudalismo na Europa Ocidental e extremamente diferente do feudalismo na Europa Oriental, na Rússia, na China e no restante do mundo.

Na maioria das sociedades feudais, regras de parentesco basicamente tornaram impensável o conceito de propriedade privada, particularmente terras privadas. Em sociedades campesinas (um termo de Alan MacFarlane), o servo trabalhava na terra por várias razões e, contrariando Marx, nem todas estavam relacionadas à exploração econômica. Elas falavam de ligações antigas e tribais com certos locais. Aquela terra era deles para trabalhar porque era onde seus ancestrais haviam trabalhado e onde estavam enterrados.

Na maior parte da Europa, os camponeses não deixavam terras para os filhos porque as terras não eram deles. Eles eram mais como meeiros. Na Europa Oriental, os camponeses tinham visões de propriedade parecidas com as dos nativos americanos. Eles eram cuidadores intergeracionais do solo, e a "propriedade" era mais bem entendida como aluguel eterno. Mas, na Inglaterra, MacFarlane descobriu que o direito individual dos proprietários de "alienar" sua propriedade — ou seja, vendê-la ou deixá-la para pessoas que não seus filhos — já estava profundamente enraizado no *common law* inglês no início da década de 1500.[12] Marx e Engels alegam, em *O manifesto comunista*, que o capitalismo "arrancou da família seu véu sentimental e reduziu as relações familiares a meras relações monetárias".[13] Todavia, como observa Francis Fukuyama, isso era demonstravelmente falso na Inglaterra. Séculos antes da emergência da odiada burguesia de Marx, os ingleses tratavam as terras "da família" como qualquer outra mercadoria. Fukuyama cita um estudo de transferência de terras em um distrito inglês; somente 15% das transferências iam para a família do proprietário ainda em vida e 10% após sua morte.[14] Em outras palavras, os fazendeiros podiam vender suas terras para estranhos. E, já no século XII, "*villeins* (arrendatários legalmente ligados a suas terras) estavam comprando, vendendo e alugando propriedades sem permissão de seus lordes".[15] Em outras palavras, a propriedade privada era um costume antigo na Inglaterra, antecedendo, às vezes em séculos, suas justificativas legais e filosóficas.

Outra vantagem vinha do fato de que as castas hereditárias — uma instituição quase universal em todo o mundo — eram estranhamente débeis na Inglaterra. "No continente, a justiça senhorial era comum", escreve Hannan. "Os grandes magnatas eram a lei em suas propriedades. Mas, antes da chegada dos normandos [em 1066], a Inglaterra não tinha aristocracia feudal. Tinha, sim, seus grandes homens, como todas as sociedades guerreiras, e muitos eram donos de grandes propriedades, embora elas tendessem a estar fragmentadas por muitos condados. Mas os grandes homens jamais constituíram uma casta hereditária com privilégios legais como, para citar o exemplo europeu mais notório, a isenção de taxação. Eles estavam tão sujeitos quanto qualquer um às leis locais."[16] Em outras palavras, os lordes feudais, embora extremamente poderosos em suas próprias terras, não eram poderosos a ponto de servirem como monarcas absolutos em seus Estados em miniatura.

Acho que Hannan pode estar exagerando um pouco, mas a verdade essencial permanece. A aristocracia funcionava de maneira diferente na Inglaterra. Hannan atribui isso ao fato de que, na Europa, o direito romano era a norma, ao passo que, na Inglaterra, era uma espécie de imposição alienígena que nunca se enraizou profundamente no solo.[17] O direito romano, como o direito napoleônico, é "dedutivo": os legisladores determinam um princípio, o escrevem e o impõem à sociedade. O *common law* é uma propriedade emergente, brotando da própria sociedade.

O *common law* evoluiu caso a caso, razão pela qual alguns o chamam de direito criado por juízes. "O *common law*", escreve Hannan, "portanto, é empírico, e não conceitual: ele se preocupa com os julgamentos reais feitos em casos reais e então pergunta se precisam ser modificados à luz de circunstâncias diferentes em um novo caso."[18] E o *common law* inglês reconhecia os direitos de todos os ingleses, o que fez toda a diferença.

Não quero entrar na história da Magna Carta (os ingleses, aliás, não dizem "a", como nós; eles dizem simplesmente "Magna Carta"), mas vale notar que ela surgiu após o desenvolvimento de instituições formais de *common law*. No fim do século XII, Henrique II criou um sistema de tribunais de circuito e mesmo um tribunal central de apelação. Quando a Magna Carta foi negociada, meio século depois, ela reconheceu esse desenvolvimento, criando um precedente escrito para o futuro. Do mesmo modo, a exigência de que o rei governasse consultando "o conselho dos comuns do reino" foi um reconhecimento a tradições mais antigas e, ao mesmo tempo, um precedente incalculavelmente valioso para a criação de um sistema parlamentar formal.

Há numerosas outras idiossincrasias culturais que definem a esquisitice inglesa — ou, se preferir, seu excepcionalismo. O direito de apelar às autoridades para obter compensação, os direitos do indivíduo, uma preocupação quase obsessiva com a taxação justa e numerosos outros conceitos nos quais tendemos a pensar em elevados termos filosóficos ou legais possuem profundas raízes nos costumes ingleses. Eles emergiram não como lei dedutiva formal, mas a partir de erros e tentativas locais em incontáveis gerações.

Em capítulos subsequentes, falarei bastante da "revolução lockiana" para descrever o presente que herdamos da era fundacional da Revolução Gloriosa inglesa e da Revolução Americana. Mas, como explicarei, o problema com o termo "revolução lockiana" é que parece que a ordem estendida de liberdade foi puramente um tipo de criação legalista projetada por advogados e filósofos como Locke. A verdade é que ela se desenvolveu e evoluiu organicamente por um milênio antes que Locke nos prestasse o grande serviço de apresentá-la por escrito. Assim como a Magna Carta cristalizou certos princípios em 1215, Locke e os fundadores norte-americanos fizeram algo similar.

Os colonos da época da fundação dos Estados Unidos geralmente se viam como ingleses. Eles levaram consigo seus esquisitos vieses culturais, e sua discussão com a coroa foi uma extensão da luta whigista por liberdade que definiu a história inglesa durante mil anos. Como comentou Winston Churchill em *Uma história dos povos de língua inglesa*, "A declaração [de independência] foi principalmente uma reafirmação dos princípios que animaram o conflito whig contra os Stuart e a Revolução Inglesa de 1688".[19]

Assim como Martin Luther King Jr. usou os melhores ideais norte-americanos para defender maior liberdade nos Estados Unidos, os fundadores invocaram os mais elevados princípios ingleses para defender sua liberdade no Novo Mundo. O primeiro esboço da declaração feito por Jefferson incluía a frase "poderíamos ter sido um povo grandioso e livre, juntos", mas ela foi cortada da versão final.[20] Mesmo assim, a declaração está repleta de um senso de traição familiar:

> Nós os avisamos várias vezes contra as tentativas, por parte de sua legislatura, de estender sobre nós uma jurisdição indefensável. Nós os lembramos das circunstâncias de nossa emigração e de nosso estabelecimento aqui. Apelamos a sua justiça e magnanimidade nativas e os conjuramos, em nome de nossos laços de ancestralidade comum, a impedirem essas usurpações, que inevitavelmente interromperiam nossas conexões e correspondências.[21]

O trecho sobre "as circunstâncias de nossa imigração e de nosso estabelecimento aqui" é uma referência ao fato de que muitos dos colonos originais cruzaram o oceano em busca de uma liberdade religiosa que lhes fora negada. De fato, por mais importante que fosse a questão da taxação injusta para os fundadores, a causa da liberdade religiosa serviu igualmente como motivação vital. Nos anos que levaram à revolução, a Igreja da Inglaterra tentara impor a fé oficial às colônias e até mesmo instalar bispos norte-americanos, gerando uma onda de raiva puritana vestigial. "A Revolução Americana foi, ao menos em parte, o resultado de um espasmo de intolerância religiosa", escreve Hannan. "O fato de esse espasmo ter gerado o primeiro Estado secular do mundo, no qual as religiões podem competir em termos iguais, é quase um milagre."[22]

Menciono isso porque acho que costumamos falhar em ver a constituição sob uma luz adequada. A profunda (embora às vezes insuficiente) autoridade legal que investimos nela tende a obscurecer sua autoridade cultural. Assim, falamos sobre ela em termos formalistas. A seção 1 diz isso, a seção 2 diz aquilo e assim por diante. Os historiadores whigistas, naturalmente, veem a história como um livro no qual cada página está repleta de novos documentos legais. Porém, esses documentos quase sempre são indicadores atrasados, validações de avanços culturais.

E historiadores, advogados e legisladores podem ver o passado através do prisma legal do presente, sem problemas. De fato, é essencial que advogados e legisladores analisem o texto e a história textual da constituição. Mas a constituição não é simplesmente uma máquina registrada em pergaminho ou um manual de instruções para o governo. Ela é a expressão de uma cultura específica em uma época específica. E essa cultura vem de algum lugar. Especificamente, da Inglaterra. Patrick Henry, durante a convenção de ratificação na Virgínia em 1788, falou brilhantemente sobre os "gloriosos antepassados da Grã-Bretanha" que "transformaram a liberdade na fundação de todas as coisas".[23]

Numerosos países latino-americanos possuem constituições baseadas no modelo norte-americano, mas tiveram dificuldades para recriar os sucessos políticos e econômicos dos Estados Unidos porque a cultura importa — e muito. Não foi à toa que Alexis de Tocqueville descreveu os norte-americanos como "ingleses deixados por conta própria".[24]

Para certo grupo de intelectuais na direita e, em menor extensão, na esquerda, a constituição é a origem da ordem norte-americana. De certa perspectiva, isso é indubitavelmente verdadeiro. A constituição fornece salvaguardas para nossa sociedade de todas as maneiras formais e legais imagináveis (mesmo que, com o tempo, essas salvaguardas tenham sucumbido à entropia, graças à falta de cuidado em sua manutenção). No entanto, a constituição também é um artefato cultural e psicológico. Ela informa a maneira como *pensamos* sobre governo, direitos e sociedade civil. Nossa tendência a não valorizar certas coisas faz com que eventualmente tudo que brilha se transforme em ferrugem. Assim, quando dizemos "Posso fazer isso porque a constituição me dá o direito de fazer isso", a frase parece perfeitamente natural, mas, na realidade, é uma das coisas mais radicais que um ser humano pode dizer.

Do mesmo modo que a Magna Carta que a antecedeu, um dos maiores serviços que a constituição fornece é o simples fato de estar *escrita*. Como Ernest Gellner observou, os seres humanos têm a tendência de sacralizar textos. Foi precisamente isso que os norte-americanos fizeram com a constituição, graças a Deus.

Barack Obama disse em seu discurso de despedida:

> Nossa constituição é um belo e notável presente. Mas, na realidade, é somente um pedaço de pergaminho. Ela não tem poder por si mesma. Nós, o povo, damos poder a ela com nossa participação e com as escolhas que fazemos. Se defendemos ou não nossas liberdades. Se respeitamos e impomos o estado de direito. Os Estados Unidos não são frágeis. Mas os ganhos de nossa longa jornada em direção à liberdade não estão assegurados.[25]

Muitos de meus colegas conservadores ficaram zangados com isso e, dada a flexibilidade de mestre iogue com que Barack Obama interpretou o texto constitucional, consigo entender por quê. Mas, em termos de seu valor de face, a alegação de Obama estava correta. A constituição só tem poder se as pessoas lhe derem poder. James Madison disse o mesmo quando se inquietou com o fato de que "barreiras de pergaminho" costumam se mostrar inadequadas contra "o espírito usurpador do poder".[26] O poder real da constituição é encontrado não nela mesma, mas em *nós*. A constituição é uma manifestação em papel de um comprometimento cultural mais profundo com a liberdade e o governo limitado, do mesmo modo que uma certidão de casamento é uma representação física e legalista de algo muito mais profundo, misterioso e complicado. Quando o casamento fracassa, a certidão não o salva. E quando o povo norte-americano perde o amor pela liberdade, a constituição tampouco pode nos salvar.

O que tornou a fundação dos Estados Unidos um evento tão único e surpreendente foi o fato de que ela tomou a esquisitice de uma obscura tribo bem-sucedida, retirou princípios universais de suas peculiaridades culturais e *então os escreveu*. Os fundadores tiveram enorme ajuda de John Locke, que fizera grande parte do trabalho intelectual em apoio à Revolução Gloriosa cem anos antes. E tiveram ajuda de Montesquieu, dos filósofos e de muitos outros, incluindo Cícero. O texto precisou ser emendado com o tempo para tornar esses princípios mais universais, mas o legado cultural básico foi ampliado pelos intelectuais e estadistas, e sua obra, por sua vez, reforçou a cultura.

Tendo defendido, embora brevemente (ou tediosamente) que o amor norte--americano pela liberdade é na verdade um artefato cultural legado pela Inglaterra, permita-me voltar atrás, ao menos parcialmente. O problema com essa história, e muitas como ela, é o fato de ser o que Rudyard Kipling chamaria de *just-so*. Uma história *just-so*, em antropologia, é uma forma de falácia *post hoc* que diz que, como B se segue a A e C se segue a B, então A causou B e B causou C.

Embora tente negar, Hannan está oferecendo uma versão atualizada — e frequentemente atraente — da interpretação whig da história, como famosamente formulada pelo historiador Herbert Butterfield em seu convenientemente intitulado livro de 1931, *The Whig Interpretation of History* [A interpretação whig da história]. Butterfield criticou as gerações prévias de historiadores britânicos, que descreveram a história mundial como se fosse um romance em andamento cujo enredo e conclusão eram conhecidos por todos. Os heróis do romance eram os amantes da liberdade e os vilões eram as forças do absolutismo e do poder arbitrário. E a história era a vitória inevitável dos valores liberais britânicos.

Como diz Butterfield, existe a lamentável "tendência, em muitos historiadores, de escrever do lado dos protestantes e dos whigs; de elogiar as revoluções, desde que tenham sido bem-sucedidas; de enfatizar certos princípios do progresso no passado e produzir uma história que é uma ratificação, se não uma glorificação, do presente". Ele acrescenta:

> O historiador whig pode traçar uma linha entre certos eventos [...] e, se não for cuidadoso, ele começa a esquecer que essa linha é meramente um truque mental e passa a imaginar que ela representa algo como uma linha de causação. O resultado desse método é impor determinada forma a toda a história e produzir um esquema de história geral que tende a convergir belamente com o presente — demonstrando, através das eras, o desenvolvimento de um óbvio princípio de progresso.[27]

A teleologia, o grande pecado dos historiadores, é a ideia de que há um propósito nas coisas e nos eventos — um grande plano para o qual todos trabalhamos. A Providência, claro, é a mais famosa alegação teológica: "Tudo faz parte do plano de Deus." Antes do Iluminismo, essa era a teoria ocidental para praticamente tudo. Os grandes pensadores iluministas removeram a religião como motor da história, mas acharam ter vislumbrado um motor diferente: o progresso e, mais tarde, a História, com H maiúsculo. A humanidade estava inelutavelmente se tornando mais livre e melhor. Diferentes filósofos debateram como esse "progresso" funcionava e por que era inevitável.

No fim das contas, a teleologia é um antídoto para o desespero e o niilismo. Do mesmo modo que nós, como indivíduos, queremos acreditar que há propósito em nossas vidas, também queremos acreditar que há propósito em todas as outras coisas. De fato, a menos que se imagine como algum tipo de messias ou profeta, você precisa acreditar que há um propósito externo e metafísico na vida de todos, caso acredite que há um propósito na sua.

Suscito a questão da teleologia para iluminar o fato de que, *se há um propósito na evolução econômica e política, não podemos provar sua existência, assim como não podemos provar a existência de Deus.* É necessário um salto de fé. Talvez seja tudo parte do plano divino. Ou talvez o universo tenha um propósito.

Ou talvez a história, como a vida, seja somente uma coisa depois da outra.*

Em incontáveis momentos da história inglesa, as coisas poderiam ter sido muito diferentes. O fato de que as forças "boas" venceram não significa que estavam destinadas a vencer. A Conspiração da Pólvora, na qual um grupo de ingleses católicos tentou assassinar o rei Jaime I explodindo a Câmara dos Lordes durante um discurso real, falhou, salvando a Inglaterra de um destino muito diferente. Mas não falhou por causa do amor inglês pela liberdade. Falhou porque uma pessoa que sabia do esquema para reduzir o Parlamento a ruínas e fazer com que o catolicismo retornasse à Inglaterra enviou uma carta expondo a conspiração.[28] Quer Henrique VIII tenha rompido com a Igreja católica para poder dormir com Ana Bolena ou porque queria uma esposa que lhe desse um herdeiro, o fato é que, se Catarina de Aragão, sua primeira esposa, tivesse sido capaz de lhe dar um filho ou se Ana Bolena tivesse padrões menos elevados e concordasse em ser sua amante, a Inglaterra poderia ter permanecido uma nação católica.

Não é errado peneirar o rio da história "germânica" e utilizar as pepitas republicanas e democráticas como prova de que a Inglaterra estava destinada a dar início a uma nova era de liberdade. Mas não acho que seja um grande exagero sugerir que é possível encontrar contraexemplos nos registros históricos.[29]

Nada disso significa que Hannan — que é meu amigo — está errado. Significa que ele estava certo ao dizer que os ingleses "tropeçaram" na modernidade. A tradição inglesa de liberdade foi uma chama que poderia ter se apagado se os ventos da história tivessem mudado ligeiramente em qualquer um de milhares de momentos diferentes. Somos afortunados pelas circunstâncias terem sido como foram. Mas, no nível mais fundamental, tirando da equação a providência ou alguma outra teoria teleológica sobre o propósito da história, a modernidade aconteceu na Inglaterra por acidente.

Os ingredientes da liberdade e da prosperidade existiram na Terra durante milhares de anos, boiando na superfície, às vezes esbarrando uns nos outros e oferecendo o vislumbre de um caminho melhor. Tolerância religiosa,

---

* Esta frase é frequentemente atribuída a Arnold Toynbee, mas não acredito que seja o caso. Aparentemente, a fonte original foi Max Plowman. Ver "History Is Just One Damn Thing After Another", Quote Investigator. Disponível em: http://quoteinvestigator. com/2015/09/16/history/.

restrições à monarquia, propriedade privada, soberania do indivíduo, instituições pluralistas, inovação científica, estado de direito: todas essas coisas podem ser encontradas, de maneira fragmentada, em todas as épocas. Os chineses foram grandes inovadores científicos (e burocráticos), ainda que não tenham conseguido abrir mão do monopólio político, e finalmente sufocaram o progresso tecnológico em nome da hegemonia imperial.[30] A propriedade privada existiu de uma maneira ou outra em incontáveis sociedades,[31] porém não foi suficiente na ausência de outros ingredientes necessários e, sem eles, extinguiu-se. A própria prosperidade era conhecida antes do Milagre. Mas sempre como fenômeno breve e local.

Para entendermos quão realmente miraculoso é o Milagre, devemos analisar em mais detalhes algumas das mais conhecidas teorias concorrentes sobre o Grande Enriquecimento, incluindo o complicado papel — real e imaginário — do protestantismo, assim como da revolução científica, da escravidão, do imperialismo e de outros fatores materiais.

A história original do Milagre assume várias formas próprias e informa outras teorias.

A primeira e mais simples teoria, famosamente introduzida pelo sociólogo Max Weber em *A ética protestante e o espírito do capitalismo*, publicado na Alemanha em 1905 (e na Inglaterra em 1930), afirma que o protestantismo, particularmente de certas seitas puritanas como a calvinista, criou hábitos que deram origem ao capitalismo. A versão simplificada da história é a seguinte: os católicos "espiritualizados" se importavam pouco com as coisas desta vida e se contentavam com uma vida materialmente pobre, trabalhando o mínimo necessário. Entrementes, argumentou Weber, os protestantes acreditavam em acumular riquezas.[32] Os puritanos, empoderados pela doutrina da predestinação, moveram os olhos para este mundo, acreditando que o sucesso material era prova de virtude e sinal de que o bem-sucedido fora selecionado para recompensas na próxima vida. O trabalho duro era uma maneira de glorificar Deus. Contudo, o sucesso econômico era atingido não somente por meio do trabalho duro, mas também de demonstrações de honestidade, piedade (é claro) e parcimônia ("O *summum bonum* dessa ética [é] ganhar mais e mais dinheiro [...] A aquisição [...] [é] o propósito final da vida", explicou Weber em uma passagem que descrevia Benjamin Franklin como modelo de diligência protestante).[33] Joyce Appleby resumiu assim o argumento de Weber: "Os pregadores protestantes produziam grande ansiedade pessoal ao enfatizar a tênue possibilidade de salvação."[34] Isso "promovia um interesse pela Providência no qual os crentes escrutinavam os eventos [econômicos] em busca de pistas sobre as intenções divinas [...] [o que] transformou a prosperidade em evidência da preferência divina".[35] Em outras palavras, agir como se fosse abençoado podia ser sinal de que você realmente era abençoado — a versão teológica de "finja até conseguir".

Vamos fazer uma pausa em relação a essa teoria e ao que ela realmente significa. Embora Weber tenha publicado sua teoria na primeira década do século XX, a ideia de que o capitalismo depende da "parcimônia" ou da acumulação de capital a partir da economia foi central para o pensamento marxista no século XIX. Marx acreditava que, em essência, o capitalismo era simplesmente a exploração do trabalho. Toda riqueza e todo valor, segundo Marx, são criados pelos trabalhadores. Todo lucro que não vai para os trabalhadores é essencialmente roubo. Como todo valor é capturado pelo trabalho, qualquer "mais-valia" coletada pelos donos do capital é, por definição, exploratória. O negociante ou inventor que arrisca seu próprio dinheiro para construir e equipar uma fábrica não está acrescentando valor; está subtraindo valor dos trabalhadores. De fato, o dinheiro que usou para comprar a terra e os materiais é somente "trabalho morto".

Marx ainda é visto por muitos como pensador visionário. Mas a verdade é que era um romântico que popularizou antigos vieses contra o dinheiro e as finanças ou contra a "usura" (e, em grande extensão, contra os judeus). "Em um grau raramente apreciado, [Marx] meramente reencenou a tradicional estigmatização cristã da busca por dinheiro em um novo vocabulário, e reiterou a antiga suspeita contra aqueles que usavam o dinheiro para produzir mais dinheiro", escreve o historiador Jerry Z. Muller. "Em seu conceito de capitalismo como 'exploração', Marx retornou à muito antiga ideia de que o dinheiro é fundamentalmente improdutivo, que somente aqueles que vivem graças ao suor de sua testa realmente produzem e que, consequentemente, não somente os juros, mas também o próprio lucro, são sempre obtidos de maneira danosa."[36]

Essa ideia de que o excesso de capital ou "mais-valia" abasteceu o capitalismo é essencial para numerosas explicações marxistas — históricas ou contemporâneas — para o triunfo do capitalismo. Tudo isso está baseado no desejo psicológico dos inimigos do capitalismo, começando com Jean--Jacques Rousseau, de alegar que ele nasceu de algum tipo de pecado original. Alguns escritores pretendem que a escravidão foi esse pecado original, a fim de exagerar o crime da escravidão (e justificar os pedidos de reparação) e/ou deslegitimar o capitalismo. Mas a escravidão não requer tais exageros. Seu mal se destaca por si mesmo. Similarmente, as alegações de que o Ocidente enriqueceu pilhando terras estrangeiras equivale a um esforço para intensificar as denúncias contra o imperialismo. Essas teorias partilham a hipótese psicológica de que o capitalismo marcou uma guinada errada no passado da humanidade. E costumam levam as pessoas a alegações claramente ridículas. "Sem escravidão não há algodão; sem algodão não há indústria moderna", escreveu Marx. "Foi a escravidão que deu valor às colônias e foram as colônias que criaram o comércio com o mundo; e o comércio com o mundo é a condição essencial para a grande indústria."[37] Não importa que a dependência japonesa por seda chinesa fosse ao menos tão grande quando a demanda inglesa por algodão e que o Japão só tenha se tornado um país capitalista após a Segunda Guerra Mundial. A ideia de que o algodão barato tornado possível pela escravidão deu início ao capitalismo, mais recentemente revivida por Sven Beckert, de Harvard, ignora o fato de que o preço do algodão não aumentou significativamente depois que a escravidão foi abolida nos Estados Unidos. Na verdade, na década de 1870, seu preço era 42% mais baixo que antes da guerra civil.[38]

Deirdre McCloskey analisou as pesquisas e descobriu que as evidências para suportar tais alegações são raras ou mesmo inexistentes. Sim, é claro que enormes lucros foram obtidos com a escravidão e o império, mas nenhum "criou" o capitalismo, e os lucros foram incidentais no grande esquema das coisas. Além disso, se o capitalismo depende do tipo de exploração em massa implícito na escravidão e no imperialismo, por que demorou tanto para se materializar? Os antigos chineses, persas, romanos e astecas tinham impérios e escravos, mas nenhum deles era capitalista. Por que o capitalismo sobreviveu ao fim da escravidão e da era imperial? Por que as sociedades tradicionais e anticapitalistas têm mais probabilidade de manter a instituição da escravidão em uma ou outra forma? Se o capitalismo se baseia na escravidão, por que os ocidentais ficaram tão mais ricos e gozam de tal abundância de tempo livre?

A alegação de que a parcimônia — ou seja, o aumento da poupança em função dos lucros, criando o capital necessário para o investimento industrial — levou ao surgimento do capitalismo desmorona quando percebemos que ela inverte a causalidade: a acumulação de capital não é o motor do capitalismo, mas seu subproduto. De fato, a parcimônia dificilmente é uma invenção ocidental ou cristã, quem dirá protestante. As pessoas poupam ou são cuidadosas com seu dinheiro desde que ele foi inventado.[39] Mas, sem um sistema de mercado, as coisas que podiam fazer com esse dinheiro eram extremamente limitadas.

Outras teorias materialistas sobre as origens do capitalismo, algumas bastante interessantes e importantes, falham em responder à pergunta "De onde veio o Milagre?". A relativa autonomia das cidades-estados e principados europeus certamente encorajou a liberdade e serviu como um tributário que acabou levando ao rompimento da represa. Certamente a geografia britânica e europeia foi essencial para o desenvolvimento político da Europa, mas a ideia de que o capitalismo era inevitável por causa dos rios e do clima temperado europeu é, no fim das contas, somente uma falsa relação.

A revolução científica, um milagre em si mesma, obviamente é parte importante da história. O Milagre teria ocorrido sem Isaac Newton, Francis Bacon, Thomas Edison e outros grandes cientistas e inovadores? Estou inclinado a dizer que provavelmente não. Mas isso não significa que a revolução científica criou o capitalismo. Quanto mais profundamente analisamos esse argumento, mais podemos ver que a carroça está passando na frente dos bois. O mundo islâmico e a China estiveram na vanguarda da ciência durante séculos e, mesmo assim, o Milagre jamais se materializou em nenhum desses lugares. De fato, durante um milênio, a Inglaterra — e pode-se argumentar que também toda a Europa Ocidental — foi atrasada. Um alienígena visitando a Terra há mil anos não presumiria que os povos europeus estavam destinados a adquirir velocidade de escape da norma da existência humana.

Então o que a criou? A fim de responder a essa pergunta, precisamos retornar a outra teoria sobre o papel do protestantismo no desenvolvimento europeu. Ela afirma que o protestantismo liberou o espírito de inovação e liberdade. Meu colega na *National Review*, Charles C. W. Cooke, um whig importado da Inglaterra para fazer o trabalho duro que poucos escritores norte-americanos estão dispostos a fazer, argumenta que o protestantismo desempenha exatamente esse papel. "Argumento há muito, em termos vagos, que os Estados Unidos são fundamentalmente uma sociedade 'protestante'", escreve ele, "com o que não quero dizer, em absoluto, que somente os protestantes podem ser bons cidadãos, mas antes que os fundadores foram produto não somente de um legado religioso protestante, mas também de uma visão de mundo politicamente protestante — e que os dois são historicamente inextricáveis."

"Isso significa", continua ele, "que quando um povo se acostuma a eliminar o intermediário em seu caminho até Deus, a absolvição e a salvação, torna-se mais fácil para ele eliminar o intermediário em seu caminho até a liberdade e a busca pela felicidade."[40] Certamente há algum mérito nesse argumento. O protestantismo não teria se disseminado sem a prensa móvel, uma inovação que pôs fim ao monopólio teológico da Igreja católica. O protestantismo também reviveu a ideia de que o indivíduo é soberano. Mas isso ignora o fato de que, embora os protestantes tenham eliminado o intermediário em termos teológicos, em termos políticos eles eram tão capazes de esmagar qualquer desvio da ortodoxia quanto os mais zelosos católicos. Afinal, os primeiros protestantes não eram politicamente "moderados". Eles fizeram grandes caças às bruxas. Na Inglaterra nas décadas de 1650 e 1660, os quacres foram horrivelmente brutalizados pelos anglicanos. Os puritanos de Salem não eram exatamente defensores do "viva e deixe viver". Na Europa, luteranos e calvinistas incorporaram o absolutismo político — ou seja, monárquico — a sua teologia com bastante facilidade, assim como os anglicanos na Inglaterra de Henrique VIII. Frederico, o Grande, o mais talentoso monarca absoluto do século XIX, foi criado como calvinista.

———

Agora permita-me dar alguns passos atrás. Meu ponto aqui não é afirmar que as várias teorias sobre de onde veio o Milagre estão erradas. Minha objeção é a qualquer argumento que isole um único fator e diga: "Foi isso — e somente isso — que aconteceu." Quase todos os fenômenos verdadeiramente complexos e importantes apresentam múltiplos fatores mutuamente dependentes que levaram a seu surgimento. Por que a Segunda Guerra Mundial aconteceu? Por que você é como é? Qualquer tentativa de focar em uma única e distinta explicação monocausal é tolice.

E o capitalismo é muito, muito mais complicado. A razão pela qual chamo a emergência do Milagre de *milagre* é simples: ninguém estava tentando fazer isso. Nenhuma coisa isolada o causou. Foi um acidente, não planejado e glorioso.

Novamente, considere a versão crua da tese weberiana. Mesmo que admitíssemos que o protestantismo "criou" o capitalismo, precisaríamos reconhecer que não era isso que os protestantes, começando com Martinho Lutero, tinham em mente. Lutero desprezava a usura em todas as suas formas (sem dúvida parcialmente graças a seu virulento antissemitismo). Nenhum pregador puritano do século XVII jamais disse: "Se você ficar rico, irá para o céu." Eles diziam: "Comporte-se dessa maneira e será mais provável que Deus o ache digno." As mudanças de comportamento geradas por essa instrução severa e piedosa jamais pretenderam ser um esquema para enriquecer rapidamente. Essa é a intenção da chamada teologia da prosperidade, uma criação muito recente e intimamente associada ao evangelismo televisivo. (A "conselheira espiritual" de Donald Trump, Paula White, pertence a essa seita.)[41]

Similarmente, o pluralismo que tornou o capitalismo possível não foi produto de algum ideal elevado sobre como estruturar a sociedade. A tolerância religiosa que começou a emergir na Europa após a Paz de Vestfália em 1648 foi muito menos produto de mudanças teológicas que da exaustão política e militar. O Tratado de Vestfália pôs fim às "guerras religiosas" europeias. Essas guerras, que ocorreram de maneira intermitente durante mais de um século, cobraram imenso preço de protestantes e católicos. Quando chegaram ao fim, como disse o historiador C. V. Wedgwood, o Ocidente começou a entender "a essencial futilidade de submeter as crenças da mente ao julgamento da espada".[42] Em outras palavras, protestantes e católicos decidiram adotar certa medida de tolerância como "única política restante quando se provou impossível continuar lutando uns contra os outros", nas palavras de Herbert Butterfield.[43] O espaço social criado foi um avanço em termos de liberdade, mas não a primeira escolha de ninguém. Em vez disso, foi um subproduto acidental da futilidade militar.

Se eu tiver de oferecer minha própria explicação para de onde vem o Milagre, apoio o argumento de Deirdre McCloskey em sua espantosa obra em vários volumes sobre o nascimento do capitalismo. Sua resposta, em resumo: o Milagre é uma atitude, expressada em novas ideias e na retórica que as acompanhou. "A economia do mar do Norte, depois a economia do Atlântico e, por fim, a economia mundial cresceram por causa da mudança nas formas de falar sobre mercados, empreendimento e inovação."[44] Essas novas formas de falar tornaram a inovação possível ao reconhecê-la como coisa boa. A inovação morre ainda na mesa de projeto sem um clima que a receba bem e a recompense. As vantagens tecnológicas de chineses e árabes pouco valeram a longo prazo, porque o clima político e religioso se provou insuficientemente hospitaleiro para sustentar a inovação, uma vez que perturba o *status quo* e mina os poderes estabelecidos. O chinês Bi Sheng, afinal, inventou o tipo móvel séculos antes de Gutenberg.[45] Os japoneses tinham armas, mas as baniram porque reconheceram a ameaça que representavam à aristocracia de guerreiros samurais portadores de espadas.[46]

Durante séculos, governantes cristãos — e protestantes! — foram hostis à inovação pela mesma razão. Em 1548, por exemplo, Eduardo VI, sucessor de Henrique VIII, publicou *Uma proclamação contra aqueles que inovam*. Em seu artigo "'Não se envolva com aqueles dados a mudanças': a inovação como mal", Benoît Godin conta a história de Henry Burton, um ministro puritano da Igreja da Inglaterra. Burton acusou a Igreja de inovar a doutrina contra os desejos do rei em dois panfletos de 1636. Ele foi chamado ao tribunal para se defender. O tribunal decidiu que Burton, e não a Igreja, era culpado de inovação. Ele foi sentenciado à prisão perpétua e teve as orelhas cortadas.[47] E isso aconteceu na Inglaterra *protestante*, a suposta pátria ancestral da liberdade.

Mas então algo aconteceu. "No fim do século XVII", escreve Joseph Schumpeter em *Business Cycles: A Theoretical, Historical, and Statistical Analysis of the Capitalist Process* [Ciclos comerciais: uma análise teórica, histórica e estatística do processo capitalista], o establishment político inglês "abandonou toda hostilidade sistemática às invenções. O mesmo fizeram a opinião pública e os escribas". Foi essa notável, inédita e *miraculosa* mudança de atitude que tornou o Milagre possível. A maneira como as pessoas falavam e pensavam sobre o funcionamento do mundo mudou. "A economia nada é sem palavras que a suportem", escreve McCloskey, "sejam elas de sabedoria convencional ou sobre empreendimentos criativos."[48]

Estou quase totalmente convencido disso. Durante 100 mil anos, a grande massa da humanidade permaneceu na pobreza. Essa grande linha reta de miséria material continuou até que as atitudes mudaram na Inglaterra e na Holanda, não somente entre os intelectuais ou aristocratas, mas entre as pessoas comuns, particularmente os burgueses — as classes média e alta majoritariamente urbanas de profissionais, artesãos, mercadores e outros que não trabalhavam na terra. Antes disso, noções de aprimoramento, inovação e melhoria eram vistas, literalmente, como heresia. *Curiositas*, ou curiosidade, era um pecado, e o inovador era um herege.

Durante milênios, interesses velados — de burocratas, aristocratas e padres — formaram coalizões de interesses comuns para impedir as inovações. Eis alguns exemplos de Joel Mokyr (citado por McCloskey):

- Em 1299, Florença proibiu os banqueiros de adotarem números arábicos.
- No fim do século XV, as guildas de escribas de Paris conseguiram impedir a adoção da prensa móvel durante duas décadas.
- Em 1397, fabricantes de alfinetes de Colônia tornaram ilegal o uso de máquinas de botões de pressão.
- Em 1561, o conselho municipal de Nuremberg tornou a fabricação e venda de tornos mecânicos punível com prisão.
- Em 1579, o conselho municipal de Danzig ordenou o assassinato secreto, por afogamento, do inventor de um tear de fitas.
- No fim da década de 1770, o conselho de Estrasburgo impediu que uma fábrica de algodão local vendesse suas mercadorias na cidade porque isso prejudicaria o modelo de negócios dos importadores de tecidos.[49]

Essa é a história antiga e universal das elites tentando proteger seus privilégios e sua renda dos ventos da mudança. Foi por isso que o imperador chinês queimou seus navios em 1525 e o califa turco baniu a prensa móvel em 1729.[50] As guildas de mercadores que dominaram grande parte da Europa e do mundo durante quase mil anos perduraram não porque atendiam à demanda econômica, mas porque — com a ajuda da coroa e da Igreja — *a restringiam*. Elas "limitaram a competição e reduziram as trocas ao excluir artesãos, camponeses, mulheres, judeus, estrangeiros e o proletariado urbano dos ramos mais lucrativos de comércio", escreve Sheilagh Ogilvie. "As guildas e as associações de mercadores foram tão disseminadas e duradouras não porque solucionaram eficientemente problemas econômicos, melhorando a vida de todo mundo, mas porque distribuíram eficientemente os recursos entre uma poderosa elite urbana, com benefícios secundários para os governantes."[51]

A hostilidade pela inovação e pelo livre comércio estava enraizada em uma visão de mundo mais ampla que via o próprio dinheiro como raiz de todo mal. Da Antiguidade ao Iluminismo, o comércio e a busca de riquezas foram considerados pecaminosos. "Na cidade mais finamente governada", escreveu Aristóteles, "os cidadãos não adotam o modo de vida vulgar dos mercadores, pois ele é ignóbil e contrário à virtude."[52] Em *A república*, Platão descreveu a visão de uma sociedade ideal na qual os "guardiões" governantes não possuíam propriedades, a fim de não destruir "a cidade em relação a diferenças sobre o que é 'meu' e o que 'não é meu'". Ele acrescentou que "todas as classes envolvidas no atacado e no varejo [...] são menosprezadas e sujeitas ao desdém e a insultos". Além disso, em seu Estado utópico hipotético, somente os não cidadãos teriam permissão para se dedicar ao comércio. Um cidadão que desafiasse a ordem natural e se tornasse mercador seria jogado na prisão por "envergonhar sua família".[53]

Na Roma Antiga, "todo comércio era estigmatizado como indigno [...] a palavra *mercator* [mercador] era quase um insulto", escreve o professor D. C. Earl, da Universidade de Leeds. Cícero observou, no século I a.C., que o comércio varejista era *sordidus* [sórdido] porque os mercadores "não teriam nenhum lucro se não mentissem constantemente".[54]

O cristianismo inicial expandiu esse ponto de vista. O próprio Jesus era claramente hostil à busca por riquezas. "Pois onde estiver seu tesouro", proclamou ele no Sermão da Montanha, "também ali estará seu coração." E, é claro, ele insistiu que "é mais fácil um camelo passar pelo buraco de uma agulha que um homem rico entrar no reino de Deus".

O ensinamento oficial da Igreja católica ecoou esses sentimentos durante séculos, afirmando que a economia era um sistema de soma zero. "Os pais da Igreja aderiram à suposição clássica de que, como a riqueza material da humanidade era mais ou menos fixa, o ganho de alguns só podia ocorrer à custa da perda de outros", explica Jerry Z. Muller.[55] Como disse Santo Agostinho, "*Si unus non perdit, alter non acquirit*": "Se um não perde, outro não ganha."[56]

A pior forma de acumulação de riquezas era o uso do dinheiro para ganhar dinheiro, ou seja, a usura. Emprestar dinheiro a juros era anormal e, portanto, odioso. "Embora a especialização em trocas seja culpável, pois não está de acordo com a natureza, envolvendo tomar de outros", insistiu Aristóteles, "a usura é mais razoavelmente odiada porque as posses de alguém derivam do próprio dinheiro, não daquilo para que foi fornecido [...] Assim, entre os tipos de negócios, esse é o mais contrário à natureza."[57] Aristóteles estava certo ao dizer que as finanças são contrárias à ordem natural; também são o motor de incrível prosperidade e progresso humano.

A despeito de tudo isso, frequentemente se afirma que o cristianismo recebeu o crédito pelo Milagre. E, em linhas gerais, estou aberto à ideia de que, sem cristianismo, o Milagre poderia não ter ocorrido. Mas isso não equivale a dizer que o cristianismo causou o Milagre (e ele certamente não pretendia fazer isso). Todavia, certamente parece provável que foi um ingrediente necessário.

Jesus disse que seus seguidores deveriam dar a César o que era de César, estabelecendo que havia dois reinos, que Santo Agostinho chamou de "cidade dos homens" e "cidade de Deus". A cidade dos homens era dos governantes temporais; a cidade de Deus, dos governantes eclesiásticos. Quando o Império Romano do Ocidente caiu, a Igreja permaneceu em Roma como autoridade religiosa. Isso estabeleceu o princípio de que serviria como consciência do reino. Isso realmente foi um avanço significativo, criando uma das primeiras e mais importantes divisões do trabalho na mente ocidental. A admoestação de Jesus para separar o reino da fé do reino dos governantes certamente foi um arranjo imperfeito, mas essa distinção serviu como importante freio ao poder arbitrário dos reis, ao introduzir a ideia de que mesmo os governantes respondiam a uma lei maior. Isso marcou um grande contraste com os imperadores chineses e os sultões islâmicos. Ao passo que os cristãos tinham de pagar tributo a César, Maomé desempenhava o papel tanto de César quanto de Jesus, e o sistema político que deixou para trás não reconhecia nenhum espaço entre a autoridade secular e a autoridade religiosa. Sem esse espaço, o pluralismo institucional e a divisão do sentido eram impossíveis.

Alguns também insistem que o cristianismo — em minha opinião, tomando emprestado do judaísmo — inventou ou introduziu a ideia de direitos individuais. Larry Siedentop, em *Inventing the Individual: The Origins of Western Liberalism* [Inventando o indivíduo: as origens do liberalismo ocidental], argumenta que, no século XV, a lógica interna da ênfase cristã na consciência individual tornou o Iluminismo inevitável.[58]

Novamente, talvez. E talvez não. Simplesmente é impossível saber. Certamente houve incontáveis regimes e movimentos cristãos hostis à inovação, à liberdade individual e ao pluralismo. O Milagre teria ocorridos se eles tivessem vencido suas batalhas?

Meu objetivo, contudo, não é desacreditar ou refutar qualquer um dos argumentos sérios sobre a origem do Milagre, pois acho que muitos têm seu mérito. No entanto, todos os fatores materiais são insignificantes na ausência do contexto mais amplo da cultura. Os biólogos podem fazer crescer tudo que quiserem em um laboratório, mas não sem o meio certo.

No fim das contas, é impossível responder de maneira definitiva ao *porquê*. Tudo que podemos fazer é documentar *o que* aconteceu. Por que certas ideias têm sucesso e outras não? Por que as ideias de um carpinteiro judeu em uma província atrasada do Império Romano capturaram as mentes de milhões de pessoas e conquistaram o próprio império? O cristão devoto pode argumentar que isso aconteceu porque elas eram verdadeiras. Porém, como questão sociológica, a única resposta é que simplesmente aconteceram.

A pergunta mais importante é: vão durar?

McCloskey é uma grande otimista sobre as perspectivas do Milagre. Espero que esse otimismo seja justificado. Porém, me parece axiomático que uma explicação sobre o nascimento do capitalismo totalmente baseada no poder das ideias e das palavras se abra a uma réplica deprimente: o que palavras e ideias podem criar, palavras e ideias podem destruir. O que quer que possamos iniciar com nosso modo de pensar, podemos encerrar com nosso modo de pensar. E aqui devemos considerar o que acredito ser a mais persuasiva teoria sobre por que o capitalismo pode estar fadado a desaparecer em todo o mundo ou, ao menos, nos Estados Unidos e no Ocidente. Para fazer isso, primeiro precisamos analisar a mais influente e famosa profecia sobre a morte do capitalismo, feita por Karl Marx.

De acordo com Marx, as classes trabalhadoras — o "proletariado" — são a única fonte de valor econômico. O valor "real" de qualquer mercadoria e serviço é derivado não do preço que obtém no mercado, mas da quantidade de tempo e esforço empregada pelo trabalhador. Consequentemente, sob a "teoria do valor-trabalho" de Marx, quando o dono de uma fábrica vende o produto com lucro, esse lucro é "mais-valia" e, por natureza, explorador e injusto. De fato, para Marx, as classes econômicas governantes eram parecidas com vampiros, e seus textos estão cheios de imagens sobre sugar sangue (o que, na época, costumava ser uma referência antissemita mal velada e geralmente explícita aos gananciosos prestamistas judeus).

No conto futurista de Marx, os trabalhadores do mundo um dia reconhecerão que são meramente escravos assalariados e, tendo obtido consciência de classe, derrubarão seus mestres, tomarão os meios de produção e viverão em um mundo utópico no qual serão muito parecidos com bons selvagens modernos, trabalhando somente o quanto quiserem em um estado de abençoada harmonia.

Três coisas precisam ser ditas sobre a visão romântica de Marx. Primeira, ela realmente era *romântica*, baseada em profunda alienação e paranoia em relação à sociedade na qual ele vivia. Segunda, apesar de todo seu jargão pseudocientífico, o marxismo não era um projeto moderno e avançado. Era uma reabilitação, em linguagem moderna, de antigas ideias e sentimentos.[59] Para os cristãos, os mansos herdarão a terra; para os marxistas, serão os trabalhadores.

E, terceira, a visão de Marx estava inteiramente errada. A ideia de que o inventor ou empreendedor não cria valor ao trazer uma ideia ao mundo é ridícula. De acordo com a análise econômica de Marx, o inventor de uma ratoeira melhor não cria nenhum valor; somente os trabalhadores que a fabricam.

Mas foi a análise política ou sociológica de Marx que realmente errou o alvo. Para entender o motivo, precisamos olhar para Joseph Schumpeter, um dos grandes economistas do século XX. Em *Capitalismo, socialismo e democracia* (1942), Schumpeter argumentou que o capitalismo estava condenado. Mas nem remotamente pelas razões que Marx previra.

"Schumpeter virou Karl Marx de ponta-cabeça", escreve o biógrafo Thomas K. McCraw. "Gangues odiosas de parasitas capitalistas se tornaram, nas mãos de Schumpeter, empreendedores inovadores e beneficentes."[60] Schumpeter viu — e explicou — antes de quase todo mundo que o poder do capitalismo deriva em grande parte da liberação e da tolerância pelos empreendedores. O empreendedor é o motor da inovação, e a inovação leva ao crescimento econômico ao encontrar novas oportunidades de riqueza onde meros investidores e administradores veem apenas a maneira pela qual sempre fizemos as coisas.[61]

Um dos principais insights de Schumpeter — bastante radical na época — foi olhar para os atores econômicos como entidades ao longo do tempo e para a economia como um processo em geral evolutivo. O mercado muda constantemente, e as empresas que são monopólios em um minuto se tornam presas de empresas inovadoras que as tornam obsoletas no minuto seguinte. O motor desse processo é o que Schumpeter famosamente chamou de "destruição criativa". Ele aplicou o mesmo insight ao próprio capitalismo e concluiu que ele seria presa de um tipo de análogo social da destruição criativa.

Sua análise é rica e complicada, mas destacarei três componentes essenciais, relacionados a meu argumento.

Primeiro, o capitalismo é incessante e insensivelmente racional e eficiente. O livre mercado tende a destruir a tradição e o ritual em nome do lucro. Isso é maravilhoso quando as tradições e rituais que ele corrói são baseadas em preconceito e opressão. Contudo, como a água buscando seu próprio nível, a onda capitalista não para nas formas ruins de tradição, costumes e sentimentos. Ela escava um caminho através da paisagem social, sem levar em conta o valor social criado por certas instituições e costumes. Ou, como diz Schumpeter, o capitalismo "cria uma mentalidade crítica que, após ter destruído a autoridade moral de tantas outras instituições, volta-se contra si mesma; o burguês descobre, para sua surpresa, que a atitude racionalista não para nas credenciais de reis e papas, mas continua em frente, atacando a propriedade privada e todo o esquema dos valores burgueses".[62]

Qualquer um que já tenha lamentado o fechamento de uma livraria ou padaria que adorava, porque era mais lucrativo construir uma agência bancária no lugar, entende esse ponto. Para a mente do puro maximizador de lucros, um parque público é um desperdício de espaço, quando comparado a um lucrativo estacionamento. O racionalista que busca somente a perfeita eficiência econômica não vê razão para não usar uma igreja como estábulo. Schumpeter chama as ligações morais e sentimentais que nos dizem que há coisas mais importantes que a simples eficiência e maximização de lucros de compromissos "extrarracionais" ou "extracapitalistas". "Extra" aqui significa fora, acima ou separadamente.

O problema é que, como vimos, o livre mercado precisa de costumes "extrarracionais" para sobreviver. A "ordem capitalista", explica Schumpeter, "não somente se apoia em escoras feitas de material extracapitalista como também deriva sua energia dos padrões extracapitalistas de comportamento que, ao mesmo tempo, tende a destruir".[63] Como vimos, o capitalismo emergiu de uma cultura específica e depende dos hábitos emocionais que o tornaram possível. Parcimônia, gratificação postergada e honestidade, para não mencionar soberania do indivíduo, não são somente produtos da mera razão; são também comprometimentos extrarracionais derivados, no contexto ocidental, do cristianismo, dos costumes, da história, da família, do patriotismo, da linguagem e de todos os outros ingredientes que formam a cultura e a fé. "Nenhuma instituição, prática ou crença perdura ou cai em razão da teoria oferecida em seu apoio", escreve Schumpeter. "A democracia não é exceção."[64] Schumpeter está defendendo o mesmo argumento que apresentei anteriormente sobre a constituição. O que sustenta a ordem constitucional é nossa fé nela, não meramente os argumentos que a defendem.

Pense nisso da seguinte maneira: ninguém é leal a sua família somente por causa de alguma *teoria* sobre lealdade familiar. A "teoria" vem depois dos muito mais importantes e poderosos comprometimentos emocionais e instintivos. A mesma dinâmica se aplica aos sistemas políticos e religiosos nos quais vivemos. O segundo componente da teoria de Schumpeter é que o incessante ataque do capitalismo à tradição e aos costumes cria uma oportunidade de mercado para que intelectuais, advogados, escritores, artistas, burocratas e outros profissionais que trabalham com ideias minem e ridicularizem o sistema existente. Eles o fazem por várias razões. Alguns possuem o amplamente frívolo e mesmo engraçado desejo de "chocar a burguesia!".[65] Outros, como Marx, possuem uma raiva passional e radical contra as injustiças reais ou percebidas da sociedade moderna.

Porém, há uma explicação mais cínica para por que os mascates de palavras, símbolos e ideias declaram guerra ao sistema existente: eles têm *interesse de classe* de fazer isso. Como disse Joel Mokyr em *The Gifts of Athena: Historical Origins of the Knowledge Economy* [Os presentes de Atenas: origens históricas da economia do conhecimento], "mais cedo ou mais tarde, em qualquer sociedade, o progresso tecnológico é interrompido porque as forças usadas para apoiar a inovação se tornam interesses velados". Ele acrescenta: "De maneira puramente dialética, o progresso tecnológico cria as próprias forças que em algum momento o destroem."[66]

Mas a razão pela qual grupos se tornam "interesses velados" não é somente econômica. Quando uso a expressão "interesse de classe", não quero dizer a simples busca de ganho econômico, como fazem os marxistas ou os economistas da *escolha pública*. O homem precisa de mais para viver que somente pão — ou lucro.

Os intelectuais certamente têm motivação financeira para defender um sistema no qual os intelectuais estejam encarregados das coisas, mas também motivação psicológica. Esse desejo costuma ser o mais importante. Marx queria ser o sumo sacerdote de uma nova ordem mundial, mas não necessariamente rico. Somos programados para querer um status mais elevado que o dos outros. Também somos programados para nos ressentir contra aqueles que acreditamos terem, imerecidamente, um status superior ao nosso. As elites intelectuais e artísticas receberam algum desdém das outras elites — os ricos, os militares, os burgueses, a Igreja — durante séculos.

A análise de Schumpeter foi profundamente influenciada pelo conceito de *ressentimento* de Friedrich Nietzsche, exposto em *A genealogia da moral*. O *ressentimento*, na explicação altamente literária de Nietzsche, é o processo através do qual os padres usam suas habilidades para redefinir as ideias de uma cultura sobre o que é virtuoso, a fim de minar o poder dos reis, ou seja, da nobreza governante. Os cavaleiros são homens de ação, não intelectuais, que têm muito mais poder que os padres, e os padres os odeiam por isso.[67] Assim, de acordo com Nietzsche, o cristianismo elevou os mansos e denegriu os poderosos (assim como Marx idealizou o trabalho e demonizou os empreendedores). É muito mais complicado que isso — Nietzsche sempre é —, mas Schumpeter adotou essa estrutura e a aplicou ao capitalismo ao longo do tempo.

Há uma coisa muito comum — se não universal — que une esses diferentes tipos de "padres": eles tendem a vir das fileiras da burguesia e dos muito ricos. Há algo sobre crescer próspero que faz com que as pessoas não somente considerem a prosperidade natural, como também se ressintam dos prósperos. "Não foram os filhos dos trabalhadores automotivos que arrancaram a pavimentação da margem esquerda em 1968", escreve Deirdre McCloskey. "Os mais radicais ambientalistas e antiglobalistas de hoje são filhos socialistas de pais capitalistas."[68]

O terceiro componente da teoria de Schumpeter é que, como o capitalismo cria mais e mais riqueza em massa, também cria mais e mais intelectuais, até que eles se tornam uma "nova classe". Sempre houve intelectuais e artistas nas cortes. Mas, até recentemente, eles ganhavam a vida trabalhando para a classe governante (e é por isso que muitos textos filosóficos clássicos são esotéricos: as críticas aos governantes precisavam ser feitas em código). Quando tornou possível a educação em massa, o capitalismo criou plateias em massa, um mercado inteiro para aquilo que os intelectuais estão vendendo. E eles estão vendendo ressentimento contra a maneira como são as coisas. Isso cria um clima muito mais amplo de hostilidade à própria ordem social. "Para que tal atmosfera se desenvolva", escreve Schumpeter, "é necessário que haja grupos cujo interesse é aumentar e organizar o ressentimento, nutri-lo, dar-lhe voz e liderá-lo."[69] É impossível assistir ao noticiário da TV a cabo, ouvir o rádio, ler o quadro de avisos de um campus sobre palestrantes futuros ou escutar os afetados discursos de toda cerimônia do Oscar ou do Emmy sem ver que denegrir e minar a ordem estabelecida é agora não somente uma atividade lucrativa, mas também uma parte importante da cultura.

James Burnham, o ex-comunista transformado em frio conservador, chegou a muitas das mesmas conclusões em *Managerial Revolution: What Is Happening in the World* [Revolução gerencial: o que está acontecendo no mundo], publicado em 1941, um ano antes de *Capitalismo, socialismo e democracia*, de Schumpeter, embora escrito de uma perspectiva diferente. Quando Burnham publicou *Suicide of the West: An Essay on the Meaning and Destiny of Liberalism* [O suicídio do Ocidente: um ensaio sobre o significado e o destino do liberalismo] em 1964, a tese da "nova classe" era amplamente debatida em todo o espectro ideológico. Burnham argumentou que os intelectuais da supremamente "liberal" (no sentido progressista) nova classe não estavam simplesmente interessados no poder, mas sim motivados pela culpa:

Para a civilização ocidental, na condição atual do mundo, a mais importante consequência prática da culpa enquistada na ideologia e na psiquê liberal é a seguinte: os liberais, e o grupo, nação ou civilização infestado pela doutrina e pelos valores liberais, estão moralmente desarmados perante aqueles que se veem como em pior situação do que eles mesmos.

Acho que a culpa desempenha papel importante para algumas pessoas. Mesmo assim, meio século depois, a maior parte dela deu lugar à raiva. Muitos acadêmicos e escritores já não se sentem culpados pelo que a civilização ocidental ou os Estados Unidos fizeram, porque já não sentem que pertencem a eles. Muitos membros da nova classe — particularmente os chamados "globalistas" — têm uma ligação pós-nacional com sua classe cosmopolita. Eles se veem como cidadãos do mundo, tendo mais em comum com seus compatriotas em Londres ou Paris que com os cidadãos de seu próprio país que varrem o chão, criam pequenos negócios ou simplesmente sentem ligação patriótica por sua própria nação ou cultura.

Schumpeter e, especialmente, Burnham estavam muito investidos na teoria da morte do capitalismo. George Orwell foi profundamente influenciado pelos textos de Burnham sobre a nova classe, e essa fascinação foi uma grande inspiração para seu romance *1984*. Mas Orwell rejeitou, com razão, a ideia de que a distopia administrativa era inevitável. Ele astutamente identificou o problema na visão de mundo de Burnham. Burnham era, de muitas maneiras, o tipo de racionalista que Schumpeter identificara. Para ele, os comprometimentos morais e idealistas que tornam possível a democracia liberal eram uma ilusão. Tudo se reduzia a meras competições por poder. Burnham, de acordo com Orwell, acreditava que "o poder jamais pode ser restringido por qualquer código ético ou religioso, mas somente por outro poder. O mais próximo de uma abordagem possível do comportamento altruísta é a percepção, pelo grupo governante, de que provavelmente permanecerá mais tempo no poder se se comportar de maneira decente".

Essa obsessão com o poder distorceu a análise política de Burnham. Como o poder era tudo, aqueles no poder lá permaneceriam para sempre. "Como se pode ver", escreve Orwell, "em todos os pontos Burnham está prevendo *uma continuação da coisa que está acontecendo*. A tendência de fazer isso não é somente um mau hábito, como a imprecisão ou o exagero, que pode ser corrigido a partir da reflexão. É uma grave doença mental, e suas raízes jazem parcialmente na covardia e parcialmente na adoração ao poder, que não está totalmente separada da covardia."[71]

Orwell pode ser meio duro, mas está certo. Se aqueles no poder sempre vencessem, o Milagre não teria ocorrido. Os reis europeus teriam esmagado as iniciativas burguesas. Burnham foi incrivelmente perspicaz sobre a maneira como o poder realmente funciona em toda sociedade, mas falhou em compreender que os fundadores criaram um sistema que reconhecia os perigos do poder concentrado.

A análise da evolução social de Schumpeter é mais sutil e dinâmica que a de Burnham, levando em conta o complexo papel desempenhado pela psicologia em toda sociedade. Mas Schumpeter partilhava da mesma convicção de que os eventos estavam evoluindo em uma direção inevitável, de acordo com um processo impossível de impedir.

Se Schumpeter e Burnham estivessem corretos, o único curso de ação inteligente seria nos rendermos à inevitabilidade e corrermos para o "lado certo da história". Mas, como argumento nas primeiras páginas deste livro, rejeito essa visão. O fatalismo, e não o "liberalismo" de Burnham, é a verdadeira força impulsionando o suicídio do Ocidente. Repousar as mãos sobre o colo e dizer "deixe que a História siga seu rumo" é a rota mais rápida para a autodestruição. Em outras palavras, Schumpeter e Burnham podiam ter razão sobre a ruína do capitalismo, mas o que tornará essa ruína inevitável será aceitarmos a palavra deles. O que eles oferecem não é uma profecia, mas um aviso. E esse aviso deve ser ouvido.

Tomadas como avisos, suas análises são incrivelmente valiosas. É verdade que uma sociedade livre criará riqueza e classes ou interesses influentes. E eles estão certos ao dizer que alguns desses grupos tentarão minar a sociedade livre para benefício próprio. Esses interesses velados sabotam o motor da inovação com *palavras e ideias*. E, embora possam não ter tanto sucesso quanto gostariam, nenhum observador do atual cenário político e cultural pode negar que continuam tentando. Mas sua vitória não é inevitável. Se é verdade que o Milagre foi criado por palavras, isso significa que pode ser destruído por palavras. Mas também é verdade que pode ser sustentado por elas. Nossa civilização, como toda civilização, é uma conversa. Consequentemente, a ruína de nossa civilização só será inevitável se as pessoas que estão conversando e argumentando pelas coisas certas *pararem de falar*.

Isso funciona dos dois lados. Todo conflito termina quando um dos lados para de lutar. Em geral, pensamos no perdedor como aquele que aceitou a derrota. Mas a verdade é que a batalha pode ser igualmente perdida se um dos lados *declarar vitória prematura*.

Em nossa era, o mais famoso escritor a ser acusado desse pecado foi o brilhante acadêmico Francis Fukuyama. Como jovem intelectual do Departamento de Estado, Fukuyama escreveu um curto artigo para *The National Interest* intitulado "O fim da história?", no qual argumentava que a queda do comunismo significava que o debate sobre a organização humana essencialmente chegara ao fim:

Podemos estar testemunhando não somente o fim da guerra fria ou de um período particular da história do pós-guerra, mas o fim da própria história, ou seja, o ponto final da evolução ideológica da humanidade e a universalização da democracia liberal ocidental como forma final de governo humano.[72]

O argumento de Fukuyama tem sido amplamente mal interpretado e caricaturado. A despeito de lançar mão da filosofia hegeliana, Fukuyama está menos comprometido com a teleologia que com as ciências sociais e a história. Ele acreditava (e ainda acredita) que o capitalismo democrático liberal é o melhor sistema possível para se organizar uma sociedade. O problema é que presumiu que a batalha estava encerrada. Seu argumento era muito mais plausível em 1989 do que é em 2018, como ele mesmo admitiu.

O ponto aqui é que os defensores do Milagre não podem se tornar arrogantes. Não podem baixar suas espadas retóricas e voltar para suas fazendas. Tudo que podemos fazer é defender os princípios e os ideais que o Milagre tornou possíveis em nossas vidas e entregar o projeto a nossos filhos. Quando falhamos em fazer isso, quando não ensinamos nossos filhos a sentir gratidão por seu legado, eles permanecem infantis em suas expectativas sobre o que a política e a economia podem realizar.

Dito de modo simples, as culturas que não celebram seus melhores aspectos morrem por suas próprias mãos. Protegemos aquilo pelo que somos gratos. Aquilo de que nos ressentimos, deixamos para o lixeiro ou para apodrecer no tempo sob efeito dos cupins da natureza humana. A ingratidão é o espírito que nos inebria de desespero e, em nossos momentos sombrios, faz o suicídio parecer heroico.

"De onde devemos esperar a aproximação do perigo?", perguntou Abraham Lincoln. "Algum gigante militar transatlântico poderá pisar em nosso solo e nos esmagar com um golpe? Jamais. Todos os exércitos da Europa e da Ásia [...] não poderiam beber à força do rio Ohio ou atravessar as montanhas Blue Ridge em mil anos. Não, se a destruição for nosso destino, seremos seus autores e finalizadores. Como nação de homens livres, viveremos para sempre ou morreremos por suicídio."[73]

CINCO

A BATALHA ETERNA:
RAZÃO *VERSUS* BUSCA POR SENTIDO

A história da filosofia política é na verdade a história das histórias que contamos a nós mesmos sobre nós mesmos. Os dois mais importantes mitos de criação do Ocidente moderno foram narrados por Locke e Rousseau. Eles estão em batalha até hoje e, no momento em que escrevo, Rousseau está vencendo.

De fato, afirmo há anos que quase todo argumento político se resume a Locke *versus* Rousseau. É um refrão que sempre repito a meus alunos na faculdade. Algo mais ou menos assim: Locke acreditava na soberania do indivíduo e que somos "capitães de nós mesmos". Rousseau argumentava que o grupo era mais importante que o indivíduo e que a "vontade geral" era superior à consciência solitária. O homem é pecador segundo Locke e bom selvagem de acordo com Rousseau. Nossos direitos vêm de Deus, não do governo, declarou Locke. Não, nós submetemos nossos direitos individuais ao julgamento do soberano, respondeu Rousseau. Locke diz que o direito de propriedade e os frutos de nosso trabalho são a pedra angular de uma ordem livre e justa. Rousseau diz que a propriedade é o pecado original da civilização e que, em uma sociedade justa, deve ser administrada pelo soberano para o bem de toda a comunidade. Locke acredita em igualdade perante a lei, mas tolera ou celebra a desigualdade de riqueza, mérito e virtude na sociedade civil.[1] Rousseau acredita que a desigualdade econômica é a fonte de todos os males sociais e que "uma das tarefas mais importantes do governo é impedir a extrema desigualdade de fortunas".[2] Locke vê a formação da governança liberal como maior avanço da humanidade. Rousseau, nas palavras de Michael Locke McLendon, vê o oposto: "Para Rousseau, as liberdades lockianas garantidas através do contrato social são somente uma artimanha, um truque que os ricos empregam contra os pobres para consolidar seu poder. Consequentemente, os seres humanos modernos são escravizados social, econômica e politicamente."[3]

Observe praticamente qualquer debate contemporâneo entre esquerda e direita e você encontrará ecos dessa divisão. Os progressistas seguem Rousseau. Os esquerdistas insistem, com graus variados de intensidade, que as regras do jogo são simplesmente um sistema fraudulento de capitalismo explorador: "privilégio branco", "patriarcado" etc. Uma noção unificadora em toda a esquerda é a ideia rousseauniana de que a desigualdade de renda é o grande mal, o "desafio definidor de nosso tempo", nas palavras de Barack Obama.[4]

A direita defende o outro lado da moeda. Donald Trump e alguns outros de inclinação randiana insistem, caricatamente, que a grande riqueza é uma virtude em si mesma. Os conservadores convencionais apresentam um argumento mais sofisticado, enfatizando que a liberdade e o mérito inevitavelmente levam à desigualdade econômica, e não há nada de errado nisso. O papel do governo, gosta de dizer o presidente da Câmara Paul Ryan, é criar oportunidades de mobilidade ascendente, não dizer às pessoas que elas estão presas em sua posição, então eis aqui um cheque para tornar suas vidas menos miseráveis.

Acho que essa comparação Locke-*versus*-Rousseau é muito esclarecedora. Mas deve ser usada com leveza. Há a tentação, comum entre os historiadores e outros que acreditam no poder das ideias, de jogar ligue os pontos (uma tendência que definitivamente também me atinge). Um filósofo diz "X" em 1800. Então, em 1900, um escritor diz algo muito similar a "X". Logo, os intelectuais concluem que a influência daquele filósofo durou um século. Isso obviamente acontece — e muito —, mas quase certamente não tanto quanto os intelectuais gostam de acreditar.[5]

O relacionamento entre ideias, cultura e política não é incremental ou linear, mas catalítico e interativo. Há séculos os ocidentais desejam que o Oriente Médio se torne variadamente cristão ou liberal. Se as ideias tivessem o poder que às vezes lhes atribuímos, teríamos simplesmente lançado cópias dos artigos *The Federalist* — ou da Bíblia — sobre Bagdá e Riad e então esperado que surtissem o efeito desejado. As duas mais populares e relacionadas metáforas para as ideias e seu papel no mundo são "luz" e "chama". O Iluminismo, aquele grande despertar da filosofia política liberal e da exploração científica, "lançou luz" sobre o mundo. Às vezes, uma ideia é uma centelha que dá início a uma grande fogueira ou detona uma bomba. Muito bem. Mas nenhuma grande fogueira pode durar sem o combustível certo. Nenhuma bomba pode ser detonada se não for feita dos materiais certos. As ideias se enraízam (outra metáfora) somente no solo apropriado. E a natureza do solo muda a maneira como uma ideia cresce.

A resposta psicológica de Rousseau ao Iluminismo o levou a articular certos argumentos. Mas o que liga Rousseau a Bernie Sanders ou ao movimento Occupy Wall Street não é primariamente uma linhagem *intelectual*, mas uma tendência *psicológica*. Quantos membros do Occupy Wall Street ou especialistas da MSNBC leram *Discurso sobre a origem e os fundamentos da desigualdade entre os homens*, de Rousseau? Da fração que leu, provavelmente na faculdade, quantos atribuem sua oposição à redução fiscal ou aos irmãos Koch a esse texto? A resposta deve ser muito próxima de zero. Do mesmo modo, quantos membros do Tea Party ou contribuidores da Fox News consultaram John Locke para estabelecer suas posições? A resposta é a mesma.

Tendemos a dar crédito demais aos intelectuais por criarem ideias. Mais frequentemente, eles dão voz a ideias ou impulsos que já existem como comprometimentos ou atitudes pré-racionais. Outras vezes, destilam opiniões, sentimentos, aspirações e paixões que já existem em campo e devolvem o espírito destilado às pessoas, que se inebriam com ele. As revoluções morrem no berço quando as pessoas não estão inclinadas a serem revolucionárias.

Assim, do mesmo modo que o Estado é um mito combinado, quase todas as histórias de criação da civilização são somente isso: histórias. Isso não significa que não sejam verdadeiras. Mas a significância da verdade está em uma trilha separada da significância da própria história.

Seria justo dizer que John Locke foi um contador de histórias que, mais que qualquer outro, criou o Milagre. Mas seria mais acurado dizer que "a história que contamos sobre Locke" ajudou a criar o Milagre.

Nascido em 1632 no pequeno vilarejo inglês de Wrington, Locke passou a infância na cidade de mercado Pensford.[6] Seu pai (também John), um ex-soldado da guerra civil inglesa, trabalhava como advogado e meirinho para um juiz de paz em um vilarejo próximo. Os Locke, puritanos devotos, eram prósperos, mas não particularmente proeminentes. Graças ao antigo comandante de seu pai, que era membro do Parlamento, John recebeu uma bolsa para o colégio Westminster em Londres, onde se destacou, conseguindo uma vaga na Christ Church em Oxford. Ele estudou filosofia escolástica, mas não gostou muito. Passou mais tempo estudando medicina e ciência (então chamada de "filosofia natural"). Permaneceu em Oxford por quinze anos, de 1652 a 1667, em várias posições administrativas e de ensino. Em 1667, mudou-se para Londres, onde trabalhou como tutor e médico na casa de Anthony Ashley Cooper, que se tornaria o primeiro conde de Shaftesbury. Cooper era membro do "cabal" que governou a Inglaterra na época do rei Carlos II.* Através de Shaftesbury, Locke conseguiu importantes empregos administrativos no governo de Sua Majestade.

Shaftesbury, um líder whig, foi uma das figuras políticas centrais de sua época, primeiro ficando ao lado dos realistas na guerra civil inglesa e, mais tarde, mudando para o lado do Parlamento. Os whigs estavam unidos por três ideias: o Parlamento era supremo, as minorias protestantes deviam ser respeitadas e o catolicismo era uma ameaça à liberdade e a soberania inglesas. (O anticatolicismo whig, embora lamentável, não deve ser visto pelo prisma atual. Na década de 1600 — e muito depois, em alguns locais —, o catolicismo era o principal poder político.)

Se Locke foi tutor do filho de Shaftesbury, Shaftesbury foi a figura paterna de Locke no âmbito da política. (Foi durante essa época que Locke provavelmente escreveu com Shaftesbury a constituição fundamental da Carolina, um mapa das terras coloniais que incluíam a maior parte do território entre a Virgínia e a Flórida e das quais Shaftesbury era um dos proprietários.)

---

* O termo "cabal" tem significado específico aqui. Normalmente, o rei selecionava um único conselheiro "favorito" para administrar seu reino. O assim chamado ministério cabal era formado por cinco conselheiros privados cujos nomes (Clifford, Arlington, Buckingham, Ashley-Cooper e Lauderdale) geravam o acrônimo CABAL.

Em 1675, Locke se mudou para a França por vários anos. Quando retornou, a política na Inglaterra estava muito diferente. Shaftesbury era *persona non grata* para a Coroa, um líder do esforço para impedir que católicos assumissem o trono. Isso era relevante porque Carlos II, embora não fosse católico, simpatizava com o catolicismo. De fato, secretamente prometera ao rei da França se converter em troca de apoio na guerra contra os holandeses. Pior ainda, seu irmão Jaime era católico e, como o rei não tinha filho legítimo (embora muitos ilegítimos), sucessor do trono. Esse fato, combinado com rumores de negociações com os franceses, geraram intensa reação no Parlamento e certo pânico nacional anticatólico na Inglaterra, levando à crise da exclusão entre 1679 e 1681. Lord Shaftesbury liderou o "Partido do País" (cujos membros mais tarde foram chamados de whigs) na luta para proibir legalmente um católico de usar a coroa. Carlos repetidamente dissolveu o Parlamento para se defender desses esforços. Em 1681, o dissolveu permanentemente, até sua morte quatro anos depois. Enquanto Carlos ainda estava vivo, Shaftesbury foi preso na Torre de Londres por alta traição. Ele foi inocentado pelo grande júri, graças ao caso fraco do governo e a um júri escolhido a dedo por um xerife whig. Ele tentou, sem sucesso, organizar uma rebelião contra a Coroa e, quando ela falhou, fugiu para a Holanda no outono de 1682, no caso de não ter tanta sorte da segunda vez. Em janeiro de 1683, morreu em Amsterdã.

Foi contra esse pano de fundo que Locke escreveu *Dois tratados sobre o governo*. Mas ele não ousaria publicá-los por quase uma década, com medo de ser condenado à morte. Em 1683, ele também fugiu para a Holanda. E só retornou após a Revolução Gloriosa de 1688.

Contar a história da Revolução Gloriosa em detalhes nos levaria para muito longe de nossos propósitos. Mas um sumário muito breve é necessário.[7] Quando Carlos II morreu, Jaime, seu irmão católico, herdou o trono. Novamente, os protestantes ingleses estavam convencidos de que o catolicismo era um credo tirânico que colocava os interesses de potências estrangeiras acima dos interesses do povo inglês. Jaime removeu todas as proibições legais a católicos no governo. Pior ainda, tentou transformar o Parlamento — a sede da soberania popular — em um corpo de lacaios, bajuladores e puxa-sacos, revertendo o progresso da liberdade na Inglaterra e parecendo confirmar os piores medos sobre o absolutismo católico. Afinal, o rei da França, Luís XIV, passara grande parte da década de 1680 perseguindo os protestantes franceses, desmantelando assembleias populares e tentando expandir a hegemonia católica no continente. Há certo paralelo entre as décadas de 1680 e 1930, uma vez que, durante ambos os períodos, pareceu que a tirania (sob qualquer rótulo que se queira empregar) era a onda do futuro, não somente na França, mas também na Monarquia de Habsburgo e em grande parte da Europa.[8]

As coisas chegaram ao ponto crítico quando Jaime teve um filho com a segunda esposa, que era católica. Isso significava que o herdeiro do trono já não era Maria, sua filha mais velha e protestante, mas outro católico. O marido de Maria, Guilherme de Orange, estatuder (ou magistrado-chefe) da Holanda — e sobrinho de Jaime —, organizou uma invasão com o propósito de alterar o regime. Ele convidou sete lordes ingleses para irem à Inglaterra. Então organizou um exército de 25 mil homens e uma armada de quinhentos navios. Seus agentes espalharam 50 mil cópias de um panfleto que prometia um "Parlamento livre", ou seja, propriamente eleito, e não uma ferramenta do rei, dos católicos ou dos franceses. Após uma assustadora travessia do canal em novembro, as forças de Guilherme atracaram em Torbay, no sul da Inglaterra.

Houve duas batalhas menores, mas Jaime era inadequado para a tarefa de conseguir apoio popular, particularmente em uma época na qual o sentimento anticatólico na Inglaterra era tão intenso. Seu principal general, John Churchill — ancestral do primeiro-ministro do século XX —, mudou de lado, correndo grandes riscos. Isolado e inepto, Jaime ordenou que suas tropas não lutassem contra o exército invasor. Em vez disso, fugiu para a França. Mas primeiro fez algo notável e altamente significativo: queimou os textos jurídicos que estabeleciam o novo Parlamento. Então jogou o selo real no Tâmisa. Esse não foi simplesmente um gesto de despeito. Jaime acreditava, com razão, que se os documentos oficiais que autorizavam o Parlamento e o selo que legitimava essa autoridade desaparecessem, nenhum novo governo poderia ser formado.

"Podemos pensar nos documentos oficiais como fungíveis; se houver um original em algum lugar, seja de uma lei do Congresso ou de uma decisão da Suprema Corte, ele é facilmente replicável e sua validade não será expungida se, por algum infeliz acidente, for consumido pelo fogo ou por animais daninhos. Mas, no século XVII, o documento *era* a lei", escreve Michael Barone em *Our First Revolution: The Remarkable British Upheaval That Inspired America's Founding Fathers* [Nossa primeira revolução: o notável levante britânico que inspirou os pais fundadores dos Estados Unidos].[9] Para a mente moderna, isso pode parecer quase cômico. Podemos imaginar um filme de ação no qual vilões maliciosos tentam encontrar e destruir todas as cópias originais da constituição americana, eliminando de um único golpe a carta de direitos e nosso sistema de governo. Mas não é assim que funciona. E isso não estava claro para Jaime na época.

Guilherme marchou até Londres e a ocupou. Mas não se declarou rei. Em vez disso, convocou novas eleições parlamentares e, teatralmente, não fez nenhum esforço para influenciá-las. O novo Parlamento debateu se Jaime ainda era rei, decidiu que não e nomeou Guilherme e Maria para o trono. O significado político imediato foi óbvio. Jamais haveria um católico no trono novamente. A influência francesa sobre a Inglaterra chegara ao fim. Uma nova aliança anglo-holandesa foi formada.

Mas o significado de longo prazo foi muito maior. O *Parlamento* — e não Deus — transformou Guilherme em rei. Além disso, estabeleceu-se que o Parlamento era a autoridade final na Inglaterra e que o rei não estava acima da lei. Foi um momento divisor de águas. A ideia de supremacia parlamentar — e, consequentemente, de soberania do povo — existia, de uma forma ou outra, desde a Magna Carta. Agora se manifestava no mundo real. O novo Parlamento aprovou a carta de direitos inglesa, que cimentou para sempre os direitos do Parlamento (o de jamais ser permanentemente dissolvido), o povo inglês e os limites da autoridade real. O rei (ou rainha) já não podia suspender leis, arrecadar impostos ou convocar exércitos sem o consentimento do Parlamento. O direito à livre expressão no Parlamento também estava além do poder real de ab-rogação.

É crucial entender como ideias e cultura estavam entremeadas na Revolução Gloriosa. A nova ordem foi entendida e ratificada não como afastamento radical da tradição e dos costumes, mas como sua *reafirmação*. No texto da própria carta de direitos, o Parlamento insista que estava meramente reafirmando e vindicando os "antigos direitos e liberdades" do povo inglês. Na "declaração de razões" de Guilherme para a invasão, ele insistiu que tentava restaurar a tradição inglesa de liberdade e derrotar as forças da tirania e do absolutismo. Ele alegou ser incapaz de "evitar esposar seus interesses em uma questão de tão graves consequências e contribuir com tudo que temos para a manutenção da religião protestante e das leis e liberdades desses reinos, garantindo a eles o contínuo seguimento de todos os seus direitos" e sem "nenhum outro propósito que não um Parlamento livre e legal reunido o mais rapidamente possível". Ele surgia "em armas" para resgatar a Igreja da Inglaterra e "a antiga constituição".[10] Em outras palavras, os ingleses selecionaram em seu passado uma história de si mesmos e a ratificaram em um princípio legal. A história, não o princípio, era o que mais importava. Mas, uma vez que estamos comprometidos com a história, emergem princípios — ou ideias — que conduzem a história em novas direções.

Os historiadores debatem quão sincero era Guilherme. Com certeza, ele tinha suas próprias ambições em mente, assim como todos os whigs e parlamentares que invocavam piamente os antigos costumes da liberdade como validação para o golpe. Similarmente, foi em grande parte a *realpolitik* que motivou os holandeses a realizarem uma das maiores mudanças de regime da história humana.

Mas o que ficou foi a história. Assim como a Magna Carta se tornou algo mais que uma paz bastante mercenária e mesmo suja entre o rei e os nobres, a relativamente pouco sangrenta Revolução Gloriosa reforçou a história que os ingleses contavam a si mesmos sobre si mesmos. Como Edmund Burke diria um século depois, "a revolução foi iniciada para preservar nossas *antigas* e indisputáveis leis e liberdades e a *antiga* constituição de governo, que é nossa única segurança em termos de lei e liberdades".[11] A Revolução Gloriosa simultaneamente separou a Inglaterra de seu passado feudal e enraizou sua embrionária sociedade democrática não em grandes abstrações, mas em uma história nacionalista e essencialmente tribal da essência inglesa. As abstrações vieram depois. E foi aí que John Locke entrou em cena.

O *Segundo tratado sobre o governo civil*, publicado em 1689, forneceu uma capa filosófica para as páginas da história sobre a liberdade inglesa. Mas também continha um radical afastamento do particularismo inglês. Em tom e ambição, falava do coração e da mente ingleses, mas em seu interior havia uma visão de mundo universal. O tratado oferecia um sumário breve e algo seletivo, muito embora pretendesse argumentar — alerta de spoiler — que os detalhes precisos não importam tanto quanto alguns gostam de pensar.

O *Segundo tratado sobre o governo civil* contém seu próprio mito de criação: "No início", declarou Locke, "o mundo inteiro era a América". Ele queria dizer que, em nosso estado tribal original, todo mundo vivia como os índios do outro lado do Atlântico. Por quê? Porque "nada parecido com dinheiro era conhecido em lugar nenhum".[12]

O que Locke queria dizer com dinheiro era *propriedade*. E seu entendimento da propriedade é a chave para toda sua visão política. Locke argumenta que, no estado natural, os homens existiam em "um estado de perfeita liberdade para ordenar suas ações e dispor de suas posses e de si mesmos como quisessem, no interior dos limites da lei natural, sem pedir permissão ou depender da vontade de outro homem".[13] Em muitos aspectos, o estado natural de Locke é notavelmente similar ao de Rousseau. Locke diz que o estado natural é "também um estado de igualdade no qual todo poder e toda jurisdição são recíprocos, sem ninguém ter mais que outros, não havendo nada mais evidente que criaturas da mesma espécie e posição, nascidas promiscuamente com todas as mesmas vantagens naturais e com o uso das mesmas faculdades, deveriam ser iguais entre si, sem subordinação ou sujeição, a menos que o senhor e mestre de todos, por qualquer declaração manifesta de sua vontade, coloque um sobre os outros e lhe confira, por evidente e clara nomeação, o direito indubitável de domínio e soberania".[14]

Para Locke, o problema com o estado natural é que ele é instável. Ele convida a um "estado de guerra" no qual um homem — ou um grupo de homens — pode usar força para impor sua vontade a outro. Como o estado natural não possui "um juiz comum com autoridade"[15] para solucionar disputas, elas são solucionadas pela força. O perdedor de tais conflitos, se sobreviver, mas permanecer involuntariamente sob o controle do "conquistador", passa a estar "na perfeita condição de escravidão".[16] Esse é um uso ilegítimo ou arbitrário da força, pois nenhum homem tem o direito de exercer sua vontade contra a vontade de outro homem.

Isso porque *o primeiro direito de propriedade é o direito de ser dono de si mesmo*, e todos os outros direitos derivam dele. Assim, o governo é uma ferramenta necessária, criada coletivamente para proteger a propriedade, o que é outra maneira de dizer proteger a vida. Os homens, de acordo com Locke, voluntariamente combinam criar um governo para fazer coisas limitadas e específicas, porque nossos direitos são anteriores ao governo. Como vimos, Locke estava errado a esse respeito, em termos de história e antropologia. Mas ele reconheceu o que Mancur Olson quis dizer quando afirmou que a ordem é "a primeira bênção da mão invisível".[17]

Muito antes de Marx, Locke ofereceu sua própria teoria do valor-trabalho ou, em seu caso, uma teoria da propriedade-trabalho. No caso de todo homem, "o *trabalho* de seu corpo e o *trabalho* de suas mãos são sua propriedade. Tudo que ele remove daquilo que o estado natural forneceu e a que mistura seu *trabalho* e junta algo de si mesmo é, consequentemente, sua propriedade".[18] Deus nos dá árvores, mas, quando uma pessoa corta uma árvore e a transforma em mesa, ela se torna *propriedade*.

Locke acreditava que a propriedade era a rota para o *aprimoramento*; era literalmente o veículo do progresso. As tribos da América podiam ser exóticas e fascinantes, mas, mesmo assim, o "rei de um largo e produtivo território lá come, mora e se veste pior que um trabalhador diarista na *Inglaterra*".[19] Em outras palavras, Locke compreendeu que a engenhosidade humana *cria* riqueza.

Para Locke, nossos direitos inalienáveis são a vida, a liberdade e a propriedade. A declaração da independência mudou isso para vida, liberdade e busca da felicidade, mas não há nenhuma contradição insuperável aqui, pois Locke acreditava que a propriedade era a rota para a felicidade. Quando o primeiro homem colocou uma cerca em torno de um pedaço de terra para cultivá-la, ele iniciou o processo de progresso humano, de cultura. Como veremos, esse é o exato oposto da visão de Rousseau.

Locke estava interessado em igualdade não material, mas aos olhos de Deus e, consequentemente, do governo. As pessoas podem ter diferentes perspectivas e opiniões, mas isso ocorre porque possuem diferentes experiências. E, portanto, a tolerância pela diferença deve ser maximizada.

Foi aqui que sua doutrina de "lousa em branco" (ou, no caso dele, papel em branco) se provou tão útil:

> Suponhamos que a mente seja, como dizemos, um papel em branco, sem nada escrito, sem nenhuma ideia. Como ela pode ser mobiliada? De onde vem a quase infinita variedade com que a ocupada e ilimitada imaginação do homem a pinta? De onde vêm todos os materiais da razão e do conhecimento? A isso respondo em uma palavra: da EXPERIÊNCIA.[20]

Essa ideia, que vem da obra de Locke como um dos fundadores do empiricismo, provavelmente fez mais para transformar o mundo que qualquer coisa que ele tenha escrito sobre governo e política. Em termos de ciência, Locke estava errado. Obviamente, a experiência informa e modela a maneira como vemos e entendemos o mundo, mas também temos todo tipo de software genético pré-instalado para processarmos dados de várias maneiras. Mas, em termos de política e filosofia, sua rejeição do pecado original, das ideias inatas e da autoridade natural — ou seja, divina — dos reis moveu a política de um universo centrado em Deus para um universo centrado no homem. De acordo com Locke, Deus era o único mestre da humanidade e nenhum homem podia se apropriar do poder de Deus. Isso significava que, neste mundo, todo homem era mestre de si mesmo e o poder justo tinha de estar enraizado em seu consentimento.

Como observa Steven Pinker, um dos alvos de Locke era o então dominante entendimento medieval da natureza humana. "Locke se opunha às justificativas dogmáticas para o *status quo* político, como a autoridade da Igreja e o direito divino dos reis, que eram promovidas como verdades evidentes", escreve Pinker. A lousa em branco "também minou a realeza e a aristocracia hereditárias, cujos membros não podiam alegar nenhuma sabedoria ou mérito inatos se suas mentes haviam começado tão em branco quanto a de todos os outros. Ela também ia contra a instituição da escravidão, porque já não se podia pensar nos escravos como inatamente inferiores ou subservientes".[21] A lousa em branco de Locke, em outras palavras, foi parte de uma defesa mais ampla do pluralismo, da meritocracia e da tolerância.

Locke colocou a razão acima da revelação. Ele acreditava que o homem podia usar a razão para abrir caminho no mundo e criar estruturas políticas baseadas na igualdade e no consentimento universais. Como toda pessoa é "equipada com faculdades iguais", escreveu ele, e "partilha de uma comunidade natural, não pode haver entre nós subordinação que nos autorize a nos destruirmos, como se tivéssemos sido feitos para o uso uns dos outros do mesmo modo que as fileiras inferiores de criaturas foram feitas para nosso uso".[22] Essa ideia era essencialmente uma bomba-relógio instalada nas fundações da aristocracia hereditária, da escravidão e do direito divino dos reis. "Locke desafiou explicitamente os arranjos hierárquicos fixos tidos como naturais em quase todos os lugares nos quais europeus do século XVII viviam", escreve James T. Kloppenberg.[23]

Locke queria que as mesmas regras se aplicassem a todos: "leis promulgadas e estabelecidas, não variando em casos particulares, mas a mesma regra para ricos e pobres, para os favoritos da corte e para os homens do interior nos arados."[24] O estado de direito que não se curvava a noções de superioridade herdade era o meio ideal para conquistar "a paz, a segurança e o bem público do povo".[25] Essa ideia fez toda a diferença. Não podemos policiar o que está no coração humano, somente a maneira como as pessoas agem. "Mas liberdade sob o governo é ter uma norma pela qual viver, em comum com todos os outros na sociedade em questão e criada pelo poder legislativo nela erigido", escreveu Locke. "A liberdade de seguir minha própria vontade em todas as coisas não prescritas pela norma e não estar sujeito à vontade inconstante, incerta, desconhecida e arbitrária de outro homem."[26]

Muitos historiadores já argumentaram que *Segundo tratado de governo civil* é menos uma obra independente de filosofia política e mais um documento político com a intenção de justificar a Revolução Gloriosa. Mas está claro que Locke escreveu a maior parte bem antes da revolução, quando fazer isso era alta traição. "Na década de 1860, sequer pensar na ideia de que o poder soberano residia no povo inglês, e não no rei, colocava a vida dos dissidentes em perigo", escreve Kloppenberg.[27] Mais uma vez, a causalidade é importante. Os fatos em campo mudaram antes da ideia que legitimou os fatos. O debate sobre se *Segundo tratado sobre governo civil* foi primariamente um documento político ou filosófico ignora o ponto-chave: ele foi um documento cultural, refletindo uma ideia cuja hora chegara.

John Locke via o passado como fosso do qual a humanidade precisava se esforçar para escapar. Jean-Jacques Rousseau, em contrapartida, acreditava que era uma vergonha termos construído a escada. Ao passo que Locke via a emergência da sociedade moderna como uma história de libertação não somente das pessoas, mas também da mente, Rousseau via a modernidade como forma de opressão.

Rousseau nasceu em Genebra, na Suíça, a única sociedade que, em sua mente, rivalizava com a antiga Esparta como forma ideal de organização política. Sua mãe morreu logo após o parto. Seu pai, Isaac, um relojoeiro pomposo e muito culto que se casara com uma mulher de posição social superior, criou Jean-Jacques em Genebra até que problemas com a lei o levaram a abandonar o filho, deixando-o a cargo de familiares que o tratavam mal.

Aos 16 anos, o precoce Rousseau partiu para uma vida de aventuras. Na Savoia, foi administrador de uma mulher rica e excêntrica, a baronesa de Warens. A ainda jovem baronesa deixara o marido, levando muito do dinheiro dele consigo, e se tornara uma espécie de aventureira excêntrica. Uma de suas vocações era como missionária católica, especializada em converter jovens protestantes do sexo masculino. Ela foi mecenas de Rousseau e, mais tarde, sua amante. Rousseau — que jamais recebeu educação formal — era um homem de letras e um filósofo em desenvolvimento. Finalmente, ele partiu para Paris a fim de deixar sua marca, esperando ser reconhecido como talento único.

Quando chegou a Paris aos 30 anos, a cidade era a capital intelectual do mundo. Ele conheceu Denis Diderot, outro ambicioso intelectual que fundaria e editaria a *Encyclopédie*, o grande compêndio de artes e ciências e mais importante publicação do Iluminismo francês. Os dois eram os mais proeminentes dos *philosophes*, os intelectuais radicais, anticlericais e democráticos que fizeram muito do trabalho de base para a era da razão.

Rousseau se tornaria mais famoso que Diderot e todos os outros filósofos. Ele era uma verdadeira celebridade intelectual, admirado pela corte (durante algum tempo) por seus textos brilhantes, suas composições musicais e suas óperas. "Mas ele jamais pareceu sentir-se em casa em Paris e sucumbiu a severas sensações de alienação e autodesprezo", escreve Michael Locke McLendon.[28]

Há uma razão para isso. Rousseau era, sem exagero, um bastardo miserável. Era um sem-vergonha, um exibicionista e um inacreditável e às vezes insensível hipócrita. Se você viu o filme *Amadeus*, ele certamente era menos tolo que o Mozart de Tom Hulce, mas igualmente desdenhoso em relação aos costumes sociais. Tinha numerosas amantes. Em suas *Confissões*, admite que teve vários filhos com uma delas, uma ex-criada chamada Thérèse Levasseur. O homem que disse "Nada conheço que exerça influência mais poderosa sobre meu coração que um ato de coragem, realizado no momento oportuno, em benefício dos fracos que são injustamente oprimidos"[29] forçou a amante a entregar todos os filhos a um orfanato assim que nasceram. O homem que escreveu uma das mais influentes e famosas obras sobre como criar filhos abandonou os seus.[30]

Rousseau parece um tipo familiar hoje em dia. De fato, ele criou o tipo: a celebridade intelectual que simultaneamente desejava ainda mais fama e controvérsia e recebia o desprezo dos outros intelectuais por sua falta de integridade e preocupação com mesquinharias. Não surpreende que fosse tão desprezado por tantos pensadores de sua época. "Recebi seu novo livro contra a raça humana e agradeço por ele", escreveu Voltaire sobre *O contrato social*. "Ninguém jamais foi tão espirituoso quanto você na tentativa de nos transformar em brutos. Ler seu livro me fez ter vontade de começar a andar de quatro."[31] O feudo de Rousseau com o filósofo inglês David Hume se tornou um drama internacional. (Hume tentara ajudar Rousseau a encontrar um exílio seguro na Inglaterra; Rousseau agradeceu a gentileza com bizarras acusações de que Hume era o líder de uma elaborada conspiração contra ele.)[32] Em uma carta ao amigo Adam Smith, Hume falou sobre Rousseau:

> Ele é uma composição de caprichos, afetação, perversidade, vaidade e inquietação, com uma pequena quantidade de loucura [...] Essas qualidades principais, juntamente com ingratidão, ferocidade, mentiras e, nem preciso mencionar, eloquência e invenção formam a composição.[33]

Rousseau tinha tal talento para a ingratidão pessoal e para acertos de contas públicos que sua vida foi uma espécie de reality show literário. Na verdade, era provavelmente isso que ele queria. Sem ser limitado por noções convencionais de honestidade ou integridade, ele simplesmente inventava escândalos e conflitos para permanecer sob os olhos do público, um fato sobre o qual Denis Diderot advertiu Hume. Diderot jamais mordeu as iscas de Rousseau. Em carta a um amigo pedindo orientação sobre como lidar com um escândalo público, Diderot escreveu: "Estou no controle de minha própria felicidade e desafio todos os patifes ingratos, escandalosos, difamadores e invejosos do mundo a tentarem tirá-la de mim."[34] Ele quase certamente se referia a Rousseau. Em outra carta, disse:

> Eu o desprezo e sinto pena dele. Ele está arrependido e a vergonha o persegue. Ele está sozinho consigo mesmo. [...] Eu sou amado, estimado e mesmo honrado por meus concidadãos e por estranhos [...] Os benefícios concedidos pela grande imperatriz estenderam por toda parte seu renome e os elogios a suas ações e às minhas. A notícia chegou aos ouvidos do traidor: ele morde a língua de raiva. Seus dias são cheios de tristeza e suas noites de inquietude. Eu durmo em paz, enquanto ele sofre; talvez ele chore, se torture e se consuma.[35]

Nos debates sobre Rousseau, é padrão responder que isso é um *argumentum ad hominem*, uma tentativa de desacreditar um argumento atacando a pessoa que o apresenta. Mas não é esse meu objetivo aqui. Acho que há uma profunda conexão entre o comportamento imoral de Rousseau e sua filosofia. Não estou dizendo que sua filosofia é simplesmente uma racionalização de sua moralidade (embora haja muito disso em *Confissões*). Acho que a sensação de alienação de Rousseau em relação à sociedade — tanto elegante quanto burguesa — lhe forneceu um poderoso insight externo sobre a hipocrisia de sua era.

Ela também abriu um buraco em sua alma e criou fome em seu espírito. Ele acreditava que uma sociedade desordenada criava almas desordenadas. Essa desordem exigia uma nova sociedade para harmonizar a vida interior da alma a todos os arranjos sociais. É como se Rousseau rejeitasse a castidade e a honestidade de sua juventude puritana, mas tivesse retido muitas de suas hipóteses teológicas: o mundo como o conhecemos é corrupto. Todos os "intermediários" entre o indivíduo e Deus nos distraem da verdade e do divino.

De maneira adequada, a história de conversão à nova fé de Rousseau rivaliza com a história de Paulo sobre encontrar Deus na estrada para Damasco. Aos 37 anos, enquanto caminhava até Vincennes — ele não podia pagar por uma carruagem — para visitar Diderot, que estava preso por criticar o governo, Rousseau encontrou um folheto sobre uma competição de artigos promovida pela Academia de Dijon. O tópico: "O progresso das ciências e das artes corrompeu ou aprimorou a moral?"

"No momento em que li aquilo", lembrou ele mais tarde, "pareci presenciar outro mundo e me tornar outro homem." O espírito romântico passou a habitá-lo. "Senti minha mente atordoada por mil luzes [...] Senti minha cabeça tomada por uma confusão que se parecia com a embriaguez." Rousseau alegou que caíra no chão e entrara em uma espécie de estado transcendental. Quando acordara, sua capa estava encharcada de lágrimas.

"A razão para essa efusão", escreve Tim Blanning, "foi o súbito insight de que a pergunta da Academia de Dijon não era retórica."[36] Suspeito que os reitores da academia teriam discordado. Eles quase certamente pretendiam que a pergunta fosse retórica, da mesma maneira que os organizadores de uma competição de artigos em Oberlin perguntando "A diversidade nos tornou mais fortes?" simplesmente assumiria que a competição seria vencida pela mais criativa — ou leal — resposta afirmativa.

O artigo de Rousseau, *Discurso sobre os efeitos morais das artes e das ciências* — que venceu a competição! — é a pedra angular da catedral de seu pensamento. Ele virou a história da civilização de ponta-cabeça. Todo progresso era na verdade deterioração. Todo refinamento era somente uma agradável camada de tinta escondendo a corrupção subjacente. A civilização não libertava, escravizava. "O homem nasce livre e por toda parte está acorrentado", como diria ele famosamente em *O contrato social*.[37] Mas a ideia já estava presente em *Discurso sobre os efeitos morais das artes e das ciências*:

> Desde que o governo e a lei forneçam segurança e bem-estar aos homens em suas vidas comuns, as artes, a literatura e as ciências, menos despóticas, mas talvez mais poderosas, enfeitarão com guirlandas de flores as correntes que os prendem. Elas sufocam no peito dos homens aquela sensação de liberdade original para a qual eles parecem ter nascido, fazem com que amem sua própria escravidão e, desse modo, os transformam nos chamados povos civilizados.[38]

Em certo sentido, todos os textos de Rousseau são variações da primeira frase de seu romance *Emílio, ou Da educação*: "Tudo é bom quando deixa as mãos do Autor de todas coisas, tudo degenera nas mãos do homem."[39] *Emílio*, insistiu ele, era "um tratado sobre a bondade original da humanidade".[40]

Como Locke, Rousseau baseia toda sua filosofia política em uma fictícia história original da humanidade, baseada em sua doutrina do bom selvagem (embora ele nunca tenha usado essa expressão), que já discutimos. O homem é bom. O homem é solitário. (Rousseau faz pouca menção às mulheres.) O maior erro do homem é deixar o mundo de solitária autossuficiência (e egoísmo) e formar uma sociedade, porque a sociedade é corrupta e nos afasta da natureza e do estado natural.

Locke tinha visões complicadas sobre o pecado original, rejeitando a visão de que a queda de Adão se estendera a toda a humanidade por toda a eternidade. Como Rousseau, ele acreditava que não havia pecado no estado natural. Mas isso porque o estado natural era sem lei no conceito mais amplo possível. Primeiro com os judeus e depois com os cristãos, o homem era abençoado por receber leis morais de Deus e, portanto, desafiar essas leis constituía um pecado. Rousseau vê as coisas exatamente ao contrário. Lembre-se do que ele escreveu em *Emílio*: "Tudo é bom quando deixa as mãos do Autor de todas as coisas, tudo degenera nas mãos do homem." Locke vê a habilidade do homem de aplicar razão e trabalho para criar coisas artificiais — como riqueza e propriedade — com suas próprias mãos como essência do progresso humano. Rousseau vê toda artificialidade como corrompedora. De fato, ele afirmou que, no momento em que o homem iniciou esse caminho, começou o processo de corrupção. Na mais famosa passagem de *Discurso sobre a origem e os fundamentos da desigualdade entre os homens*, ele escreve:

> O primeiro homem que, tendo cercado um pedaço de terra, pensou consigo mesmo *Isso é meu* e encontrou pessoas simples o bastante para acreditarem nele foi o real fundador da sociedade civil. De quantos crimes, guerras e assassinatos, de quantos horrores e infortúnios alguém poderia ter salvado a humanidade se arrancasse as estacas ou aterrasse o fosso e gritasse para seus colegas: "Não deem ouvidos a esse impostor; vocês estarão arruinados se esquecerem que os frutos da terra pertencem a todos e a terra não pertence a ninguém."[41]

"Todos os avanços subsequentes aparentemente foram passos na direção da perfeição do indivíduo", escreve Rousseau, "mas, na realidade, foram passos na direção da decrepitude da espécie."[42] Ele brilhantemente identifica que a propriedade privada e a divisão do trabalho estão entre os principais impulsionadores do avanço civilizacional e econômico. E simplesmente os odeia:

> Em uma palavra, enquanto os homens só faziam o que uma única pessoa podia fazer e se confinavam a artes que não requeriam o trabalho conjunto de várias mãos, eles tinham vidas livres, saudáveis, honestas e felizes, desde que suas naturezas assim permitissem e enquanto continuassem a gozar dos prazeres do intercurso mútuo e independente. Mas, no momento em que um homem começou a ter necessidade da ajuda de outro, no momento em que pareceu vantajoso para qualquer homem ter provisões suficientes para dois, a igualdade desapareceu, a pobreza foi introduzida, o trabalho se tornou indispensável e vastas florestas se tornaram campos que o homem tinha de regar com o suor de sua fronte e nos quais em breve a escravidão e

a miséria germinariam e cresceriam com as sementes. A metalurgia e a agricultura foram as duas artes que produziram essa grande revolução. Os poetas nos dizem que foram o ouro e prata, mas, para os filósofos, foram o ferro e o milho que primeiro civilizaram o homem e arruinaram a humanidade.[43]

Estou sendo bastante duro com Rousseau, mas devo confessar que passei a ter grande apreciação por seus textos. Seu comportamento pessoal era repugnante. Suas inconsistências e conclusões frequentemente são enfurecedoras. Mas seu olho para as falsas piedades, hipocrisias e corrupções alheias é notável, assim como sua habilidade em descrevê-las. Muito antes de a neurociência confirmar, Rousseau reconheceu que todos desejamos reconhecimento social por sermos especiais, únicos ou importantes. Rousseau chama isso de *amour-propre* — ou amor-próprio —, que frequentemente é traduzido para o inglês como "vaidade", "orgulho" ou "estima". Ele o contrasta com o *amour de soi,* que, irritantemente, também significa amor-próprio. *Amour de soi*, de acordo com Rousseau, é o interesse pessoal natural que o homem primitivo partilhava com os animais antes de ser corrompido pela sociedade. O *amour de soi* é sempre nobre e bom, porque, no estado natural de Rousseau, o interesse pessoal do homem jamais ocorre à custa dos outros. Isso, claro, é nonsense. Os animais, particularmente os predadores, buscam seu interesse de maneiras que ferem os outros, e os seres humanos primitivos certamente não eram exceção.

Rousseau até mesmo reconheceu que o *amour-propre* tem suas raízes na competição sexual e na busca de status em pequenas tribos ou bandos. Ele acreditava que os males sociais da modernidade derivavam de uma inflamação do *amour-propre*, em parte porque o sistema de mercado entroniza a riqueza como medida do status social. Em outras palavras, pela frequentemente brilhante análise do próprio Rousseau, a ideologia é secundária ao que ele chamou de paixões — e ele estava certo.

Como autor da primeira autobiografia moderna, Rousseau foi honesto sobre a tentativa de encontrar seu self real e permanecer leal a ele. Mas foi mais desonesto sobre seu desprezo pelas preocupações da sociedade polida. Ele amava a atenção que recebia dela. Podia acreditar que o desejo por status e pelo respeito dos outros — o *amour-propre* — era a fonte do mal no mundo, mas também desejava status e reconhecimento. Há uma qualidade trumpiana em Rousseau, pois ele parecia acreditar que não importava que falassem mal dele, desde que falassem dele.

Perto do fim de *Discurso sobre os efeitos morais das artes e das ciências*, Rousseau faz uma predição. A humanidade um dia reconhecerá o terrível erro que cometeu e pedirá ao Senhor: "Deus Todo-Poderoso! Vós que tendes nas mãos as mentes dos homens, livrai-nos das artes e ciências fatais de nossos antepassados; devolvei-nos a ignorância, a inocência e a pobreza, as únicas que podem nos fazer felizes e são preciosas a vossos olhos."[44] (É impossível ser menos lockiano que isso!)

Rousseau é chamado de pai do romantismo por uma razão. O olho romântico vê o mundo moderno como alienígena e alienador, amputando a alma e estando em guerra contra a natureza. "O sistema é manipulado", como dizem tantas pessoas hoje em dia, é, em suas formas mais intensas, um grito de guerra romântico.

De fato, o radicalismo em todas as suas formas é fundamentalmente romântico, quer venha da direita ou da esquerda. A ambição de "destruir tudo" deve ser vista primeiro como resposta psicológica ao *status quo*. Diferentes ideologias colorem essa ambição de diferentes maneiras, mas a substância subjacente não é ideológica, mas instintual. Lenin, Hitler e todos os seus imitadores menores começaram com a suposição de que o edifício da civilização estava corrompido e precisava ser derrubado. O radicalismo é o romantismo levado ao extremo. Livre-se de tudo e recomece!

Mas outra maneira de olhar para Rousseau é vê-lo como pai da ideia moderna de alienação. As pessoas sem dúvida se sentiam alienadas antes do Iluminismo, mas, como tantas outras paixões e ideias, tais sentimentos eram vistos através do prisma da religião. A maneira de solucionar a sensação de alienação (para não falar do status não merecido) era acertar as contas com Deus.

Mas o Iluminismo destronou Deus e transformou o homem na medida do homem. E foi Rousseau quem primeiro defendeu que deveríamos *acertar as contas conosco mesmos*, porque *nós*, nossa consciência, nossa lanterna interna da verdade, ilumina o caminho neste mundo. Ele acreditava que havia, ou houvera, um bom selvagem autêntico e real dentro de cada um de nós, que a civilização corrompera ao fazer com que nos importássemos com status, riqueza, respeito, fama e outras preocupações artificiais.

Na sociedade pré-iluminista, de acordo com Rousseau, a Igreja era um tipo de guilda corrupta, usando seu poder para benefício próprio, e não para as necessidades dos fiéis ou dos cidadãos em geral. Ele afirmou que os novos príncipes do Iluminismo não eram melhores que os príncipes e padres que haviam destronado. Os mesmos intelectuais ambiciosos, apresentando-se como livres pensadores e filósofos, "teriam sido, exatamente pela mesma razão, nada mais que fanáticos" da Igreja em uma era anterior.[45]

Rousseau foi presciente sobre o papel que os intelectuais desempenhariam nas sociedades modernas e como os ideólogos — não somente intelectuais, mas artistas, educadores e todos os outros profissionais que trabalham com ideias e conceitos — substituiriam os padres como definidores do sentido. Para Rousseau, a chamada era da razão foi simplesmente uma era de opressão com outro nome. As teorias iluministas da democracia e do governo limitado, como desenvolvidas por Locke, Montesquieu e pelos fundadores não eram melhores que aquelas que buscavam substituir.

Aqui podemos ver por que eu acho que o caráter pessoal de Rousseau informa sua filosofia. O escritor escocês James Boswell narrou uma conversa que teve com Rousseau. "Meu senhor, eu não gosto do mundo", disse Rousseau. "Vivo em um mundo de fantasias e não consigo tolerá-lo [...] A humanidade me enoja. E minha governanta disse que meu humor é muito melhor quando estou sozinho que quando tenho companhia."[46]

Essa dupla acusação ao Iluminismo e ao velho sistema de absolutismo pode soar um pouco como anarquismo ou libertarianismo: o sistema foi fraudado, os governantes só cuidam deles mesmos, não confie no homem. Mas a solução de Rousseau não foi rejeitar a coerção e a manipulação estatais. Foi empregá-las para fins ostensivamente mais puros.

Para ele, o homem e a sociedade eram desordenados, artificiais, estragados, *alienados*. Os indivíduos estavam em desarmonia com sua natureza, o que significava que a sociedade também estava. A única maneira de consertar as pessoas era criar uma sociedade que tivesse o poder de preencher os buracos em nossa alma. A salvação era uma empreitada coletiva. A humanidade não podia voltar a ser um bom selvagem solitário e precisava encontrar novos sentidos no grupo, governado pela "vontade geral", uma espécie de consciência coletiva que superava a consciência individual.

Essa foi uma brilhante atualização intelectual do instinto tribal. Todo cidadão da sociedade ideal de Rousseau encontraria sentido através do grupo, e somente através dele. O próprio grupo seria objeto de uma nova fé religiosa que definiria o propósito das pessoas em relação ao serviço para o todo. De modo revelador, Rousseau olhou para o Estado militarizado de Esparta em busca de um novo modelo de organização social no qual os planejadores aplicariam o antigo conceito romano e grego de religião civil a uma sociedade moderna. Essa religião civil ligaria emocionalmente os cidadãos à vontade geral e à comunidade.

A religião civil de Rousseau é integralmente totalitária. Se você se recusar a subscrever os dogmas da nova religião civil, será banido. Aquele que aceitar publicamente a lei da vontade geral e então a violar "será punido com a morte, pois cometeu o pior dos crimes: o de mentir perante a lei".[47] Rousseau explica: "Em minha opinião, aqueles que distinguem a intolerância civil da teológica estão enganados. As duas formas são inseparáveis. É impossível viver em paz com aqueles que vemos como condenados; amá-los seria odiar a Deus, que os pune. Devemos positivamente reivindicá-los ou atormentá-los".[48] Para esse fim, os "censores" públicos e outros magistrados moldariam e definiriam a opinião pública e identificariam os "incréus" que precisavam ser exterminados. Em outras palavras, o Estado teria completa autoridade para melhorar as almas dos homens para o bem maior. Assim, Rousseau buscou eliminar a original divisão de trabalho que o cristianismo introduzira no Ocidente através de Santo Agostinho. Ele queria uma nova teocracia que extinguisse o espaço entre religioso e secular. Sua ideia se resume no que o grande sociólogo Robert Nisbet chamou, com talvez um pouco de exagero, de "o mais poderoso Estado a ser encontrado em qualquer parte da filosofia política".[49]

O nacionalismo serviria como estrutura para essa nova comunidade imaginada. A mais óbvia ilustração das ideias de Rousseau em ação pode ser encontrada nos horrores do reino do terror ao fim da Revolução Francesa, no qual o comitê de segurança pública se tornou um exemplo real dos conselhos de censores de Rousseau, sentenciando os incréus à morte em nome da grande e nova nação francesa que estavam construindo. Os revolucionários acreditavam estar criando uma nação desde o zero, no ano zero. O contrato social de Rousseau foi saudado como "farol dos legisladores".[50]

Maximilien Robespierre, o arquiteto-chefe do reino jacobino do terror e, portanto, o primeiro assassino em massa totalitário moderno, supostamente lia Rousseau todos os dias, como devoção diária.[51] Robespierre usou as ideias de Rousseau para justificar sua autoridade com base em um ideal mais elevado. "Pois nós não somos de nenhum partido, não servimos a nenhuma facção. Vocês sabem, irmãos e amigos, que nossa vontade é a vontade geral", proclamou ele em um discurso de 1792 aos líderes de vários departamentos franceses.[52]

Mesmo após a reação termidoriana, quando Robespierre foi morto durante o golpe de uma facção chocada com seus excessos, os revolucionários franceses não abandonaram Rousseau. Eles acreditavam que Robespierre traíra o verdadeiro espírito de Rousseau. Em 1794, o governo revolucionário solicitou que os restos mortais de Rousseau fossem exumados e levados a Paris, para serem enterrados no Panteão. Uma cópia de O contrato social foi carregada em uma almofada de veludo enquanto uma carruagem de doze cavalos puxava uma estátua de Rousseau.[53]

As histórias que Rousseau e Locke contaram, assim como as histórias que contamos sobre Rousseau e Locke, representam as duas principais correntes da civilização ocidental e, cada vez mais, da própria modernidade. Trata-se de uma luta entre a ideia de que nossa fuga do passado foi uma gloriosa melhoria em relação ao estado natural da humanidade e a ideia de que o mundo que criamos é corruptor por ser artificial. Um lado diz que os códigos morais externos e o governo representativo são uma bênção libertadora. O outro diz que a verdade é encontrada não fora de nós mesmos, na forma de regras universais e tolerância em relação aos outros, mas em nossos próprios sentimentos e no sentido que obtemos de nosso pertencimento a um grupo.

Locke e Rousseau podem ser referências úteis entre a esquerda e a direita, mas a divisão é mais fundamental que isso, pois vai direto ao coração humano. Há pessoas de esquerda que são mais lockianas do que percebem, e há pessoas de direita que são muito mais rousseaunianas do que gostariam de admitir. Locke representa a ideia de que podemos conquistar não somente a natureza, mas também a natureza humana. Rousseau representa a noção de que tal conquista é opressora. Essa tensão não é permanentemente solucionável, porque o mundo lockiano é uma imposição à natureza humana, e a natureza humana não muda. Cada um de nós inicia sua jornada como selvagem ignorante. A nobreza precisa ser ensinada e conquistada. Ela não pode ser herdada.

SEIS

O MILAGRE AMERICANO: ELES ESCREVERAM

"Consideramos essas verdades evidentes: que todos os homens são criados iguais e dotados pelo Criador de certos direitos inalienáveis, entre eles a vida, a liberdade e a busca pela felicidade."

— THOMAS JEFFERSON *ET AL.*,
DECLARAÇÃO DE INDEPENDÊNCIA

Os pais fundadores estavam errados.

Não é evidente que o homem foi dotado pelo Criador de certos direitos inalienáveis. Coloquialmente, "evidente" significa simplesmente óbvio. Algo evidente, de acordo com o dicionário, é algo que não exige demonstração. A existência da gravidade é evidente e muito fácil de provar. É óbvio que o fogo queima e, se você precisar de uma demonstração, posso fornecer uma.

Entrementes, como demonstrar que fomos dotados pelo Criador de direitos inalienáveis? As pessoas vêm tentando demonstrar que o Criador existe há milhares de anos. Se isso não pode ser feito de modo satisfatório para todos, parece uma tarefa assustadora provar que Ele criou direitos inalienáveis. O simples fato é que a existência de direitos naturais, assim como a existência do próprio Deus, requer um salto de fé. Enquanto isso, a vasta história da humanidade fornece infindáveis e melancólicas demonstrações de que as pessoas podem ser alienadas de seus direitos com bastante facilidade, a começar com o direito à vida.

A primeira e mais gloriosa realização da fundação dos Estados Unidos foi afirmar por escrito — não argumentar, alegar ou sugerir — que todos os homens são criados iguais e dotados pelo Criador de direitos inalienáveis. É uma analogia um pouco forçada, mas, no contexto do Milagre, podemos pensar nos ingleses como sendo os judeus. Os judeus introduziram uma estrutura moral monoteísta no mundo. Mas, em tempos antigos, ela só se aplicava aos judeus. O cristianismo universalizou esses preceitos. Similarmente, os ingleses introduziram um entendimento dos direitos e da liberdade no mundo e fizeram com que ele funcionasse. Mas, inicialmente, ele só se aplicava aos ingleses. Os Estados Unidos universalizaram essas ideias inglesas.

Uma resposta comum a tais alegações é indicar que os fundadores não tinham tal intenção. Eles eram hipócritas que negavam os direitos dos escravos, das mulheres e, em extensão menor, mas ainda significativa, dos que não possuíam propriedades. Mas esse é um exercício de olhar pelo lado errado do telescópio, o que rouba o heroísmo de toda alma que transformou o mundo em um lugar melhor. Julgamos os passos que damos no presente pela extensão de nosso progresso no passado. Mas temos a irritante tendência de julgar o passado pelos padrões do presente. "O estudo do passado com um olho, por assim dizer, no presente é a fonte de todos os pecados e sofismas em história, começando com o mais simples deles, o anacronismo. Trata-se da falácia na qual caímos quando fazemos julgamentos que parecem seguramente evidentes", observou Herbert Butterfield. "E essa é a essência do que queremos dizer com a palavra 'anti-histórico'."[1]

Os fundadores fizeram girar a "roda da história" como ninguém antes. Eles iniciaram um capítulo revolucionário na história da humanidade ao ampliar os princípios estabelecidos por Locke e pelos ingleses em geral. Considere a evolução da declaração da independência.

Cerca de noventa anos antes de Jefferson colocar a caneta sobre o papel, a Revolução Gloriosa cimentou o compromisso inglês com os antigos *direitos ingleses*. Essa revolução teve grande impacto sobre a política e as atitudes populares nas colônias americanas. Assim como a ameaça de absolutismo foi derrotada na pátria-mãe, ela também foi impedida no Novo Mundo, permitindo que as instituições representativas se desenvolvessem organicamente.[2] Faz sentido que as noções inglesas de direitos e liberdades tenham se intensificado, considerando-se que o jugo da Coroa parecia mais pesado, ou ao menos mais injusto, do outro lado do Atlântico. Conforme a causa da independência crescia nos corações e mentes dos colonizadores, o argumento inevitavelmente mudou dos direitos e liberdades dos ingleses para os direitos e liberdades dos homens em geral. Em outras palavras, os eventos forçaram os americanos a se livrarem da afiliação não somente à Coroa inglesa, mas também à ideia de particularismo inglês.

Uma boa ilustração desse processo evolutivo é a expressão "a casa de um homem é seu castelo". A frase original dizia "a casa de um inglês é seu castelo", e era mais que somente um slogan para maridos que queriam se livrar das tarefas domésticas. A ideia de que nem mesmo o rei podia entrar na casa de um homem sem ser convidado é precisamente um daqueles antigos direitos e liberdades ingleses. E era consenso séculos antes da Revolução Gloriosa. Sir Edward Coke inseriu o costume cultural no *common law* em 1628: "Pois a casa de um homem é seu castelo *et domus sua cuique est tutissimum refugium* [e a casa de um homem é seu refúgio mais seguro]." Em 1763, William Pitt esclareceu o significado de "castelo": "O homem mais pobre pode, em sua cabana, desafiar todas as forças da Coroa. A cabana pode ser frágil, seu telhado pode balançar, o vento pode atravessá-la, a tempestade pode entrar, a chuva pode entrar, mas o rei da Inglaterra não pode entrar."

Na prática, isso não significava que a casa era um santuário inviolável na qual era possível descumprir as leis ou fugir de seu alcance. Significava que o Estado precisava de uma boa razão para entrar em uma casa. E precisava apresentar essa razão a um juiz, que emitiria uma ordem judicial ou, mais tarde, um mandado. É daí, em resumo, que vem o direito, estabelecido pela quarta emenda, "de as pessoas estarem seguras em suas pessoas, casas, documentos e efeitos, contra buscas e apreensões pouco razoáveis". O que começou como costume inglês se tornou direito inalienável.[3]

A declaração de independência segue um padrão similar. Ela está repleta de ecos de Locke, de "vida, liberdade e felicidade" à afirmação de direitos inalienáveis. Mas a declaração deve menos a Locke que ao povo americano, que, na época, mal deixara de pensar em si mesmo como inglês. Anos mais tarde, Jefferson escreveria que "sem pretender originalidade de princípios ou sentimentos nem copiar nenhum texto prévio em particular, ela pretendia ser uma expressão da mente americana".[4] Uma prova disso pode ser encontrada no fato de que a declaração não era um documento tão original quanto nos ensinaram. Pauline Maier descobriu que houve cerca de *noventa* declarações de independência escritas por vários grupos, de convenções de condado às guildas de mecânicos de Nova York e às administrações municipais de Massachusetts. Jefferson não *inventou* nada na declaração. Em vez disso, sendo um escritor brilhante com um prazo a cumprir, ele se contentou em sumariar eloquentemente o que era pouco mais que sabedoria americana convencional.[5]

Como observou Gordon S. Wood, quando a declaração foi publicada, a parte importante foi a conclusão: a ruptura com a Inglaterra. Somente mais tarde o início, "todos os homens são criados iguais", assumiu importância filosófica e metafísica. "Inicialmente, ninguém a viu como declaração clássica de princípios políticos", escreve Wood. "Foi somente na década de 1790, com a emergência de amargas políticas partidárias entre os federalistas e os republicanos liderados por Jefferson, que a declaração começou a ser celebrada como grande documento fundacional."[6] E essa celebração evoluiu e se tornou sacralidade.

"Reverenciemos a declaração de independência", insistiu Abraham Lincoln.[7] "Readotemos a declaração de independência e as práticas e a política que se harmonizam com ela."[8] Foi o que ele fez no discurso de Gettysburg, quando proclamou: "Há 87 anos, nossos pais criaram neste continente uma nova nação, concebida em liberdade e dedicada à proposição de que todos os homens são criados iguais."[9] Lincoln essencialmente reescreveu o significado da fundação e a consagrou com o sangue dos americanos. Não importava que os sulistas tivessem o argumento plausível de que entendiam melhor a declaração. O que importava era o novo sentido instilado nela. Os fundadores podiam muito bem ter acreditado na noção lockiana de direitos naturais, mas não é novidade que não a aplicavam consistentemente. Eles arriscaram suas vidas e sua sagrada honra por razões mais mundanas. Mas Lincoln peneirou uma ideia dourada das correntes de nossa história e a transformou em ícone. A ideia de igualdade humana se enraizou mais profundamente na vida americana por causa disso. Um século depois, Martin Luther King Jr. fez a mesma coisa. Em 1963, em seu discurso "Eu tenho um sonho", ele disse:

> Em certo sentido, viemos até a capital de nossa nação para sacar um cheque. Quando os arquitetos de nossa república escreveram as magníficas palavras da constituição e da declaração de independência, eles assinaram uma nota promissária que todo americano herdaria. Essa nota era a promessa de que todos os homens, sim, tanto negros quanto brancos, teriam a garantia dos "direitos inalienáveis" à "vida, à liberdade e à busca da felicidade".[10]

Tanto Lincoln quanto King apelaram à história — à melhor história — que contamos sobre nós mesmos. O fato de nossa história começar com os americanos não estando à altura dos ideais incorporados na fundação não é uma falha dos ideais, mas um testemunho da nobreza do enredo da história americana. Sem sequer considerar a prosperidade material que o milagre americano criou não somente para seus cidadãos, mas para bilhões de pessoas em todo o mundo, se os Estados Unidos não tivessem feito nada além disso, já teria sido um glorioso passo adiante para a humanidade.

Vejamos mais de perto como essa história começou.

———

É uma espécie de artigo de fé, particularmente entre alguns conservadores americanos, que os pais fundadores foram profundamente influenciados por John Locke. Durante gerações, essa foi a opinião consensual também entre os principais historiadores.[11] Alguns acadêmicos recentes se mostraram mais céticos. Os céticos possuem um argumento muito melhor do que eu imaginava ao começar a escrever este livro. Por exemplo, fiz uma busca de textos da fundação na maravilhosa base de dados online dos Arquivos Nacionais, achando que seria simples encontrar um louvor após o outro ao homem frequentemente descrito como pai do Iluminismo inglês, o "filósofo da liberdade" e "fundador do liberalismo". Há alguns, mas muito menos do que poderíamos esperar.

Talvez ainda mais chocante: não há referência a Locke nos *Federalist Papers* (embora ele faça uma breve aparição nos *Anti-Federalist Papers*). Oscar e Lilian Handlin observam que, embora Locke tenha dedicado um capítulo inteiro à escravidão, não há registro de qualquer fundador ter invocado sua obra nos muitos debates sobre o assunto durante aquele período.[12]

Um dos elogios inequívocos de um signatário da declaração de independência vem de James Wilson, um proeminente coautor de um esboço da constituição e um dos primeiros (seis) juízes da Suprema Corte. Durante a convenção de ratificação, Wilson disse que "a verdade é que a autoridade suprema, absoluta e incontrolável permanece com o povo [...] O reconhecimento prático dessa verdade foi reservado à honra deste país. Não lembro de nenhuma constituição fundada nesse princípio, mas testemunhamos o progresso e gozamos da felicidade de vê-lo levado à prática. A grandiosa e penetrante mente de Locke parece ser a única a ter se voltado na direção de uma teoria sobre essa grande verdade".[13]

Sabemos que Thomas Jefferson era grande admirador de Locke. De fato, em uma carta a Benjamin Rush, ele contou a história da visita que recebeu de Hamilton. Nas paredes da casa de Jefferson havia retratos de John Locke, Isaac Newton e Francis Bacon. Hamilton perguntou por quê. Jefferson respondeu que eles eram sua "trindade dos maiores homens que já viveram".[14] Mesmo assim, não há muitas evidências em seus textos de que ele tenha lido *Dois tratados sobre governo civil*. Tampouco havia uma cópia do livro de Locke na coleção que ele doou à Biblioteca do Congresso.

Em contrapartida, ele fez várias anotações sobre *Carta sobre a tolerância*, também de Locke, que serviu de inspiração para seu estatuto de liberdade religiosa na Virgínia.

O estatuto é outro bom exemplo de como as ideias motivam a história em campo e como essa história em desdobramento refina as próprias ideias, a ponto de criar outras. Locke defendera que católicos e ateus não podiam ser súditos ou cidadãos leais. "Todos aqueles que entram [na fé católica] *ipso facto* se entregam à proteção e ao serviço de outro príncipe." Não era possível confiar nos ateus porque "promessas, alianças e juramentos, que são os laços da sociedade humana, não têm poder sobre o ateu".[15]

Jefferson levou a lógica interna de Locke a sua conclusão final. O estatuto começa dizendo:

Uma lei estabelecendo a liberdade religiosa. Uma vez que Deus Todo-Poderoso criou a mente livre, todas as tentativas de influenciá-la por punições ou fardos temporais ou por incapacitações civis tendem a gerar hábitos de hipocrisia e maldade e são um desvio do plano do divino autor de nossa religião, que, sendo Senhor tanto do corpo quanto do espírito, escolheu não propagá-la através da coerção nem de um, nem da outra, como tinha o poder de fazer.[16]

O estatuto não somente removeu a Igreja da Inglaterra como fé oficial da Virgínia como também garantiu liberdade religiosa para protestantes, católicos, muçulmanos, judeus, hindus e até mesmo pagãos.

Essa é somente uma faceta da transformação gerada menos por Locke que por aquilo que chamo de revolução lockiana. Os historiadores do pensamento que querem jogar ligue os pontos ignoram a revolução mais ampla da retórica, que transformou o mundo. Conforme o Iluminismo se desdobrava na Europa e nos Estados Unidos, o nome de Locke se tornou uma espécie de abreviatura para liberdade e direitos naturais, mesmo entre pessoas que jamais o leram ou compreenderam integralmente.

É indisputável que Locke era rotineiramente invocado nos sermões dos pastores pró-revolução, que eram frequentemente transformados em panfletos. (Os sermões constituíam ao menos 10% de todos os panfletos publicados na época.)[17] A influência de Locke entre os pastores e a influência dos pastores entre o povo eram tão grandes que o historiador Clinton Rossiter concluiu: "Se os ministros tivessem sido os únicos porta-vozes da causa americana, se os textos de Jefferson, Adams e Otis jamais tivessem sido publicados, o pensamento político da revolução teria seguido quase exatamente a mesma linha, talvez com um pouco mais de menção a Deus, mas com o mesmo número de menções a John Locke."[18]

Por mais contraintuitivo que isso possa parecer, a dívida intelectual dos fundadores para com Locke pode estar menos relacionada a seus textos filosóficos (na época considerados científicos) sobre o empiricismo que a sua obra política no *Segundo tratado sobre governo civil*. Em 1760, John Adams afirmou, falando sobre os textos epistemológicos de Locke, que ele "trilhou seu caminho pelas regiões não iluminadas da mente humana e, como Colombo, descobriu um novo mundo".[19]

Como já discutido, o argumento de Locke sobre a lousa em branco ajudou a minar o poder hereditário ao defender que todos os homens nascem igualmente livres e com os mesmos direitos naturais. Os fundadores americanos levaram esse argumento ainda mais longe (embora não longe o bastante). Eles declararam uma guerra incansável à aristocracia hereditária em todas as suas formas injustas ou não naturais (com exceção da escravidão hereditária, infelizmente). Assim como Locke e a Revolução Gloriosa revogaram o direito divino dos reis, os fundadores — particularmente Thomas Jefferson — se voltaram contra o direito divino dos nobres e aristocratas. Se todos os homens são criados iguais e se o governo é estabelecido pelo povo, não por Deus, então o governo não pode reconhecer o ranqueamento dos homens. Como disse Thomas Paine, "a virtude não é hereditária".[20]

Os fundadores entendiam muito bem que homens medíocres nasciam em posições elevadas e homens excepcionais frequentemente nasciam em posições inferiores. Mas mesmo então, só porque alguns homens se provavam superiores aos outros, isso não significava que tinham quaisquer privilégios ou autoridade especial sob a lei. Como explicou Thomas Jefferson, somente "porque Sir Isaac Newton era superior aos outros em entendimento, não significa que fosse senhor da pessoa ou da propriedade de outros".[21] Um homem que entrasse em um tribunal dos recém-formados Estados Unidos da América podia ter um pedaço de papel dizendo que era barão ou duque e estava livre para se gabar a respeito na taverna local. Mas o juiz não lhe daria nenhum peso adicional em sua disputa contra um pedreiro.

O projeto era mais lockiano que qualquer coisa que Locke tivesse imaginado para a Inglaterra.

Falando em sentido estrito, aristocracia não significa "governo da nobreza", mas "governo dos melhores", que é como os gregos conceberam o termo. Foi somente mais tarde, quando a influência corrompedora da natureza humana fez com que os aristocratas tentassem reter seu poder para a posteridade, que essa noção foi imbuída da ideia de status hereditário. Os fundadores queriam o retorno da concepção original, que Jefferson chamou de "aristocracia natural". Ele queria "todos os anos vasculhar o lixo" em busca dos "melhores gênios".[22]

A educação pública, argumentou o fundador da Universidade da Virgínia, elevava "as pessoas que a natureza dotou de gênio e virtude e que devem se tornar dignas, através da educação liberal, de receberem e guardarem o sagrado depósito dos direitos de seus concidadãos e [...] serem encarregadas disso independentemente de riqueza, nascimento ou outra condição ou circunstância acidental".[23] (Era isso que "liberais", em "artes liberais", deveria significar.)

Após a revolução, Jefferson lutou para livrar os Estados Unidos da vinculação (o sistema de fundos irrevogáveis que impedia a venda ou divisão de terras) e da primogenitura (a exigência de que todas as propriedades fossem deixadas para o filho mais velho), que tendiam a concentrar terras, elevando algumas famílias e seus membros para além de seus méritos. Jefferson considerava seus esforços bem-sucedidos para abolir a vinculação e a primogenitura uma de suas maiores realizações como legislador. Ele os via como essenciais para erradicar "cada fibra [...] da antiga ou futura aristocracia" e estabelecer "a fundação [...] de um governo verdadeiramente republicano".[24]

A política identitária será um tema recorrente nas páginas que se seguem. Mas, por agora, farei esta simples observação: as noções de nobreza herdada são uma antiga forma de política identitária. O identitarismo afirma que uma pessoa possui status especial com base em critérios independentes de suas ações. Os fundadores não seguiram totalmente essa lógica no caso da escravidão — embora muitos quisessem fazer isso —, mas acionaram o detonador que demoliria tal forma de pensar, ao menos por algum tempo.

Hoje, é difícil apreciar quão radical foi esse distanciamento da maneira como o mundo funcionara até então. George Washington poderia ter sido rei. Ele declinou. E precisou ser persuadido a ser presidente. Quando o rei Jorge III perguntou a seu retratista americano, Benjamin West, o que Washington faria após conquistar a independência, West respondeu, "Dizem que ele voltará para sua fazenda."

"Se fizer isso", respondeu o rei, atônito, "será o maior homem do mundo."[25]

Mas, embora os fundadores estivessem criando algo inédito, eles não acreditavam poder revogar as leis da natureza humana. Eles sabiam que não era possível eliminar a natural tendência humana de formar facções, incluindo aristocracias de riqueza, status e poder. Mas esperavam que o sistema de governo que estabeleceram tornasse impossível para qualquer facção obter poder concentrado e duradouro.

A própria estrutura de governo federal foi projetada para dividir o poder de todas as maneiras que aprendermos nas aulas de educação cívica: freios e contrapesos, governo dividido, separação de poderes. Em uma das mais famosas passagens dos *Federalist Papers*, James Madison escreveu:

> Mas a maior segurança contra a gradual concentração de vários poderes no mesmo departamento consiste em dar àqueles que administram cada departamento os meios constitucionais e as motivações pessoais necessárias para resistir à invasão dos outros. A provisão para a defesa deve, nesse como em todos os outros casos, ser proporcional ao perigo de ataque. A ambição deve se contrapor à ambição. O interesse do homem deve estar conectado aos direitos constitucionais do lugar. Pode ser um reflexo da natureza humana que tais mecanismos sejam necessários para controlar os abusos do governo. Mas o que é o governo senão o maior reflexo da natureza humana? Se os homens fossem anjos, nenhum governo seria necessário. Se os anjos governassem os homens, nenhum controle externo ou interno ao governo seria necessário. Ao estruturar um governo que deve ser administrado por homens a outros homens, a maior dificuldade é que primeiro é necessário permitir que o governo controle os governados e tentar, em seguida, obrigá-lo a controlar a si mesmo. A confiança nas pessoas é, sem dúvida, o controle primário do governo, mas a experiência ensinou à humanidade a necessidade de precauções adicionais.[26]

Isso foi um grande avanço em relação a Locke, que jamais forneceu uma explicação persuasiva e convincente sobre por que o governo da maioria não seria tirânico.[27] Entrementes, os fundadores entenderam que a *maioria* também podia ser uma ameaça à liberdade. Obviamente, eles não podiam prever a chegada de Napoleão, mas compreenderam integralmente a ameaça do bonapartismo.[28] Estudando a história, compreenderam como um general conquistador, como César ou Cromwell (dois nomes que surgem frequentemente nos *Federalist Papers*), com as massas a seu lado, poderiam tomar o governo republicano. "Brutus", um dos escritores anônimos dos *Anti-Federalist Papers,* explicou da seguinte maneira:[29]

No primeiro caso, as liberdades da nação foram destruídas e a constituição foi anulada por um exército liderado por Júlio César, que fora nomeado pelo comando da autoridade constitucional daquela nação. Ele a transformou de república livre, cuja fama [...] ainda é celebrada em todo o mundo, em uma do mais absoluto nepotismo.[30]

A constituição, particularmente a carta de direitos, colocou certas questões políticas vexatórias para além dos limites dos políticos (ao menos em teoria). A liberdade de expressão, a liberdade religiosa, o direito de reunião, o direito de portar armas e o direito à propriedade (inclusive intelectual) são maciços baluartes contra o poder despótico. Mesmo o texto das principais emendas é essencial. "O Congresso não deve criar leis" [restringindo este ou aquele direito]. Em outras palavras, as restrições são todas ao poder do Estado. Os direitos das pessoas, coletiva e individualmente, são superiores aos poderes do governo.

Essa é, em resumo, a diferença entre o Locke e Rousseau. Para Locke, o individual vem antes do Estado. Para Rousseau, o Estado — ou vontade geral — vem antes das pessoas. Para os lockianos, nossos direitos vêm de Deus, não do governo. Para os rousseaunianos, nossos direitos são indistinguíveis, ou ao menos inseparáveis, de nossos deveres para com o Estado.

Talvez a mais importante contribuição da constituição seja sua qualidade mais prosaica: ela está escrita e é muito difícil de mudar. Estar escrita para todos lerem concede sua posse a todos e cria o que os economistas chamam de "dependência da trajetória" para a resolução de disputas políticas. Ela nos lembra que nossas leis fundamentais estão para além da autoridade dos homens. E cria o espaço necessário para que o pluralismo institucional possa florescer. O fato de que a constituição é difícil de mudar — uma grande frustração para movimentos políticos passionais de qualquer natureza — automaticamente confere profunda legitimidade democrática a quaisquer alterações bem-sucedidas e fornece garantias de que não sacrificaremos liberdades fundamentais no calor de dado momento. Podemos, em tais momentos, ignorar a constituição, mas ela permanece lá, fora do tempo e do espaço de qualquer momento político, como uma consciência nacional, lembrando-nos de que tais transgressões devem ser retificadas.

Há um tom decididamente deísta na fundação dos Estados Unidos. O deísmo defende que Deus ou o "Criador" é como um relojoeiro que monta o mecanismo, dá corda e então para de interferir. Alguns fundadores eram de fato deístas, e muitos outros foram influenciados pelo deísmo. E, em certo sentido, eles montaram o mecanismo da liberdade e então saíram do caminho.

Mas há uma maneira melhor de entender a visão dos fundadores e como ela é diferente de outros projetos iluministas, especificamente os da França revolucionária. Os Estados Unidos emprestaram muito do pensamento francês, mas pegamos somente as melhores partes, sem subscrever toda sua visão de mundo. Os filósofos e revolucionários de Paris eram muito mais ambiciosos que suas contrapartes americanas. Parcialmente graças à influência de Rousseau, eles queriam criar, guiar e dirigir um caminho totalmente novo para a humanidade. Apesar de todo seu ódio pela religião, tentaram criar uma nova, um sistema de sentido para o povo francês.[31] Seguindo Rousseau, os franceses acreditavam na perfectibilidade do homem. A revolução científica dera aos novos intelectuais o poder de criar sociedades perfeitas e homens perfeitos. Como disse Nicolas de Condorcet, há "uma ciência que pode prever o progresso da humanidade, dirigi-lo e acelerá-lo".[32]

Os americanos rejeitaram a perfectibilidade do homem, acreditando que o melhor que o governo podia fazer era levar a natureza humana em consideração e canalizá-la para fins produtivos.

Yuval Levin argumenta que é possível ver as diferenças nessas duas visões de mundo nas metáforas que os dois campos usaram para explicar o que o Estado devia fazer. A linhagem francesa enfatiza o movimento. O Estado está lá para levar o povo a algum lugar, fazer girar a "roda da história" etc. Na versão inglesa, o Estado está lá para criar uma zona de liberdade a fim de que as pessoas escolham sua própria direção.[33]

Uma de minhas ilustrações favoritas de como essa é uma discordância tanto cultural quanto filosófica são as diferenças entre os jardins franceses e ingleses. Os jardins franceses de Versalhes, por exemplo, com seus projetos ornamentados, geométricos e desafiadores, ilustram como o jardineiro impôs sua visão à natureza. A natureza foi subjugada pela razão. O jardim inglês clássico, em contrapartida, era projetado para deixar a natureza seguir seu curso, permitir que cada arbusto, árvore e vegetal atingisse sua própria natureza ideal. O papel do jardineiro inglês era projetar o jardim através da retirada de ervas daninhas, da manutenção das cercas e da vigilância contra predadores e caçadores ilegais.

Os fundadores americanos eram jardineiros, não engenheiros. O governo da constituição dos fundadores é mais que meramente um "Estado vigia", mas não muito. Ele faz pouco mais que criar as regras para o jardim e os jardineiros. Isso não significa que o governo não pode intervir na sociedade ou na economia. Significa que, quando o faz, deve ser para proteger a liberdade, que Madison definiu no *Federalist* número 10 como "o primeiro objeto do governo".[34]

Como aquele quintessencial pensador escocês do Iluminismo, Adam Smith, escreveu em 1755:

> Pouco mais é necessário para levar um Estado ao mais alto grau de opulência, partindo da mais baixa barbárie: somente paz, impostos leves e uma administração tolerável de justiça. Todo restante é trazido pelo curso natural das coisas. Todos os governos que interferem com esse curso natural, que forçam as coisas para outro canal ou tentam paralisar o progresso da sociedade em um ponto particular não são naturais e, para se sustentar, são obrigados a ser opressivos e tirânicos.[35]

Acho que a metáfora do jardim funciona melhor que a imagem do relojoeiro, porque muitos dos fundadores eram participantes ativos do experimento norte-americano, como George Washington o chamou. Da rebelião de Shays ao First Bank of the United States, à compra da Louisiana e à guerra de 1812, os fundadores eram jardineiros atenciosos com essa nova nação, criando as condições para a prosperidade, afastando os predadores e mesmo expandindo o próprio jardim.

Devemos passar agora dos fundadores para os próprios habitantes do jardim, pois os arquitetos da constituição eram servidores desses habitantes, tanto refletindo quanto sendo guiados por seu espírito. Embora os colonos americanos tivessem dívidas culturais para com a Grã-Bretanha, na época da revolução um caráter e uma cultura distintamente americanos começaram a se manifestar.

Uma razão pela qual a geração dos fundadores pôde peneirar ouro do refugo da tradição inglesa foi o fato de estar alienada dela, literal e figurativamente. Vivendo a milhares de quilômetros de seu lar ancestral, do outro lado do oceano, muitas das suposições culturais que eram vivas e imediatas em Londres ou Manchester pareciam mortas ou distantes em Boston ou Nova York. Assim como os texanos não olham imediatamente para Washington a fim de solucionar seus problemas, a ideia de olhar para o outro lado do Atlântico parecia incrivelmente irracional e difícil.

Essa alienação da pátria-mãe tinha um componente psicológico adicional. Como discutido, as leis britânicas de primogenitura exigiam que o filho mais velho da família aristocrática recebesse tudo: títulos, terras etc. Mas e os outros filhos? Eles tinham de abrir caminho no mundo. É claro que tinham vantagens — educacionais, financeiras e sociais — sobre os filhos das classes mais baixas, mas ainda precisavam de uma carreira. "As maiores famílias da Virgínia — incluindo os Washington — eram conhecidas como 'segundos filhos'", escreve Daniel Hannan.

"Muitos dos irmãos mais novos cujas famílias estavam no Novo Mundo haviam nascido com uma sensação de injustiça pelo fato de não terem acesso a suas terras ancestrais, em função de um acidente cronológico", acrescenta Hannan. A ideia de primogenitura era uma violação da justiça natural expressada por Edmundo em *Rei Lear*:

> Tu, natureza, és minha deusa; às tuas leis
> Meus serviços estão jurados. Por que devo
> Aceitar a maldição dos costumes e permitir
> Que a excentricidade das nações me prive
> Porque nasci doze ou quatorze meses
> Depois de meu irmão?[36]

De fato, Hannan e Matt Ridley sugerem que grande parte da prosperidade e expansão do Império Britânico no século XVIII pode ser atribuída a um intrigante incidente histórico. Na aurora da Revolução Industrial, os filhos da nobreza abastada tinham uma taxa de mortalidade muito mais baixa, pelas razões óbvias. Eles tinham mais acesso a medicamentos, por mais rudimentares que fossem, melhor nutrição e condições de vida vastamente superiores à da população em geral. Como resultado, a nobreza era dramaticamente mais fecunda que as classes mais baixas. Assim, um largo coorte de jovens educados e ambiciosos que não eram primogênitos foi enviado para abrir caminho no mundo. Se você tem cinco filhos, só um deles pode ser duque. Os outros devem se tornar oficiais, padres, médicos, advogados, acadêmicos e homens de negócios.

Esse ponto não é abstrato, mas de vital importância cultural e sociológica. As sociedades europeias estavam mergulhadas em noções de classe. Os ingleses que valorizavam esse sistema frequentemente voltavam para a Inglaterra ou se mudavam para o Canadá. Os americanos que ficaram mantinham a ligação inglesa com os direitos naturais e a soberania popular, mas rejeitavam a obsessão cultural com posição social e status e tinham uma poderosa ligação com a liberdade.

Seymour Martin Lipset, o maior sociólogo político e provavelmente o maior estudioso do excepcionalismo americano desde James Bryce ou Tocqueville, fez uma maravilhosa observação sobre os Estados Unidos. (Eu o ouvi partilhá-la várias vezes.) Na época da fundação, se fosse legalista ou realista, sem interesse em cortar laços com a Coroa inglesa, você frequentemente se mudava para o Canadá. Se acreditava nos princípios da fundação, viajava para os Estados Unidos ou se mudava para lá. Esse foi um dos maiores experimentos naturais da história política. Estamos falando de duas populações com a mesma constituição étnica básica, as mesmas crenças religiosas e, em grande parte, a mesma língua. E, todavia, essas duas nações produziram duas culturas políticas muito diferentes. Lipset gostava de indicar que, dois séculos depois, o governo americano e o governo canadense ordenaram que todos os cidadãos mudassem para o sistema métrico. Os canadenses, com sua profundamente enraizada deferência pela autoridade política, obedeceram quase instantaneamente. "Dirija pelo Canadá", brincava ele, "e tudo estará em quilômetros." O mesmo não se deu nos Estados Unidos. O governo americano ordenou, mas a resposta foi "não".

Isso indica a revolução cultural representada pela fundação dos EUA. Acho que Gordon Wood está correto quando diz que a significância da declaração de independência na época está amplamente na conclusão — independência! —, e não na introdução. Mas isso não significa que a Revolução Americana foi vista como apenas outro conflito entre império ou colônia ou que a fundação dos Estados Unidos não representou um terremoto no pensamento ocidental da época. Os monarcas e imperadores europeus reconheceram que a guerra americana por independência não era somente outra revolta sórdida — embora frequentemente dissessem que sim, por razões de propaganda. "Os governantes temiam que seus súditos vissem a ação americana não como rebelião contra um monarca de direito em seus próprios territórios — houvera várias rebeliões contra soberanos europeus —, mas como proclamação de uma doutrina revolucionária de aplicação universal, como a declaração de fato anunciou ser", escreveu o excelente jornalista Henry Fairlie.[37] "Qualquer noção de que a guerra pela independência foi somente uma rebelião caiu por terra. Tanto governantes quanto seus súditos a viram como revolução de apelo universal."[38]

E não foi uma revolução meramente política. Ela também teve motivações e consequências econômicas. "O que os americanos da rebelião queriam", escreve o historiador econômico Robert E. Wright, "e obtiveram com a ratificação da constituição foi o que hoje chamamos de 'liberdade econômica'. Em outras palavras, eles queriam participar de atividades empreendedoras, sujeitos somente às necessárias regulamentações e taxações e com garantias críveis de que poderiam manter qualquer riqueza que essas atividades gerassem."[39]

É por isso que, para os jovens americanos, as liberdades econômicas e políticas eram indivisíveis. Isso foi uma expansão radical até mesmo do entendimento britânico de liberdade, que, na prática, sempre tendeu a levar mais a sério os direitos econômicos dos nobres. Entrementes, os governantes europeus estavam horrorizados com a ideia de que mercadores e empreendedores minariam sua soberania, e foi por isso que o rei Jorge III disse que seu governo estava sendo ameaçado por um bando de "merceeiros".[40] Até mesmo Karl Marx declarou que "a guerra americana pela independência soou o alarme para toda a classe média europeia".[41]

"O público aqui está extremamente ocupado com os rebeldes [nos Estados Unidos]", escreveu o primeiro-ministro dinamarquês A. P. Bernstorff a um amigo em outubro de 1776, "não porque conhece a causa, mas porque a mania de independência está afetando todos os espíritos e o veneno se espalha imperceptivelmente das obras dos filósofos para as escolas dos vilarejos."[42]

Os Estados Unidos criaram uma cultura de liberdade e igualdade jamais vista. Paris, Londres e Viena alegavam possuir liberdade financeira, intelectual ou artística. Mas essa liberdade era frequentemente das elites, dos intelectuais, artistas, escritores e aristocratas. Nos Estados Unidos, a liberdade cultural foi democratizada. (Isso provavelmente explica muitas das diferenças entre o projeto revolucionário francês e o americano. Os franceses, acostumados ao absolutismo, estavam mais inclinados a substituir uma forma de absolutismo por outra. Nos Estados Unidos, as pessoas tomaram gosto pela liberdade e exigiram mais do que os ingleses estavam dispostos a fornecer.)

No Velho Mundo, roupas, sotaques e mesmo sobrenomes estavam carregados de noções de superioridade e inferioridade. As leis suntuárias — códigos para o que as pessoas podiam vestir e quais produtos podiam usar — foram amplamente revogadas no século XVIII, mas permaneceram como uma espécie de uniforme cultural e social. Mesmo na cultura comparativamente democrática da Grã-Bretanha, ainda se esperava que as pessoas se vestissem de acordo com sua posição social.

O mesmo não acontecia nos Estados Unidos. Thomas Colley Grattan, o cônsul britânico em Boston na década de 1840, desprezava a peculiar cultura de igualdade das ex-colônias. As criadas, queixou-se ele, haviam sido "fortemente infectadas pelo mau hábito nacional de usar roupas acima de sua posição e, quando andam pelas ruas, mal se distinguem de suas empregadoras".[43] Ferenc Pulszky, um político húngaro que viajou pelos Estados Unidos em 1852, ficou consternado ao descobrir que os americanos rejeitavam os uniformes não oficiais de classe. Na Europa, havia "a garota camponesa com fitas espalhafatosas nas longas tranças, corpete de cor viva e anágua ricamente plissada; o camponês húngaro de camisa branca de linho e imponente pele de carneiro; o eslovaco de paletó justo com brilhantes botões amarelos; o fazendeiro com botas altas e capa húngara; a senhora idosa com boné preto de renda no antigo estilo nacional; e somente as jovens damas usavam bonés franceses e vestidos modernos". Mas, em Nova York, queixou-se ele, "nenhum traje característico marca os diferentes graus sociais, os quais, na Europa Oriental, impressionam o estrangeiro imediatamente em razão das várias ocupações e hábitos de um velho país".[44]

"Antes do fim do século XIX", escreve Daniel J. Boorstin, "a democracia americana de vestuário se tornaria ainda mais surpreendente aos olhos estrangeiros, pois, a essa altura, o mero fato de usar roupas se tornara um instrumento comunitário, uma maneira de retratar os imigrantes em sua nova vida. Homens cujos ancestrais estavam acostumados aos farrapos dos camponeses ou ao avental de couro dos artesãos podiam mostrar, com seu traje democrático, que eram tão bons quanto todos os outros ou não muito diferentes deles. Se o provérbio do Velho Mundo dizia que 'as roupas fazem o homem', a nova maneira de se vestir do Novo Mundo[45] ajudaria a fazer o novo homem".[46]

Boorstin relata como a própria ideia de renda foi reinventada no Novo Mundo. "Antes do século XIX, o conceito de 'renda' tinha pouca importância no Velho Mundo; ele era usado indiretamente para mensurar posses ou posições na comunidade ou como base para reformas eleitorais."[47] Na Europa — e em praticamente todos os outros lugares —, a métrica importante era a propriedade, especificamente de terras, porque era através dela que o Estado e a sociedade designavam status.

Nos Estados Unidos, onde quase todo mundo era imigrante ou descendente recente de imigrantes, a riqueza foi dissociada do status social e da nobreza. "Entre os americanos móveis, uma nação de imigrantes recentes se movendo para cima e para baixo da escala social, 'renda' era um padrão mais conveniente e universalmente aplicável que riqueza ou propriedade. A renda era o mais perto que se podia chegar de quantificar o padrão de vida e fornecia uma maneira simples de dizer quem estava acima ou abaixo do padrão."[48] Até mesmo o conceito de "padrão de vida" assumiu novo significado nos Estados Unidos, porque esse padrão estava constante e rapidamente melhorando para quase todo mundo.

Esse crescimento explosivo se devia em grande parte à abundância de recursos naturais, especialmente terras. Mas o ingrediente indispensável era, e sempre foi, as pessoas. Nesse caso, um certo tipo de indivíduo e uma classe específica de pessoas: o empreendedor e a burguesia. Na Europa, o empreendedor gerava medo e desconfiança. Novamente, a inovação teve conotação negativa em toda a Europa — e em grande parte do mundo — até o fim do século XVIII e início do século XIX. Na Inglaterra e na Holanda, os inovadores comerciais e científicos eram mais honrados que em qualquer outro lugar do Velho Mundo, mas, no Novo Mundo, o inventor se tornou um herói. Do mesmo modo, na Inglaterra e na Holanda, a classe média mercadora era mais respeitada que em qualquer outro lugar do continente, mas, nos Estados Unidos, o país inteiro se construía em torno de uma visão de mundo fundamentalmente burguesa. Pela primeira vez, a classe média e aqueles que batalhavam para fazer parte dela tinham um governo que refletia seus interesses e aspirações.

No Velho Mundo, o direito de formar uma corporação legal estava entrincheirado na política e no status. Era um privilégio especial, parecido com os títulos associados à terra. Nos Estados Unidos, "a corporação foi democratizada ao ser transformada em produto padronizado, disponível para qualquer um que seguisse os simples passos prescritos e pagasse uma pequena taxa de registro". Agora, como observa Boorstin, "em vez de homens de negócios buscando ansiosamente o privilégio especial da incorporação, os estados competem pelos favores dos homens de negócios. Os atrativos oferecidos pelos especuladores de terras, desenvolvedores de cidades e promotores de ferrovias às pessoas naturais e suas famílias eram acompanhados dos atrativos oferecidos a essas pessoas jurídicas".[49]

O antigo e férreo triunvirato de classe, guilda e trono que tornara o avanço econômico um ato de rebelião contra o *status quo* foi derrubado.

É um testemunho de quão amplamente o legado da escravidão permanece em nosso pensamento atual o fato de ser difícil escrever sobre isso sem oferecer constantemente a funestamente acurada qualificação "com exceção dos negros" e, em menor extensão, "com exceção das mulheres". É um ponto totalmente válido. Mas, como discutido antes, a escravidão foi uma instituição humana quase universal no mundo em todas as eras. Pela medida do presente — ao menos no Ocidente democrático e liberal —, todo avanço da liberdade humana é falho nesse ponto.

Minha intenção aqui não é justificar ou diminuir o mal da escravidão ou das leis de Jim Crow. É simplesmente argumentar que devemos ler os capítulos da história humana em sua ordem correta. A Revolução Americana, como argumentou Barack Obama, deu origem a um argumento por novos princípios que, quando levados a sua conclusão moral e lógica, exigiram o fim da escravidão e das leis de Jim Crow. Ninguém pode argumentar que não deveria ter acontecido antes ou que não era necessário. Mas os princípios que evocamos para condenar o passado por seus erros são exatamente os princípios que o passado nos legou.

———

No século e meio após a revolução, os Estados Unidos experimentaram o maior aumento de prosperidade material de qualquer nação em toda a história humana. Nas quatro décadas entre 1860 e 1900, a população mais que dobrou, indo de 31 milhões para 76 milhões de pessoas. Quando Daniel Webster morreu em 1852, os Estados Unidos tinham um terço da riqueza da Grã-Bretanha. Cinco décadas depois, haviam crescido cinco vezes e se tornado 1,25 vezes mais ricos que a Grã-Bretanha.[50] Entre 1890 e 1910, o PIB americano cresceu 6% ao ano. De acordo com o historiador Burton W. Folsom Jr., em 1870 os Estados Unidos produziam 23% das mercadorias industriais do mundo, ao passo que a Grã-Bretanha e a Alemanha produziam respectivamente 30% e 13%. Em 1900, os Estados Unidos estavam em primeiro lugar, com 30%, a Grã-Bretanha caíra para 20% e a Alemanha subira para 20%. Em 1870, a Grã-Bretanha era a maior produtora mundial de aço; em 1900, Andrew Carnegie sozinho produziu mais aço que toda a Grã-Bretanha.[51]

Em 1775, o PIB real *per capita* era de 1.968,24 dólares; em 1820, de 2.173,78 dólares. Em 1929, era de 11.020,48.[52] A expectativa de vida deu grandes saltos. A semana de trabalho ficou mais curta. A dieta melhorou. "No Velho Mundo, a carne de gado fazia parte da dieta dos lordes e dos abastados. Para os outros, era um prato para os feriados. Mas milhões de americanos podiam comer como lordes", escreve Daniel Boorstin.[53]

Os Estados Unidos desafiaram a maldição malthusiana que afligiu as sociedades durante toda a história humana: quando sua população explodiu, o país enriqueceu ainda mais rapidamente. (Escrevi um apêndice sobre o progresso humano a fim de não encher as páginas do miolo com estatísticas econômicas. Você pode lê-lo para apreciar mais intensamente a explosão de riqueza, prosperidade e saúde que ocorreu com esse experimento inédito nas questões humanas.)

Mas, embora o Milagre tenha revogado a lei da população de Malthus, ele não revogou a natureza humana. A natural tendência humana de formar coalizões, facções, guildas e aristocracias se manifestou continuamente durante a história americana. Mas o poder combinado da ordem constitucional e do crescimento econômico tendeu a mantê-la sob controle. Retornaremos a isso.

Um último argumento precisa ser exposto aqui. O triunfo do Milagre nos Estados Unidos não foi simplesmente uma história sobre economia ou direito. A economia é importante porque é a medida do progresso material da humanidade. Também é a métrica que muitos daqueles que desprezam e vilificam o capitalismo investem com a maior autoridade moral. É preciso repetir sempre: o livre mercado é o maior programa antipobreza da história humana. Em um sentido muito real, é o único programa antipobreza da história humana. O sistema legal é importante porque fornece as garantias para a melhoria humana contínua.

Mas focar na economia ignora outro tipo de empreendedorismo que os Estados Unidos liberaram no mundo mais que qualquer outra nação: o empreendedorismo do self. A busca da felicidade não é um conceito inerente ou exclusivamente econômico. É muito maior que isso. A cultura americana de liberdade, suas doutrinas legais de direitos naturais e, talvez acima de tudo, sua assombrosa prosperidade material tornaram possível para as massas definir a felicidade em termos pessoais e individuais e obter sucesso como quer que ele seja definido. Esse fato é uma espada de dois gumes, pois ao remover a ideia de autoridade externa e exaltar a soberania pessoal, abrimos a porta para que a natureza humana entrasse correndo.

PARTE III

Part III

SETE

AS ELITES:

ARISTOCRATAS LIBERADOS

Como vimos, os fundadores americanos acreditavam que o inimigo da liberdade era o poder arbitrário. Eles rejeitaram uma linha de pensamento que se estende de *A república* de Platão, passa pelo contrato social e chega a várias ideologias modernas que afirmam que se pode confiar aos homens — os homens certos, desinteressados — um poder sem limites.

George Washington era o homem mais admirado dos Estados Unidos na época da fundação, e o gabinete da presidência foi, de muitas maneiras, moldado em torno do edifício de granito de sua reputação de honra e bom caráter. Mesmo assim, os fundadores instalaram enormes freios ao poder presidencial, pois sabiam que um George Washington nem sempre concorreria ao cargo.

Em teoria, a ameaça de que o poder concentrado caia nas mãos de um pequeno grupo ou uma única pessoa — seja uma aristocracia, guilda, câmara estrelada, clero ou mesmo algum "despotismo eletivo" — foi impedida com a ratificação da constituição. Mas nem todos os fundadores estavam inteiramente otimistas sobre o sucesso do experimento. Primeiro, eles acreditavam que o sistema só funcionaria se o público permanecesse virtuoso, pois o bom caráter das pessoas é o melhor garantidor da fidelidade à lei. John Adams temia que as pessoas pudessem, em algum fervor populista, pôr fim ao governo limitado. Isso seria ainda mais provável se elas se afastassem da virtude e da liberdade. Como disse Washington, "o poder arbitrário é mais facilmente estabelecido nas ruínas da liberdade abusada pela licenciosidade".[1]

Mais que qualquer outro fundador, Adams estava preocupado com a possibilidade de que a aristocracia — talvez sob outro nome — pudesse retornar. Estabelecer uma nação na qual a ambição é contraposta à ambição quase por definição convida as pessoas a testarem os limites de qualquer impedimento externo a seu objetivo. Os homens naturalmente formam coalizões — ou "facções" —, e alguma coalizão poderia obter poder suficiente para destruir a ordem constitucional. Jefferson queria uma "aristocracia natural" de mérito. Mas não era possível, senão inevitável, que, após ter subido a escada do mérito até as alturas do poder, a mesma aristocracia natural retirasse a escada?

Era precisamente isso que John Adams temia. Uma "aristocracia natural" pode gerar "um corpo de homens que contém a maior coleção de virtudes em um governo livre, é o mais brilhante ornamento e glória da nação e sempre pode ser transformado na maior bênção da sociedade". Mas ela deve "ser judiciosamente gerenciada na constituição". Porque, quando o gerenciamento constitucional falha, "é sempre o momento mais perigoso e se pode acrescentar que jamais falha em destruir a nação".[2]

"Todo governo é, de fato, uma aristocracia", disse Adams em carta a Benjamin Rush, e pode conter homens de talentos grandiosos, mas sombrios. A solução está em reconhecer essa realidade e planejar para ela. "O grande segredo da liberdade é encontrar maneiras de limitar o poder [dos aristocratas] e controlar suas paixões."[3]

"Jamais repetirei o suficiente que a aristocracia é um monstro a ser acorrentado", disse ele. "Mas acorrentado sem ser ferido, pois é um animal muito útil e necessário em seu lugar. Nada pode ser feito sem ele [...] Então amarre a aristocracia com uma corda dupla e a prenda em uma gaiola da qual pode ser solta para fazer o bem, mas jamais para causar problemas."[4]

Se você gosta da ideia de colocar os aristocratas em algum tipo de calabouço, ficará desapontado. A "jaula" que Adams tinha em mente era o

Senado americano. Ele tinha como guia as práticas da Grã-Bretanha e da antiga Roma, que possuíam um corpo legislativo de nobres cujo papel e poder eram claramente delineados em um regime misto. Ele não queria ter uma Câmara de Lordes com nobres hereditários, mas também não queria eliminar a possibilidade, caso necessário.

Felizmente, jamais sentimos a necessidade de restaurar formalmente a aristocracia hereditária. Mas está claro que Adams e outros estavam profundamente preocupados com a possibilidade, se não inevitabilidade, de retorno da aristocracia. Teoricamente, não seria impossível, mas os fundadores achavam que aquele povo amante da liberdade poderia algum dia readotar a aristocracia, a despeito de ela ser totalmente proibida pela constituição e estar totalmente desacreditada nos corações e nas mentes das pessoas. Por quê?

Uma resposta simples: eles estavam certos. *Porque as aristocracias são naturais.*

Para entender isso, precisamos superar a palavra "aristocracia". Ela soa mal aos ouvidos modernos precisamente porque a associamos tão completamente a épocas passadas. E, embora lordes e condes sejam adequados para os fãs de história medieval e de *Game of Thrones*, essas não são as únicas formas de aristocracia. Pode ser melhor dizermos simplesmente elites ou classes governantes. Os termos não são completamente sinônimos, claro. Mas podem chegar muito mais perto de serem intercambiáveis do que as pessoas percebem. Na Coreia do Norte, os membros da elite do partido seriam instantaneamente reconhecidos como aristocratas ou nobres por um viajante do tempo ou um visitante alienígena. Eles possuem direitos e privilégios especiais e vivem em áreas especiais, reservadas à classe governante. De fato, em qualquer país comunista, os membros do Partido são simplesmente uma forma moderna de casta aristocrática.

As coisas são melhores nos países livres, nos quais a igualdade perante a lei é um conceito mais consagrado e valorizado. Mas alguém pode disputar que riqueza, poder, influência, raça e, talvez acima de tudo, celebridade podem contribuir para um tipo de aristocracia ou nobreza informal? Certamente todos podem ver as disparidades. Pode não haver nada nos livros dizendo que a polícia deve deixar um Kennedy ou uma Kardashian em paz. Mas isso não significa que isso não acontece.

Também há o simples fato de que existe uma tendência humana natural de mostrar deferência pelas pessoas com status mais elevado, seja ele merecido ou não. Isso não é bom nem ruim. O que importa é por que a pessoa que recebe deferência *possui* status.

Em outras palavras, é natural e normal ter elites. E, contrariamente ao clima populista nos Estados Unidos e em grande parte do Ocidente hoje em dia, não há nada inerentemente ruim nas elites. Como a aristocracia natural de Jefferson, a maioria de nós respeita pessoas que realizaram grandes coisas em sua busca por excelência. Admiramos atletas e soldados de elite. Ninguém quer ser operado por um cirurgião cardíaco perfeitamente na média. Culturalmente, é somente quando as elites se tornam sinônimo de pessoas que praticam o "elitismo" — ou seja, esnobismo — que o DNA rebelde americano se manifesta. Similarmente, na política e na economia nosso problema com o elitismo deriva da suspeita de que as classes governantes estão operando em nome de seus próprios interesses, e não dos nossos. Essa saudável suspeita sempre pode crescer de maneira doentia e conspiratória, e tanto a esquerda quanto a direita possuem suas próprias versões de paranoia contra a classe governante.

Mas permanece verdadeiro que toda sociedade grande ou complexa tem elites. De fato, toda organização, mesmo que de tamanho modesto, tem elites. O sociólogo alemão Robert Michels cunhou o termo "lei de ferro da oligarquia", que afirma que todas as organizações, incluindo aquelas que se comprometem expressamente com o progresso da democracia, inevitavelmente passam a ser governadas por uma pequena elite.[5] Uma organização pequena — um negócio, um partido político ou mesmo uma sociedade como uma tribo ou um bando — pode tomar decisões amplamente por consenso. Mas, quando as organizações crescem, torna-se cada vez mais difícil gerenciar as decisões de maneira inclusiva (e essa é a ironia da lei de ferro: ela só se manifesta quando a causa é sedutora o suficiente para atrair grande número de pessoas). Um esquadrão de ataque do Exército americano pode funcionar sem muita hierarquia, mas o Exército não pode.

Membros do grupo se especializam de várias maneiras, incluindo liderança e gerenciamento. Esses líderes e gerentes, ou seja, essas elites, emergem mesmo no interior das organizações mais colaborativas e consensuais — ou elas simplesmente ruem sob seu próprio peso. As elites assumem mais responsabilidades e, no processo, obtêm poder e expandem seu acesso ao conhecimento especial sobre como a organização funciona (o que Michels chama de "segredos administrativos"). Elas podem usar esses "segredos" para elevar seu status e consolidar ainda mais seu poder ao alocar recursos para recompensar aliados e punir adversários.

O estudo de Michels focou, veja você, em sindicatos socialistas democráticos, com base em sua própria experiência no Partido Socialista alemão. Mas seu insight se aplica a toda esfera de atividade humana que requer divisão do trabalho. Você já participou de uma organização voluntária ou clube, mesmo de tamanho modesto, na qual a maior parte das responsabilidades recaía sobre um pequeno grupo? O que é verdadeiro para organizações de caridade, álbuns escolares e ligas mirins de futebol é verdadeiro também para civilizações. No momento em passamos dos pequenos bandos ou tropas de caçadores-coletores para grandes sociedades agrícolas, as elites, na forma de classes governantes, se tornaram inevitáveis.

Se as elites são inevitáveis em toda sociedade e organização, é tolo se preocupar com sua existência. Isso é particularmente verdadeiro nas sociedades livres, nas quais as pessoas podem buscar a felicidade como quer que a definam. Nem todo mundo quer ser rico, político ou líder militar. Mas alguns querem. E aqueles que querem algo mais intensamente têm mais probabilidade de conseguir que aqueles que não querem. Afligir-se sobre a desigualdade política, social ou econômica em uma sociedade livre é afligir--se com o problema da própria liberdade, pois, na presença de liberdade, sempre haverá algum tipo de desigualdade.

Então a pergunta relevante não é "como podemos evitar as elites?", mas "que tipo de elite desejamos ter?" e "como as mantemos responsabilizáveis perante o estado de direito e impedimos que ajam em nome de seus próprios interesses, de maneira contrária à lei, à liberdade ou ao bem comum?"

Os últimos trezentos anos oferecem muitos exemplos de países que fizeram a transição para a democracia formal somente para vê-la erodida por uma onda popular ou tomada por elites ambiciosas. Mas os fundadores tinham outros exemplos em mente. A Inglaterra sob Cromwell e a dissolução da república romana estavam presentes em sua memória histórica. Assim como a grande república comercial de Veneza.

Em 1171, Veneza criou o Grande Conselho, formado por aristocratas, mas também proeminentes homens de negócios, magistrados e outros oficiais estatais. O Grande Conselho era notável por várias razões. Era republicano, ou seja, os líderes eram representantes do povo. Todos os anos, cem pessoas eram nomeadas para participar. Os membros do comitê de nomeação eram escolhidos por sorteio, a fim de evitar a corrupção do processo. Isso não somente ajudava a trazer sangue fresco para o conselho, mas também criava legitimidade entre os mercadores recém-enriquecidos. O Grande Conselho, através de vários mecanismos, também criou um dos primeiros sistemas de freios e contrapesos e o governo dividido. Ele escolhia o doge, ou magistrado--chefe de Veneza, e requeria que ele aceitasse limitações a sua autoridade.

"Essas reformas políticas levaram a uma nova série de inovações institucionais: no direito, a criação de magistrados e tribunais independentes, um tribunal de apelações, um novo contrato privado e leis de falência", escrevem Daron Acemoglu e James A. Robinson em seu livro *Por que as nações fracassam: as origens do poder, da prosperidade e da pobreza*. "Essas novas instituições econômicas venezianas permitiram a criação de novas formas legais de negócios e novos tipos de contratos. Houve rápida inovação financeira, e vimos o início do sistema bancário moderno por volta dessa época. A dinâmica movendo Veneza na direção de instituições totalmente inclusivas parecia imparável."[6]

Até que parou. O boom econômico de Veneza, "apoiado pelas inclusivas instituições venezianas", foi "acompanhado pela destruição criativa. Cada nova onda de jovens empreendedores que enriquecia através da *commenda* [uma forma inicial de sociedade de ações] ou outra instituição econômica similar tendia a reduzir os lucros e o sucesso econômico das elites estabelecidas. E eles não apenas reduziam os lucros das elites, como também desafiavam seu poder político".[7]

Em 1286, as elites deram um basta. Elas criaram uma lei determinado que a filiação ao conselho seria hereditária. Em 1297, o conselho foi efetivamente fechado aos outsiders. E em breve criou o *Libro d'Oro*, ou livro de ouro, que listava os membros reconhecidos da nobreza veneziana. Se não estivesse no livro, você não podia ser membro do conselho. Se você, seus pais ou seus avós estivessem no livro e se eles tivessem sido membros do conselho, você estava automaticamente incluído. Os limites aos mandatos foram eliminados. Em resumo, o conselho se tornou uma aristocracia permanente e hereditária, embora anteriormente fosse uma instituição que defendia o republicanismo e o mérito.

Essa foi a *Serrata*, significando encerramento ou isolamento. Tendo fechado a política aos novos-ricos, o conselho decidiu fechar também a economia. Ele baniu a *commenda* e outras inovações econômicas que permitiam o enriquecimento de empreendedores das classes mais baixas. Em 1314, o Estado veneziano começou a nacionalizar — ou seja, socializar — o comércio para benefício das elites. O comércio foi taxado pesadamente. "O comércio de longa distância se tornou exclusividade da nobreza. Esse foi o início do fim da prosperidade veneziana", escrevem Acemoglu e Robinson. "Com as linhas principais de negócios monopolizadas por uma elite cada vez menor, o declínio estava a caminho. Veneza parecia prestes a se tornar a primeira sociedade inclusiva do mundo, mas sofreu um golpe."[8]

Os fundadores conheciam bem essa história. Eles entendiam que as pessoas sempre formariam facções e sempre haveria elites. O truque era evitar que quaisquer facções, incluindo uma majoritária, comandasse o Estado para suas próprias ambições. "O único remédio" para o problema das fações majoritárias assumindo o controle do governo e o sujeitando a sua vontade, escreveu James Madison, "é aumentar a esfera e, desse modo, dividir a comunidade em um número tão grande de interesses e partidos que, em primeiro lugar, não seja provável que a maioria tenha um interesse comum separado do todo ou da minoria e, em segundo lugar, no caso de ter tal interesse, que não seja capaz de se unir para alcançá-lo".[9]

A confiança de Madison no "aumento da esfera" foi recompensado no século XIX. A população americana passou de pouco mais de 5 milhões de pessoas em 1800 para mais de 76 milhões em 1900[10] e, embora a população tenha crescido cinco vezes, o PIB *per capita* mais que triplicou.[11] Fisicamente, os Estados Unidos conquistaram todo o território que se tornaria os "48 estados contíguos" (embora alguns territórios tivessem de esperar até o início do século XX para se tornarem estados). Cidades inteiras — Chicago, Denver, St. Louis — passaram de entrepostos comerciais para metrópoles fervilhantes. Centenas de faculdades surgiram, a maioria fora da costa do Atlântico. E a ideia americana também se expandiu. Os escravos foram libertados. O direito ao voto passou a incluir as mulheres, em alguns arrivistas ocidentais como o Território do Wyoming (em 1869) e Utah (onde a lei foi aprovada pelo Território de Utah em 1870, repelida pelo Congresso em 1887 e restaurada quando Utah se tornou estado em 1895-1896).

A prosperidade material, combinada à liberdade política, estimulou e aprofundou a cultura americana de liberdade. E, em tal ambiente, era inevitável que grandes fortunas fossem feitas. Homens com sobrenomes como Getty, Rockefeller, Vanderbilt e Gould construíram negócios a partir do zero. Esses titãs econômicos não eram investidores, mas empreendedores. Eles criaram produtos e serviços ou novos meios de produzir os antigos em uma escala maciça e redutora de custos que transformou artigos de luxo em confortos acessíveis.

De modo geral, esses criadores de riqueza diferiam dos antigos aristocratas da Europa feudal, cuja riqueza dependia da exploração dos pobres. Os novos magnatas fizeram dinheiro ajudando os pobres. O magnata do algodão Edward Atkinson explicou: "Através da competição entre capitalistas, o próprio capital é a cada ano mais efetivo na produção e tende a sempre aumentar a abundância. Sob seu funcionamento, mercadorias que foram o luxo de uma geração se tornam os confortos da segunda geração e as necessidades da terceira [...] O plano do que constitui uma subsistência confortável está constantemente subindo e, conforme os anos se passam, mais e mais pessoas chegam a esse plano."

Falando a alguns trabalhadores em 1886, Atkinson tentou explicar como todos ganhavam com um mercado livre. Cornelius Vanderbilt, observou ele, tinha um lucro de 14 centavos com cada barril de farinha enviado por suas ferrovias. Sua eficiência diminuía o preço da farinha para os consumidores. "Vanderbilt prejudicou algum de vocês", desafiou Atkinson, "ao economizar para vocês 2,75 dólares por barril de farinha enquanto lucrava 14 centavos?"[12]

Os pobres também se beneficiavam de maneiras mais diretas. Dirija pelo país e conte o número de bibliotecas, escolas, museus e parques que não existiriam se não fosse pela generosidade dos ricos supostamente "predatórios". Sem os Morgan, Carnegie, Getty, Rockefeller, Gould e Vanderbilt, poucas das instituições culturais realmente grandiosas aos quais estamos habituados existiriam hoje. Carnegie investiu milhões de dólares em bibliotecas em todo o país, no espírito jeffersoniano de fornecer "escadas acessíveis pelas quais os aspirantes possam subir".[13]

O sociólogo alemão Werner Sombart famosamente perguntou: "Por que não há socialismo nos Estados Unidos?" A resposta para historiadores e teóricos políticos sempre foi: porque os Estados Unidos não têm passado feudal. Na Europa — e em todos os outros lugares —, as diferenças entre as classes feudais foram incorporadas às noções de riqueza e status. Os ricos eram aristocratas e os aristocratas eram ricos. Os fundadores buscaram criar uma nação na qual essas categorias, casadas há muito tempo, estivessem divorciadas.

Da época da fundação ao início do século XX, a tendência natural dos abastados de formarem novas aristocracias e guildas foi amplamente evitada, graças a vários fatores. Primeiro, o crescimento econômico foi muito robusto. As guildas vicejam em economias moribundas nas quais os concorrentes inovadores não têm acesso ao capital. Segundo, a própria nação era grande, móvel e diversa demais. Um fabricante da Pensilvânia poderia ter a influência política necessária para impedir a competição em seu próprio quintal. Mas não conseguiria chegar a Illinois, ao Colorado ou à Califórnia. Um fabricante concorrente com um método melhor em Denver teria o capital, os recursos naturais e os mercados locais todinhos para si.

Uma terceira, e vital, razão: a constituição ainda funcionava como projetado. Os poderes locais não podiam estabelecer tarifas interestaduais ou outras barreiras comerciais para impedir que novos produtos atravessassem suas fronteiras em vagões de trem. Quarta razão, relacionada à terceira: o Estado simplesmente não era grande ou intrusivo o bastante para escolher vencedores e perdedores de maneira consistente (embora a indústria ferroviária talvez fosse uma exceção notável). Mesmo que os reguladores pudessem ser capturados pelas indústrias estabelecidas, simplesmente não havia um número suficiente deles e eles tampouco eram poderosos o suficiente para bloquear as indústrias iniciantes.

E, finalmente, a própria cultura americana era poderosa demais. Chame de espírito *yeoman*, ética de Horatio Alger, legado do puritanismo, nova ideologia burguesa varrendo o mundo ou simplesmente sonho americano, os americanos acreditavam na nobreza do empreendedorismo. E, como acreditavam, estrangeiros que também acreditavam entravam no país aos milhões, trazendo consigo a expectativa de que o céu era o limite. Diminuir a habilidade de um homem de fazer sua própria fortuna era acertadamente percebido como ameaça ao direito de todos os homens de tentarem fazer a mesma coisa.

Em resumo, os Estados Unidos tinham um governo funcional, mas não um Estado. Sem dúvida, isso soa estranho. Mas é uma distinção importante. Durante o século XIX e boa parte do século XX, observa o historiador William Leuchtenburg, os Estados Unidos "não tinham quase nenhuma estrutura institucional ao qual os europeus dariam o nome de 'Estado'".[14] Claro, havia governo, mas isso não é a mesma coisa que Estado.

Em ciência política, a diferença entre Estado e governo é técnica. O Estado inclui a população e seu território e é permanente, ao passo que os governos vêm e vão. A França, por exemplo, teve cinco repúblicas, mas sempre foi o Estado francês. No Reino Unido, o primeiro-ministro é chefe de governo, mas a monarca é chefe de Estado.

Contudo, essa não é a distinção relevante aqui.

Entre os conservadores e alguns libertários, a distinção entre governo e Estado é bastante clara, embora raramente seja articulada. A constituição cria um governo nas linhas lockianas, projetado para proteger as liberdades das pessoas. É produto de um contrato social que reconhece que os direitos naturais são anteriores ao governo. O governo, nessa definição, não tem o direito de violar os direitos do povo ou de qualquer pessoa individual (com exceção, talvez, em circunstâncias extremas e extraordinárias). O Estado, todavia, é uma instituição todo-inclusiva que tem direitos e interesses que precisam vir primeiro. Para pensadores como Albert Jay Nock e Franz Oppenheimer, o Estado foi fundado na opressão e na conquista — ou seja, no modelo do bandido estacionário discutido anteriormente — e, portanto, é um fenômeno muito mais antigo que o governo.[15]

Para um libertário como Nock, era fácil falar sobre como o Estado é um inimigo, mas o governo é um bem necessário. "A natureza e a intenção do governo [...] são sociais. Baseado na ideia de direitos naturais, o governo assegura esses direitos ao indivíduo através de uma intervenção estritamente negativa, tornando a justiça gratuita e de fácil acesso, mas não vai além disso", escreve ele. "O Estado, em contrapartida, tanto em sua gênese quanto em sua intenção primária, é puramente antissocial. Ele não está baseado na ideia de direitos naturais, mas na ideia de que o indivíduo não tem direitos, com exceção daqueles que o Estado concede provisoriamente. Ele sempre tornou a justiça custosa e de difícil acesso e invariavelmente se considerou acima da justiça e da moralidade comuns sempre que viu vantagem nisso."[16]

Mas não é preciso adotar a visão de Nock de que o Estado não é melhor que uma empreitada criminosa. Certamente não é assim que os estatistas o veem. Os estatistas — que jamais usam esse termo, preferindo "progressistas", "libertários" ou, em formas mais extremas, "marxistas" — subscrevem a visão de Estado do Iluminismo francês, como participante ativo na orientação da sociedade. O governo é o jardim inglês discutido anteriormente. O Estado é a mão orientadora do jardim francês. Política, cultural e filosoficamente, a ideia de um Estado poderoso e intrusivo repousa sobre várias versões da "vontade geral" e dos argumentos nacionalistas. O Estado deve refletir os valores e a natureza das pessoas como um todo. Assim, se as "pessoas", coletivamente, não querem democracia, capitalismo ou livre expressão, não tem problema o Estado banir tais coisas, porque ele é a expressão mais integral e natural da autêntica vontade das pessoas. Toda ditadura se apoia em um argumento que assume essa forma básica. Mas o mesmo fazem muitas "social-democracias" que mantêm certas liberdades, mas restringem outras, na maioria econômicas. A ideia de que o Estado deve fazer todo possível para eliminar a desigualdade de renda, por exemplo, é totalmente consistente com o estatismo na tradição de Rousseau, mas antitética à ideia de governo na tradição de Locke. Em toda a Europa, na qual a monarquia era uma instituição tanto religiosa quanto civil, guiando e dirigindo as pessoas durante milhares de anos, parecia natural que o Estado continuasse a interferir na vida das pessoas. Nos Estados Unidos, esse era um conceito estranho. De fato, foi um conceito que lutamos uma revolução para derrubar.

Muitos, provavelmente a maioria, dos historiadores localizam o nascimento do Estado americano no New Deal. E isso é amplamente verdadeiro, no sentido de que o New Deal transformou o Estado em uma característica permanente da vida americana. "Antes do New Deal", observou o falecido economista Edward M. Bernstein, membro proeminente do Departamento do Tesouro de FDR, "o único negócio que o cidadão tinha com o governo era o correio. Ele certamente via um soldado ou marinheiro de vez em quando, mas o governo não tinha relação com o público em geral. Depois de Roosevelt, o público passou a sentir que o governo era parte ativa da vida cotidiana."[17]

Mas a verdade é que o nascimento do Estado ocorreu um pouco antes, durante a era progressista, especificamente na administração democrata imediatamente anterior a FDR (e na qual ele trabalhou). No próximo capítulo, analisaremos o renascimento do Estado e o que deve ser propriamente entendido como segunda Revolução Americana.

OITO

A ERA PROGRESSISTA:
O NASCIMENTO DA CONSTITUIÇÃO
VIVA E A MORTE DA LIBERDADE

A incrível explosão de riqueza nos Estados Unidos, juntamente com uma supostamente nova classe econômica governante, causou profunda inquietação. Milhões de americanos deixaram suas regiões rurais e agrárias e foram para as cidades. Separados das comunidades tradicionais e à deriva no mundo do capitalismo, eles se sentiram explorados e alienados, perdidos em um mundo de estranhos. E, muito embora as pessoas comuns estivessem de fato ficando mais ricas e formando novas e vibrantes comunidades, não podemos deixar de simpatizar com a sensação de vertigem que devem ter sentido. O capitalismo parecia caótico, desorganizado, não gratificante e, às vezes, cruel com aqueles que não possuíam capital financeiro ou social. A nostalgia, a saudade de um tempo imaginado de segurança e conforto espiritual, estava no ar. A filosofia do "individualismo" era pequena demais para fornecer o sentido ou o senso de pertencimento que tantos desejavam. E, enquanto eles lutavam tanto por segurança quanto por riqueza, as classes governantes pareciam injustamente ricas em ambas.

Um novo grupo de filósofos americanos emergiu, argumentando, como Rousseau, que *tinha de haver uma maneira melhor*. Os Estados Unidos precisavam de uma nova comunidade imaginada, unida por uma nova religião cívica, que, como a de Rousseau, alegava ser cristã na forma, mas, na realidade, era nacionalista e espartana em substância.

A tarefa desses filósofos autoungidos, desses novos sacerdotes da modernidade, era refundar os Estados Unidos sobre novos princípios que, se colocados em ação, criariam uma sociedade nova, capaz de preencher os buracos na alma americana.

Esses filósofos americanos constituíam um grupo diversificado, mas podem ser agrupados sob a bandeira do progressismo. E, embora nem todos os progressistas sejam hostis a todas as características da ordem americana, como grupo seu objetivo era desacreditar e substituir essa ordem por uma nova. O historiador de Princeton Thomas C. Leonard identifica duas hipóteses centrais dos intelectuais progressistas: "Primeiro, o governo moderno deve ser guiado pela ciência, não pela política; e segundo, uma economia industrializada deve ser supervisionada, investigada e regulamentada pela mão visível de um Estado administrativo moderno."[1]

Se os fundadores originais eram produto do Iluminismo escocês, os novos fundadores eram produto do novo renascimento alemão, o despertar das ciências sociais alemãs. Muitos dos sociólogos, filósofos e economistas americanos que criaram seus campos e escolas de pensamento nos Estados Unidos frequentaram universidades alemãs ou estudaram com aqueles que haviam frequentado. (Quando a Associação Americana de Economia foi formada em 1885, cinco dos seis primeiros diretores haviam estudado na Alemanha. Ao menos 20 de seus primeiros 26 presidentes também. Em 1906, um professor de Yale fez uma pesquisa entre os 116 principais economistas e cientistas sociais nos Estados Unidos: mais da metade estudara na Alemanha por ao menos um ano.)[2]

No século XIX, o ambiente alemão estava tomado por Marx, Hegel e Herder. Todos esses pensadores partilhavam da visão de mundo mais ampla conhecida como "escola histórica". Seus membros acreditavam que todos os fatos econômicos eram relativos e evolucionários, contingentes a seu lugar e época. Descendentes do romantismo alemão, eles viam o Estado como expressão do espírito do povo (*Volksgemeinschaft*) e acreditavam que o Estado tinha não somente o direito, mas a obrigação de forjar uma nova vontade geral.

Richard T. Ely, o primeiro presidente da Associação Americana de Economia e fundador da "escola de Wisconsin" de progressismo (que serviu como uma espécie de *think tank* da era progressista no primeiro terço do século XX), obtivera seu PhD na Universidade de Heidelberg, sob a tutela do economista histórico Karl Knies. "As coisas mais fundamentais em nossas mentes", lembrou ele, falando de sua geração de intelectuais, "eram as ideias de evolução e relatividade." E homens como Ely usariam essas ideias para iniciar uma guerra incansável contra o capitalismo.[3]

De fato, o ingrediente mais vital do coquetel intelectual alemão era o darwinismo. A teoria da evolução de Darwin injetou nova credibilidade científica nas velhas filosofias anti-iluministas de nacionalismo e identidade. O darwinismo não se resumiu a tornar possível o racismo biológico. Ele também deu um golpe devastador nas noções de direitos naturais e novo fôlego à ideia de que o Estado não era somente uma expressão das pessoas, devendo também guiar a "evolução" contínua da sociedade. A ideia era que a nação, o Estado e todas as instituições no interior dele eram parte de um mesmo todo orgânico, evoluindo juntos, com o Estado servindo como cérebro, controlando e regulando todos os outros órgãos. Os indivíduos eram pouco mais que células do corpo político. Herbert Croly, o fundador da *New Republic*, disse que a sociedade era somente "um indivíduo aumentado". Edward Alsworth Ross, possivelmente o mais influente sociólogo de sua era, acreditava que a sociedade era "uma coisa viva, motivada, como todas as criaturas mais elevadas, pelo instinto de autopreservação".[4] O caos do capitalismo era antitético a essa visão: os órgãos não podem competir uns contra os outros; eles precisam trabalhar em harmonia.

Não quero dar a entender que o estatismo americano começou como vírus mental que escapou de algum laboratório alemão. Os intelectuais americanos também fizeram contribuições originais. As duas mais importantes foram o "evangelho social", uma reinterpretação de uma antiga interpretação do cristianismo, e a eugenia, a crença de que as ervas-daninhas representadas pelos incapazes precisavam ser arrancadas pelo Estado.

Em um eco de Rousseau, o evangelho social defendia que a redenção espiritual era — ou deveria ser — uma empreitada coletiva. Salvar almas no varejo era tolice. O Estado, de acordo com Ely, era uma "pessoa moral".[5] Mas também um instrumento divino. "Deus trabalha através do Estado para atingir seus objetivos mais universalmente que através de qualquer outra instituição", escreveu Ely. Ele "é o primeiro de seus instrumentos".[6] O pregador do evangelho social Samuel Zane Batten achava que uma das mais prementes questões de sua época era se o Estado se tornaria "o meio através do qual as pessoas devem cooperar em sua busca pelo reino de Deus e sua retidão". (Ele esperava que sim.)[7] E a tarefa essencial na busca pela retidão social era a guerra contra o capitalismo e as doutrinas do individualismo. "Nossa desorganizada vida competitiva deve se tornar uma vida orgânica cooperativa", insistia Walter Rauschenbusch, principal pregador e intelectual do evangelho social da época.[8] "A menos que a ordem social ideal possa fornecer aos homens comida, calor e conforto mais eficientemente que nossa atual ordem econômica, retornaremos ao capitalismo." Tal eventualidade era impensável. Então ele proclamou: "O Deus que responder por meio de alimentos a preços baixos, esse será Deus."[9]

Sem esse pano de fundo teológico, a eugenia jamais teria se disseminado. Contar toda a história da eugenia nos Estados Unidos nos levaria longe. Basta dizer que a eugenia era vista, na época, como ciência de ponta, e havia grande, se não total, consenso de que arrancar as ervas daninhas dos inadequados do jardim da humanidade era essencial para o progresso social. Em *The Promise of American Life* [A promessa da vida americana], a bíblia do progressismo americano, Herbert Croly afirmou que o Estado tinha a obrigação de "interferir em benefício dos realmente mais adequados". Richard Ely insistia que os progressistas tinham de reconhecer a "superioridade da seleção humana em relação à seleção natural".[10] Deixar que pessoas livres se reproduzissem livremente — presumivelmente, uma parte integral da busca pela felicidade — era loucura. Tal liberdade provavelmente nos daria homens inadequados. Mas uma sociedade guiada pelas mãos especializadas da ciência "nos dá o homem ideal", explicou ele. "A grande expressão já não é seleção natural, mas seleção social."[11]

Embora eu tenha focado no papel dos Estados Unidos e da Alemanha, deve-se notar que as ideias da era progressista realmente fizeram parte de um despertar intelectual transnacional. O positivismo, por exemplo, uma filosofia amplamente disseminada e inventada em grande parte pelo francês

Auguste Comte, defendia que a humanidade entrara no terceiro estágio da história, a era da ciência. Essencialmente assumindo onde Condorcet parara, Comte acreditava que a sociedade humana podia ser dirigida, guiada e, por fim, aperfeiçoada por especialistas esclarecidos. Esse projeto, por sua natureza, teria de ser coletivista. (Ele chamava o individualismo de "doença do mundo ocidental".)[12] Comte cunhou o termo "sociologia" e ajudou a criar a disciplina para chegar a esse fim. Mais tarde, criou a totalmente secular "religião da humanidade", na qual homens de ciência seriam os novos santos. Quando Herbert Croly nasceu em 1869, seus pais *literalmente* o batizaram na "religião da humanidade" de Comte.[13]

Mesmo assim, no nível prático, a influência da Alemanha, especificamente da Prússia, foi especialmente significativa porque era vista como exemplo real de como a política devia funcionar. Ela ajudou a alimentar o profundo desdém pelas noções tradicionais de democracia. A Prússia — onde tantos progressistas estudaram — do fim do século XIX (1871-1890) fora governada por Otto von Bismarck, o autoritário "chanceler de ferro" que introduziu o então chamado "socialismo de cima para baixo", dirigido por servidores públicos profissionais. A Prússia de Bismarck foi vista como última palavra em governança por uma nova geração de acadêmicos americanos. Um deles, que estudou com Ely e recebeu um dos primeiros PhDs da nova Universidade Johns Hopkins, a primeira grande universidade de pesquisa no estilo alemão em solo americano, foi Woodrow Wilson. Ele mais tarde escreveria que a Prússia de Bismarck era um "sistema admirável" e "o mais estudado e aperfeiçoado" do mundo.[14]

Na década de 1880, Wilson argumentara que "o mais despótico governo sob controle de um estadista sábio é preferível ao mais livre governo de demagogos". Infelizmente, os Estados Unidos eram uma democracia e, para lidar com isso, Wilson queria limitar "o erro de tentar fazer demais através do voto" retirando tanto quanto possível a criação de políticas do tribunal da opinião pública. "Deixemos que o estudo administrativo encontre a melhor maneira de controlar o criticismo público e remover todas as outras interferências."[15] Afinal, explicou ele, "o autogoverno não consiste em participar de tudo, assim como a manutenção da casa não necessariamente consiste em fazer o jantar com as próprias mãos. Deve-se confiar no cozinheiro em relação ao gerenciamento do fogão e do forno".[16] "Dai-nos flexibilidade administrativa e poder de decisão", escreveu Woodrow Wilson em 1891; "livrai-nos da ideia de que freios e contrapesos precisam ser empregados em todos os estágios da organização."[17]

Não há como exagerar o desprezo arrogante e soberano que Wilson sentia pelo sistema criado pelos fundadores. "O reformador fica pasmo", resmungou ele, com a necessidade de persuadir "a maioria votante de vários milhões".[18] Em outro momento, zombou: "Sem dúvida muito nonsense foi dito sobre os direitos inalienáveis do indivíduo, e muitos sentimentos vagos e especulações prazerosas foram apresentados como princípios fundamentais."[19]

Suas visões sobre a democracia e a constituição eram relativamente brandas, se comparadas a de muitos de seus pares. Mas capturam o espírito essencial da mentalidade progressista.

Woodrow Wilson lançou mão de Darwin para defender a tentativa de jogar a constituição no lixo:

> A constituição foi fundada sob a lei da gravitação. O governo deveria existir e se mover em virtude da eficácia dos "freios e contrapesos". O problema com essa teoria é que o governo não é uma máquina, mas uma coisa viva. Ele não é regido pela teoria do universo, mas pela teoria da vida orgânica. Responde a Darwin, não a Newton. É modificado por seu ambiente, tornado necessário por suas tarefas e modelado para suas funções pela pura pressão da vida. Nenhuma coisa viva pode ter seus órgãos uns contra os outros, como freios, e viver.[20]

E assim, para todos os propósitos práticos, nasceu o insidioso culto americano da "constituição viva". "Constituições políticas vivas", escreveu Wilson, "devem ser darwinianas na estrutura e na prática. A sociedade é um organismo vivo e, para sobreviver, deve obedecer às leis da vida, e não às da mecânica."[21]

O desdém pela fundação se tornou a marca registrada da sofisticação. John Dewey, o mais importante filósofo da era progressista, argumentou que a loucura dos fundadores estava na crença de que seus princípios sobreviveriam a sua época. Os fundadores não possuíam, explicou ele em *Liberalism and Social Action* [Liberalismo e ação social], de 1935, "senso e interesse históricos".[22] O ideal lockiano de governo que meramente protegia os direitos dos cidadãos e deixava as pessoas em paz era uma tolice antiquada. Mesmo a ideia de direitos individuais era uma relíquia ultrapassada. "Os direitos e as liberdades naturais só existem no reino da mitológica zoologia social."[23] Os direitos só podem ser adequadamente garantidos através "do controle social das forças econômicas no interesse da grande massa de indivíduos".[24] Para Dewey, os seres humanos não eram "nada por si mesmos";[25] a vontade geral era tudo.

"A utilidade social, e não o direito natural", argumentou Frank J. Goodnow, o primeiro presidente da Associação Americana de Ciência Política e extremamente influente professor de direito administrativo da Universidade de Colúmbia, deve "determinar a esfera da liberdade individual de ação".[26] "Condições modificadas", acrescentou ele, "devem trazer consigo diferentes concepções de direitos privados para que a sociedade siga em frente de maneira vantajosa."[27]

Essas visões sem dúvida eram sinceras. Mas os especialistas e intelectuais supostamente "desinteressados" que as defendiam tinham interesse em fazê-lo. Eles não estavam meramente argumentando de forma abstrata que os especialistas deviam guiar a sociedade; estavam alegando ser os especialistas que deviam fazer isso. "O período de projeto da constituição já passou", bufou Woodrow Wilson. "Chegamos a um novo território, o vasto território da *administração*, e precisamos de guias."[28]

Como vimos, os progressistas não foram os primeiros a defender a criação de administradores extralegais licenciados pela vontade geral para exercer poder arbitrário em nome do bem maior. O desejo progressista por uma nova aristocracia de especialistas foi mais um exemplo de como os antigos impulsos *reacionários* da natureza humana ressurgem continuamente em novas formas. Como avisou Jefferson, "o progresso natural das coisas é que a liberdade ceda e o governo ganhe terreno".[29] Minha única implicância com Jefferson é que ele usou a palavra errada. A dinâmica que estava descrevendo não era o progresso, mas o declínio ou corrupção.

O que acontece quando você se compromete com a noção de que existe uma classe especial de administradores supostamente insulados da política, com um mandato providencial para fazer o bem sem referência à lei ou aos eleitores? Você tem um Estado administrativo. O que é um Estado administrativo? Mais diretamente, é o fruto da segunda Revolução Americana. Como vimos, os progressistas pretendiam sepultar a velha ordem constitucional "newtoniana" e substituí-la por um novo paradigma "darwiniano". Esse novo regime seria governado por cientistas sociais "desinteressados", ou simplesmente administradores, que obteriam sua legitimidade não de "nós, o povo", mas de seu insight superior e, nas palavras de Woodrow Wilson, de seu "conhecimento especial".*

Wilson achava desconcertante que os reformadores tivessem de consultar os desejos do povo. Se os fatos "científicos" estavam do lado deles, para que apresentar a questão aos eleitores? Ele explicou que

> as funções de governo são, em um sentido muito real, independentes da legislação e mesmo da constituição, pois [são] tão antigas quanto o governo e inerentes a sua própria natureza. O tamanho e a complexa minuciosidade de nosso direito positivo, que cobre quase todos os casos que podem surgir na administração, obscurecem o fato de que *a administração não pode esperar pela legislação, devendo ter ou tomar a liberdade de proceder sem mandado específico, em razão da vida característica do Estado.*[30]

Essa não era uma teoria exclusiva de Wilson. A ciência e a tecnologia conquistavam a natureza em velocidade alucinante. A indústria chegava a uma até então inimaginável eficiência de produção. A engenharia era uma glamorosa nova vocação e especialistas em todos os campos revolucionavam os negócios, a medicina, a infraestrutura e a produção de alimentos. Graças a Darwin, os especialistas acreditavam entender como a máquina humana funcionava. Então por que não deixar que os novos "engenheiros sociais"

---

* Nisso, Wilson foi um herdeiro adequado dos gnósticos identificados por Eric Voegelin: "E, finalmente, com o prodigioso avanço das ciências desde o século XVII, o novo instrumento de cognição se tornaria, sinto-me inclinado a dizer inevitavelmente, o veículo simbólico da verdade gnóstica. Na especulação gnóstica do cientificismo, essa variante particular chegou a seu extremo quando o aperfeiçoador positivista da ciência substituiu a era do Cristo pela era de Comte. Até hoje, o cientificismo é um dos principais movimentos gnósticos da sociedade ocidental, e o orgulho imanentista pela ciência é tão forte que até mesmo as ciências especiais deixaram um sedimento distinguível nas variantes de salvação através da física, da economia, da sociologia, da biologia e da psicologia." Eric Voegelin, *The New Science of Politics: An Introduction*, Walgreen Foundation Lectures (Chicago: University of Chicago Press, 1987, edição Kindle), p. 127-28.

revolucionassem o governo da maneira como os engenheiros tecnológicos revolucionavam a indústria e as obras públicas? O que as pessoas comuns sabiam sobre as ciências da sociedade, ou seja, as "ciências sociais"?

O intelectual e jornalista Walter Lippmann esteve — durante algum tempo — entre os principais críticos da antiga e ultrapassada democracia. "Em circunstâncias ordinárias, não se pode esperar que os eleitores transcendam suas opiniões particulares, localizadas e com interesses pessoais", escreveu ele. "Em suas circunstâncias, as quais, como pessoas privadas, não podem superar com facilidade, os eleitores têm a tendência de supor que qualquer coisa que pareça obviamente boa para eles deve ser boa para o país e aos olhos de Deus."[31] Pôr fé na sabedoria das pessoas era um erro colossal. "O problema crucial da democracia moderna", escreveu Lippmann, "surge do fato de que essa suposição é falsa."[32]

Essa convicção disseminada foi colocada em prática por Woodrow Wilson (para quem Lippmann trabalhara como conselheiro). Ao passo que Madison acreditava que o interesse pessoal "é semeado na natureza do homem",[33] Wilson achava que a ciência da administração podia elevar o homem acima de sua natureza e das pessoas a quem ele servia. O antigo sonho de perfectibilidade do homem poderia ser realizado, entre todas as pessoas, pelo burocrata! Ronald J. Pestritto acrescenta que "Wilson assumiu, assim como Hegel fizera em *Princípios da filosofia do direito*, que uma posição segura na burocracia, com estabilidade e bom salário, liberaria o servidor público do interesse pessoal natural, livrando-o dessa particularidade e permitindo que focasse somente no bem objetivo da sociedade".[34]

É vital enfatizar, mais uma vez, que os intelectuais retiram suas ideias dos tempos em que vivem. Há um loop de retroalimentação em todas as eras. Assim como a fundação americana foi uma expressão da "mente americana", como disse Jefferson, e a rebelião contra os britânicos e o nacionalismo romântico se nutriram da reação popular contra Napoleão e o Iluminismo entre os alemães, os progressistas se alimentaram da reação popular contra o próprio capitalismo. Quando confrontada com o aparente caos do capitalismo e da democracia, a mente humana recuou para sua programação tribal.

Isso não significa que os americanos, durante as três primeiras décadas do século XX, pintaram o rosto com símbolos de guerra e lutaram com lanças. Todos usamos a linguagem e os símbolos da época em que vivemos. Percival Lowell, o astrônomo da virada do século que construiu o telescópio que descobriu Plutão, viveu em uma época na qual a construção de grandes canais era um sinal de tecnologia e avanço industrial. Assim, quando viu linhas retas na superfície de Marte, ele presumiu que haviam sido colocados lá por uma civilização avançada.[35] Durante a era progressista, indústria, engenharia, medicina e ciência fizeram avanços incríveis. Por razões inteiramente compreensíveis, os intelectuais progressistas e os americanos em geral presumiram que se ciência e tecnologia podiam solucionar problemas muito antigos da vida real, se gerentes industriais podiam criar formas incrivelmente eficientes de organização, certamente os especialistas podiam fazer o mesmo com a política. Essa foi uma época na qual as ciências sociais eram novas, a expressão "engenharia social" não tinha conotação negativa e se assumia que a ciência política era, ou poderia ser, tão científica quanto a física ou a química.

Mas basta de teoria e filosofia. O que era o Estado administrativo, em termos práticos? De modo simplificado, era uma vasta ampliação do governo. Mas essa simplificação não captura a natureza revolucionária do Estado administrativo, porque o novo exército de reguladores e fiscais trabalhava fora da estrutura constitucional, e é por isso que o Estado administrativo às vezes é chamado de "quarto ramo" do governo. (Por razões que discutirei no próximo capítulo, acho esse rótulo inexato.) O Congresso é responsável por criar políticas, também conhecidas como legislação. O presidente, o chefe do ramo executivo, é responsável por executá-las. Mas, com a ascensão do Estado administrativo, os burocratas começaram a impulsionar o processo de criação de políticas.

Ao fim do primeiro mandato de Wilson, o Estado administrativo fora criado. A renda pessoal passou a ser taxada diretamente pelo governo federal, assim como as corporações e os estados. As grandes indústrias estavam falidas. A recém-criada Reserva Federal regulamentava dinheiro, crédito e atividades bancárias. A Comissão Federal de Comércio supervisionava a indústria doméstica, e sua nova Comissão de Tarifas regulamentava o comércio internacional. A legislação trabalhista estadual e federal regulamentou a remuneração dos trabalhadores; baniu o trabalho infantil; tornou a escolarização infantil obrigatória; estabeleceu salários mínimos e horas máximas de trabalho; e criou pensões para mães solteiras com filhos pequenos. Exércitos de reguladores inspecionavam fábricas, interferiam nos negócios e exigiam todo tipo de licença para os negócios em vários ramos.[36]

Certamente se pode argumentar que algumas dessas reformas foram valiosas e necessárias. Mas esse é um argumento diferente. Revolucionário foi o argumento de que o Estado devia seguir suas próprias ideias sobre aquilo de que a sociedade precisava. A "utilidade social", como disse Frank J. Goodnow, superou a fidelidade constitucional e a soberania democrática.

E tudo isso aconteceu *antes* de Wilson mergulhar os Estados Unidos na Primeira Guerra Mundial. Durante a guerra, o governo americano se tornou imensamente mais intrusivo, não somente econômica, mas também *politicamente*.

A guerra do presidente Wilson para "tornar o mundo seguro para a democracia" obviamente teve amplo apoio em relação aos objetivos de política externa, particularmente entre a belicista ala de Teddy Roosevelt no movimento progressista, que tendia a pensar que Wilson não era beligerante o bastante. Mas, para a ala de engenharia social, os assuntos internacionais eram amplamente incidentais. O que os fascinava era o que John Dewey chamou de "possibilidades sociais da guerra". Ele queria que a guerra forçasse os americanos "a desistir de grande parte de nossa liberdade econômica". E continuou: "Teremos de abandonar nosso individualismo bonachão e seguir o ritmo." Ele esperava que a guerra pudesse reprimir "a tradição individualista" e convencer os americanos "da supremacia da necessidade pública sobre a posse privada". Outro progressista disse o mesmo de modo mais sucinto: "O *laissez-faire* está morto. Vida longa ao controle social."[37]

(Randolph Bourne, o intelectual progressista dissidente que famosamente declarou que "a guerra é a saúde do Estado", estava praticamente sozinho ao notar "a peculiar simpatia entre a guerra e esses homens". Ele acrescentou que "é como se a guerra e eles estivessem esperando uns pelos outros".)[38]

Durante a guerra, todos os impulsos tribais foram liberados. Woodrow Wilson demonizou os "outros" em nosso meio: os chamados americanos hifenizados, ou seja, germano-americanos, ítalo-americanos e qualquer outra etnia ou grupo que não estivesse comprometido com o que muitos chamavam de "americanismo 100%". "Qualquer homem que carregue um hífen carrega consigo uma adaga que está pronto a enfiar nos órgãos vitais da república assim que tiver uma chance", proclamou Wilson.[39] Em sua administração, os Estados Unidos criaram o primeiro ministério moderno de propaganda do mundo: o Comitê de Informação Pública.[40] O comitê jogou milhares de pessoas na cadeia por pensamentos e expressões criminosas.[41] Ele era auxiliado por um exército semioficial de *fascisti*, a Liga Americana de Proteção, que espancava manifestantes, interrogava "americanos hifenizados" e impunha a lealdade ao Estado.[42]

Economicamente, o governo seguia uma política muitas vezes chamada de "socialismo de guerra". As grandes corporações foram essencialmente convocadas para a guerra e cartelizadas. O Estado não nacionalizou todas as indústrias já de saída; em vez disso, seguiu uma política de neoguildismo. A economia tinha de ser orientada para os objetivos do Estado em todas as questões. Mais de 5 mil "agências de mobilização" foram criadas para garantir que todos remassem na mesma direção. O Estado, acrescenta Robert Higgs,

praticamente nacionalizou a indústria de navios ultramarinos. E as ferrovias, o sistema telefônico e o sistema telegráfico doméstico e internacional. Passou a manipular profundamente as relações trabalhistas, as vendas de títulos, a produção e a comercialização agrícola, a distribuição de carvão e petróleo, o comércio internacional e os mercados de materiais brutos e produtos manufaturados. Seus Títulos da Liberdade dominaram os mercados de capital financeiro. E transformou o recém-criado Sistema de Reserva Federal em um poderoso motor de inflação monetária, para ajudar a satisfazer o voraz apetite do governo por dinheiro e crédito.[43]

Nas eleições intercalares de 1918, os republicanos retomaram o Congresso. Dois anos depois, retomaram também a Casa Branca, com uma plataforma de "retorno à normalidade". O slogan ressoou entre americanos cansados da guerra e do autoritarismo doméstico. Os progressistas que viam a guerra como uso exemplar do planejamento estatal ficaram desanimados quando o povo americano lhes virou as costas. Como consequência, como detalho em *Fascismo de esquerda,* voltaram os olhos para os países "avançados" que continuavam a luta pela engenharia social e pelo gerenciamento "científico" da sociedade: a Itália fascista e a Rússia soviética. O grito de união dos progressistas americanos durante os Loucos Anos 20 era um queixoso "Planejamos na guerra, por que não na paz?"

Doze anos depois de Wilson deixar o cargo, Franklin Roosevelt assumiu a presidência. A prolongada Depressão de 1929 forneceu ampla munição — e apoio popular — para a busca por um substituto para o capitalismo *laissez-faire*, muito embora a interferência do governo tivesse contribuído para os problemas econômicos que o país enfrentava. Roosevelt continuou onde Wilson parara, transformando as agências de tempos de guerra em características fixas do Estado. A Comissão de Títulos e Câmbio era uma extensão do Comitê de Questões de Capital do Conselho da Reserva Federal. A Corporação de Reconstrução Financeira era uma versão atualizada da Corporação Financeira de Guerra. A iniciativa de habitação popular de FDR era dirigida por um arquiteto das políticas habitacionais da Primeira Guerra Mundial.

Roosevelt, claro, foi muito mais longe que Wilson. Com a ajuda do Congresso e a aprovação do povo americano, o governo foi permanentemente transformado em Estado.

No próximo capítulo, veremos o que aconteceu ao Estado administrativo.

NOVE

O ESTADO ADMINISTRATIVO:
O GOVERNO DAS SOMBRAS

Nos primeiros dias da administração Trump, o então conselheiro sênior da Casa Branca, Steve Bannon, revelou suas três prioridades. A primeira era "a segurança e a soberania nacionais". A segunda, "o nacionalismo econômico". E a terceira, "a desconstrução do Estado administrativo".[1] Muitos jornalistas e observadores políticos casuais ficaram confusos com o terceiro item. Mas, para os conservadores intelectuais, ele foi causa de celebração.[2]

Às vezes chamado de Estado regulatório ou quarto ramo do governo, o Estado administrativo é hoje um vasto complexo de burocratas e reguladores — e as regras pelas quais trabalham —, fora da ordem constitucional. Eles criam "regras", frequentemente sem o menor feedback dos eleitores ou mesmo dos políticos eleitos. (Quando a regra inclui um período de "comentários públicos", ele frequentemente é mais cerimonial que democrático.) E o sucesso dos reguladores tem sido tão completo que os políticos eleitos são cúmplices voluntários dessa farsa. Como instituição, o Congresso abdicou da responsabilidade de legislar, os tribunais abandonaram a obrigação de salvaguardar a separação de poderes e os presidentes de ambos os partidos se mostraram incapazes ou indispostos a refrear a burocracia.

Na maior parte do tempo, o Congresso já não cria leis da maneira pretendida pelos fundadores. Eles terceirizam o trabalho pesado para a burocracia. Isso já era verdade quando James Burnham publicou *The Managerial Revolution*, uma das primeiras obras seminais sobre o assunto, em 1941. "Hoje em dia, nos Estados Unidos, a maioria das leis não é criada pelo Congresso", escreveu Burnham, "mas por NLRB, SEC, ICC, AAA, TVA, FTC, FCC, pelo Gabinete de Gerenciamento da Produção (que título revelador!) e outras 'agências executivas'. Os advogados sabem muito bem o quanto isso é verdadeiro!"[3]

Considere a Lei de Cuidado Acessível ou "Obamacare". O jornalista Phillip Klein leu as letrinhas miúdas e descobriu que

há mais de 2.500 referências à secretária [do Departamento de Saúde e Serviços Humanos] na lei de assistência médica (na maioria dos casos, ela é mencionada simplesmente como "a Secretária"). Outra análise revela que há mais de setecentos casos nos quais se instrui que a Secretária "deve" fazer algo e mais de duzentos casos nos quais ela "pode" iniciar uma ação regulatória, se assim decidir. Em 139 ocasiões, a lei menciona decisões que "a Secretária determina". Às vezes, a frequência dessas menções chega a excessos cômicos. Uma seção da lei, por exemplo, diz: "Toda pessoa a quem a Secretária fornecer informações sob a subseção (d) deve reportar à Secretária da maneira que a Secretária determinar apropriada".[4]

É impossível quantificar o poder decisório — ou seja, arbitrário — que o Congresso concedeu à secretária do HHS [sigla em inglês do Departamento de Saúde]. "Os novos poderes e responsabilidades concedidos à Secretária são ou complicados demais mesmo para o HHS", escreve Klein, "ou tão arbitrários que [a então Secretária Kathleen] Sebelius pode escolher como cumprir certas partes da lei".[5]

Mas esse é meramente um aspecto do Estado administrativo. Agências inteiras são independentes do controle político — o que é muito diferente de dizer que são independentes da política. Considere apenas um exemplo.

De acordo com a constituição, somente o Congresso pode cobrar impostos. Não se trata de uma sutileza procedimental. É uma expressão concreta da profunda convicção dos fundadores de que a taxação deve ser legitimada pela representação. Esse, afinal, era o ponto crucial da discussão deles com o rei Jorge. E é por isso que o Artigo I da constituição determina que "todas as leis para arrecadar receita devem se originar na Câmara dos Representantes", também conhecida como "câmara do povo".

Mas o Congresso se acostumou a abrir mão desse poder. Em 1996, a Comissão Federal de Comunicações [FCC em inglês] recebeu autoridade para aumentar os impostos como quiser. O Fundo de Serviço Universal começou como taxa sobre chamadas telefônicas de longa distância. Originalmente de 3%, em uma década a "taxa" chegou a 11%, sem aprovação do Congresso.[6] (Durante a administração Obama, a FCC tentou impor uma taxa similar aos serviços de banda larga, parcialmente porque a arrecadação caiu quando as pessoas abandonaram as linhas fixas.)[7] A receita ostensivamente se destina a pagar pela expansão do acesso à internet em áreas rurais e fornecer computadores para escolas e bibliotecas pobres. Mas também houve numerosos escândalos nos quais o dinheiro foi malgasto, mal alocado e desviado para terceiros com conexões políticas.[8] Como veremos, era de se esperar.

———

Em 2002, sob a lei Sarbanes-Oxley, o Conselho de Supervisão Contábil de Empresas de Capital Aberto recebeu o poder de financiar a si mesmo com taxas sobre as empresas. "O conselho estabelece seu orçamento para o ano", escreve o economista Christopher DeMuth, "divide a quantia pelo número de empresas americanas, classificadas por sua capitalização de mercado, e envia uma conta a cada uma delas." Em 2004, esse orçamento foi de 103 milhões de dólares. Em 2005, o Conselho de Supervisão Contábil unilateralmente aumentou seu orçamento em 33%, para 137 milhões de dólares.[9] Desde então, esse orçamento quase dobrou, chegando a 268 milhões em 2017.[10] Para ser justo, a Comissão de Títulos e Câmbio [SEC em inglês] tem de aprovar o orçamento do conselho, mas uma leitura atenta da constituição revela que "a SEC" não é um apelido do Congresso. O controle sobre o dinheiro é a essência do poder e da autoridade do Congresso, e seus membros voluntariamente abdicaram dele.

O termo "quarto ramo do governo" é um descritor pálido demais para o que pode ser mais adequadamente chamado de governo das sombras, um Estado no interior do Estado ou *imperium in imperio*. Não há nada intrinsicamente sinistro na ideia de um quarto ramo de governo. Os fundadores poderiam ter dividido o poder do governo federal em quatro partes, em vez de três. Desde que a doutrina dos poderes separados fosse mantida, quem se importava?

O Estado administrativo não é o quarto ramo do governo. É um *governo paralelo*, operando nas sombras, fora da luz da transparência democrática. O melhor indicador disso é o fato de que os membros do Estado administrativo não estão sujeitos ao mesmo sistema de justiça que o restante de nós. Charles Murray descreveu bem esse sistema:

> Se você for julgado por violar uma regra emitida pela EPA, OSHA, HHS, Departamento de Energia ou qualquer outra agência regulatória federal, você comparece perante um juiz de direito administrativo em um tribunal administrativo. O juiz é selecionado pela agência cujos casos ele irá julgar e, consequentemente, é funcionário dessa agência. A agência escolhe seu favorito entre três candidatos identificados pelo Gabinete de Gerenciamento de Pessoal. Um juiz de direito administrativo não está sujeito a revisões de desempenho e outros tipos de supervisão por parte da agência regulatória, mas sua decisão pode ser anulada pelo chefe da agência.

Não há júri. Ao comparecer a um tribunal administrativo, você só tem advogado se pagar por ele. A maioria das regras de provas usadas em tribunais normais não se aplica. O ônus legal da prova que cabe ao advogado da agência regulatória é "a preponderância de evidências", não "as evidências claras e convincentes", quem dirá "para além de qualquer dúvida razoável" de que você é culpado. Se o juiz administrativo achar que a proporção é de 51/49 em favor da agência regulatória que o acusou, você é considerado culpado. Se a decisão do juiz for adversa, na maioria dos casos você pode apelar a outro corpo no interior da mesma agência.[11]

Embora seja necessário descrever o Estado administrativo, meu objetivo mais profundo aqui é explicar por que esse estado lamentável de coisas é um exemplo de corrupção do projeto dos fundadores.

A constituição é indisputavelmente clara. No nível federal, somente o Congresso pode legislar. O ramo executivo *executa* a lei, donde a palavra "executivo". Como disse John Adams, o presidente goza de "todo o poder executivo, após tê-lo despojado daquelas insígnias de dominação chamadas prerrogativas".[12] Os defensores do Estado administrativo hoje usam os mesmos argumentos usados pelos progressistas: esse poder que não responde a ninguém é a própria definição de boa e "moderna" governança. A verdade é que se trata de um retorno a formas pré-modernas de poder estatal.

A maior autoridade nesse assunto é o proeminente historiador legal Philip Hamburger, professor da Universidade de Colúmbia. Em seu livro seminal, *Is Administrative Law Unlawful?* [O direito administrativo é ilegal?], Hamburger demonstra que a ascensão do Estado administrativo foi um esforço reacionário para restaurar o poder arbitrário banido pelos fundadores. Hamburger usa o termo "poder absoluto" do mesmo modo que eu uso "poder concentrado" ou "poder arbitrário". Para nossos propósitos, essa distinção não faz diferença, pois ambos nos referimos ao poder sem freios legais ou consentimento popular. Eu prefiro "poder arbitrário" porque a expressão sugere os caprichos humanos por trás desse poder. Mas Hamburger argumenta no contexto de uma tradição legal que associa o termo "poder absoluto" às prerrogativas reais.

Hamburger oferece três razões para o direito administrativo ser inconstitucional. "Primeiro, como o antigo poder absoluto, o poder administrativo funciona fora da lei", porque não responde diretamente ou deriva da legislação constitucional ou da autoridade judicial.[13] Segundo, o direito administrativo "é não somente extralegal, mas também supralegal". "Supralegal" é uma maneira elegante de dizer "acima da lei". O Estado administrativo está acima da lei porque os juízes cedem a sua autoridade. Nas monarquias feudais, a decisão do rei estava acima do *common law*, na prática criando dois sistemas de justiça, um para o povo e outro para o Estado. Esse é o arranjo que temos sob o Estado administrativo. E terceiro: "O regime administrativo consolida em um ramo do governo os poderes que a constituição aloca a diferentes ramos."[14] Isso viola flagrantemente a arquitetura madisoniana de nossa república. Como diz Madison no *Federalist* número 47: "O acúmulo de todos os poderes legislativos, executivos e judiciários nas mesmas mãos [...] pode ser justamente considerado a própria definição de tirania."[15]

Clarence Thomas, um dos poucos juízes da Suprema Corte a ver essa abominação pelo que é, repreendeu os tribunais por terem "supervisionado e sancionado o crescimento de um sistema administrativo que concentra o poder de criar leis e o poder de impô-las nas mãos de um aparato administrativo vasto e não responsabilizável que não tem lugar em nossa estrutura constitucional".[16]

As origens legais do Estado administrativo nos Estados Unidos são disputadas pelos acadêmicos de direito, embora a explicação convencional seja que começou com a Comissão de Comércio Interestadual em 1887 e foi maciçamente expandido primeiro sob Wilson e depois sob o New Deal e a Grande Sociedade. Mas isso ignora o ponto mais importante. "A história do direito administrativo", escreve Hamburger, "data de muitos séculos. De fato, esse tipo de poder, que se diz ser unicamente moderno, *é na verdade a mais recente manifestação de um problema recorrente* [ênfase minha]. Assim, não é coincidência o fato de o direito administrativo parecer notavelmente similar ao tipo de governo que floresceu na Inglaterra medieval e no início da era moderna sob o nome de 'prerrogativa'. Na verdade, o poder administrativo do executivo revive muitos detalhes do antigo poder real. O direito administrativo, desse modo, não é uma resposta unicamente moderna a circunstâncias modernas, mas a mais recente expressão de um antigo e preocupante desenvolvimento. Embora o rótulo 'administrativo' seja mais reconfortante que a antiga expressão 'prerrogativa', o perigo não é menor."[17]

Na tradição anglo-americana, os oficiais governamentais devem estar sujeitos às mesmas leis que todo mundo. Mas não no Estado administrativo, que blinda os burocratas contra o estado de direito. Se uma corporação for julgada responsável por envenenar um rio, não somente ela estaria sujeita às penalidades civis e criminais, como também — ao menos em certos casos — os oficiais responsáveis. Não foi o que aconteceu quando a EPA fez exatamente isso em 2015, ao acidentalmente jogar 1 milhão de toneladas de lixo tóxico no rio Animas, no Colorado.[18]

Um argumento frequentemente apresentado em defesa da burocracia permanente em Washington é que ela é "praticamente" representativa, de alguma maneira. Uma versão do argumento diz que, como o presidente é eleito, suas nomeações têm legitimidade democrática. E é verdade que os presidentes tipicamente nomeiam cerca de 4 mil chefes de agências, comissários e outros. Somente isso já deveria nos fazer pensar. Não temos um sistema parlamentar, e nomear milhares de comissários é um triste substituto para esse sistema. O presidente, como observa Hamburger, não é um corpo representativo como o Congresso ou o Parlamento britânico. Ele é um executivo encarregado de executar as leis, não de criá-las.

Mais importante, a vasta maioria das pessoas que criam leis através de regras administrativas não é escolhida pelo presidente ou por qualquer outro político eleito. "Longe de serem eleitas pelas pessoas ou por políticos eleitos, elas são nomeadas por outros administradores", escreve Hamburger. "Sua autoridade não é sequer praticamente representativa, mas meramente a de uma classe burocrática autoperpetuadora. Consequentemente, a sugestão de que sua criação de leis vem com representação prática é ilusória."[19] De fato, a ideia de que o Estado é uma entidade em si mesmo, encarregado de fazer girar a roda do progresso, não é meramente não democrática; é uma forma de misticismo.

Hamburger vem de uma direção diferente, mas, como a passagem citada sugere, de um lugar familiar ao leitor atento. O Estado regulatório representa a elevação de uma nova classe, uma aristocracia de homens e mulheres que estão acima da lei. Essa era a intenção original dos progressistas que estabeleceram o Estado administrativo.

Sem freios ao poder do governo das sombras, ele previsivelmente cresceu em poder, escopo e tamanho. Não deveria ser necessário documentar o que é aparente para o cidadão comum. Mesmo assim, aí vai: em 1960, o Código Federal de Regulamentação tinha 22.877 páginas. Ele permaneceu relativamente estável até 1963, às vésperas da Grande Sociedade. Então, até o fim do mandato de Lyndon Johnson, cresceu em média 5.537 páginas por ano.[20] Em 2012, havia 174.545 páginas.[21]

Eu poderia continuar descrevendo as bizantinas burocracias no interior de burocracias no interior de burocracias que se espalham em teia pela nação. Mas, novamente, ninguém discute o crescimento da burocracia, porque ele é indisputável. O ponto aqui é vê-la pelo que é, despida de rótulos modernos. Trata-se de uma classe, uma aristocracia, uma tribo que protege seus interesses parasíticos. "Parasítico" é uma palavra carregada, mas apropriada. Pode-se até mesmo estipular que a burocracia permanente faz muitas coisas boas. Nosso corpo está cheio de parasitas benéficos sem os quais literalmente não poderíamos viver. Mas isso não altera o fato de que os parasitas perseguem seus próprios fins, não por altruísmo, mas por interesse pessoal.

Pode-se conceder que as várias reformas no funcionalismo público nos séculos XIX e XX trataram de alguns dos problemas muito reais de corrupção no governo americano ao conceder empregos governamentais com base no mérito, e não em contatos políticos. Mas, ao fazer isso, elas basicamente consagraram um tipo de fosso gnóstico em torno do governo. A burocracia se comportava como uma guilda, manipulando não somente as regras para a entrada, mas, na prática, o mandato vitalício em seu favor. Como diz Hamburger, "a reforma do funcionalismo público assegurou que somente as pessoas certas seriam admitidas no governo e, simultaneamente, assegurou que não poderiam ser removidas por aqueles que respondiam politicamente ao povo".[22] As ambições dos progressistas eram muito maiores que simplesmente usar a vassoura da reforma. E, ao proteger os funcionários públicos da intromissão de políticos corruptos, em teoria os progressistas também os protegeram dos políticos honestos e responsáveis que querem fazer com que o governo responda por seus atos.

Além disso, é simplesmente uma fantasia achar que o clero administrativo pode ser protegido das seduções da natureza humana. Os turcos e chineses castravam seus funcionários públicos e, mesmo assim, não conseguiram fazer isso. Em comparação, um salário generoso e uma bela aposentadoria parecem totalmente inadequados para a tarefa. Sem dúvida, vastos números de burocratas são profissionais decentes e comprometidos. Mas a longa história da humanidade nos ensina que qualquer grupo de pessoas isentas de responder por seus atos pode se tornar corrupto.[23] Os escândalos no Departamento de Assuntos dos Veteranos são prova suficiente disso. É possível falsificar registros e matar pacientes através de subterfúgios burocráticos sem ser demitido, mas, se chamar atenção para tais atrocidades, você será demitido com certeza. "Nossa preocupação é com o padrão que estamos vendo, no qual aqueles que denunciam más condutas enfrentam punições, mas os funcionários que arriscam a saúde dos veteranos continuam impunes", explicou Carolyn Lerner, do Gabinete de Assessoria Especial dos Estados Unidos.[24]

Tenha sido esse o objetivo ou somente a consequência imprevista das ações dos progressistas, o resultado foi a criação de uma nova classe de engenheiros sociais. A burocracia permanente é, na realidade, um tipo de ramo legislativo, executivo e judiciário permanente, imune às prioridades das pessoas a quem supostamente serve. Como observou John Locke, "quando o legislativo é uma assembleia permanente", sempre há a ameaça de que "pense em si mesmo como tendo um interesse distinto do restante da comunidade". Embora Locke reconhecesse que os interesses de classe das legislaturas permanentes podiam levá-las a tentar "aumentar suas próprias riquezas e seu próprio poder",[25] seu principal temor era que colocassem seus próprios interesses e prioridades acima do povo.

Esse não é um temor menor. Os oficiais governamentais são os únicos cidadãos — e eles são cidadãos, não senhores feudais — que têm permissão legal para usar violência por razões que não a autodefesa. Nisso, um servidor do IRS ou da EPA é vastamente mais poderoso que os irmãos Koch. "O poder que um multimilionário, que pode ser meu vizinho e talvez meu empregador, tem sobre mim é muito menor que o poder do mais baixo *funcionário* que empunha o poder coercivo do Estado e de cujas decisões depende se e como terei permissão para viver ou trabalhar", escreveu Friedrich Hayek.[26]

A ala burocrática da nova classe também possui outros direitos e privilégios especiais. Para começar, seus membros são praticamente impossíveis de demitir. "A morte — e não o desempenho ruim, a má conduta ou a demissão — é a principal ameaça à estabilidade de emprego na Agência de Proteção Ambiental, na Administração de Pequenos Negócios, no Departamento de Habitação e Desenvolvimento Urbano, no Gabinete de Gerenciamento e Orçamento e em dezenas de outras operações federais", descobriu um estudo do *USA Today*. Em 2010, os 168 mil funcionários federais em Washington — que são muito bem remunerados — tinham uma taxa de estabilidade de 99,74%. Um porta-voz do Departamento de Habitação disse ao *USA Today* que "a baixa taxa de demissão de seu departamento — fornecendo uma taxa de estabilidade de 99,85% aos funcionários — demonstra uma força de trabalho habilidosa e comprometida".[27]

Sem querer estender demais a analogia, se os burocratas são o clero, os sindicatos do setor público são os jesuítas. Os sindicatos, por sua própria natureza, estão preocupados principalmente com os interesses de seus membros. Os sindicatos do setor privado frequentemente não colocam o bem-estar dos consumidores, e muito menos o dos empregadores, acima de seu próprio bem-estar, e os trabalhadores do setor público tampouco colocam os interesses dos cidadãos acima dos seus. Muitos membros individuais dos sindicatos de professores sem dúvida se preocupam com a situação dos alunos, mas há notavelmente pouca evidência de que, institucionalmente, coloquem os interesses das crianças acima dos seus.

Tentei evitar os argumentos explicitamente partidários, mas preciso chamar atenção para o relacionamento insidioso e incestuoso entre o Partido Democrata e os sindicatos governamentais. Não foi por acidente que o Sindicato dos Funcionários do Tesouro Nacional, que representa o IRS, tenha feito cerca de 96% de suas doações políticas durante o ciclo eleitoral de 2016 a candidatos democratas.[28] Em 2016, a Federação Americana de Funcionários Governamentais fez cerca de 93% de suas doações políticas a candidatos democratas.[29] Não há problema em argumentar que os ricos apoiam o Partido Republicano em nome do interesse pessoal — mesmo que as evidências sejam disputáveis —, mas realmente é tão ridículo imaginar que a classe trabalhadora possa ser seduzida pelos mesmos impulsos? A nova classe está econômica, ideológica e psicologicamente investida na primazia do governo. Não deveria nos surpreender que seus membros busquem proteger esse investimento apoiando o partido do governo, particularmente do governo das sombras.

Milovan Djilas, escrevendo sobre a nova classe em países comunistas, observou que "essa nova classe, a burocracia, não chegou ao poder para completar uma nova ordem econômica, mas para estabelecer sua própria ordem e, ao fazer isso, estabelecer seu poder sobre a sociedade".[30] Há diferenças óbvias entre a nova classe na União Soviética e nos Estados Unidos. Mas, por baixo das distinções ideológicas e culturais, por mais importantes que sejam, jaz o fato inalterável da natureza humana. Não há princípio limitador inerente à ideia de que uma casta de especialistas deve ser empoderada para fazer o que acha correto. A ideia que mesmo o mais pragmático burocrata jamais contemplará é a sugestão de que talvez fosse melhor que ele já não tivesse emprego.

Um ponto adicional deve ser apresentado, ou reapresentado de modo enfático. Em sua melhor e mais sincera forma, o argumento em defesa de uma burocracia "desinteressada" permanente protegida dos políticos eleitos se apoia na alegação de que essa é a única maneira de defender os interesses públicos contra os interesses privados. O problema dessa alegação é que ela é patentemente falsa.

O ramo da economia chamado "escolha pública" demonstrou amplamente que, em um sistema no qual há benefícios concentrados e custos dispersos, um pequeno número de agentes com muita coisa a ganhar frequentemente, talvez até mesmo rotineiramente, supera os interesses da maiora.[31] As democracias tendem naturalmente a conceder benefícios especiais a certos grupos ou eleitorados. Os grupos se importam muito com esses benefícios, mas o público em geral, não. Os beneficiários passam a esperar e depender dessas "rendas econômicas" e lutarão passionalmente para defendê-las, mas há poucos eleitorados igualmente comprometidos em se livrar delas. Com o tempo, os interesses especiais proliferam. Quanto mais proliferam, mais o setor governamental cresce, mas também se torna uma espécie de tragédia dos comuns, pois fica claro para todos os outros que eles também devem fazer pressão para obter benefícios especiais. (Essa é uma das razões para a incrível explosão do lobby nos últimos quarenta anos.)[32] Eventualmente, mais e mais partes do governo se tornam dedicadas a servir aos interesses especiais, e a habilidade do governo de lidar com desafios novos ou mais urgentes diminui. Em vez disso, o governo fica cada vez melhor e mais eficiente ao servir as necessidades dos clientes e se torna pesado e indiferente aos problemas públicos mais importantes. Em resumo, o governo se torna "esclerótico", donde a "esclerose" em "demoesclerose", um termo cunhado por Jonathan Rauch em seu livro de mesmo nome publicado em 1994. Rauch definiu a "demoesclerose" como "a progressiva perda da capacidade de adaptação do governo". Esse processo foi identificado em praticamente todo país democrático desenvolvido.

Os buscadores de favores "agem não em função da cobiça ou da depravação", escreve Rauch, "mas obedecendo ao impulso de sobreviver no mundo como ele é. As boas intenções ou, ao menos, as intenções honestas geram a ruína coletiva."[33] Respondendo às queixas dos legisladores de que tantos homens de negócios e políticos estavam fazendo lobby na Comissão Federal de Comunicações, o economista Ronald Coase respondeu que "isso dificilmente é uma surpresa". Ele acrescentou que "quando os direitos, no valor de milhões de dólares, são concedidos a um empresário e negados a outros, não surpreende que alguns solicitantes fiquem ansiosos e tentem usar qualquer influência que possuam (política ou outra), particularmente porque nunca sabem que pontos de pressão os outros solicitantes estão usando".[34]

Um dos exemplos mais famosos é o subsídio ao angorá. Praticamente ninguém se beneficia do subsídio ao angorá — implementado há mais de sessenta anos —, com exceção dos produtores de angorá e, mesmo assim, ele sobrevive. E sobrevive porque o lobby do angorá só se importa com uma coisa, ao passo que o público se importa com muitas outras, muito mais importantes. Para ser justo, o subsídio ao angorá — como o subsídio ao açúcar e incontáveis outros — se deve primariamente ao Congresso. Mas, ao menos, o Congresso é eleito. A burocracia — que, em seus próprios termos, deveria ser imune aos interesses especiais — é ainda mais suscetível aos pedidos especiais, *precisamente porque* está protegida dos eleitores. Um congressista que incansavelmente favoreça seus apoiadores pode ser retirado do cargo. E quanto ao burocrata?

Sim, um oficial do governo que aceite suborno pode ser demitido, e isso até acontece de vez em quando. Mas esse tipo de corrupção é trivial. A corrupção real, que deriva mais diretamente da natureza humana, ocorre quando o regulador se torna tão parasitariamente conectado àquilo que regula que já não pode romper essa conexão. A maioria dos economistas da escolha pública tende a chamar isso de "captura regulatória". Há muitos tipos de captura regulatória, e elas recebem muitos nomes nos campos da economia e da ciência política. O grande cientista político James Q. Wilson, que preferia o termo "clientes políticos", argumentou em *Bureaucracy: What Government Agencies Do and Why They Do It* [Burocracia: o que as agências do governo fazem e por que fazem] que ela "ocorre quando a maioria ou todos os benefícios de um programa vão para um único e razoavelmente pequeno interesse (uma indústria, profissão ou localidade), mas a maioria ou todos os custos vão para um grande número de pessoas (por exemplo, todos os contribuintes)".[35]

Não tenho objeção à expressão "captura regulatória", mas acho que "economia de guilda" é mais apta a destacar a verdadeira natureza do que me preocupa. Nas economias medievais, como vimos, os interesses políticos e econômicos estavam investidos nos arranjos econômicos existentes. A inovação era inimiga porque perturbava não somente a ordem econômica, mas também a ordem social. O instrumento-chave que reforçava a economia de guilda era a concessão de direitos ou privilégios especiais pela Coroa. Hoje, como então, essas concessões frequentemente recebiam o nome de "licenças".

Na Europa, na Ásia e no Oriente Médio, os governantes concediam licenças para praticamente todo tipo de manufatura, comércio e ofício. Essa era uma das muitas prerrogativas do rei (rainha, imperador, czar, sultão.) Às vezes, essas licenças eram culturais ou mesmo teológicas. "A licença era um caso especial de um fenômeno muito mais geral e excessivamente disseminado, a saber, os editos de que indivíduos não podiam se engajar em atividades econômicas particulares a não ser sob as condições estabelecidas pela autoridade constituída do Estado", escreve Milton Friedman. "As guildas medievais eram um exemplo particular de um sistema explícito para especificar quais indivíduos tinham permissão para determinado empreendimento. O sistema indiano de castas é outro exemplo. Em considerável extensão, no sistema de castas, e em menor extensão nas guildas, as restrições eram impostas pelos costumes sociais gerais, e não explicitamente pelo governo."[36]

Na Europa, as guildas se formaram em torno desses direitos e privilégios, e os empreendedores podiam enfrentar uma vasta gama de punições, incluindo a morte, por violá-los. As guildas e a nobreza governante se beneficiavam do sistema e trabalhavam juntas para sua perpetuação. O crescimento da produção comercial "moderna" de pão e cerveja na Inglaterra levou aos "inquéritos" do pão e da cerveja: estatutos e tribunais itinerantes com a tarefa de impô-los. Da perspectiva progressista, foi o início da nobre tradição governamental de assegurar padrões mínimos de qualidade e segurança para os alimentos.

Mas, como demonstra o historiador medieval James Davis, eles eram na realidade "um sistema *de facto* de licenciamento. Na prática, os lordes ou corporações estavam cobrando uma porcentagem dos lucros dos comerciantes". Muitos viam isso como "direito costumeiro" ou o que a máfia chamaria de "sua parte no negócio". O "senescal" do século XIII — o oficial administrativo — avisava que "sem mandado do lorde, pão e cerveja não podem ser produzidos em nenhum solar" e, em muitos lugares, particularmente nos séculos XIII e XIV, os lordes explicitamente concediam licenças reais ou impunham tributos à produção de cerveja.[37]

"Durante os séculos XIV e XV na Alemanha, mesmo os poetas urbanos das cidadezinhas estavam organizados em guildas", observa Deirdre

McCloskey. "Mesmo na Escócia, a corporação de Glasgow, a fim de evitar competição, negou ao jovem James Watt licença para abrir uma oficina — ele felizmente foi levado a se candidatar à universidade, onde inventou o motor a vapor."

"Sem permissão da guilda, você não podia inovar na produção de roupas e era pouco provável que conseguisse escapar do monopólio, a menos que pudesse estabelecer sua fábrica no interior, como era feito na Inglaterra", continua ela. "Mesmo hoje, se quiser abrir uma farmácia na Holanda, você precisará solicitar permissão ao comitê municipal, composto pelos farmacêuticos locais. Adivinhe quantas farmácias há na Holanda."[38]

Essa é a mais pura forma de captura regulatória e economia de guilda: quando os próprios membros da indústria se tornam seus reguladores. Tais sistemas são ubíquos e contínuos desde ao menos o século XIII. O aclamado acadêmico de direito Walter Gellhorn foi pioneiro no estudo das licenças ocupacionais em seu livro *Individual Freedom and Governmental Restraints* [Liberdade individual e restrições governamentais]. "75% dos conselhos de licenças ocupacionais neste país são compostos exclusivamente por praticantes licenciados nas respectivas ocupações", escreveu ele... em 1956.[39]

O problema só piorou em anos recentes. Na década de 1950, menos de 5% dos trabalhadores precisavam obter permissão oficial do governo, ou seja, licença, para trabalhar. Hoje, 29% dos trabalhadores americanos precisam de licença para receber pagamento no campo desejado.[40] Um estudo governamental conduzido pela administração Obama descobriu que o aumento das licenças ocupacionais "foi uma das mais importantes tendências econômicas das últimas décadas. Hoje, um quarto dos trabalhadores americanos precisa de licença estadual para fazer seu trabalho, um aumento de cinco vezes desde a década de 1950. Incluindo licenças federais e locais, uma porcentagem ainda maior da força de trabalho é agora licenciada". Para crédito da administração, ela concluiu que "ao tornar mais difícil entrar em uma profissão, o licenciamento pode reduzir as oportunidades de emprego, baixar os salários dos trabalhadores excluídos e aumentos os custos para o consumidor".[41]

A perniciosidade da licença ocupacional é muito aguçada em sua capacidade de impedir que milhões de trabalhadores pouco qualificados, iniciantes e não educados entrem na força de trabalho. O Instituto de Justiça tem sido heroico na documentação e no combate a essa tendência.

Talvez o mais notório exemplo sobre o qual o instituto lançou luz foram as tranças para mulheres negras. As tranças não requerem produtos químicos especiais, tesouras, calor ou qualquer equipamento perigoso. Trata-se de uma habilidade tradicionalmente passada de mãe para filha. Mesmo assim, treze estados ainda exigem uma licença em cosmiatria para vender esse serviço. Tal licença exige até 2.100 horas de "cursos" e 20 mil dólares em taxas. Quatorze outros estados exigem uma licença um pouco menos onerosa para trançar cabelo.[42]

Mas essa é apenas a ponta do iceberg. O Instituto de Justiça tem uma base de dados maciça sobre profissões de baixa renda que estabeleceram proteções no estilo das guildas para dificultar o trabalho de carpinteiros, barbeiros, manicures, maquiadores, amostradores de leite, pescadores, instaladores de alarmes e muitas outras profissões que, historicamente, recompensam a boa ética de trabalho e fornecem um caminho para que trabalhadores de baixa renda cheguem à classe média.[43] Não é preciso ser um libertário purista para ficar ultrajado com essa tendência geral. Talvez seja necessário que exterminadores tenham algum tipo de treinamento sancionado pelo Estado, mas eles realmente precisam de quatro anos de educação (ou dois anos trabalhando sob as ordens de outro licenciado), como requerido pelo Tennessee?[44]

Contrariamente às percepções de alguns, a maioria dos negócios não vê como sendo de seu interesse fazer um trabalho ruim. O empregador quer funcionários habilidosos e, na maioria dos casos, irá treiná-los como requerido. Os funcionários entendem a importância da propaganda boca a boca e da reputação profissional mais que a maioria. O McDonald's treina trabalhadores inexperientes para preparar alimentos para milhões de consumidores. Realmente acreditamos que a segurança do Big Mac aumentaria drasticamente se exigíssemos que os adolescentes frequentassem um curso determinado pelo Estado? Além disso, graças ao advento dos sistemas de avaliação na internet — Yelp, Google etc. —, sem mencionar a ubiquidade das críticas informais nas mídias sociais — Facebook, Twitter etc. —, para os consumidores, está mais fácil que nunca fazer com que os comerciantes respondam por seus atos.

Uma indústria que depende das boas graças — ou seja, dos benefícios concentrados — de uma agência regulatória inevitavelmente se liga parasitariamente a essa agência. As guildas apoiavam o rei porque o rei as apoiava.

As coisas também podem funcionar no sentido inverso. "Um aparato regulatório é um parasita que pode ficar maior que a indústria hospedeira e se tornar um hospedeiro por si mesmo, com a indústria reduzida ao parasitismo, dependendo de subsídios e proteções do próprio corpo governamental que, inicialmente, sugou sua força", observou George Gilder.[45]

Considere a indústria de táxis. Na cidade de Nova York, esse negócio era altamente lucrativo porque os táxis amarelos receberam um monopólio do governo. Os táxis amarelos até mesmo tinham um selo oficial de aparência muito medieval, chamado de medalhão. Durante décadas, os medalhões tiveram desempenho superior ao Dow Jones Industrial Average e até mesmo ao ouro.

A razão para serem tão valiosos? Nova York congelou o número de medalhões e essencialmente o manteve constante enquanto a população da cidade — e o número de turistas — explodiu. A escassez imposta pelo governo foi um enorme benefício para a guilda de motoristas de táxi. Em 2013, o valor total dos medalhões e ativos relacionados em Nova York era de 16,6 bilhões de dólares. (Em Chicago, era de 2,5 bilhões.)[46] Tais cartéis — basicamente outra palavra para guildas — mantiveram seu monopólio em uma cidade após a outra. Então algo mudou: em uma palavra, o Uber. A empresa, juntamente com outros inovadores, como o Lyft, desafiou a guilda e, na maior parte dos casos, obteve sucesso. Pela primeira vez na história, o preço de um medalhão está caindo constantemente, com pouca chance de recuperação.

Vale a pena partilhar esse exemplo por três razões. Primeira, é um exemplo claro de como a economia de guilda é uma conspiração contra o público. Segunda, é um exemplo importante de como a inovação, que pode criar perdedores, mesmo assim traz benefício líquido para a sociedade — não somente para os passageiros, mas também para milhares de motoristas que eram desnecessariamente barrados da profissão por nenhuma boa razão (voltaremos a isso). E, última, demonstra quão rapidamente uma burocracia parasitária — nesse caso, a Comissão de Táxis e Limusines da Cidade de Nova York — pode se tornar o hospedeiro de uma indústria subitamente parasitária. Antes da introdução do *ridesharing*, as comissões se alimentavam da indústria de táxis. Mas, quando seu hospedeiro foi ameaçado, o hospedeiro se tornou o parasita e foi correndo às comissões para pedir proteção contra a competição. A indústria de táxis é um exemplo notável não porque fez isso, mas porque, em grande medida, não teve sucesso.

Embora isso possa oferecer um vislumbre de esperança sobre as mudanças benéficas que surgem com a destruição criativa da chamada *gig economy*, essa esperança desaparece quando percebemos que tais exemplos são poucos e espaçados. Para cada "desordeiro" que causa uma rachadura na fachada do Estado regulatório, permitindo que vejamos o que está do outro lado, há dezenas de exemplos de como essa fachada está ficando mais grossa e impenetrável.

Ao menos as guildas medievais entendiam que conceder a um trabalhador inexperiente o aprendizado — isso é, a chance de aprender um ofício — era algo de grande valor. O salário, se é que havia algum, era trivial se comparado à oportunidade de aprender como ser ferreiro, pedreiro ou curtidor de peles. Esse era o caminho para a prosperidade. Os primeiros empregos, particularmente para jovens trabalhadores não qualificados e sem curso superior, desempenham o mesmo papel. Se você trabalhar duro e aprender suas tarefas no McDonald's, digamos, é provável que seja promovido a assistente da gerência dentro de um ano. Essa é uma experiência inestimável. Aumentar o salário mínimo para mais do que os empregadores podem pagar ou para um nível no qual contratar um iPad faz mais sentido é imoral, porque equivale a taxar os empregos para iniciantes. Se há algo mais estabelecido na economia que o fato de que taxar uma atividade a reduz, não sei o que é. Dizer que o salário mínimo deveria ser um "salário de subsistência" é dizer aos empregadores que eles devem pagar aos trabalhadores inexperientes acima de seu valor, e isso é insustentável.

Hoje, o mais poderoso eleitorado fazendo lobby pelo aumento do salário mínimo é a mais óbvia encarnação moderna da guilda medieval: os sindicatos de trabalhadores. Alguns sindicatos favorecem os aumentos porque possuem contratos ligados ao salário mínimo. Se ele sobe, também sobem seus salários muito mais generosos. Mas há razões mais insidiosas para os sindicatos fazerem pressão pelo aumento. Na Califórnia, por exemplo, o Sindicato Internacional de Prestadores de Serviços e outros sindicatos fizeram lobby e conseguiram uma redução que permite que seus membros recebam menos que o salário mínimo. Como relatou o *Los Angeles Times*, "os críticos veem tais provisões como cínico conluio entre políticos e interesses trabalhistas das grandes cidades. Ao tornar os sindicatos a 'opção de baixo custo' para empresas buscando evitar pagar salários melhores, afirmam eles, a franquia é destinada a aumentar a filiação — e a renda obtida com a contribuição — à custa dos trabalhadores".[47] Os críticos estão certos. O objetivo dos sindicatos dos trabalhadores sempre foi fazer o que é melhor para seus membros. Mas sua primeira prioridade é ter membros.

Como já disse, acho que os sindicatos desempenham papel importante e legítimo na sociedade. Mas, como outras instituições, seu papel vai de positivo a pernicioso quando eles convocam o Estado para atingir seus fins. Quando isso acontece, os sindicatos se tornam guildas e, em casos extremos, indistinguíveis das aristocracias hereditárias. Por exemplo, em grande parte do México, seja por lei, costume ou ambos, os sindicatos de professores impõem a regra de que empregos de ensino podem ser herdados (ou vendidos). Em Oaxaca, relatou a revista *Dissent,* "36% dos professores herdaram a posição diretamente de um membro da família, assim como quase metade dos professores que iniciam suas carreiras a cada ano". Isso criou um tipo de mercado negro medieval no qual os títulos podem ser vendidos. "Os descendentes de professores que não desejam seguir os passos dos pais podem vender seus cargos para quem pagar mais."[48] Quando o governo tentou reformar a prática, a militante guilda de professores entrou em greve, às vezes de forma violenta. "Historicamente", disse um professor grevista ao *Houston Chronicle* em 2008, "os filhos de carpinteiros se tornaram carpinteiros. Mesmo os filhos dos políticos se tornaram políticos. Por que nossos filhos não deveriam ter os mesmos direitos?"[49]

Nesse contexto, "esclerose" é só outra palavra para corrupção, putrefação, deterioração ou entropia. Em um ambiente natural, a esclerose (e seus sintomas) é uma das maneiras mais naturais pelas quais seres humanos e outros animais morrem. Não gosto de metáforas que sugerem que a sociedade é um organismo, mas, nesse caso, ela é adequada. A economia de guilda é um sinal de entropia e deterioração do corpo político. Tal esclerose ajudou a apressar a queda de impérios, da Roma Antiga à União Soviética.

E a mesma força está corroendo grande parte da União Europeia e dos Estados Unidos. O Banco Mundial registra estatísticas sobre quanto tempo é necessário para realizar negócios em vários países. Em 2006, eram necessários 819 dias, em média, para executar um contrato na Grécia. Em

2016, esse número chegou a 1.580 dias. No início da administração de Barack Obama em 2009, eram necessários 59 dias para obter um alvará de construção nos Estados Unidos. Em 2016, eram necessários 81. No mesmo período, o tempo necessário para executar um contrato subiu de 300 para 420 dias. O custo de registrar uma propriedade (como porcentagem de seu valor) aumentou quase cinco vezes, de 0,5% para 2,4%.[50] A criação de novos negócios — historicamente, a fonte da maioria das grandes ofertas de emprego — vem despencando.[51] A regulamentação da indústria financeira serviu para proteger os bancos maiores, enquanto os bancos comunitários menores foram soterrados por custos que não podem bancar.

Há muitos exemplos, estatísticas e histórias de terror sobre o que está acontecendo com a economia nacional como resultado do crescimento do corporativismo e da economia de guilda. Mas há um argumento mais amplo e mais simples sobre o que está acontecendo a nossa *sociedade*. "A classe", explica Daniel Bell, "no sentido último, denota não um grupo específico de pessoas, mas um sistema que institucionalizou as regras para adquirir, manter e transferir o poder diferencial e seus privilégios."[52] James Burnham, um dos pioneiros no estudo da nova classe, argumentou que há "uma lei histórica, sem exceções aparentes até agora, de que todos os grupos sociais e econômicos, de qualquer tamanho, tentam elevar sua posição relativa em relação ao poder e ao privilégio na sociedade".[53]

Pense na classe média alta e nos realmente abastados. Eles, consciente e inconscientemente, através do Estado e da cultura, tentaram tornar a sociedade mais complexa. Charles Murray e Richard J. Herrnstein, em seu terrivelmente difamado e mal interpretado livro *The Bell Curve: Intelligence and Class Structure in American Life* [A curva normal: inteligência e estrutura de classe na vida americana], argumentaram que saiu pela culatra o projeto jeffersoniano de criar uma sociedade meritocrática na qual somente habilidade, virtude e perseverança determinam o sucesso. Uma "elite cognitiva" — uma aristocracia de pessoas com bons resultados nos testes — emergiu e, como qualquer classe, começou a reescrever as regras do jogo para seu próprio benefício.[54]

Mesmo que você não concorde com o argumento mais amplo dos autores, esse ponto-chave parece irrefutável. A classe alta deste país está tornando as regras do jogo mais complexas. E o problema com isso é simples:

a complexidade é um subsídio. Quanto mais complexa o governo torna a sociedade, mais ele recompensa aqueles que possuem recursos para lidar com tal complexidade e mais pune os que não possuem. O juiz Richard Posner fez uma confissão notável ao se aposentar. "Há uns seis meses", disse ele ao *New York Times* em setembro de 2017, "acordei de um cochilo de 35 anos." Ele "subitamente percebeu", nas palavras do *Times*, "que pessoas sem advogados são maltratadas pelo sistema legal".[55] E explicou que as pessoas pobres e com pouca educação possuem queixas reais, mas construiu-se um sistema legal que cuida das pessoas com advogados caros e trata as pessoas sem advogados como "lixo". Posner é uma criatura estranha, mas não há como deixar de ver que seu insight fala de padrões sociais muito mais amplos.

Pessoas de boa-fé discordam sobre quais recursos ou "capitais" são essenciais para o sucesso na vida: políticos, financeiros, sociais, genéticos, educacionais, profissionais, cognitivos ou apenas a boa e velha sorte (que, tecnicamente, não é um capital). Essas discordâncias são interessantes, mas totalmente irrelevantes para nossa questão. Quando você não possui um, a maioria ou todos esses tipos de capital intangível, as regras se tornam mais complexas e aumenta sua possibilidade de ficar de fora. Uma pessoa burra, mas rica e com bons advogados ou conexões sociais sempre ultrapassará com mais sucesso os obstáculos impostos pelo governo que uma pessoa burra, pobre e sem advogados ou conexões. Em sociedades feudais, o herdeiro meio estúpido de uma família importante podia seguir seu caminho na vida com bastante facilidade, porque as regras haviam sido criadas para isso.

Algumas vantagens não podem ser totalmente superadas. Como vimos, as pessoas sempre favorecerão os amigos e a família em detrimento de estranhos. Pessoas atraentes sempre terão vantagem sobre pessoas não atraentes. É possível minimizar tais vantagens, mas não as eliminar. E tentar fazer isso inevitavelmente levaria à tirania, pois o Estado nunca consegue endireitar totalmente o pau torto que é a humanidade.

"Nas últimas décadas, os americanos de classe média alta adotaram códigos de comportamento que colocam a criação de filhos bem-sucedidos no centro da vida", escreve David Brooks. "Assim que obtêm dinheiro, eles o investem nos filhos." Isso é correto e adequado. Deveria ser a mentalidade de todos os pais. O problema é que estamos criando um sistema que torna cada vez mais difícil para todos os pais seguirem essa estratégia. "Desde 1996", comenta Brooks, "os gastos com educação entre os abastados aumentaram em quase 300%, ao passo que os gastos entre os outros grupos permaneceram praticamente os mesmos."[56] Esses gastos geram resultados. E, embora os filhos dos abastados estejam aprendendo leitura, escrita e aritmética, também estão aprendendo a manobrar um sistema criado para beneficiá-los. Em outras palavras, nós os estamos educando para passar no teste. Não quero dizer que as escolas de ensino secundário de elite tenham aulas sobre networking social ou a pronúncia correta dos xiboletes da elite. Mas seus alunos estão recebendo essa educação mesmo assim. Como veremos, também estão aprendendo uma profunda e sofisticada ingratidão pelo país no qual cresceram.

O Estado administrativo, implementado por Woodrow Wilson, está profundamente investido nesse projeto. E, quanto mais sucesso obtém, mais o arrogante e condescendente elitismo dos progressistas se torna um tipo de profecia autorrealizável. Se você começa com a hipótese de que as pessoas são burras demais para entender quais são seus melhores interesses e então transforma a sociedade em um labirinto bizantino de obstáculos, é muito provável que seja capaz de dizer que estava certo.

Todos os liberais educados que não conseguem entender por que tantos americanos da classe trabalhadora votaram em Donald Trump precisam passar por uma vigorosa introspecção moral e política. Pois os progressistas modernos não somente ajudaram a criar um sistema que milhares de americanos acreditam ser dedicado a dificultar suas vidas e seu caminho para o sucesso como também desdenharam desses americanos por se queixarem.

É fácil apontar para Donald Trump e dizer que o corpo político americano está apodrecendo a partir da cabeça.

Mas a real podridão é sistêmica. O governo das sombras da nova classe se fortificou contra a responsabilização democrática e está serrando a escada do sucesso abaixo de si.

DEZ

Tribalismo hoje: nacionalismo, populismo e política identitária

O antigo ideal americano diz que todos os homens são criados iguais e senhores de seu destino, capitães de suas almas. Ele é, nas palavras de Barack Obama, "um credo escrito nos documentos fundadores que declararam o destino de uma nação".[1] Levou muito tempo para que esse conceito incluísse mulheres, negros e outros grupos marginalizados. Mas uma das razões pelas quais as mulheres e os negros conseguiram alterar a constituição e as atitudes americanas foi o fato de terem apelado a esse ideal, não o rejeitado. É sempre mais fácil vencer um argumento quando você pode verdadeiramente dizer a seu adversário que ele está certo naquilo em que acredita, mas errado em sua aplicação.

Mas os Estados Unidos também possuem outros ideais. E, às vezes, eles podem entrar em conflito. O outro lado da moeda da convicção de que o indivíduo é senhor de seu destino é a ideia de que todo americano *deve ser americano*. Há considerável tensão entre esses dois princípios. Os germano--americanos dos séculos XVIII e XIX queriam ser americanos, mas não queriam abandonar sua cultura e identidade. É a diferença entre guetos impostos e comunidades livres. Ninguém deveria ser impedido de participar integralmente do experimento norte-americano por causa de etnia, raça ou religião, mas tampouco deveria ser forçado a abandonar seu próprio legado.

A chave para resolver essa tensão foi dupla: liberdade e tempo. Dar aos indivíduos a liberdade de fazerem essas trocas em seus próprios termos e dar à sociedade o tempo necessário para que o caldeirão de culturas fizesse sua mágica. Essa mágica dependeu de muitas coisas, mas nenhuma foi mais importante que as boas maneiras. Os Estados Unidos têm uma cultura tão profunda e rica quanto a de qualquer outra sociedade, mas os americanos tendem a não pensar assim. Quando viajam para o exterior, eles entram em atrito com outras culturas sem perceber que esse atrito provém do fato de que levaram consigo suas expectativas culturais. Nos Estados Unidos, é simplesmente uma questão de boas maneiras tratar os indivíduos como indivíduos, e não como representantes de algum grupo ou classificação abstratos. Aceitar isso é parte de ser americano. Em outros lugares do mundo, e durante a maior parte da história humana, tem sido natural tratar os indivíduos como membros de sua tribo. Nos Estados Unidos, você deve julgar as pessoas por seu caráter.

Essa norma cultural é produto do Iluminismo tanto quanto nossa constituição, e provavelmente tão essencial quanto ela. Toda a ideia iluminista por trás da fundação americana é a de que os Estados Unidos podem transformar franceses, italianos, alemães, chineses, árabes etc. em americanos, ou seja, em um povo dedicado aos princípios da fundação e à cultura de liberdade a que ela deu origem. Essa visão atraiu milhões de pessoas de todo o mundo, ávidas para escapar do peso morto da história, da classe e da casta em seus países nativos. Meu brilhante amigo, o já falecido Peter Schramm, gostava de contar a história de como sua família fugira da Hungria após a fracassada revolução contra os comunistas russos:

— Mas para onde estamos indo? — perguntei.

— Para os Estados Unidos — respondeu meu pai.

— Mas por que os Estados Unidos? — insisti.

— Porque sim, filho. Nós nascemos americanos, mas no lugar errado.[2]

Antigamente aprendíamos que, quando os Estados Unidos se desviaram desse ideal, foi uma vergonhosa traição da melhor parte que havia em nós.

Quando, por exemplo, a Suprema Corte ratificou a Lei de Exclusão de Chineses em 1882, ela concordou com o governo que os chineses "permaneciam estrangeiros na nação, unidos entre si e afastados dos outros" e era pouco provável que pudessem "se assimilar a nosso povo ou modificar seus hábitos".[3] Sempre aprendi que esse foi um momento sombrio da história americana.

E os estudantes americanos ainda aprendem isso. Ainda acreditamos que o governo não deveria excluir alguns grupos com base em preconceitos arbitrários. Mas o restante da fórmula do caldeirão de culturas está se desfazendo de três maneiras. Primeira, agora aprendemos que o governo deve dar tratamento preferencial a certos grupos. Segunda, como imperativo cultural, ouvimos cada vez mais que devemos julgar as pessoas com base no grupo a que pertencem. Assimilação virou palavrão. E terceira, aprendemos que não há como fugir de nossa identidade de grupo.

As ideologias do multiculturalismo e da política identitária contêm em si inúmeras contradições e inconsistências, mas, como generalização, é impossível negar que nossa cultura está tomada por uma obsessão pela essencialidade de raça, gênero e etnia. "Ainda muito jovens, nossas crianças são encorajadas a falar sobre suas identidades individuais, mesmo antes de as possuírem", escreve o teórico político Mark Lilla. "Quando chegam à faculdade, muitas assumem que o discurso da diversidade exaure o discurso político e, de modo chocante, têm muito pouco a dizer sobre questões perenes como classe, guerra, economia e bem comum."[4]

Se não consegue ver isso, você é uma ave rara, uma vez que o atual debate sobre a explosão da política identitária não é se ela existe ou não, mas se é boa ou ruim. Por essa razão, não sobrecarregarei o leitor com página após página de horríveis ou hilárias histórias nos campi e nos veículos de mídia esquerdistas (embora o leitor curioso possa encontrar nas notas uma resumidíssima lista de exemplos para ilustrar esse ponto).[5] Mas fornecerei alguns exemplos que apoiam meu argumento de que a guinada para o tribalismo representada pela política identitária é venenosa para o milagre americano.

Antes de começar, quero lembrar os argumentos deste livro: primeiro, a ferrugem da natureza humana está corroendo o Milagre da civilização ocidental e do experimento norte-americano. Segundo, essa corrupção não é nova: a natureza sempre tenta retomar o que lhe pertence. Mas essa corrupção se expressa de novas maneiras em diferentes épocas, conforme o espírito romântico assume qualquer que seja a forma que permita seu retorno. Terceiro, a corrupção só pode ter sucesso quando nós, voluntária e ingratamente, damos as costas aos princípios que nos tiraram do lodo da história humana. O último argumento, que é o assunto do próximo capítulo, é o de que a corrupção se disseminou desastrosamente entre a direita não somente nos Estados Unidos, mas em todo o Ocidente.

Há mais de uma geração, os melhores princípios do Ocidente estão sob ataque. Os intelectuais estão transformando as virtudes de nosso sistema em vícios. O "mérito", a essência do ideal jeffersoniano de sociedade antiaristocrática, é agora sinônimo de racismo. "Sempre que ouve alguém (branco ou negro) se opor à ação afirmativa com o 'argumento do mérito', você está ouvindo racismo", explica Ibram H. Rogers, autor de *The Black Campus Movement: Black Students and the Racial Reconstruction of Higher Education, 1965-1972* [O movimento negro nos campi: estudantes negros e reconstrução racial no ensino superior, 1965-1972].[6] O comentador da CNN Van Jones disse que os republicanos que desejam uma meritocracia racialmente cega têm um "ponto cego" racial.[7] Sua colega Ana Navaro — republicana liberal — insiste que o sistema de imigração baseado em pontos meritórios é "absolutamente racista".[8] O que significa que o Canadá e a Austrália estão no topo da lista de nações racistas.

A cegueira racial é, na verdade, uma faceta não somente da meritocracia, mas também do princípio de igualdade universal. A mais famosa frase de Martin Luther King Jr. talvez tenha sido a de que ele sonhava com um mundo no qual as pessoas seriam julgadas por seu caráter, não pela cor de sua pele. A clareza moral e o poder desse apelo impulsionaram o sucesso do movimento pelos direitos civis. Mas as forças identitárias vêm tentando derrubar o ídolo da cegueira racial há décadas. "Cegueira racial é o novo racismo", proclama uma manchete.[9] "A cegueira racial é contraproducente", insiste outra.[10] Uma terceira: "Quando você diz que 'não vê raça', está ignorando o racismo, não ajudando a solucioná-lo."[11] Ta-Nehisi Coates, há décadas o mais celebrado autor sobre questões raciais, escreve que "o sonho [americano] se alimenta de generalizações, da limitação do número de perguntas possíveis, do privilégio concedido às respostas imediatas. O sonho é inimigo da arte, do pensamento corajoso e da escrita honesta".[12] O sonho americano, continua ele, é uma "esperança especiosa"[13] construída a partir "do progresso dos americanos que acreditam ser brancos".[14] Esse progresso branco é exploração e violência, baseado em "pilhagem".[15] "A 'América branca' é um sindicato criado para proteger seu exclusivo poder de dominar e controlar nossos corpos."[16] A acusação de Coates é primariamente às pessoas brancas, e não à constituição ou às noções de mérito, mas é ampla o bastante para incluir várias instituições americanas.

As feministas possuem argumentos mais diversos e convolutos sobre o mérito, vacilando entre apelos ao mérito e à igualdade e alegações, quando conveniente, sobre a benéfica singularidade feminina. Antes de entrar para a Suprema Corte, a juíza Sonia Sotomayor sugeriu repetidamente que uma "latina sábia" chegaria a "conclusões melhores que um homem branco".[17] Muito antes de os debates sobre o transgenerismo entrarem no mainstream, a identidade feminina foi separada da biologia. É perfeitamente adequado criticar a ex-governadora do Alasca, Sarah Palin, por ser uma política falha, mas acho que é fácil chegar ao consenso de que ela é *mulher*. Mesmo assim, quando John McCain a escolheu como vice em 2008, a resposta das feministas foi insistir que a conformidade ideológica negava a conformidade de gênero. Uma porta-voz da Organização Nacional de Mulheres afirmou que Palin era mais homem que mulher. Wendy Doniger, acadêmica feminista da Universidade de Chicago, escreveu sobre Palin: "Sua maior hipocrisia é fingir ser mulher."[18]

Por trás de cada padrão duplo se esconde um padrão único e não vocalizado e, em praticamente toda campanha de política identitária, esse padrão é o *poder*. O que quer que aumente os benefícios líquidos para meu grupo ou para grupos aliados é sinônimo de justiça social. Assim, por exemplo, nos argumentos sobre igualdade salarial, as feministas insistem que as disparidades estatísticas são evidência *prima facie* de prejuízo institucional contra as mulheres. O princípio que elas evocam é correto, mas as disparidades que citam não provam seu argumento.[19] Suas alegações se apoiam em espetáculos de luzes estatísticos que usam as disparidades agregadas nos salários de homens e mulheres para provar discriminação. Há um problema similar com o argumento sobre as mulheres nas ciências. Elas tendem a não estar presentes em grande número nos campos STEM. Um estudo de 2016 descobriu que somente 18% dos graduandos em ciências da computação eram mulheres.[20] Essa disparidade, de acordo com muitas feministas e ativistas da diversidade, só pode ser explicada por um viés sistêmico. Certamente é possível que tal viés exista. Mas as mulheres estão sobrerrepresentadas em muitos outros campos. Cerca de 60% dos diplomas de pós-doutorado em biologia e 75% dos diplomas de bacharelado em psicologia vão para mulheres. Existe alguma razão plausível para acreditar que esses campos purgaram suas fileiras de sexismo, mas os engenheiros da computação permanecem teimosamente presos a seu preconceito patriarcal? Como escreve o psiquiatra e blogueiro sobre ciências Scott Alexander:

> Conforme o movimento feminista se estabelecia, as mulheres conquistaram esses campos um após o outro. 51% dos estudantes de direito são mulheres. Assim como 49,8% dos estudantes de medicina, 45% de matemática, 60% de linguística, 60% de jornalismo, 75% de psicologia e 60% dos pós-doutorados em biologia. Mas, por alguma razão, a engenharia permanece somente cerca de 20% feminina. E todo mundo diz "Ahá! Aposto que é por causa dos estereótipos negativos!".[21]

Como observado por Christine Rosen, da *The New Atlantis*:

> Em contrapartida, diz o argumento, se não houvesse discriminação, mulheres e minorias estariam perfeitamente representadas em todo campo, proporcionalmente a seu número na população geral, porque não há diferenças substantivas entre esses grupos e os homens brancos que há muito dominam certos campos (como tecnologia e engenharia). Ao mesmo tempo, no entanto, a ideologia da diversidade insiste que as mulheres e as minorias acrescentam a seu trabalho experiências únicas e um ponto de vista especial e as empresas precisam delas para ter sucesso. Em outras palavras, elas são especialmente valiosas *porque* são diferentes e, portanto, favorecê-las durante a contratação é justificável.[22]

Para nossos propósitos, a questão sobre se essas escolhas têm alguma base na biologia, na cultura ou em ambas é uma distração. A resposta mais simples é a seguinte: mulheres individuais fizeram escolhas individuais em relação às carreiras que as atraíam. Quando grandes números de pessoas livres fazem escolhas, esperar que os resultados agregados sejam perfeitamente representativos do gênero (ou raça ou etnia) é não somente ridículo, como também sexista (ou racista), porque assume uniformidade de talentos, interesses e motivações para categorias inteiras de pessoas.

A menos, claro, que você seja alguém que ganha a vida explorando essas disparidades. Poucas feministas se queixam da escassez comparativa de mulheres nas áreas de saneamento, mas ficam felizes em citar disparidades no Google ou nos conselhos corporativos como prova de sexismo. E a técnica empregada em sua argumentação é consistente com seu objetivo real: poder, não política. Como explica um proeminente texto feminista, as feministas mensuram a igualdade de gênero pelo "grau em que homens e mulheres possuem tipos ou graus similares de poder, status, autonomia e autoridade.[23] Jessica Neuwirth, fundadora e diretora da ERA Coalition, insiste que "a entrincheirada desigualdade histórica entre os sexos não pode ser apagada pela criação de um campo de jogo nivelado porque os próprios jogadores estão em níveis diferentes".[24] Em outras palavras, o Estado deve interferir em benefício das mulheres porque o mérito é um padrão inviável. A intenção do empregador ou legislador e as qualificações ou o caráter do candidato individual são irrelevantes. O próprio "sistema" é corrupto e racista (ou sexista). E o remédio proposto é quase sempre contornar as regras e descartar os padrões objetivos em favor de padrões seletivos que arbitrariamente concedem a algum grupo o direito a tratamento especial. Essa é a lógica do Estado como instrumento de justiça divina se manifestando novamente.

Não é preciso rejeitar inteiramente os argumentos apresentados por seus proponentes para ver os problemas dessa abordagem. Os escravos libertados certamente mereciam 40 acres e uma mula (no mínimo!), como proposto por muitos republicanos radicais após a guerra civil. Similarmente, os primeiros programas de ação afirmativa, que visavam especificamente aos negros, tinham mérito intelectual e moral. Claro, noções de mérito e cegueira racial podem servir para mascarar vieses conscientes ou inconscientes por parte de empregadores, gerentes e outros. Realmente há problemas estruturais nas leis e na cultura americana que devem ser solucionados ou discutidos. O embrionário consenso de esquerda sobre a reforma da justiça criminal, por exemplo, é muito promissor. Mas o argumento sendo apresentado por incontáveis radicais vai muito além do pedido de reformas práticas. Eles buscam destruir o status do mérito e da cegueira racial como ideais.

Stanley Fish, um dos pioneiros desse projeto, é honesto. O acadêmico de letras e direito deixou claro que considera os padrões objetivos e neutros, as regras justas para o jogo, uma miragem que esconde a vontade de poder dos brancos, do sistema ou da mente europeia. Até mesmo a razão é uma vigarice. De acordo com Fish, não existe nada chamado razão, mas simplesmente argumentos e outros contestantes pelo poder. Quem quer que vença a argumentação pode alegar que a razão valida sua posição. Ele escreve que assim "como 'justiça', 'mérito' e 'livre expressão', a razão é uma entidade política", um produto "ideologicamente carregado" de "uma agenda decididamente política".[25] O professor de direito da Universidade da Virgínia Alex M. Johnson afirma que "a presumida norma de neutralidade na verdade mascara a realidade de que as perspectivas do homem euro-americano são a norma ou heurística de fundo que governa o contexto avaliativo normal".[26]

A política do poder é tão antiga quanto a política. Coalizões de interesses lutaram umas contra as outras por poder em todo sistema político jamais criado. Seria fácil tratar a política identitária de raça, gênero e etnia como simples reinvenção das rixas de coalizões que definem a política americana — e a política em geral — desde sempre. Alemães *versus* anglos, fazendeiros *versus* moradores das cidades, católicos *versus* protestantes, todo mundo *versus* judeus. E, de fato, alguns ativistas, como Al Sharpton, são devotos menos de Stanley Fish que dos incitadores políticos comuns à política das grandes cidades no século XIX e início do século XX. Mas algumas diferenças de grau se tornam tão grandes que viram diferenças de tipo. A identidade racial e de gênero foi abstraída, convertida em categoria ideológica permanente e imutável que afirma não existir terreno comum entre os grupos, com exceção, talvez, do esforço comum para acabar com o "privilégio do homem branco". Qualquer coisa associada ao sistema criado pelos homens brancos é desacreditada. A argumentação baseada na razão é agora ferramenta de opressão. E a fé inabalável de que aqueles que defendem a "justiça social" estão certos se transformou em uma espécie de ideologia tribal.

O legendário teórico liberal francês Raymond Aron comentou em 1957 que "os componentes essenciais do liberalismo — o respeito pela liberdade individual e o governo moderado — já não são propriedade de um único partido: eles se tornaram propriedade de todos".[27] Já não é assim. Na esquerda, e cada vez mais na direita, grandes grupos de tribalistas abriram mão de sua parte no projeto liberal.

***

Esse esforço para deslegitimar os padrões liberais clássicos se manifesta todos os dias nos campi das universidades. Quando Swarthmore convidou o filósofo de esquerda Cornel West e o filósofo conservador Robert P. George — amigos e colegas em Princeton — para falar, muitos estudantes se sentiram ultrajados. "O que realmente me incomodou foi a ideia de que, em uma faculdade de artes liberais, precisamos ouvir opiniões diversas", disse Erin Ching ao *Daily Gazette*, o jornal da faculdade. "Não acho que deveríamos tolerar visões conservadoras porque a cultura dominante inculca essas profundas desigualdades em nossa sociedade."[28] Um aluno escrevendo no *Harvard Crimson* reclamou que os ideais de "livre expressão" e liberdade "acadêmica" são sistemas de opressão. "Quando uma comunidade acadêmica observa pesquisas promovendo ou justificando a opressão, ela deve assegurar que essa pesquisa não continue."[29]

Quando meu colega na *National Review* Kevin D. Williamson e o ativista da liberdade de expressão Greg Lukianoff falaram durante um painel em Yale sobre as virtudes da liberdade de expressão, muitos alunos ficaram lívidos. O painel foi interrompido por um estudante que gritou: "Fique ao lado de suas irmãs de cor. Aqui, agora. Sempre, em toda parte." Alguns participantes receberam cusparadas.[30]

Novamente, seria possível usar não somente páginas, mas um livro inteiro para documentar essas fogueiras de asneiras em várias universidades de elite.[31] E, embora seja generoso demais creditar a muitos desses alunos individuais uma ideologia intelectualmente sofisticada ou refletida, é importante reconhecer que eles não inventaram essas ideias; elas lhes foram ensinadas.

Repetindo, esse esforço para entronar os ideais liberais é inseparável do desejo de poder de professores, estudantes, grupos ativistas, democratas etc. Parte dele é somente a convencional autoproteção da guilda: como vimos, grupos de qualquer tipo, uma vez organizados e estabelecidos, protegem zelosamente seu status. Vários professores que se especializaram, excluindo quase todo o restante, no estudo de raça e gênero — mas também consultores de diversidade, administradores e vários grupos ativistas outsiders — possuem o interesse velado de intensificar as queixas raciais e sexuais pela simples razão de que vivem delas. Os departamentos de estudos das mulheres não são particularmente populares, e essa é uma das razões para os membros das faculdades de estudos das mulheres estarem ávidos para criar ou explorar controvérsias que tornem suas disciplinas relevantes. Se é um jornalista que só sabe produzir artigos explicando por que algo é racista, a última coisa que você quer ouvir é que o racismo não é um problema tão grande quanto você afirma. O Southern Poverty Law Center já fez um importante trabalho identificando políticas e grupos preconceituosos no país. Agora ele inventa novas categorias de "ódio" — a fim de incluir os conservadores convencionais em sua demonologia — para justificar seus pedidos de fundos e sua relevância.[32]

Mas a busca por poder não é meramente reduzível ao carreirismo e ao lucro. A dinâmica mais importante, que torna tal ideologia tão atraente, é o desejo de ter autoridade sobre os outros, de controlar os termos do debate e se estabelecer como nova autoridade sobre aquilo que é legítimo. Toda sociedade, desde a revolução agrícola, criou uma classe clerical que definia o escopo do pensamento correto e da ação correta. Durante milênios, esse papel foi desempenhado pelos sacerdotes. Na sociedade moderna, o clero moderno é cada vez mais encontrado entre a autonomeada classe de acadêmicos, ativistas, escritores e artistas que alegam ter o monopólio da virtude política. Eles decidem unilateralmente quem deve ser anatematizado ou excomungado por pensar da maneira errada. E os campi das universidades servem como seus mais formidáveis monastérios e cidadelas.

De fato, a liberdade de expressão não é apenas emocionalmente dolorosa (*triggering*); ela é uma ameaça à hegemonia ideológica. A política identitária sempre esteve relacionada à política e à psicologia do poder. Ao insistir que algumas perguntas não podem ser feitas e algumas ideias não podem ser contempladas, o novo clero está exibindo seu poder. Toda a noção de criar "espaços seguros" deve ser entendida como esforço para controlar certos campos de batalha na guerra cultural.

O clero modifica as regras sobre o que é permitido dizer — ou como dizer — da mesma maneira que a Guarda Vermelha de Mao aterrorizava os anciãos. As apostas podem ser mais baixas no campus de Yale, mas alguém duvida que os mesmos alunos adorariam obrigar professores ideologicamente teimosos a marchar pelo campus usando chapéus de burro? De acordo com a Liga Antidifamação, Ben Shapiro, um judeu ortodoxo conservador, está em primeiro lugar na lista de ataques antissemitas nas mídias sociais, vindos da direita alternativa (eu fiquei em sexto).[33] Mesmo assim, quando ele falou em Berkeley em 2017, foi atacado por ser supremacista branco. Tariq Nasheed, autoproclamado "estrategista antirracismo", anunciou no Twitter: "O supremacista branco Ben Shapiro, que tenta mascarar sua retórica racista ao alegar ser judeu, está em Berkeley agora."[34] Ayaan Hirsi Ali, uma liberal clássica e ateísta que foi mutilada em sua Somália nativa, e Maajid Usman Nawaz, um ex-político liberal-democrata na Inglaterra, são oponentes comprometidos do extremismo islamista. Mas, de acordo com o Southern Poverty Law Center, são agora preconceituosos antimuçulmanos.[35] Eles são rotineiramente banidos, vítimas de protestos e de cancelamentos nos campi das universidades, uma vez que os alunos não podem ser expostos a seu danoso e perigoso "discurso de ódio".

Certa vez, fui convidado para falar na Faculdade Williams por um grupo que chamava a si mesmo de Aprendizado Desconfortável. O grupo escolheu esse nome porque sabia que, se avisasse aos estudantes que ouviriam visões conservadoras ou libertárias, eles boicotariam o evento. Mas como "Aprendizado Desconfortável" soa muito rebelde e os alunos transgressores presumiam estar prestes a ouvir coisas com as quais já concordavam, a reação da audiência quando falei me lembrou da reação de meus cachorros quando acham que estão sendo levados ao parque e descobrem que estamos indo ao veterinário.

A grande ironia de tudo isso é que a política identitária vence não por apresentar argumentos convincentes, mas por explorar a decência inerente ao povo americano, incluindo, muito ironicamente, os professores das faculdades liberais, que têm pavor de serem chamados de racistas, mesmo quando o acusador é um oportunista cínico, um poltrão ou um moleque emocionalmente imaturo.

Não é preciso ser absolutista sobre tais coisas. A essência do pensamento sério é a habilidade de fazer distinções significativas mesmo quando as analogias fáceis podem nos enganar. Chamar alguém de *nigger* ou *kike* [formas extremamente ofensivas de "negro" e "judeu"] é grotesco, e o administrador do campus deveria ter o poder de disciplinar alunos que fazem isso, mesmo que signifique limitar sua liberdade de expressão. Mas usar um epíteto não é a mesma coisa que "dar um tapa na cara de alguém", como argumentam cada vez mais estudantes.[36] E é diferente de apresentar um argumento que alguém não quer ouvir. Uma aluna de Yale argumentou, infamemente, que o "mestre" do dormitório dela em Yale a oprimia porque queria debater uma (ridícula) controvérsia sobre fantasias de Halloween. "Ele não entende", escreveu ela. "Eu não quero debater. Quero falar da minha dor."[37] O mestre perdeu o emprego e Yale baniu o uso da palavra "mestre" para poupar seus alunos de ainda mais dor. (Afinal, os escravos também tinham "mestres".)[38]

A se acreditar nos ativistas de Yale, você poderia pensar que a universidade é uma incubadora de opressão branca, indiscriminadamente excluindo as minorias da participação na vida do campus. Quando essa controvérsia sobre o "mestre" surgiu no outono de 2015, dei uma olhada nos cursos oferecidos em Yale naquele ano. Grosso modo, Yale oferecia ao menos 26 cursos de estudos afro-americanos, 64 cursos de "etnia, raça e migração" e 41 cursos sobre "mulheres, gênero e sexualidade". Essas são estimativas conservadoras que não incluem estudos independentes. Entrementes, encontrei dois cursos sobre a constituição. Um único professor é responsável por todos os cursos relacionados à era da fundação: três no total. Quanto a espaços seguros fora das salas de aula e dos dormitórios, contei o Centro Cultural Afro-Americano, o Centro Cultural Nativo Americano, um Centro Cultural Asiático-Americano, o Centro Cultural Latino La Casa e o Departamento de Recursos LGBTQ. Além disso, havia quase oitenta organizações dedicadas, de um modo ou de outro, a grupos identitários específicos.[39] O mesmo padrão se repete em quase todas as universidades de elite. Moral da história: atender às demandas da política identitária, como todas as iniciativas de apaziguamento, simplesmente leva a mais e mais demandas.

Os campi, é claro, são simplesmente uma das frentes em uma guerra mais ampla. Durante décadas, os representantes de vários grupos identitários impuseram sua autoridade sobre a maneira de lidar com certas questões ou mesmo falar sobre elas. Esse esforço é ideológico, mas também cínico. "Consultores de diversidade" e especialistas similares possuem interesse de classe na perpetuação de um estado constante de incerteza sobre o que constitui racismo, porque tal especialização clerical lhes dá poder, status e renda. Por exemplo, é fato estabelecido das ciências sociais que a educação bilíngue dificulta o aprendizado e a assimilação do inglês.[40] Mas, para um político, dizer isso é convidar acusações de racismo ou "insensibilidade" vindas do representante ungido da "comunidade hispânica". Que melhor maneira de evitar a assimilação que encerrar o debate sobre a questão simplesmente declarando que a assimilação é preconceituosa? Não tenho dúvida de que muitos defensores da ideia acreditam nisso, mas não é coincidência o fato de burocratas e educadores investidos na educação bilíngue se beneficiarem da censura de qualquer ponto de vista concorrente.

O aspecto mais redentor da correção política deriva do esforço legítimo para criar um código de boas maneiras para uma sociedade diversa. Temos a tendência de nos concentrar nas formas que as boas maneiras assumem, e não em seu propósito. Dos tempos pré-históricos até hoje, as boas maneiras — cerimônias, costumes, etiqueta etc. — são simplesmente mecanismos para reduzir conflitos desnecessários ao demonstrar respeito, particularmente por estrangeiros. Alguns acreditam que o aperto de mão nasceu da necessidade de mostrar não estar armado. Em seus melhores momentos, a correção política é uma maneira de demonstrar respeito pelas pessoas. Se as pessoas negras não querem ser chamadas de *negroes*, é certo e adequado respeitar esse desejo. Se os asiáticos objetam a "oriental", argumentos lexicológicos não podem mudar o fato de que é rude usar esse termo.

O problema é que as ambições da correção política são muito mais profundas que isso, e é por essa razão que os ativistas estão constantemente modificando o vocabulário aceitável. O clero quer o monopólio das palavras aceitáveis. Regras claras e universais sobre a terminologia aceitável — ou seja, o que constitui boas maneiras — são uma ameaça a esse monopólio. Por isso, o solo retórico sob nossos pés está constantemente se movendo. Quando fui membro do conselho de minha *alma mater*, um consultor de diversidade explicou ao conselho que "tolerância" já não era kosher, porque implicava um tipo de condescendência. "Aceitação" era a nova palavra do momento. Hoje em dia, "celebração" parece ser a nova "aceitação". Mas há diferenças enormes entre "tolerância", "aceitação" e "celebração". "Tolerância" e "aceitação" reconhecem a discordância. O requerimento de celebrar, porém, é no fim das contas uma forma de bullying psicológico. Ele diz: "Você deve abandonar suas convicções e concordar com as minhas." Argumentar que uma sociedade livre deve aceitar o casamento gay ou permitir que as pessoas definam seu gênero em termos totalmente irreconhecíveis para a ciência é uma coisa. Exigir que os indivíduos comemorem — ou finjam comemorar — esses estilos de vida ou decisões é outra. Mas é precisamente isso que a jihad contra o "discurso do ódio" exige. Discordar da ortodoxia agora equivale a violência ou cumplicidade nela. A guerra pela tolerância se tornou um esforço para abrir caminho para a nova intolerância.

Mesmo a democracia agora é vista como ameaça à política tribal de poder. O apoio à democracia está diminuindo no Ocidente, particularmente entre os jovens. Como veremos, grande parte disso está relacionada à reação populista mundial ao "globalismo". Mas o ataque tribal à democracia vem ocorrendo há muito tempo. Pense em Lani Guinier, a professora de Harvard que durante um breve momento adquiriu status de celebridade por sua fracassada tentativa de dirigir a Divisão de Direitos Civis do Departamento de Justiça de Clinton. Guinier argumenta em seu livro *The Tyranny of the Majority: Fundamental Fairness in Representative Democracy* [A tirania da maioria: justiça fundamental na democracia representativa] e em vários artigos legais que a doutrina "um homem, um voto" precisa ser abandonada em nome de uma forma mais "autêntica" de democracia. Ela propõe a ideia inspirada por seu filho Nikolas, então com 4 anos: "uma vez de cada."[41] Quando Nikolas e os amigos não conseguiram obter consenso sobre a brincadeira seguinte, eles decidiram se alternar na escolha. Similarmente, as "minorias autênticas" deveriam ter "vez" na representação, mesmo que seus "líderes autênticos" não obtenham a maioria dos votos.

Guinier coloca imensa ênfase no termo "autêntico"; meramente ser negro não é suficiente. É preciso representar o espírito autêntico das pessoas, o que os alemães chamam de *Volksgeist*, da comunidade negra, como determinado por aqueles com o mais profundo investimento em uma definição específica de autenticidade, como a sra. Guinier. "A autenticidade reflete a consciência, a história e a perspectiva coletiva"[42] de um "grupo social" específico. "A liderança autêntica" não é meramente "apoiada eleitoralmente pela maioria dos eleitores negros". O líder precisa ser "política, psicológica e culturalmente negro".[43]

"A autenticidade se refere a uma liderança baseada na comunidade e culturalmente enraizada. O conceito também distingue entre candidatos negros apoiados pela minoria ou pelos brancos." Ela explica: "Basicamente, a representação autêntica descreve o valor psicológico da representação negra. O termo sugere o impulso essencialista da participação política negra." Ela rejeita o princípio de cegueira racial porque ele "abstrai a experiência negra de seu contexto histórico" e "ignora a existência de uma identidade de grupo no interior da comunidade negra".[44]

O resultado, como ela deixa claro detalhadamente, em prosa inequívoca, é que os negros que são eleitos com parcelas significativas de votos brancos — como o então governador democrata da Virgínia Douglas Wilder — podem não contar, e frequentemente não contam, como autenticamente negros. É aqui que o essencialismo racial e o esquerdismo político se cruzam. De acordo com muitos seguidores da política identitária de esquerda, somente os políticos radicalmente de esquerda são autenticamente negros. É por isso que o juiz Clarence Thomas não conta como negro entre tantos ativistas. Os negros devem pensar de certa maneira e, se não pensam, são essencialmente não autênticos ou "Pai Tomás".

Há incontáveis ecos ominosos nessas ideias fundamentalmente românticas e tribalistas. Karl Marx acreditava que os judeus (e os negros) tinham naturezas autênticas enraizadas na psicologia, história e cultura (e, no caso dos negros, biologia). Joseph de Maistre acreditava no mesmo. É desnecessário dizer que os nacionalistas alemães tinham fortes opiniões sobre o essencialismo de vários grupos. Intelectuais nacionalistas alemães como Johann Gottfried Herder e Johann Fichte escreveram longamente sobre a singularidade essencial, em termos psicológicos e culturais, do *Volk* alemão. Mas talvez o mais interessante paralelo seja com o grande defensor da escravidão sulista, John C. Calhoun. Ele argumentava que uma "maioria meramente numérica" não poderia superar a minoria se sua decisão conflitasse com os interesses essenciais dessa minoria, ou seja, os escravagistas brancos. Guinier até mesmo evoca a teoria de maiorias concorrentes de Calhoun como possível solução para o problema do "um homem, um voto".[45]

Qualquer que seja o paralelo, a conclusão é a mesma: isso não é liberalismo corretamente compreendido.

Na verdade, as visões de Guinier são relativamente moderadas se comparadas às de outros defensores da política identitária na esquerda. Atualmente, há departamentos acadêmicos inteiros dedicados aos "estudos da brancura". Mas essa disciplina não é análoga aos "estudos negros", "estudos hispânicos" ou "estudos das mulheres". Essas escolas de pensamento são dedicadas ao projeto de construir uma identidade, celebrar sua singularidade e cultivar, essencialmente, um senso de nacionalidade. Os estudos da brancura são dedicados a catalogar a ilegitimidade e mesmo a maldade da brancura. O plano de ensino de uma universidade descreve os estudos críticos da brancura como campo "devotado a desmantelar a supremacia branca ao entender como a brancura é socialmente construída e experimentada".[46]

Esse tipo de pensamento se espalhou para a cultura mainstream. O essencialismo, para Maistre, estava totalmente relacionado à nacionalidade. Agora está relacionado a categorias étnicas ou de gênero. Como disse recentemente um jornalista negro no Twitter: "Sim, TODAS as pessoas brancas são racistas. TODOS os homens são sexistas. TODAS as pessoas cis são transfóbicas. Precisamos desfazer isso. Esse é o trabalho!"[47]

Novamente, não é preciso se opor categoricamente aos grupos étnicos ou outras minorias demonstrando sua força em uma sociedade diversa. Essa história é tão antiga quanto o país e inevitável em qualquer sociedade. A distinção-chave, mais uma vez, é que alguns, no interior desses grupos, não estão meramente lutando por uma fatia da torta ou pelo reconhecimento de seus interesses legítimos. Eles buscam derrubar os ideais que tornaram este país tão bem-sucedido. Não estão meramente argumentando que o sistema precisa estar à altura de seus próprios ideais, como fizeram as sufragistas e o movimento pelos direitos civis. Estão argumentando que os próprios ideais são ilegítimos.

A tragédia aqui é que o liberalismo — no clássico sentido iluminista — é o único sistema jamais criado para ajudar as pessoas a se livrarem da opressão da política identitária. Durante milhares de anos, quase toda sociedade do planeta dividiu as pessoas em categorias permanentes de casta, classe, camponesa e nobre e, é claro, macho e fêmea. O princípio lockiano de tratar todos os seres humanos como iguais aos olhos de Deus e do governo, sem levar em consideração pais ou ancestrais, quebrou as correntes da tirania mais profunda e duradouramente que qualquer outra ideia.

Os Estados Unidos falham em atingir esse ideal? É claro. Todo ser humano e instituição humana falha em atingir seus ideais. É por isso que eles se chamam ideais. São algo a que aspirar. Toda mulher e todo homem que já fizeram votos de casamento falharam em cumprir sua promessa em um momento ou outro. Mas isso não justifica não tentarem estar à altura dela. O cristão devoto é o primeiro a admitir que não está à altura da injunção de imitar Cristo (1 Coríntios 11:1). Mas essa falha humana não fala contra o ideal cristão. Mesmo os maiores filantropos admitem que poderiam ser mais caridosos. Isso desacredita o bem que fazem? Oskar Schindler, o homem tornado famoso por Steven Spielberg em *A lista de Schindler*, era consumido pelo remorso de não ter salvado mais judeus durante o Holocausto. Mas ele salvou mais de mil deles, correndo grandes riscos. Devemos declará-lo um vilão daquele capítulo da história da humanidade por ter feito o bem, mas não ter sido perfeito?

O argumento original em defesa da diversidade era totalmente liberal, no sentido lockiano. As unidades de elite já discriminaram judeus, negros, asiáticos e mulheres porque eram um privilégio reservado aos cristãos brancos e anglo-saxões. O argumento para diversificar as universidades foi puramente um apelo aos clássicos princípios americanos da inclusão e da meritocracia. Hoje em dia, muitas universidades, como questão de política e convicção essencial, discriminam asiáticos, judeus e brancos durante a admissão, baseadas no princípio de que a diversidade é mais importante que qualquer consideração sobre mérito. Quando o sistema da Universidade da Califórnia foi forçado, enfrentando imensas objeções, a abandonar as preferências raciais, o número de asiáticos admitidos disparou. Eles agora formam a maioria dos estudantes, chegando a um terço do total, muito embora só representem 15% da população do estado. Em 2012, os asiáticos representavam 40% da população estudantil da Universidade de Berkeley e 43% da população estudantil do Instituto de Tecnologia da Califórnia.[48] Entrementes, em universidades de elite fora da Califórnia, asiáticos precisam de 140 pontos (em 1600) a mais no SAT [Teste de Aptidão Escolástica] para serem admitidos (enquanto os negros precisam de 310 pontos a menos).[49]

A fim de defender essa discriminação institucional, o clero teve de adotar doutrinas de essencialismo e autenticidade racial. Lee Bollinger, então presidente da Universidade de Colúmbia, famosamente declarou:

A diversidade não é meramente uma adição desejável a uma educação completa. Ela é tão essencial quanto o estudo da Idade Média, da política internacional e de Shakespeare. Para que os estudantes compreendam melhor o país e o mundo diversos que habitam, eles devem estar imersos em uma cultura acadêmica que lhes permita estudar, discutir e fazer amizade com estudantes que podem ser diferentes. Isso amplia sua mente e seu intelecto, os objetivos essenciais da educação.[50]

É um excelente sentimento. Mas ignora o fato de que as universidades adotam uma definição muito estrita de diversidade. A diversidade intelectual, ideológica e religiosa ficou de lado — às vezes muito de lado — nesse jeito muito específico de escolher feijão. Para além dos problemas educacionais práticos das cotas raciais — aceitar estudantes que não atingem os níveis necessários, tornando mais provável que abandonem a faculdade, por exemplo —, também há problemas filosóficos e morais. Isso transforma o essencialismo racial em padrão permanente. A justificativa original para as políticas de ação afirmativa era a necessária flexibilização de um ideal em circunstâncias especiais. "Você não pega uma pessoa que, durante anos, foi tolhida por correntes e a liberta, a leva até a linha de partida de uma corrida e diz 'Você está livre para competir com todos os outros' e, mesmo assim, honestamente acredita que foi justo", explicou famosamente Lyndon Johnson no discurso inaugural da Universidade Howard em 1965.[51] O argumento para flexibilizar o ideal de mérito individual em 1965 era defensável, dadas a história e as condições especiais dos afro-americanos na época. A doutrina da "diversidade" pela diversidade vai além de flexibilizar e busca destruir o antigo ideal.

Isso destaca o poder das palavras e como a nova classe intelectual as usa para modificar ou destruir instituições. Os burocratas da nova classe não somente expandiram a definição de diversidade para incluir grupos raciais que jamais foram escravizados ou submetidos às leis de Jim Crow, como também se arvoraram o poder arbitrário de decidir o que conta como "boa" diversidade e o que constitui linguagem aceitável. Quando agentes do Estado e outros oficiais possuem a autoridade unilateral de modificar o ideal com base em suas próprias preferências políticas, estéticas ou culturais, eles estão substituindo os padrões objetivos por seu próprio poder arbitrário e clerical.

Em certa extensão, todos os partidos políticos são coalizões, mas o Partido Democrata sempre foi mais uma coalizão que o moderno Partido Republicano, o qual, desde a ascensão do conservadorismo no estilo Goldwater, tem se mostrado mais ideológico. Para o observador externo, pode parecer estranho que a coalizão FDR contivesse tanto membros da Ku Klux Klan quanto negros e socialistas judeus. Mesmo em anos recentes, não era intuitivamente óbvio por que o partido do casamento homossexual também era o partido dos caminhoneiros.

Psicológica e ideologicamente, essas alianças frequentemente são racionalizadas por elites progressistas que afirmam estar defendendo as vítimas indefesas do preconceito social. Isso faz certo sentido se partimos da premissa romântica de que a civilização tradicional é retrógrada e opressiva e, consequentemente, aqueles que não querem fazer parte dela são oprimidos. Esse tipo de argumento é rotineiramente apresentado na Europa pelos ativistas dos direitos civis, que não veem problema em atacar os costumes e instituições tradicionais, mas insistem que as religiões não ocidentais e as minorias culturais devem receber a maior liberdade possível. "Quem somos nós para julgar" em relação aos praticantes da xaria, mas todo julgamento possível em relação aos cristãos tradicionais.

Generalizando, os praticantes da política identitária e seus aliados de coalizão se aproveitaram da decência inerente e da ordem constitucional deste país para ampliar suas vantagens. Na extensão em que respeitaram as regras ao mesmo tempo que tentavam miná-las, eles o fizeram enquanto viviam com capital emprestado. Em uma sociedade liberal, é possível fazer impunemente muito teatro e muitas exigências não liberais, e um dos grandes e eternos desafios dos governos democráticos é descobrir o quanto podem tolerar antes que as forças do não liberalismo corroam a ordem liberal.

Mas a tolerância é uma via de mão dupla. Em uma sociedade decente, a maioria deve respeito à minoria. E a minoria também deve respeito à maioria. Essa barganha foi desfeita mais agudamente na Europa, mas os Estados Unidos não estão muito atrás, em razão do aumento do poder dos defensores da identidade. A história foi embelezada a ponto de os membros da maioria serem apresentados não como cidadãos tolerantes e decentes tentando descobrir como conviver, mas simplesmente como vilões.

Em agosto de 2017, dois professores de direito, Amy Wax, da Universidade da Pensilvânia, e Larry Alexander, da Universidade de San Diego, escreveram um artigo argumentando que o colapso dos valores burgueses levou a grande parte da discórdia e da disfunção da sociedade contemporânea. A cultura burguesa das décadas de 1940 a 1960 estabeleceu "o roteiro que todos deveriam seguir":

> Case-se antes de ter filhos e tente permanecer casado pelo bem deles. Obtenha a educação necessária para um emprego lucrativo, trabalhe duro e evite a ociosidade. Dê um passo além por seu empregador ou cliente. Seja patriota e esteja pronto para servir seu país. Seja bom vizinho, tenha consciência cívica e se mostre caridoso. Evite linguagem vulgar em público. Respeite as autoridades. Abstenha-se do uso de substâncias ilícitas e atividades criminosas.

Wax e Alexander reconheceram as desvantagens daquela era, mas também observaram que as normas burguesas ajudavam mais os desfavorecidos que os abastados, porque os abastados podem arcar com seus desvios. Mas, como acertadamente comentaram, "as culturas não são todas iguais", e a cultura burguesa tem benefícios que as outras não têm.[52] Uma coalizão de alunos e ex-alunos respondeu ao artigo de maneira previsível. Wax e Alexander estavam defendendo a "lógica maligna da supremacia branca heterossexual, patriarcal e baseada em classe que assola nosso país. Esses valores e lógicas culturais estão saturados de uma respeitabilidade que é contrária aos negros e favorece o patriarcado heterossexual branco".[53] E assim por diante.

É tanto nonsense! Eu me pergunto: se as normas judaico-cristãs e burguesas das décadas de 1940 a 1960 eram tão malignamente racistas e sexistas, como o movimento pelos direitos civis e o feminismo obtiveram sucesso? Os Estados Unidos eram muito mais brancos, o governo e as principais instituições eram muito mais dominados por homens brancos e a sociedade como um todo era muito mais religiosa na década de 1960 do que é hoje. E, mesmo assim, as leis de direitos civis foram aprovadas (quase que exclusivamente graças aos votos de homens brancos, na maioria republicanos, no Congresso), as universidades se tornaram mistas e a sociedade se tornou mais tolerante e receptiva. Martin Luther King Jr. não demonizou os brancos ou os fundadores: ele apelou aos próprios ideais que hoje são declarados ilegítimos. Ele não vilificou os valores burgueses: ele os modelou em público. Ele não denunciou a tradição judaico--cristã: o *reverendo* a exaltou de todo coração. Falando nisso, por que a luta pelo casamento homossexual obteve sucesso? Porque apelou não ao radicalismo, mas aos valores burgueses sobre a formação de famílias.

Não se trata simplesmente de retórica. Retórica gera realidade. Sempre que esses valores religiosos ou burgueses entram em conflito com a agenda da nova classe, eles devem sair do caminho. Os arquitetos do Obamacare insistiram que as freiras — as freiras! — devem pagar por métodos contraceptivos e abortos. Em Massachusetts, a Catholic Charities de Boston encerrou seu serviço de adoção porque o Estado disse que, se ela quisesse encontrar lares para os órfãos, precisava encaminhá-los a casais do mesmo sexo.[54] Pouparei o leitor de todas as controvérsias sobre banheiros para transgêneros, confeiteiros sendo forçados a fazer bolos para casamentos homossexuais, fuzileiros tendo de aceitar mulheres e coisas do gênero.

O que quer que se pense sobre os méritos dessas políticas individuais, o argumento mais amplo permanece. Sob a visão progressista do Estado, a tolerância só tem um significado: curvar-se a uma única visão da cultura. Quando os ativistas dizem "Se você não é parte da solução, é parte do problema", estão dizendo que não há porto seguro na cultura, não existe o direito de recusar a agenda da "justiça social". Os nazistas emprestaram o termo *Gleichschaltung* da engenharia para descrever uma doutrina na qual toda instituição, mesmo o "pequeno pelotão" de Burke, deve se coordenar com o Estado ou ser esmagada. Minha intenção aqui é enfatizar não o papel do Estado, mas o clima mais amplo da política de poder.

Como argumentou famosamente Alexis de Tocqueville, nossa ordem liberal depende de instituições mediadoras, que ele chamou de "associações", que criam e enriquecem o espaço entre o indivíduo e o Estado. Essas instituições — famílias, igrejas, empresas, escolas, equipes esportivas, escoteiros e bandeirantes etc. — são o microcosmo que fornece sentido aos indivíduos no macrocosmo da nação. Por natureza, elas precisam ser culturalmente distintas de algum modo significativo a fim de "pegarem". É a particularidade cultural — as peculiaridades de teologia, costumes e missão — que atrai algumas pessoas e deixa outras indiferentes, que fornece aos membros um senso de comunidade, pertencimento e sentido.

Os afro-americanos entendem isso e frequentemente expressam esse conceito com grande eloquência quando se trata de suas próprias instituições históricas, tanto físicas quanto culturais. As faculdades historicamente negras têm uma rica e louvável história nos Estados Unidos. A igreja negra tem sido um heroico baluarte e refúgio espiritual, cultural e político. Os judeus, do mesmo modo, possuem uma consciência coletiva incrivelmente rica não somente sobre o papel de sua religião, mas também sobre os costumes que dão sentido a suas vidas e as mantiveram cultural e religiosamente intactas durante milênios. O mesmo se dá com praticamente toda minoria étnica e grupo identitário, dos gays e Amish aos surdos. Dentro de parâmetros amplos, não há nada errado com isso, e grande parte é correta. A chave para uma sociedade civil de sucesso é a multiplicidade de instituições nas quais grupos diversos podem encontrar um lar.

O único empecilho é que você precisa ter o "direito de saída". Os indivíduos devem possuir a habilidade de sair de comunidades e outras instituições que não servem a seus interesses. A esposa infeliz e agredida deve ter permissão para deixar o casamento. O incréu deve ser capaz de sair de sua igreja, mesquita ou templo. O trabalhador deve ter permissão para sair do emprego. O direito de saída não é absoluto. O soldado não pode desertar de sua unidade sem pagar um preço. As leis de divórcio podem ser escritas de maneira que permitam um "período de separação". As crianças não podem simplesmente ficar irritadas e ir embora. Os funcionários podem ser responsabilizados por contratos que assinaram voluntariamente. Mas os indivíduos devem ter a autoridade final para dizer "isso não serve para mim", e as instituições devem ter acesso a certo grau de "aderência" cultural para serem capazes de fazer seu trabalho. E essa aderência só pode vir de um grau de distinção cultural que, de certo modo, vai contra a cultura mainstream. O que é verdadeiro para a comunidade hippie e o coro gay também é verdadeiro para o convento católico e a tropa de escoteiros.

Houve um tempo no qual o direito de saída não era problemático, mas o direito de entrada era. As leis de Jim Crow e as políticas de discriminação sexual e religiosa eram imoralmente exclusivas. O país teve uma série de grandes e democráticas discussões sobre essas barreiras, e essas discussões foram consistentes com a tradição ocidental, e não desafios a ela.

Infelizmente, os progressistas não estavam dispostos a aceitar um sim como resposta. A falha da igualdade onipresente e total de se materializar da noite para o dia foi vista como prova de que as políticas classicamente liberais, racialmente cegas, não eram suficientes, particularmente entre toda uma classe de ativistas que fizeram carreira exagerando a natureza dos problemas a fim de justificar seu próprio status e poder. Psicologicamente, o desejo romântico de lutar contra a opressão, de ser uma pessoa radicalmente comprometida, permaneceu inabalável após vários sucessos. A justiça social se tornou uma indústria. O progressismo já não possui um princípio limitador para a ação governamental e social. Sempre há mais a ser feito, mais injustiças a serem identificadas — ou imaginadas — e então retificadas. Como disse o senador democrata Chris Murphy em um momento de júbilo quando falhou o esforço para anular a Lei de Cuidado de Saúde Acessível: "Não há ansiedade, tristeza ou medo que não possa ser curado pela ação política."[55] Essa é uma descrição não da política, mas da religião.

Os guerreiros da justiça social não buscam simplesmente destruir a cultura ocidental tradicional (ou o que sobrou dela); eles buscam criar uma nova, que Hillary Clinton chamou de "nova política de sentido". Em sua melhor expressão, ela pode ser uma visão defensável da social-democracia, do multiculturalismo e do secularismo. Mas essa visão é quase inteiramente teórica. Bastante literalmente, jamais foi testada no escopo pretendido por seus proponentes, com exceção de lugares como a União Soviética. E, como aquele experimento catastrófico demonstrou, sempre que se tenta substituir normas culturas e tradições estabelecidas por um novo sistema, não se abre a porta para uma nova utopia, mas para os impulsos mais sombrios da natureza humana.

Entre os maiores benefícios das antigas instituições está o fato de serem antigas. Árvores antigas podem suportar tempestades que derrubariam árvores novas. Qualquer instituição que existe há muito tempo aprendeu, através de uma espécie de adaptação evolutiva, a lidar com as crises. A Igreja Católica existe há mais de 2 mil anos e, nesse período, aprendeu algumas coisas. O judaísmo existe por ao menos o dobro do tempo, o que demonstra, no mínimo, os recursos que os judeus desenvolveram para sobreviver.

A monarquia japonesa, a mais antiga monarquia contínua, data de 660 a.C. Há uma razão para a atual constituição japonesa descrever o imperador como "símbolo do Estado e da unidade do povo".[56] Nas cinzas literais da Segunda Guerra Mundial, os japoneses ainda podiam olhar para o imperador como símbolo reconfortante de sentido comunal.

O que é verdadeiro para as nações também é verdadeiro para as instituições. Qualquer um que tenha se apoiado na igreja ou na família durante uma tempestade pessoal entende como as instituições enraizadas fornecem não somente refúgio físico como também, e mais importante, refúgio emocional, psicológico ou espiritual. Nós nos amarramos a esses carvalhos da cultura. Cortá-los com o objetivo de construir uma sociedade perfeita é a receita perfeita para a destruição de uma boa sociedade. Porque, quando destrói os ambientes culturais existentes, você não converte instantaneamente as pessoas que vivem nele a sua visão de mundo. Você as radicaliza. Esse é um ponto que muitos na esquerda entendem muito bem quando se trata da política externa americana. Eles estão entre os primeiros a argumentar que a construção da nação ou "imperialismo" leva a uma reação. A guerra do Iraque não gerou democracia, dizem eles, gerou o Estado Islâmico.

Mas, quando se trata do imperialismo cultural doméstico, muitas das mesmas pessoas têm um ponto cego. Elas não veem nada de errado em forçar instituições católicas a aceitar o casamento homossexual ou o aborto. Acham que o Estado deve forçar os proprietários de pequenos negócios a celebrar visões das quais não partilham. Rotulam qualquer pai ou instituição que não permita que homens usem os banheiros das mulheres de preconceituoso. Modificam constantemente as regras de nossa língua para revelar os incréus, a fim de poderem zombar deles. Em junho de 2017, o senador Bernie Sanders votou contra a confirmação de Russell Vought, o indicado do presidente Trump ao cargo de vice-diretor do Gabinete de Gerenciamento e Orçamento. Vought escrevera que os muçulmanos não serão "salvos" porque não aceitam Jesus Cristo.[57] Isso não é uma interpretação radical do cristianismo. Isso *é* o cristianismo. "Digo simplesmente, senhor presidente do conselho, que esse indicado realmente não se adequa àquilo que deve ser este país", disse Sanders. "Voto não." Em outras palavras, de acordo com Sanders, um cristão não serve para o governo. Ele não tem tal política em relação aos muçulmanos, que possuem uma visão muito similar em relação aos cristãos.[58]

O gabinete de Sanders publicou uma declaração esclarecendo sua posição: "Em uma sociedade democrática, fundada no princípio da liberdade religiosa, podemos discordar sobre todas as questões, mas racismo e preconceito — condenar um grupo inteiro de pessoas por causa de sua fé — não podem ser parte de nenhuma política pública." Isso está correto em seu valor de face. Nenhuma *política pública* pode discriminar alguém com base em sua fé. Mas não há nenhuma evidência de que Vought pretendia discriminar muçulmanos se assumisse o gabinete. Entrementes, a política do próprio Sanders é de que ninguém que realmente acredite na doutrina cristã tem o direito de criar políticas.

Mais tarde naquele verão, os senadores Dianne Feinstein e Dick Durbin questionaram uma indicada ao judiciário, Amy Coney Barrett, sobre sua fé católica, insinuando repetidamente que não é possível ser católica devota e juíza. "Dogma e lei são duas coisas diferentes", disse Feinstein. "Qualquer que seja a religião, ela tem seus próprios dogmas. A lei é totalmente diferente. E acho que em seu caso, professora, quando lê seus discursos, a conclusão a que chego é que o dogma vive dentro da senhora, e isso é preocupante."[59]

Você pode concordar com Sanders, Feinstein e Durbin se quiser, mas pergunte-se como os fiéis cristãos responderão a isso. Eles adotarão instantaneamente essa reinterpretação radical de nossa constituição — que teria impedido a posse de todo presidente que já tivemos (na extensão em que todos diziam a verdade ao se afirmarem cristãos) — ou sentirão que Sanders está tentando tomar seu país? Sem dúvida houve diversidade de respostas, mesmo entre os cristãos mais ortodoxos, às visões de Sanders, mas alguém duvida que muitos tenham se sentido ofendidos?

É um clichê da esquerda dizer que "percepção é realidade". Bem, a realidade percebida para milhões de americanos brancos e cristãos é que seus abrigos institucionais, pessoais e nacionais estão sendo destruídos um a um. Eles não gostam das alternativas oferecidas. Alguns podem de fato ser racistas, homofóbicos ou islamofóbicos, mas a maioria simplesmente não gosta do que está sendo oferecido porque não conhece ou, se conhece, prefere o que percebe como seu. E, mesmo assim, pessoas como Sanders insistem que a resistência ao programa é não somente errada, mas também maligna.

O grande perigo, que já começa a se materializar, é que brancos e cristãos respondam a esse preconceito e criem sua própria política identitária tribal. Não acho que o americano branco médio seja tão obcecado com raça e tão investido na "supremacia branca" quanto afirma a esquerda. Mas, quanto mais for demonizado, quanto mais ouvir que a "brancura" define as pessoas brancas, mais provável será que comece a pensar em si mesmo, defensivamente, nesses termos. Alguns liberais adotam e adotarão um credo de ódio contra si mesmos. Lembre-se que Robert Frost disse que um liberal é um homem de mente tão aberta que não defenderá seu próprio lado em uma discussão. Mas a maioria das pessoas brancas responderá de maneira diferente. Elas darão ouvidos aos defensores da identidade e aceitarão que a brancura é uma categoria imutável. Os eleitores da classe trabalhadora branca que disseram que se sentiam "estrangeiros em seu próprio país" tiveram 3,5 vezes mais probabilidade de votar em Trump.[60] Em 2016, quanto mais agressivamente uma pessoa aceitava a identidade branca, mais probabilidade tinha de votar em Trump.[61]

Um último ponto, essencial, precisa ser apresentado. Nem a esquerda nem o Estado — inteiramente e, em alguns casos, sequer primariamente — são culpados disso. O próprio capitalismo é parte do problema. A destruição criativa do capitalismo destrói constantemente arranjos e instituições tradicionais. As comunidades que cresceram em torno das indústrias de aço e carvão somente para serem destruídas pelas forças de mercado são somente um exemplo óbvio de como a inovação capitalista perturba o *status quo*.

Sempre que o infortúnio nos atinge, tendemos instintivamente a concluir que houve agência. Alguém deve ser responsável! As classes governantes! Os industrialistas! Os globalistas! A nova classe! Os imigrantes! (E, para gerações de preconceituosos: os judeus!) E, embora alguns desses atores mereçam alguma culpa, em certo sentido o real demônio se escondendo nas sombras é a própria mudança. Os demagogos populistas prometem não somente aliviar as dores da mudança ("Prata livre! Tarifas! Partilhe a prosperidade! Construa um muro!"), como também punir os culpados. Tais promessas são um espesso miasma de óleo de cobra contendo grandes porções de nostalgia, demonização e uso de bodes expiatórios.

Tais cantos de sereia — venham de tecnocratas ou demagogos — são subprodutos inevitáveis do capitalismo. Isso porque a inovação e a maximização da eficiência estão em guerra eterna contra "a maneira como sempre fizemos as coisas". O capitalismo desperta em nós a nostalgia por um imaginado — e, às vezes, real — passado melhor no qual as pessoas sabiam seu lugar no universo e seu trabalho e sua identidade estavam inextricavelmente interligados.

Aqui reside a eterna tensão inerente às sociedades baseadas no Iluminismo. As instituições extrarracionais da família, da fé e da comunidade em todas as suas formas estão em constante batalha contra a força da mudança e a soberania do indivíduo. Nossos rousseaunianos internos desejam comunidade e significado grupal. Nossos lockianos internos exigem que controlemos o timão na busca por nosso próprio destino. Como o capitalismo não é natural, mas o governo (entendido de modo amplo) é, esperamos constantemente que o Estado solucione os problemas e ansiedades muito reais que emergem inevitavelmente da destruição capitalista.

Ninguém quer ser substituído por uma máquina ou descobrir que seu trabalho já não tem valor. E aqui a esquerda frequentemente fica com a melhor parte do argumento, pois os esquerdistas ao menos reconhecem a destruição que o mercado pode causar entre os deixados para trás. Donald Trump não foi o primeiro a apelar ao "homem esquecido". Ele se apropriou — sem dar crédito, claro — de uma expressão de Franklin Roosevelt, que afirmou que "são melhores os erros ocasionais de um governo que vive em espírito de caridade que as omissões consistentes de um governo congelado em sua própria indiferença".[62]

Os luditas tinham certa razão. A Revolução Industrial destruiu muitos modos de vida nas comunidades inglesas. E, embora devamos ser gratos por ela, podemos entender por que suas vítimas imediatas não estavam inclinadas a dizer "obrigado". Sua raiva contra um novo sistema que era como um tornado destruindo seus vilarejos é totalmente compreensível.

Mas, embora possamos reconhecer os méritos óbvios das visões de Roosevelt, esse modo de pensar possui um defeito permanente. E se trata de uma objeção ao mesmo tempo prática e filosófica. Como saber? Como os neoluditas ou liberais tecnocratas podem saber se, no fim das contas, as forças da destruição criativa não serão benéficas para a humanidade ou a nação? Até agora, a evidência está esmagadoramente do lado da inovação. Quando deveríamos ter interrompido o progresso tecnológico? Teria sido melhor que Rousseau tivesse voltado no tempo e impedido o primeiro homem de cercar um pedaço de terra e chamá-lo de seu? Talvez não. E quanto à era de Byron? Quando a expectativa de vida na Inglaterra era de quarenta anos[63] e, já em 1851, mais de um terço de todos os meninos entre 10 e 14 anos trabalhavam, assim como um quinto de todas as meninas?[64] Deveríamos ter congelado a economia durante a década de 1950? Os salários eram bons, mas a expectativa de vida era de 65 anos[65] e incontáveis doenças eram uma sentença de morte.

O problema mais amplo é que qualquer tentativa do Estado ou de um ultrajado movimento populista de suprimir a inovação e planejar mais humana ou racionalmente a economia inevitavelmente leva a restrições a nossas liberdades. Sem dúvida, algumas são fáceis de tolerar e mesmo bem-vindas. (Por exemplo, não me incomoda que o Estado entrave o mercado de pornografia infantil.) Mas a liberdade econômica, no fim das contas, é inseparável da liberdade. A sociedade socialista, como disse famosamente Robert Nozick, deve "proibir os atos capitalistas entre adultos consencientes".[66]

A onda crescente de protecionismo neste país e em todo o Ocidente é meramente o mais óbvio sintoma de uma doença mais ampla. Vivemos um momento de ingratidão. A gratidão está em falta em relação não somente ao capitalismo, mas à própria democracia. Em nossa raiva romântica contra a máquina, não diferenciamos entre as causas. O Estado é culpado pelas falhas do capitalismo. O capitalismo é culpado pelas falhas do Estado. E, por toda parte, ouvimos que não precisa ser assim e que alguma outra tribo é responsável pelo que nos aflige. Assim, construímos coalizões de tribos determinadas a destronar os autores de nosso infortúnio.

Esse é o prólogo da história sobre a vitória de Donald Trump e o surgimento da "direita alternativa". É também o contexto da ascensão de Marine Le Pen, da vitória do Brexit e da nova cruzada global contra o "globalismo". Em face da imensa reprovação ao projeto progressista, vemos os progressistas de joelhos, procurando, em meio aos escombros que criaram, pelos ideais que não hesitaram em destruir quando estavam no poder.

ONZE

Política da cultura popular: Godzilla, rock & roll e o espírito romântico

E seus filhos choraram e construíram
Tumbas nos locais desolados,
E criaram leis de prudência, e as chamaram
De leis eternas de Deus.

— William Blake, *Primeiro Livro de Urizen* (1794)[1]

O destino de nossos tempos é caracterizado pela intelectualização, pela racionalização e, acima de tudo, pelo desencantamento do mundo.

— Max Weber, *Ciência como vocação* (1917)[2]

"Não escreva sobre romantismo."

Enquanto escrevia este livro, ouvi esse conselho — nem sempre com essas palavras — de minha esposa, de um brilhante autor e editor, de minha própria editora (que reduziu o manuscrito original pela metade) e de vários amigos confiáveis. Algumas vezes, eles disseram isso apenas com os olhos. Há algo na palavra "romantismo" que gera um revirar de olhos da alma e um reflexo defensivo da mente. *O que é mesmo o romantismo? Eu tive aulas sobre isso na faculdade, mas nunca entendi direito.*

Os acadêmicos não ajudaram. O termo que foi esticado e retorcido como um puxa-puxa. Nenhuma palavra, nem mesmo "fascismo", se provou mais difícil de definir, particularmente entre os acadêmicos que a estudam.[3] Para começar, todo país tem seu próprio romantismo, porque o romantismo se expressa na língua e na cultura em que surge. Como consequência, frequentemente é encontrado em toda parte ou em parte alguma, dependendo de a quem você dá ouvidos. Piorando o problema, frequentemente se manifesta mais agudamente como rebelião contra definições, distinções e classificações. O romântico usualmente é rápido em dizer: "Não me rotule, cara."

Isaiah Berlin iniciou suas seminais palestras A. W. Mellon de 1965 sobre as "raízes do romantismo" declarando que não cometeria esse erro. "Pode-se esperar que eu comece, ou tente começar, com alguma definição do romantismo, ou ao menos alguma generalização, a fim de deixar claro o significado que dou a ele. Não me proponho a cair nessa armadilha particular."[4] Em 1923, o filósofo Arthur O. Lovejoy fez uma palestra durante a reunião anual da Associação de Língua Moderna da América, intitulada "On the Discrimination of Romanticisms" [Sobre a discriminação dos romantismos]. Após gerar algumas risadas falando de todos os diferentes "pais do romantismo" — Platão, São Paulo, Francis Bacon, Immanuel Kant etc.—, ele listou os diferentes tipos de romantismo e declarou: "Qualquer tentativa de avaliação geral de um único romantismo cronologicamente determinado — quem dirá do 'romantismo' como um todo — é uma fatuidade."[5]

Em seu aclamado livro *Bobos in Paradise: The New Upper Class and How They Got There* [Bubos no paraíso: a nova classe alta e como ela chegou lá], David Brooks argumenta que a cultura americana moderna está tomada pelo romantismo. Mas, talvez por ser melhor em aceitar conselhos editoriais, ele rejeitou esse termo em favor de "boemia". "Falando estritamente, a boemia é somente a manifestação social do espírito romântico", escreve Brooks. "Mas, por questões de clareza, e porque a palavra romantismo foi esticada em tantas direções, neste livro usarei a palavra boemia para me referir tanto ao espírito quanto aos hábitos e costumes que ele produz."[6]

Dado o sucesso do livro, talvez eu devesse ter dado ouvidos àqueles que me advertiram contra o romantismo. Mas me atenho a ele porque, como fenômeno histórico e social, esse é o melhor termo. Ninguém fala de "nacionalismo boêmio". Assim, farei alguns comentários na tentativa de chegar a uma definição.

Como vimos nas discussões anteriores sobre Rousseau, o romantismo frequentemente é descrito como rebelião contra a razão, e frequentemente é. Outros o descrevem como primazia das emoções e dos *sentimentos*. Em minha opinião, essa é definição que chega mais perto. A ênfase nos sentimentos explica por que a primeira e mais poderosa expressão do romantismo foi artística.

A era da razão foi uma revolução não somente para a mente, mas para toda a sociedade. E, para muitos, pareceu uma invasão. Na Alemanha e em muitas partes da Europa, essa sensação foi literalmente verdadeira. O romantismo, comentou Joseph Schumpeter, "surgiu quase imediatamente como parte da reação geral contra o racionalismo do século XVIII, que se estabeleceu após as guerras revolucionária e napoleônica".[7] Os poetas — e pintores e romancistas — eram os soldados da linha de frente na grande contraofensiva da alma humana contra o Iluminismo. William Blake, o grande poeta romântico, detestava tudo que John Locke e Isaac Newton legaram ao mundo. Quando Blake proclamou que "um pintarroxo na gaiola / deixa todo o céu enraivecido",[8] a gaiola que ele tinha em mente era o Iluminismo. Não se tratava exatamente de seres humanos *versus* máquinas, mas sim de defensores da alma contra promotores do pensamento maquinal.

Em minha opinião, os românticos tinham certa razão. Mesmo mantendo a promessa de manter Deus fora deste livro, acredito que há mais na vida que aquilo que pode ser mapeado, transformado em gráfico ou de algum modo matematizado. E essas coisas são importantes. O que imbuímos de significância é significante; há sentido no sentido que impomos às coisas.

Meu argumento neste capítulo é que a era romântica em nossa cultura — incluindo a fatia que chamamos de cultura popular — jamais chegou ao fim. Ela teve altos e baixos, mas sempre dominou grande parte do que chamamos de cultura popular. Hoje, ela essencialmente define nossa cultura partilhada. Na verdade, "cultura partilhada" pode ser um termo melhor que cultura popular, porque a cultura popular é vista como dedicada às massas, quando, na verdade, quase todo mundo, rico ou pobre, vai ao cinema, assiste a ao menos alguns programas de TV e está de algum modo familiarizado com a música pop. As diferenças de classe explicam menos que as diferenças de idade quando falamos de gostos diferentes em termos de entretenimento popular.

A principal razão que me faz acreditar que a era romântica jamais chegou ao fim é o fato de ela não ter sido uma era, mas uma reação. Até a revolução científica e o Iluminismo, os seres humanos, como regra, não dividiam o mundo em secular e religioso, pessoal e político, razão e superstição. A ciência foi mágica e a magia foi ciência durante a maior parte de nosso tempo neste planeta. Os antigos sacerdotes romanos que estudavam as entranhas dos pássaros para prever o futuro não pediam a ninguém que desse um salto de fé. Tratava-se de ciência sólida. E de magia. E de religião. Os acadêmicos debateram durante muito tempo o estranho e frequentemente belo relacionamento entre magia e ciência. A magia medieval era racional? Antirracional? Não racional? Os alquimistas foram simplesmente os primeiros químicos?[9]

A reforma protestante, o Iluminismo e a revolução científica foram amplamente creditados pelo nascimento de um mundo mais secular e menos supersticioso. Tudo isso é verdade. Mas o processo foi mais complicado que parece. A imagem no coração do Iluminismo é a *luz*, a ideia de que a ciência e a razão baniram as sombras da ignorância. Mas essa metáfora é enganosa quando se trata da mente humana. O Iluminismo, na verdade, foi mais uma dissociação. Na mente medieval e primitiva, ciência, mágica, religião, superstição e razão estavam mais ou menos unidas. As peças começaram a se separar com a reforma protestante, quando mágica e religião passaram a ser consideradas não relacionadas. Então a ciência e a religião se separaram. Em seguida, após o Iluminismo, a religião tradicional e a política se afastaram.

JACARÉ

A mente pré-moderna era como um enorme iceberg entrando em novas águas e, com a aproximação do período moderno, grandes pedaços se soltaram. Mas eis o ponto importante: os pedaços não derreteram, ao menos não completamente. Eles só se transformaram em icebergs menores. A revolução científica não se livrou da religião. A era da razão não baniu a superstição. Basta olhar em torno para ver que religião e superstição (que não são a mesma coisa) persistiram. O triunfo da razão não nos transformou nos vulcanos de *Star Trek*, escravos da lógica fria. (Aliás, mesmo os vulcanos têm emoções; eles só se esforçam muito para mantê-las sob controle.) O que aconteceu foi que, após o Iluminismo, a razão recebeu cada vez mais prioridade no direito, nos argumentos públicos e na maioria das instituições, na maior parte do tempo.

E é isso que há de tão engraçado no ódio às vezes visceral por Isaac Newton entre os primeiros românticos (atrás apenas de seu ódio por John Locke). Para Blake, Coleridge e outros românticos, a física de Newton desmistificou o cosmos e nosso lugar nele, cimentando o caminho para um universo mecanicista e sem alma. Mas, apesar de todas as monumentais contribuições de Newton para a ciência, ele era essencialmente um místico. Estava muito mais interessado em alquimia que em gravidade. Via-se como explorador do oculto, determinado a redescobrir segredos mágicos antigos e perdidos. Como disse John Maynard Keynes, Newton não foi o primeiro cientista, foi o último mágico. Thomas Edison e Alexander Graham Bell frequentavam sessões espíritas regularmente. Edison tentou inventar um telefone para conversar com fantasmas. Guglielmo Marconi queria fazer a mesma coisa usando ondas de rádio.

Hoje, neurocientistas e psicólogos ocupam seus dias documentando as maneiras pelas quais a mente humana age irracionalmente.[10] Nosso cérebro animal possui programas e sub-rotinas projetadas para nos manterem vivos, não para determinarem a verdade. A habilidade de raciocinar é uma ferramenta importante para a sobrevivência. Mas é mais importante que o medo? A raiva? A lealdade? Lembre-se que, para o homem primitivo, a sobrevivência era uma empreitada coletiva, e as ferramentas cognitivas que desenvolvemos são muito mais variadas e complicadas que simplesmente racionais. Por exemplo, a superstição ou tabu sobre a importância da limpeza pode ter sido passada de geração a geração, duramente milhares de anos, sem um único xamã, sacerdote ou pai fazer qualquer referência a micróbios ou germes. Mas o grupo que obedecia à proibição de consumir alimentos impuros mesmo assim teve vantagem evolutiva. Similarmente, grupos que aderiram às noções de justiça redistributiva — tanto internamente, para traidores, quanto externamente, para estrangeiros — tiveram mais probabilidade de passar adiante seus genes. Falando de modo amplo, os grupos que possuíam uma visão coerente sobre o significado do grupo — religioso, político, social etc. — provavelmente tinham mais sucesso na cooperação, e a cooperação foi a adaptação evolutiva central da humanidade.

O Iluminismo não apagou esses aplicativos de nossos cérebros. Eles rodam o tempo todo, gerando respostas emocionais e instintivas a eventos e ideias que às vezes reconhecemos como parte de nossa natureza mais baixa e às vezes confundimos com um ideal mais elevado. A ênfase do romantismo na emoção e no irracional, na significância daquilo que não pode ser visto ou explicado através da ciência, mas pode ser sentido intuitivamente, foi a maneira que a mente tribal encontrou para tentar retomar o papel central em nossas vidas. Meu argumento aqui é que a cultura popular nos dá a mais clara janela para a dimensão romântica na qual todos vivemos. Para demonstrar isso, focarei em algumas marcas distintivas clássicas do romantismo. Mas é preciso enfatizar que a cultura popular não é romântica por representar a influência duradoura de escritores e poetas românticos (embora alguma influência certamente esteja presente). A cultura popular é romântica porque a sociedade baseada no Iluminismo convida naturalmente a uma reação romântica; sentimos falta da unidade de sentido que perdemos e ansiamos pelo encantamento que foi purgado da vida cotidiana.

IT'S ONLY ROCK AND ROLL (BUT I LIKE IT)

Acredito que poderia apresentar todo meu argumento citando somente o rock and roll. Minha alegação não é tanto que existem elementos de romantismo no rock and roll, e mais que *rock and roll é romantismo*. De fato, suspeito que algo similar pode ser dito da música popular em geral, incluindo o hip hop e a música country. Quais são os temas-chave do rock and roll e desses outros gêneros? Qualquer lista incluiria desafio à autoridade, libertação das amarras do "governo", amor verdadeiro, indiferença pelas consequências, nostalgia por um imaginado passado melhor, superioridade da juventude, desprezo por aquilo que se tornou comercial, alienação, superioridade da autenticidade, paganismo, panteísmo e, como um guarda-chuva sobre tudo isso, a supremacia absoluta dos sentimentos pessoais.

O rock and roll, das formas mais comerciais às mais autênticas, afirma estar fora do "sistema". Ele alega uma autoridade superior ou mais verdadeira baseada em sentimentos que, como os poetas das gerações anteriores, desafiam a tirania da régua de cálculo e da calculadora. Seus defensores mais grandiosos colocam o rock ao lado de todas as forças superiores, como um titã ou deus em eterna batalha contra as deidades tirânicas do sistema. "O cristianismo vai acabar", garantiu John Lennon. "Ele vai encolher e desaparecer [...] Somos mais populares que Jesus agora. Não sei o que vai acabar primeiro, o rock and roll ou o cristianismo."[11] O guitarrista do U2, The Edge, diz que "o rock and roll não é uma carreira ou um hobby, é uma força vital. É algo muito essencial".[12]

Robert Pattison, em seu *The Triumph of Vulgarity: Rock Music in the Mirror of Romanticism* [O triunfo da vulgaridade: o rock no espelho do romantismo], argumenta que o rock and roll é vulgar tanto no sentido clássico — "vulgar" deriva do latim *vulgus*, significando multidão ou pessoas comuns — quanto no sentido mais esnobe, de ser grosseiro. Como o rock é democrático, ele nos atrai e não finge pertencer à alta cultura ou esposar altos ideais. Ele fala aos instintos, ao panteísta primitivo em todos nós. A essa altura, o leitor já deve ter uma boa noção do que é "primitivo", mas "panteísmo" requer alguma explicação. O panteísmo, do grego *pan* (tudo) e *theos* (deus), é a crença de que toda a realidade é divina e Deus (ou deuses) permeia a nós e a tudo a nossa volta. A terra é o céu e o céu é a terra.

Existe alguma forma artística que tenha mais sucesso em reencantar o mundo, para emprestar a expressão de Max Weber, que a música? Quem já não teve a sensação de ser elevado ou transportado do mundo cotidiano por ela? "A música expressa aquilo que não pode ser colocado em palavras, mas tampouco pode permanecer em silêncio", disse Victor Hugo.[13]

Ponha seus fones de ouvido e caminhe por uma rua movimentada; o mundo parece ter sido feito para a música. Ou observe as pessoas ouvindo música em seus iPods enquanto passam por você, dando novo literalismo à frase amplamente — e erroneamente — atribuída a Nietzsche: "E aqueles vistos dançando foram considerados insanos pelos que não conseguiam ouvir a música."[14] Esse é o conceito por trás de incontáveis filmes que usam música para nos transportar à sensação de unidade isolada com o mundo a nossa volta. (O filme *Em ritmo de fuga* é um bom exemplo do gênero.)

Pense em como os seres humanos começaram a apreciar música. Uma banda primitiva se sentava em torno do fogo tocando tambores e entoando preciosas canções populares. Sem dúvida, essa prática era divertida, mas também uma maneira de comungar com os deuses ou outros membros do bando, honrar ancestrais, chorar guerreiros mortos ou afastar espíritos maus — ou uma combinação de tudo isso. Era democrático e pessoal, divino e mundano, tudo ao mesmo tempo.

O rock and roll é o toque de tambor primitivo ligado a amplificadores gigantescos. Ele une sentidos que aprendemos a manter separados e ratifica instintos que somos instruídos a manter sob controle. Ele nos diz, nas palavras de Jethro Tull, "vamos zoar na selva", porque "está tudo bem para mim".

Em nenhum outro lugar a mistura romântica de panteísmo, primitivismo e primazia dos sentimentos é mais evidente que no apelo do rock à autoridade e à autenticidade interiores. A despeito de podermos estar cercados de milhares de fãs dançando ou sacudindo a cabeça em sincopado uníssono, o rock ainda nos diz que devemos nos mover ao ritmo de nosso próprio tambor. Para Hegel, o romantismo podia ser resumido como "interioridade absoluta". A ideia de que o artista é escravo somente de sua própria musa irracional sem dúvida é antiga, mas seus óbvios ecos modernos podem ser encontrados nos textos iniciais do filósofo romântico Friedrich Nietzsche. "Nietzsche", escreve a historiadora de música Martha Bayles, "ecoava a robusta visão otimista de que o único uso válido da razão na arte é confrontar, lutar com e, finalmente, incorporar o irracional".[15]

Não é por acidente que drogas e rock and roll estão ligados na imaginação popular. Ambos prometem nos tirar do reino das preocupações cotidianas e prioridades racionais. Ambos são formas de escapismo da rotina, das amarras do aqui e agora. Os antigos celebravam o vinho, as mulheres e a música. Hoje o mantra é "sexo, drogas e rock and roll" — e, enquanto formos humanos, sempre será assim.

Tampouco é coincidência o fato de o rock apelar mais diretamente aos adolescentes. A adolescência é o período no qual a ordem civilizada e nosso primitivo interno estão mais constantemente em guerra. É quando os desejos glandulares são mais poderosos e nossa faculdade da razão mais suscetível à sedução. Todo mundo que passou pela angústia adolescente — ou seja, todo mundo com idade suficiente para comprar cigarros e álcool legalmente — conhece bem a guerra travada, em todo coração jovem, pela revolução romântica contra a onda iluminista.

Também não é coincidência o fato de a era de paz, prosperidade e conformidade após a Segunda Guerra Mundial ter criado a ideia de adolescência. A conservadora década de 1950 deu aos adolescentes algo contra que se rebelar. Similarmente, a paz e a prosperidade no mundo pós-guerra fria criaram o adolescente de 40 anos. O conforto da prosperidade leva, de maneira schumpeteriana, à reação cultural contra a ordem estabelecida e os valores burgueses.

Agora passaremos do rock and roll para a cultura popular de modo geral. Pois afirmo que os mesmos impulsos românticos que definem o rock and roll definem também o restante de nossa cultura.

AQUI HÁ MONSTROS

O lugar mais simples para começar são os monstros. Os homens primitivos acreditavam em todo tipo de monstro, definido de modo amplo. O nerd de Dungeons & Dragons em mim quer distinguir entre monstros *qua* monstros e, digamos, dragões, espíritos, orcs e etc. Mas ficaremos com o entendimento mais geral de monstros: criaturas não naturais que nos aterrorizam. A mente primitiva cria monstros para personificar medos, e o medo é um dos maiores mecanismos de defesa no estado natural. O rosnado que ouvimos do fundo da caverna faz com que a mente humana evoque o pior cenário possível porque o credo "melhor prevenir que remediar" está inscrito no DNA de quase todo animal. Crianças muito novas precisam aprender que não há monstros escondidos debaixo de suas camas porque os seres humanos nascem com a consciência inata de sua vulnerabilidade. Nos adultos, o medo dos monstros persiste, usualmente se manifestando como ansiedade em relação ao desconhecido. As fronteiras do conhecimento dos cartógrafos medievais eram marcadas com as palavras "aqui há monstros".

Do período medieval tardio até hoje, ainda tememos que, se ultrapassarmos as fronteiras do conhecido ou invadirmos o território da autoridade divina, encontraremos — ou criaremos — monstros. Parte da acusação romântica à ciência e à razão é a húbris, que significa arrogância e, no original grego, desafio orgulhoso aos deuses e seus planos. Como ousamos domar a natureza ou desencantar o mundo? Dessa maneira, os monstros servem como instrumentos de uma fantasia vingativa contra "o sistema". O monstro que o destrói é o radical supremo.

Ao fim do roteiro de Drew Goddard e Joss Whedon para *O segredo da cabana*, dois millennials cansados do mundo e irritados com sua hipocrisia permitem que titãs malvados chamados de "antigos" destruam o mundo, em vez de sacrificarem suas próprias vidas. Quando lhes dizem que 5 bilhões de pessoas morrerão se eles não se matarem antes de o Sol nascer em cinco minutos, um dos jovens responde: "Talvez tenha de ser assim. Se você precisa matar todos os meus amigos para sobreviver, talvez esteja na hora de mudar." Em outras palavras, para o millennial que joga por suas próprias regras, o genocídio planetário é uma resposta justa por ele não ter conseguido o que queria.

A mais influente história de monstro de todos os tempos é, claro, *Frankenstein*. Mary Shelley baseou o monstro de Frankenstein na antiga lenda judaica do golem, uma criatura feita de material inanimado que é trazida à vida através da magia. O dr. Frankenstein não era mágico, mas um homem da ciência; no entanto, a moral da história é amplamente a mesma: húbris, bancar Deus, interferir com a natureza, encontrar a centelha divina nas coisas mundanas. Não é difícil entender por que a história de Shelley sobre um cientista maluco mexendo com forças poderosas além de sua compreensão cativou a imaginação de milhões de leitores no início da década de 1800.

A acusação romântica de Rousseau ao progresso espelha a história bíblica da queda da humanidade. Desafiando a lei natural — o mandamento de Deus —, Adão e Eva provaram do fruto proibido do conhecimento e, desde então, o homem vive em pecado, tendo sido expulso do Éden. Na versão de Rousseau, quando o homem adotou a propriedade e a divisão do trabalho, ele abandonou a vida feliz do bom selvagem que vive em harmonia com a natureza. A história do monstro de Frankenstein segue o mesmo padrão.

O título original da história de Shelley foi majoritariamente esquecido: *Frankenstein ou o Prometeu moderno*. Na mitologia grega, o titã Prometeu criou o homem usando argila e água, exatamente como o golem. Prometeu também deu o fogo ao homem, contra a vontade de Zeus, que famosamente o puniu amarrando-o a um rochedo no qual uma águia comia seu fígado, que se regenerava durante a noite e era comido novamente no dia seguinte.

As similaridades entre o dr. Frankenstein e Prometeu são óbvias demais para continuarmos explorando — e foi por isso que Shelley evocou o titã no título. Mas é interessante notar que a eletricidade, então um fenômeno ainda mágico e miraculoso, desempenhou praticamente o mesmo papel que o fogo desempenhava para a mente antiga. De fato, Søren Kierkegaard cunhou a expressão "Prometeu moderno" para descrever Benjamin Franklin e seus experimentos com eletricidade.[16] Pois Franklin não roubou o símbolo do poder divino — o relâmpago — e o atrelou às rédeas da ciência?

Não foi esse um grande ato de húbris?

Quando notícias sobre os experimentos de Franklin no Novo Mundo chegaram ao Velho Mundo, o choque foi parecido com a notícia da detonação da primeira bomba atômica.[17]

Já que estamos falando nisso, a bomba atômica também criou sua própria onda de histórias de monstros. A etimologia de "monstro" é relevante: *aviso, portento, demonstração, manifestação*. Pense em Godzilla, o rei dos monstros (e um dos mais duradouros ícones da cultura pop em todo o mundo, não somente no Japão). O primeiro filme de Godzilla foi lançado em 1954, menos de uma década após o bombardeio de Nagasaki e Hiroshima e somente dois anos após o fim formal da ocupação americana do Japão — em meio a enormes controvérsias sobre um barco pesqueiro japonês danificado durante um teste nuclear americano no atol de Bikini.

Mas o mais importante é que Godzilla também é um tipo de monstro de Frankenstein, criado pela força invisível e aparentemente mágica da radiação atômica. Deformidades e mutações — precisamente o tipo de condição que deu origem ao significado original da palavra "monstro" — foram uma consequência muito real e onipresente após os bombardeios. O medo de que a era atômica gerasse horrores inimagináveis era comum em todo o mundo, mas, compreensivelmente, mais agudo no Japão.

"Godzilla há muito espelha o pensamento público no Japão", escreveu Chieko Tsuneoka no *Wall Street Journal*. "A origem do monstro como produto mutante dos testes nucleares reflete o trauma do Japão com os bombardeios atômicos da Segunda Guerra Mundial e, no pós-guerra, as ansiedades com os testes americanos da bomba H no Pacífico. Na década de

1970, enquanto o Japão sufocava com a poluição industrial, Godzilla lutou contra o Monstro Smog. No início da década de 1990, quando os atritos comerciais entre os Estados Unidos e o Japão se intensificaram, Godzilla lutou contra King Ghidorah, um monstro de três cabeças enviado por vilões de aparência estrangeira chamados futurians para impedir que o Japão se tornasse uma superpotência econômica."[18]

O mais recente filme de Godzilla, *Shin Godzilla*, de 2016, captura os crescentes sentimentos nacionalistas no Japão, conforme o país tenta decidir se deve se remilitarizar em face da agressão chinesa e russa e da percebida falta de confiabilidade americana. A ideia é desoladora, pois o Japão deu as costas ao militarismo nacionalista após a Segunda Guerra Mundial, adotando a democracia de mercado e o pacifismo. (Aliás, o primeiro filme de Godzilla, 62 anos antes, foi uma alegoria pacifista.) Os medos gêmeos enfrentados pelo Japão são de que, de um lado, o retorno do nacionalismo e do militarismo desperte antigos demônios e, de outro, que seja necessário fazer isso para que o país sobreviva. Em *Shin Godzilla*, a besta retorna a seu papel original de vilã e os heróis são políticos e militares, tradicionalmente vistos como bem-intencionados, mas impotentes contra o monstro. Eles novamente desempenham esse papel, mas, no fim, mostram-se à altura do desafio, encontrando forças para derrotar a besta (por enquanto — sempre haverá sequências).

William Tsutsui, autor de *Godzilla on My Mind: Fifty Years of the King of Monsters* [Godzilla em minha mente: cinquenta anos do rei dos monstros], de 2004, escreveu que "*Shin Godzilla* não deixa dúvidas de que a maior ameaça ao Japão vem não de fora, mas de dentro, de uma burocracia governamental geriátrica e fossilizada que é incapaz de agir decisivamente ou suportar resolutamente a pressão estrangeira. De fato, esse filme poderia facilmente ser intitulado 'Godzilla *versus* o establishment', uma vez que, em Tóquio, a asfixiante areia movediça de reuniões de gabinete, rivalidades políticas e obstáculos entre agências fazem com que Mothra, Rodan e King Ghidorah pareçam adversários notavelmente mansos".[19]

Shin em japonês pode significar novo, divino ou verdadeiro, mas os cineastas se recusaram a revelar qual significado tinham em mente — o que certamente sugere que pensavam em todos os três.[20]

Claro, Godzilla e Frankenstein são apenas dois dos monstros que povoam a cultura popular e os avisos que fornecem. De fato, há toda uma subliteratura sobre o que os vilãos-monstros dos filmes de ficção científica realmente representam.

Por exemplo, um de meus filmes de terror favoritos — e eu não gosto de muitos — é *O exorcista*, em parte porque não se trata realmente de um filme de terror. *O exorcista* conta a história de uma garotinha inocente que é possuída e degradada por um demônio. É uma peça brilhante de comentário teológico e psicológico.

Nas cenas iniciais, quando cientistas e médicos estão tentando descobrir o que há de errado com Regan, a garotinha, sentimos os limites da moderna e estéril tecnologia. Mais tarde, quando os padres tentam expulsar o demônio, o filme nos pede que aceitemos a existência do mal. O padre mais jovem, Damien Karras — um psicólogo que, antes dos eventos do filme, abandonara a fé pelo secularismo — pergunta "Por que essa menina?" O padre Merrin responde: "Acho que a intenção é nos levar ao desespero. Nos vermos como feios animais. Rejeitarmos a possibilidade de que Deus nos ama."[21] Embora eu prefira a resposta integral do padre Merrin no romance original:

> E, no entanto, acho que o alvo do demônio não é o possuído, são [...] os observadores [...] todas as pessoas nesta casa. E acho que a inten-ção é nos levar ao desespero, a rejeitar nossa própria humanidade, Damien. Vermo-nos como bestiais, vis e putrescentes, sem dignidade, feios, não merecedores. E aqui está a essência de tudo isso: no fim das contas, é uma questão de amor, de aceitar a possibilidade de que Deus pode *nos* amar.[22]

Há muitos temas em *O exorcista*: os limites da razão e da tecnologia, o po-der da fé, a realidade do mal e a muito deliberada glorificação da religião tanto no livro quanto no filme, ambos escritos por William Peter Blatty. O monstro que controla Regan é um aviso contra os perigos do niilismo, do secularismo e mesmo do capitalismo, se implementado do jeito errado.

Embora seja obviamente um thriller sobrenatural, o filme pode ser mais bem entendido como parte de, e resposta a, uma guinada sombria nos filmes americanos no início da década de 1970. Qualquer idealismo que pudesse ter existido na década de 1960 chegara ao fim, conforme os custos do amor livre e do desdém pela autoridade aumentavam. A perda da fé na política e as perturbações internacionais e domésticas contribuíram para um período muito desolado — embora bem-executado — do cinema americano. *O exorcista* foi lançado no mesmo ano que *Loucuras de verão, Caminhos perigosos, A última missão, No mundo de 2020, Com as próprias mãos* e *Magnum 44*, a sequência do filme *Perseguidor implacável*.[23] Os principais filmes do ano seguinte incluíam *Desejo de matar, Chinatown, O poderoso chefão II, A trama* e *Lenny*. O ano seguinte a esse teve *Um estranho no ninho* e *As esposas de Stepford*. O que todos esses filmes, incluindo *O exorcista*, tinham em comum? A ideia de que a vida contemporânea era desequilibrada e desordenada, inautêntica ou opressiva e de que as elites e o próprio sistema eram falhos, corruptos ou inadequados para a tarefa de consertar a vida.

"NÃO DEVERIA SER ASSIM"

A ideia de que o mundo — este mundo — é *errado*, desequilibrado, falso, fraudulento, não natural tem sido um dos temas dominantes da arte desde o Iluminismo. Foi o que motivou os poetas românticos a lutarem contra o que viam como mecanização da vida natural. É o conceito central dos filmes *Matrix*, nos quais um sistema tecnologicamente opressivo se alimenta parasitariamente da humanidade. Ele também pode ser encontrado em vários filmes e programas de TV sobre a ansiedade e a crise de meia-idade dos *baby boomers*, como *Grand Canyon, ansiedade de uma geração*, de Lawrence Kasdan, lançado em 1991. O filme, que deveria ser "*O reencontro da década de 1990*" (como diziam as campanhas de marketing), foca na maneira como um grupo diverso de personagens está perdido no caos da vida americana moderna, sem possuir experiências partilhadas ou empatia mútua e buscando desesperadamente um senso de controle ou significado. Como diz Danny Glover em uma cena famosa, "Cara, o mundo não deveria ser assim".

Para ser justo, o mesmo tema pode ser encontrado em todas as gerações. Os filmes da chamada geração X estão repletos de angústia geracional. Winona Ryder e Ethan Hawke passaram grande parte da década de 1990 fazendo filmes dedicados à afirmação de que o sistema é um súcubo drenando a autenticidade da vida e as almas dos jovens. Eis Hawke em *Caindo na real*:

Nada disso faz sentido. É tudo uma loteria aleatória de tragédias sem sentido e de escapar delas por um triz. É por isso que eu aprecio os detalhes. Você sabe, a delícia de um quarteirão com queijo, o céu uns dez minutos antes de começar a chover, aquele momento em que o riso se transforma em gargalhada... Eu me recosto, fumo meu Camel Straights e relaxo.

Em outra cena, Hawke atende ao telefone dizendo: "Olá, você ligou para o inverno de nossa desesperança."[24]

O interessante é que a década de 1990 pode ter sido uma espécie de ápice desse gênero. Podemos especular por quê. A década de 1980 foi uma época de conformidade e prosperidade. O fim da guerra fria e o subsequente triunfalismo do capitalismo democrático ocidental horrorizaram muitas almas artísticas.

O execrável filme *Pleasantville — A vida em preto e branco* foi uma metáfora estendida sobre os horrores da conformidade. Assim como o ainda mais execrável filme de 1999 *Beleza americana*. "Sinto como se tivesse passado os últimos vinte anos em coma e acabado de acordar", declara Kevin Spacey interpretando Lester Burnham, uma versão atualizada do homem de terno cinzento, desesperado para romper as correntes da moralidade convencional e fazer parte da cultura de consumo. Ele inicia um regime de "desenvolvimento pessoal" que inclui todas as etapas comuns: obsessões sexuais, maconha, desdém pela autoridade.

"Janie, eu pedi demissão hoje. Mandei meu chefe se foder e o chantageei em quase 60 mil dólares. Passe o aspargo", diz Lester à filha durante o jantar.[25]

Em *Caçadores de emoção* (1991), um pequeno grupo — uma tribo, se preferir — de surfistas se dedica a destruir o sistema usando máscaras de presidentes mortos e roubando bancos. Mas Bodhi (Patrick Swayze) explica: "Nunca se tratou de dinheiro. Mas de ser contra o sistema. O sistema que mata o espírito humano. Nós representamos um ideal. Para aquelas almas mortas se arrastando pelas rodovias em seus caixões de metal [...] nós mostramos que o espírito humano ainda está vivo."[26] A horrível refilmagem é ainda mais desajeitada no tratamento desses temas.

O espírito romântico não usa sutilezas para expressar seu ódio pelo capitalismo e pelo mercado. Como escreveu John Steinbeck em *As vinhas da ira*, "O banco é diferente dos homens. Todo homem em um banco odeia o que o banco faz, mas o banco faz mesmo assim. O banco é algo para além dos homens, estou dizendo. É um monstro. Os homens o criaram, mas não podem dissociá-lo".[27]

A brilhante série televisiva *Mr. Robot* oferece a mais recente exposição desses temas. Localizada na Nova York contemporânea, a série segue o savant Elliot, um programador mentalmente instável perturbadoramente interpretado por Rami Malek. Elliot parece viver em um sonho, consumido por um diálogo constante com o fantasma (por falta de uma palavra melhor) de seu pai, um rebelde rousseauniano determinado a derrubar o sistema. Como explica Elliot a seu terapeuta:

Ah, não sei. É porque achamos, coletivamente, que Steve Jobs foi um grande homem, mesmo tendo ganhado bilhões explorando crianças? Ou talvez porque pareça que nossos heróis são falsificados? O mundo é uma grande farsa. Repetindo uns para os outros nossos comentários de merda, disfarçados de insight, em uma mídia social que se passa por intimidade. Ou é porque escolhemos tudo isso? Não com nossas eleições manipuladas, mas com nossas coisas, nossas propriedades, nosso dinheiro. Não estou dizendo nada novo. Todos sabemos por que fazemos isso, não porque a série *Jogos vorazes* nos deixa felizes, mas porque queremos ser sedados. Porque é doloroso não fingir, porque somos covardes. Foda-se a sociedade.[28]

(Mais tarde, ficamos sabendo que ele nada disse a seu terapeuta. Foi somente outro monólogo interno narrado por seu self autêntico.)

Elliot e sua tribo de hackers, "F-Society", tentam destruir a E Corp, que rapidamente se torna "Evil Corp" [Corporação Maligna]. Isso pode soar didático e mesmo propagandístico, mas o criador da série, Sam Esmail, evita habilmente tais armadilhas. A série é quase um conto alegórico sobre os rousseaunianos, que querem "salvar o mundo" e transformá-lo novamente em algo mais humano e natural, e os capitalistas nietzschianos, que dirigem o sistema através do uso da força de vontade e do desdém niilista pela moralidade. O que ambas as facções têm em comum é a convicção romântica de que a única fonte legítima de verdade é encontrada no interior do homem. Na primeira temporada, Tyrell Wellick, um brilhante carreirista corporativo, explica o que sente após assassinar alguém:

> Há dois dias, estrangulei uma mulher usando somente as mãos. Foi uma sensação estranha. Algo tão tremendo realizado por algo tão simples. Os primeiros dez segundos são desconfortáveis, uma sensação de limbo, mas então seus músculos se contraem e ela se retorce e luta, mas isso quase desaparece ao fundo, juntamente com todas as outras coisas. Nesse momento, só existem você e o poder absoluto, nada mais. Esse momento ficou comigo. Achei que sentiria culpa por ser um assassino, mas não sinto. Sinto assombro.[29]

Um dos aspectos mais notáveis da série é como ela exemplifica o espírito romântico na era tecnológica. O romantismo sempre fala a linguagem de sua época. É parcialmente por isso que achamos que a era romântica chegou ao fim. Porque a linguagem mudou com os tempos.

Mas os dois filmes mais representativos desse gênero neorromântico devem ser *Clube da luta* e *Sociedade dos poetas mortos*. Em *O clube da luta*, lançado no mesmo mês que *Beleza americana*, Edward Norton interpreta um jovem profissional levado à loucura pela jaula do capitalismo moderno. O filme é uma confusão de vinhetas rousseaunianas e nietzschianas fingindo ser gritos primais. A premissa de *Clube da luta* é que os jovens são os órfãos do sistema, esquecidos, explorados e oprimidos. Eles nascem livres, mas vivem acorrentados. "Como tantos outros", explica Norton, "eu me tornara um escravo do instinto doméstico da Ikea."

A única maneira de eles redescobrirem a liberdade e o sentido removidos pelo sistema é reacenderem suas chamas primais e tribais, primeiro lutando uns contra os outros e, em seguida, contra o próprio sistema.

O *alter ego* de Norton, Tyler Durden, explica:

> Cara, eu vejo no clube da luta os homens mais fortes e mais espertos que já viveram. Vejo todo esse potencial ser desperdiçado. Porra, uma geração inteira de frentistas e garçons, escravos de camisas brancas. A propaganda faz com que queiramos carros e roupas, trabalhando em empregos que odiamos para comprar coisas das quais não precisamos.

Somos os filhos do meio da história, cara. Sem propósito nem lugar. Não tivemos uma guerra. Nenhuma Grande Depressão. Nossa guerra é espiritual [...] nossa Grande Depressão são nossas vidas. Fomos criados pela televisão e levados a acreditar que um dia seremos todos milionários, deuses do cinema e astros do rock. Mas não seremos. E, lentamente, estamos descobrindo isso. E estamos muito, muito putos.

Outro membro do clube da luta aconselha: "Rejeite as premissas básicas da civilização, especialmente a importância das posses materiais."[30]

E então há *Sociedade dos poetas mortos*, no qual alguns jovens em um colégio interno puritano buscam quebrar as correntes da convenção e desafiar a autoridade do sistema opressivo que estão destinados a herdar. E como fazem isso? Adotando a obra de poetas românticos (e uma mistura de transcendentalistas posteriores) que declararam guerra ao Iluminismo dois séculos antes!

O filme começa com os estudantes aprendendo poesia através de fórmulas, plotando sua "perfeição ao longo da linha horizontal de um gráfico" e sua "importância" na linha vertical, a fim de encontrar a "medida de sua grandeza". É quase como se o sistema tivesse encontrado sua resposta desalmada à pergunta do poeta August Wilhelm Schlegel: "O que um poema pode provar?" John Keating, o novo e carismático professor interpretado por Robin Williams, diz aos garotos para arrancarem a introdução de seus livros didáticos de poesia.

Ele os exorta a olharem para dentro em busca de significado e autoridade. "Garotos, vocês precisam encontrar sua própria voz. Quanto mais esperarem para começar, menos provável será que a encontrem. Thoreau disse que a maioria dos homens leva vidas de silenciosa resignação. Não se resignem. Libertem-se!"

Quando um dos alunos descobre, em um velho anuário, que o sr. Keating fora membro de algo chamado Sociedade dos Poetas Mortos, o sr. Keating responde: "Não, sr. Overstreet, não éramos somente 'caras' e não éramos uma organização grega; éramos românticos. Não líamos poesia, simplesmente, nós a deixávamos escorrer de nossas línguas como mel. Espíritos se alçavam às alturas, mulheres desfaleciam e deuses eram criados, cavalheiros. Não é um jeito ruim de passar a noite, hein?"

Inspirados por isso, os garotos se metem em todo tipo de problema. Neil, o líder do grupo, segue fielmente o conselho de Thoreau: "Lutar contra tudo que não é vida, a fim de, na hora da morte, não descobrir que não vivi." Ele decide que será ator, contra o desejo do pai, que quer que ele seja médico. "Pela primeira vez na vida, sei o que quero fazer. E pela primeira vez, vou fazer! Com ou sem a aprovação de meu pai! *Carpe diem!*"

Tudo dá errado e Neil comete suicídio ao ser confrontado com a perspectiva de se vender ao sistema. O sr. Keating é demitido, mas os garotos sobreviventes o homenageiam ficando em pé em suas carteiras e gritando "Ó, capitão! Meu capitão!".

Durante todo o filme, devemos ficar do lado do sr. Keating em todas as disputas. Quando o tedioso diretor o repreende por suas técnicas pouco ortodoxas, o sr. Keating responde: "Sempre achei que a ideia de educação era aprender a pensar por si mesmo." O diretor replica: "Na idade deles? De jeito nenhum. Tradição, John. Disciplina. Prepare-os para a faculdade e o restante ocorrerá naturalmente."[31]

Devemos revirar os olhos ao ouvir isso. Mas o diretor está certo ou, ao menos, menos errado que o sr. Keating. O sr. Keating certamente tem algo a ensinar aos caretas sobre como tornar a educação interessante e divertida. Mas ele não está ensinando os garotos a pensarem por si mesmos. Ele os está ensinando a adotarem o imperativo romântico de encontrar a verdade — ou, ao menos, a única verdade que importa — no interior de si mesmos. Em outras palavras, não os está ensinando a pensar por si mesmos, mas a não pensar. *Sociedade dos poetas mortos* é uma música de rock and roll sem rock and roll.

E tudo isso é importante porque filmes como esse não meramente refletem nossa cultura, mas também a moldam, dando-lhe voz e validação. Considerado o melhor "filme escolar" de todos os tempos, a influência de *Sociedade dos poetas mortos* foi profunda, não somente em como as pessoas normais veem a educação, mas também em como os educadores veem a si mesmos.[32]

Deve-se notar que o tema de uma ordem política ou econômica vampira sugando a vida da humanidade usualmente é descrito como sendo de esquerda e, nas mãos de Hollywood, frequentemente é. Mas, em outras culturas e épocas, esse espírito romântico assumiu formas diferentes — ou supostamente diferentes. No sul americano, os poetas e escritores agrários eram decididamente conservadores, mas suas críticas ao capitalismo, à democracia e à cultura de massa poderiam facilmente ser descritas como românticas. Na União Soviética, os escritores e intelectuais que ansiavam pela restauração do espírito romântico e religioso da Mãe Rússia não eram necessariamente amantes do livre mercado. Eles queriam restaurar a glória do solo, da natureza, da Igreja e da tradição ao asséptico mundo do marxismo. Os nazistas estavam encharcados de romantismo e de noções românticas que datavam dos diáfanos mitos de seus ancestrais teutônicos pré-cristãos. Na Índia, os nacionalistas hindus não se encaixam facilmente em nosso esquema esquerda-direita (até onde posso dizer), mas, em seu desejo histórico e contemporâneo de colocar noções antigas de povo, costumes e nação acima de conceitos "estrangeiros" como capitalismo e socialismo, eles parecem se adequar perfeitamente à tradição romântica. E, como discutiremos em outro capítulo, o nacionalismo romântico de hoje floresce perfeitamente, embora de maneira nociva, nos pântanos da direita americana.

NÃO É BYRONIANO?

O personagem clássico do romance romântico é o herói byroniano. Em muitas das obras de Byron, mais famosamente em *Peregrinação de Childe Harold*, o protagonista é uma alma rebelde atormentada pela memória de erros que cometeu no passado e determinada a consertar as coisas ou, ao menos, expiá-las. Podemos pensar nos incontáveis personagens do cinema e da televisão que se encaixam nessa descrição. O arquétipo do vampiro taciturno que possui alma (*Angel, Diários de um vampiro, Crepúsculo*) é um deles. Martin Blank em *Matador em conflito* é uma figura byroniana clássica tentando fazer a coisa certa após uma carreira fazendo a coisa errada. Brad Pitt, Clint Eastwood e Mel Gibson rotineiramente interpretam personagens byronianos em filmes como *Lendas da paixão, Corações de Ferro, Os imperdoáveis* e *Máquina mortífera*.

Um dos traços centrais do herói byroniano é ser um homem que "joga por suas próprias regras". Esse tema quase define o que entendemos por herói. Um exemplo fascinante pode ser encontrado na visão variável do profeta muçulmano Maomé durante a era romântica. Na Europa cristã, o martírio sempre foi tido em alta conta. Mas dar a vida era louvável se você a estivesse sacrificando por uma Verdade com V maiúsculo, mais especificamente pela fé cristã. (Dar a vida pelo país também era muito valorizado, mas frequentemente visto como outra forma de autossacrifício religioso, como no caso de Joana d'Arc.) Mas Isaiah Berlin comenta que, na década de 1820, "encontramos uma visão na qual o estado mental, o motivo, é mais importante que a consequência, e a intenção é mais importante que o efeito".[33]

Na peça de Voltaire *Maomé*, o profeta emerge, nas palavras de Berlin, "como monstro supersticioso, cruel e fanático".[34] Voltaire provavelmente não se importava muito com a fé cristã; ele estava tentando enganar os censores e atacar a religião organizada, especificamente o catolicismo praticado na França. Na década de 1840, o auge do período romântico, Maomé se tornou um homem heroicamente determinado. Em *On Heroes, Hero-Worship, and the Heroic in History* [Sobre heróis, culto aos heróis e heroísmo na história], de Thomas Carlyle, Maomé é "uma massa flamejante de vida enviada pela própria natureza". Carlyle também não dava a mínima para os preceitos da fé encontrados no Alcorão. O que ele admirava era o radical comprometimento de Maomé. O exemplo do profeta muçulmano servia como acusação ao que Carlyle via como "século murcho e de segunda mão".[35]

Hoje, essa fetichização da força e da determinação está em toda parte na cultura. E explica muita coisa, do culto de personalidade de Donald Trump à admiração por incontáveis atletas e ícones do hip-hop, sem falar dos indícios de relutante admiração pelos seguidores extremistas de Maomé.[36]

De *Juventude transviada* aos programas de culinária, o homem — ou, ocasionalmente, a mulher — que joga por suas próprias regras, mesmo que suas regras sejam más, tornou-se o personagem arquetípico da cultura popular americana. Batman, o cavaleiro das trevas, não é mau, mas é um justiceiro que joga por suas próprias regras. O slogan do personagem pioneiro das revistas em quadrinho, Wolverine? "Sou o melhor naquilo que faço, mas o que faço não é muito legal." No clássico cult dos quadrinhos *Watchmen*, o moto do personagem Rorschach é "Nunca ceda. Nem mesmo em face do apocalipse".[37] No romance e série da Showtime TV *Dexter*, conhecemos um brutal assassino serial que descobriu uma maneira de viver consigo mesmo seguindo o "código de Harry", em homenagem a seu falecido pai (que surge como fantasma durante a série). De acordo com esse código, ele pode matar, desde que mate outros assassinos seriais (e, em raras ocasiões, pessoas que poderiam denunciá-lo à polícia). Omar, na série da HBO *A escuta*, insiste que só rouba e mata outros traficantes e gângsteres, porque "um homem precisa ter princípios". "A Montanha", em *Game of Thrones*, explica que, embora não se importe de matar pessoas inocentes, ele não rouba, porque "um homem precisa ter princípios". Mais tarde ele rouba, mas a audiência não se importa.

Em *Breaking Bad*, provavelmente a melhor série televisiva já feita,[38] Vince Gilligan, o criador, narra o trajeto de um homem da decência para a decadência. A ideia era mostrar como o sr. Chips pôde se transformar em Scarface.[39] Gilligan teve sucesso, mas não antes de seduzir e corromper os telespectadores: quando a história terminou, os fãs já não se importavam com o fato de Walter White ter se tornado um traficante homicida. Eles torciam por ele mesmo assim.

Muitos desses cavaleiros do self, guerreiros que seguem seu próprio código de conduta, terminam morrendo nessas histórias. Eles são mártires da ideia de "fazer as coisas do meu jeito". Isso tudo pareceria muito familiar para os românticos originais e sua visão do heroísmo como luz interior.

———

Aquela que já foi considerada a única motivação nobre do herói, a concepção de bem fora dele mesmo, foi substituída pelo que o filósofo irlandês David Thunder chama de "relatos puramente formais de integridade". De acordo com Thunder, "relatos puramente formais essencialmente exigem consistência interna na forma ou estrutura dos desejos, ações, crenças e avaliações do agente". Ele acrescenta que, sob a integridade puramente formal, uma pessoa "pode estar comprometida com causas ou princípios maus, adotar princípios por conveniência ou mesmo se isentar das regras morais quando elas ficam no caminho de seus próprios desejos".[40]

Em outras palavras, se você seguir o código, pode fazer o que quiser e ainda será visto como herói. Foi esse modo de pensar que levou Hannibal Lecter, um personagem barbárico que assassina e come (!) vítimas inocentes, a ser visto como uma espécie de herói folclórico. No filme *O silêncio dos inocentes*, ele é um monstro charmoso que não vê problema em comer pessoas, mas diz que "a descortesia é indescritivelmente feia para mim". Na série de TV *Hannibal*, os telespectadores se maravilham com o gourmand canibal que não dá a mínima para a moralidade burguesa, adotando uma roupagem gótico-gastronômica da lei da selva e sendo, simultaneamente, um bárbaro e um bom selvagem que segue suas próprias regras.

O PODER DE SEDUÇÃO DA JUSTIÇA TRIBAL

Por que os filmes e outros mitos modernos seduzem nossa imaginação? Qualquer um que já tenha participado do teatro, mesmo que escolar, provavelmente conhece a frase "suspensão voluntária da incredulidade". O termo foi cunhado pelo poeta Samuel Taylor Coleridge em sua colaboração com o poeta William Wordsworth na revolucionária obra *Lyrical Ballads* [Baladas líricas], amplamente vista como nascimento do movimento romântico inglês. A ideia de suspensão voluntária da incredulidade, explicou Coleridge, teve duas fontes. As contribuições de Coleridge deveriam dar voz à "natureza internalizada" de nossa imaginação irracional e fazer com que personagens sobrenaturais parecessem reais para o leitor. Wordsworth chegou ao projeto vindo da direção oposta. Sua tarefa era "dar o charme da novidade às coisas cotidianas e criar uma sensação análoga ao sobrenatural".[41]

Em outras palavras, Coleridge estava encarregado de fazer com que o sobrenatural parecesse real, ao passo que Wordsworth tinha a tarefa de fazer o real parecer sobrenatural. Combine essas duas abordagens e você tem não somente panteísmo, mas toda a gama da arte romântica. O prosaico é mágico e o mágico está por toda parte.

Mas o que me interessa nessa suspensão voluntária da descrença é sua *involuntariedade*. Ninguém entra em um teatro, abre um livro ou ouve uma música somente após se comprometer racionalmente a suspender sua descrença. A "fé poética" já está presente, como característica de nossa natureza interior. A fé poética, nesse sentido, não é diferente de qualquer outra forma de fé. Quando o fiel entra em uma igreja, mesquita ou sinagoga, ele não argumenta racionalmente consigo mesmo para acreditar; o programa para acreditar já está presente e rodando. Nossa fé é como nosso sentido de visão, tato ou audição: não a ligamos ou desligamos, o motor está sempre girando. Ela é primal e programada.

O que me fascina é como nossas expectativas morais no mundo da arte diferem de nossas expectativas no mundo real a nossa volta. As pessoas que somos no trabalho e no supermercado jogam por um conjunto de regras amplamente artificiais: as regras da civilização. Mas, por baixo — ou talvez ao lado — da pessoa de boas maneiras, costumes e leis reside um ser diferente. Todos já ouvimos que algum filme, romance ou música é capaz de nos "transportar". Talvez "transportar" seja a palavra errada. Talvez "liberar" seja mais adequado. Os comediantes e psicólogos pop falam frequentemente de nosso "homem das cavernas interior". A razão para essa ideia nos atrair é o fato de sentirmos que há boa dose de verdade nela. Por baixo das camadas externas de civilização esconde-se um self mais primitivo, que acha o mundo a nossa volta complicado e artificial. Nosso self primitivo não é um bom selvagem, mas parece uma pessoa mais autêntica do que aquela que vai para o trabalho e joga pelas regras da sociedade moderna.

O universo moral do cinema às vezes espelha o mundo real, mas os atores frequentemente interpretam papeis mais consistentes com o universo moral de nosso selvagem interno. É como a cena de filmes de ficção científica na qual o protagonista revela um rolo de filme e descobre que as pessoas que fotografou são diferentes daquelas que vê a olho nu.[42] A arte captura a realidade que tendemos a negar no "mundo real". Em romances, filmes, TV, música rap, videogames e quase todo outro domínio de nossa cultura partilhada, a linguagem moral da narrativa é um dialeto quase inteiramente diferente da linguagem moral da sociedade mais ampla.

Por exemplo, somos ensinados a não bater, roubar ou torturar. Essas regras, e outras como elas, formam a base de praticamente toda civilização decente. E, mesmo assim, quase todas as vezes em que assistimos a um filme de ação, torcemos por pessoas que violam essas regras. Adoro filmes sobre assaltos, mas não acho que assaltar bancos seja louvável. Como regra geral, sou totalmente contra o uso da violência para solucionar disputas ou responder a insultos. Mas um John Wayne que não esmurrasse alguém que o insultou não seria John Wayne.

Considere um exemplo extremo: a tortura. Nas duas últimas décadas, os Estados Unidos estiveram envolvidos em um intenso e passional debate sobre o uso do que os críticos chamam de tortura e os defensores chamam de "interrogatório aprimorado". Muitos oponentes da tortura implicitamente argumentam que ela é pior que o homicídio. Afinal, quase ninguém discute que há vezes nas quais o Estado tem poder e autoridade para matar. Mas torturar? Jamais. Nem mesmo com uma bomba prestes a explodir. A fim de manter essa posição extrema, os oponentes da tortura acreditam precisar argumentar que a tortura "nunca funciona".

Isso é duvidoso no que chamamos de vida real, mas pura loucura de acordo com a famosamente liberal Hollywood. Steven Bochco, de *Nova York contra o crime*, quebrou muitos tabus televisivos, mas o menos apreciado foi o apoio declarado ao espancamento de suspeitos para obter a verdade. Em *Jogos patrióticos*, Harrison Ford atira no joelho de um homem para obter a informação de que necessita. Em *O guarda-costas e a primeira-dama*, o agente do Serviço Secreto Nicholas Cage esmigalha o dedo do pé de um se-questrador com sua arma de serviço. Em *Regras do jogo*, Samuel L. Jackson executa um prisioneiro para forçar outro a falar. Em *Pulp Fiction*, ficamos deliciados ao contemplar a "vida breve e agonizante" do estuprador de Ving Rhames ("Vou acabar com você."). Na série *24 horas*, Kiefer Sutherland rotineiramente recorria à tortura para impedir alguma ameaça iminente. E, de todas as vezes, os telespectadores comemoravam.

Quando suspendemos a descrença, também suspendemos a aderência às convenções e aos legalismos do mundo externo. Em vez disso, usamos as partes mais primitivas de nosso cérebro, que entendem certo e errado como questões de "nós" e "eles". Nossos mitos sobrevivem na tela do cinema e ape-lam a nosso senso de justiça tribal. Entramos no cinema como cidadãos deste mundo, mas, ao nos sentarmos, nos tornamos habitantes da selva espiritual e, no momento em que as luzes se apagam, nossa moralidade se torna tribal.

DOZE

A FAMÍLIA ESTÁ PERDENDO A GUERRA CONTRA A BARBÁRIE

Na primeira parte deste livro, discuti o papel vital que as instituições desempenham em uma sociedade pluralista. Instituições são regras e costumes para que grupos de pessoas se organizem e trabalhem juntas fora do Estado. Daí o termo "instituições mediadoras", as organizações, costumes e regras formais e informais que "medeiam" o espaço entre o indivíduo e o Estado, frequentemente chamadas de "sociedade civil". Trata-se do mundo do trabalho, da igreja e da comunidade. A maior parte do trabalho da civilização e de nossas vidas individuais é conduzida nesse espaço.

Por qualquer medida, a mais importante instituição mediadora em qualquer sociedade é a família. Famílias saudáveis e funcionais são a principal fonte de sucesso social. Famílias doentias e disfuncionais são a principal causa de declínio social. A família é a instituição que, com sorte, nos converte de bárbaros naturais em cidadãos decentes. É a família que literalmente nos civiliza. Antes de nascermos em uma comunidade, fé, classe ou nação, nascemos em uma família, e a maneira como a família nos modela determina amplamente quem somos.

A família saudável também é a pedra angular da sociedade civil. Muitas das mais importantes instituições mediadoras estão relacionadas não simplesmente aos indivíduos, mas às famílias por trás deles. Se você já explorou a questão sobre como qualquer escola, cidadezinha, liga esportiva, igreja, mesquita, sinagoga ou quase qualquer outro evento cívico ou tradição não governamental tem tanto sucesso, a resposta quase sempre inclui o envolvimento de certas famílias, usualmente lideradas por algumas poucas mulheres determinadas e reforçadas por maridos e pais obedientes.

"O capitalismo", disse Joseph Schumpeter, "não significa meramente que a dona de casa pode influenciar a produção através de sua escolha entre ervilha e feijão; nem que o jovem pode escolher trabalhar em uma fábrica ou em uma fazenda; nem que os gerentes da fábrica têm alguma voz na decisão sobre o que e como produzir. Ele significa um esquema de valores, uma atitude em relação à vida, uma civilização".[1] Esse esquema de valores, essa atitude em relação à vida e à civilização, começa com a família, que é tradicionalmente definida como casamento entre um homem e uma mulher e seus filhos.

E esse sistema está se desintegrando. A família como motor da civilização está com problemas. De certa maneira, a desintegração da família é uma ilustração em miniatura de meu argumento mais amplo. Muitos críticos da moralidade burguesa estão certos ao dizer que a família nuclear — um homem e uma mulher casados — não é natural. Tampouco é totalmente não natural. Mas é verdade que os registros históricos e antropológicos estão cheios de tipos diferentes de famílias. Os combatentes em ambos os lados das guerras intelectuais sobre a família frequentemente cometem a falácia naturalista: presumir que, se algo é "natural", então é certo ou bom. Muitos tradicionalistas insistem que a família nuclear é a maneira natural, "pretendida por Deus". Os defensores das novas maneiras de organizar e pensar a família apontam para todas as diferentes maneiras pelas quais as famílias se organizaram e dizem que muitas dessas formas são igualmente naturais.

Mas se são ou não naturais ignora o ponto mais importante: a família nuclear *funciona*.

Antes de explorarmos esse ponto, devemos revisar — muito rápida e resumidamente — o mundo do qual viemos quando se trata de famílias.

Os primatas não humanos possuem várias dinâmicas sexuais. Nas comunidades de gorilas, o macho alfa faz sexo com todas as fêmeas. Entre os chimpanzés, está tudo liberado e os machos competem para ter sexo com tantas parceiras quanto possível. Em ambas as espécies, a diferença de tamanho entre machos e fêmeas é sintomática dessas políticas sexuais. Os machos precisam derrotar outros machos para se tornarem alfa ou terem uma chance com as fêmeas mais desejáveis. Há mais ou menos 1,7 milhão de anos, nossos ancestrais começaram a se desviar dessa norma, e o tamanho diferencial entre os sexos diminuiu (embora ainda exista). "Essa mudança de tamanho quase certamente é um sinal de que a competição entre os machos diminuiu por causa da transição para o sistema de vínculo de par", escreve Nicholas Wade em *Before the Dawn: Recovering the Lost History of Our Ancestors.*[2] O vínculo de par é o que se pode chamar de monogamia natural ou primitiva.

No entanto, até mesmo chimpanzés possuem um tipo de monogamia furtiva. As fêmeas podem ser obrigadas a fazer sexo com todos os machos, mas, depois de cumprirem esse dever, elas tendem a escolher um "consorte" favorito e passar mais tempo com ele. Elas até mesmo se escondem com eles na mata durante semanas e adiam sua ovulação para aumentar as chances de que o parceiro favorito tenha sucesso.

Nossos ancestrais humanos aprimoraram esse sistema com o vínculo de par. Entre os benefícios dessa adaptação, todos os machos — ou, ao menos, mais machos — tinham a chance de se reproduzir, o que introduziu paz e estabilidade social nas sociedades primitivas. Dessa maneira, a monogamia primitiva pode ter sido o motor do sucesso da humanidade como espécie. Quando saiu da equação a necessidade de lutar contra outros machos e houve incentivo para que cada um deles protegesse o grupo (especificamente suas próprias crias), os machos se tornaram mais cooperativos e dispostos a fazer sacrifícios pela tribo (ou, mais acuradamente, pelo bando ou grupo). Em termos evolutivos, o vínculo de par foi uma bênção ambígua para as fêmeas. "As fêmeas", escreve Wade, "tiveram de desistir do sexo com os machos mais desejáveis da comunidade e limitar seu potencial reprodutivo aos genes de somente um macho. Em troca, ganharam a garantia implícita de proteção física para si mesmas e seus filhos, além de alguns suprimentos."[3]

Mas eis o problema: o vínculo de par não está incluído em nossa programação instintual da mesma maneira que, digamos, o instinto de lutar ou fugir. A monogamia é natural — até não ser. É uma tendência, não um imperativo. Cultura, leis, circunstâncias materiais — e, às vezes, mera oportunidade — podem superar facilmente esse impulso evolutivo real, mas frequentemente débil. Além disso, em um mundo no qual poucos seres humanos passavam dos 30 anos, a noção de estar ligado a uma pessoa por cinquenta, sessenta ou setenta anos parecia inimaginável.

O casamento, qualquer que seja sua forma, é uma construção social, uma instituição artificial e uma adaptação cultural. Por exemplo, em certas áreas de recursos escassos, as sociedades desenvolveram a poliandria, a prática de uma mulher e muitos maridos. Essa era uma prática comum nas comunidades montanhosas da China e do Tibete. Ainda mais comum é a poliginia, a forma de casamento poligâmica na qual um homem tem muitas mulheres. Cerca de 85% das sociedades humanas, através da história, segundo uma estimativa comumente citada, já foram formalmente poligínicas, o que significa que haréns de esposas eram permitidos.[4] Essa prática ainda é disseminada em grande parte do mundo muçulmano e da África.

Assim, a poliginia é natural — *até não ser*. Quanto àquilo que o Deus da Bíblia tinha em mente, diga a Abraão, Jacó, Davi e Salomão que eles estavam desafiando a vontade de Deus. (Entrementes, Jesus se manteve notavelmente silencioso sobre o tópico, embora alguns indícios sugiram que se opunha à prática.)

Voltando ao ponto mais importante. O casamento monogâmico do tipo que define a família nuclear funciona melhor para a sociedade (embora eu não possa dizer se funciona melhor para cada indivíduo). As sociedades nas quais a monogamia é a norma tendem a ser mais economicamente produtivas, politicamente democráticas, socialmente estáveis e receptivas aos direitos das mulheres.

Os homens em sociedades monogâmicas são mais economicamente produtivos que os homens em sociedades poligínicas porque cada homem casado é um investidor em sua própria família e há mais famílias. A poliginia de ampla escala tende a desestabilizar a população masculina, pois os homens pobres se veem cada vez mais desesperados por relacionamentos sexuais. Eric D. Gould, Omer Moav e Avi Simhon, em seu artigo "The Mistery of Monogamy" [O mistério da monogamia], demonstram que a poliginia emerge nas sociedades com altos níveis de desigualdade, nas quais a riqueza é amplamente derivada dos recursos naturais, particularmente a terra. Em sociedades nas quais a riqueza vem do capital humano — engenhosidade, inovação etc. —, o mercado de casamentos é definido pela busca de *qualidade* (por homens e mulheres), ao passo que, em sociedades nas quais a riqueza vem da terra, o mercado é definido pela ênfase estritamente masculina na *quantidade*. "Em particular", escrevem eles, "os homens qualificados nas economias modernas valorizam cada vez mais as mulheres qualificadas por sua habilidade de criar filhos qualificados, o que aumenta o valor das mulheres qualificadas no mercado de casamentos, chegando ao ponto de homens qualificados preferirem uma única mulher qualificada a múltiplas mulheres não qualificadas."[5]

Isso certamente é reducionista demais. Outros fatores históricos, religiosos e culturais devem estar envolvidos em uma instituição que se espalha por todo o globo e existiu em quase todas as sociedades antigas, de uma forma ou de outra. Mas Gould e seus colegas certamente estão certos quando escrevem que não é acidental o fato de a monogamia ser a norma em *toda* sociedade democrática economicamente avançada. É impossível saber o quanto a família nuclear tradicional foi responsável pela estabilidade social e democrática e pelo crescimento econômico nos últimos trezentos anos, mas há pouca dúvida de que desempenhou papel importante. A instituição do casamento como a conhecemos requer trabalho, tanto no nível social quanto no nível pessoal. Do mesmo modo que o capitalismo, o casamento é sustentado pela maneira como falamos dele.

Como questão prática, não tenho objeção às alegações de que a monogamia é natural ou está em sincronia com os planos divinos, porque essa é uma importante maneira de as civilizações falarem sobre questões estabelecidas. Transformar o ideal monogâmico em dogma inquestionado simplesmente me parece uma boa ideia, mesmo que a honestidade exija que reconheçamos que é isso que estamos fazendo. Falamos sobre assassinato e estupro como não naturais como maneira de lançar merecido opróbrio sobre essas práticas, mesmo que, como vimos, ambos sejam naturais. O adultério é totalmente natural, mas o condenamos como violação de normas importantes para manter o hábito em níveis mínimos. "Muito frequentemente, as coisas que condenamos como 'não naturais' são coisas que sabemos que irão florescer se não interferirmos", escreve Robin Fox em *The Tribal Imagination: Civilization and the Savage Mind* [A imaginação tribal: civilização e a mente selvagem].[6] Banimos e condenamos a poliginia porque sabemos que, se não fizermos isso, muitos homens imitarão nossos primos gorilas e nossos ancestrais humanos e formarão um harém.

Em outras palavras, quando dizemos que o casamento tradicional é "natural", o que realmente queremos dizer — ou deveríamos querer dizer — é que ele é "normal". Tornamos o casamento tradicional normal através de séculos de tentativas e erros civilizacionais porque incontáveis gerações de pessoas sábias concluíram que ele era a melhor prática para a sociedade. E, durante esses séculos, colocamos camadas e camadas de leis, tradições e costumes sobre a instituição. Ela se tornou um dogma tão antigo que esquecemos as razões para ele. Mas, em vez de respeitar seu valor testado pelo tempo, nós o submetemos à navalha da razão. Achamos que, como não podemos ver — ou lembrar de — suas várias funções, elas não devem existir.

A família — em sua forma, função e ideal — mudou muito em um período notavelmente curto. O divórcio perdeu a maior parte de seu estigma social, assim como o nascimento fora do matrimônio. Até mesmo o adultério e o "casamento aberto" são aceitos ou mesmo celebrados por certos segmentos da sociedade, particularmente entre algumas elites boêmias. Um ensaio recente da *New York Times Magazine* perguntava: "O casamento aberto é mais feliz?"[7] O artigo sobre casamento aberto do popular website médico WebMD relata que "aqueles que praticam relacionamentos abertos ou poliamorosos frequentemente dizem ser 'programados' dessa maneira e que estabelecer regras para relacionamentos múltiplos evita dor e decepção para todos".[8]

O casamento aberto não é uma epidemia. Mas, novamente, isso ignora um ponto importante. A maneira como falamos sobre o casamento mudou profundamente desde a década de 1960, e isso teve profundas consequências. O casamento como instituição depende de como a sociedade fala sobre ele. A retórica em torno do casamento afeta sua desejabilidade para homens e mulheres. Quando a opinião sofisticada é "Quem precisa disso?", há consequências reais, tanto na lei quanto nas muito mais importantes expectativas das pessoas em relação a como ter uma vida gratificante. Quando as principais igrejas protestantes cederam ao populismo cultural burguês da "década do eu" ao remover ou afrouxar muitos dos estigmas, regras e costumes ligados ao divórcio, elas diminuíram o status do casamento.

"Antes do fim da década de 1960", escreve Brad Wilcox, da Universidade da Virgínia, um dos principais pesquisadores americanos sobre casamento (e meu colega de AEI), "os americanos tinham maior tendência de olhar para o casamento e a família através dos prismas do dever, da obrigação e do sacrifício. Um lar bem-sucedido e feliz era aquele no qual a intimidade era um bem importante, mas de modo algum o único. Um emprego decente, uma casa bem mantida, auxílio marital mútuo, criação dos filhos e fé religiosa partilhada eram vistos quase universalmente como bens que o casamento e a vida familiar deviam promover."

É isso que Wilcox chama de "modelo institucional" do casamento.[9] O sexo era reservado — ao menos de acordo com o ideal — ao casamento. O casamento era o único modelo legítimo, ou ao menos aceitável, para ter filhos. Em resumo, a antiga atitude era de que era preciso trabalhar para que o casamento desse certo. A nova atitude é de que o casamento deve funcionar *para mim*. Em 1962, cerca de metade das mulheres americanas concordava com a declaração "Quando há filhos, os pais devem permanecer juntos mesmo que não se deem bem". Em 1977, somente uma em cada cinco americanas concordava.[10]

Para onde vai a cultura, vai o Estado. Ronald Reagan assinou a primeira lei de divórcio sem culpabilidade como governador da Califórnia em 1969. Como ocorre tão frequentemente, grande parte da nação seguiu a Califórnia.

Na década e meia seguinte, praticamente todo estado da União seguiu o exemplo da Califórnia e aprovou uma lei de divórcio sem culpabilidade. Essa transformação legal foi somente um dos sinais mais visíveis da revolução do divórcio que varreu os Estados Unidos: de 1960 a 1980, a taxa de divórcios mais que dobrou, passando de 9,2 divórcios por 1.000 mulheres casadas para 22,6 divórcios por 1.000 mulheres casadas. Isso significou que, embora menos de 20% dos que se casaram em 1950 tenham se divorciado, cerca de 50% dos que se casaram em 1970 o fizeram. E aproximadamente metade das crianças nascidas de pais casados na década de 1970 viu seus pais se separarem, comparada a somente cerca de 11% das crianças nascidas na década de 1950.[11]

O divórcio sem culpabilidade foi somente uma das maneiras pelas quais o Estado acelerou a tendência cultural. Durante a Grande Sociedade, com sua superabundância de boas intenções, o governo federal começou a subsidiar as mulheres que tinham filhos fora do casamento. Por exemplo, o programa de Auxílio às Famílias com Filhos Dependentes, que originalmente devia fornecer pensões modestas para as viúvas dos mineiros de carvão, tornou-

-se um amplo incentivo às mães solteiras, pago com base no número de filhos. O problema é que, da maneira como o fundo foi estruturado, ele era removido se a titular se casasse, penalizando as mães por buscarem uma família mais estável. A reforma do bem-estar social em 1996 melhorou alguns desses problemas, mas não os eliminou. De acordo com um estudo de C. Eugene Steuerle, do Urban Institute, uma mãe solteira trabalhando em tempo integral pelo salário mínimo que se casasse com um homem também trabalhando em tempo integral pelo salário mínimo perderia 8.060 dólares em benefícios financeiros e não financeiros de bem-estar social.[12]

É inútil tentar encontrar causas únicas para a profunda transformação de atitudes e práticas em relação ao casamento. A nossa é uma sociedade ampla e diversa e fenômenos amplos e diversos possuem causas amplas e diversas. Mesmo assim, as estatísticas falam por si mesmas. Cerca de sete em cada dez crianças negras nascem foram do casamento. A taxa de nascimento fora do casamento entre brancos (29%) é hoje mais alta do que era entre negros (24%) quando Daniel Patrick Moynihan publicou seu famoso/ infame relatório de 1965 *The Negro Family: The Case for National Action* [A família negra: a necessidade de ação nacional].[13]

Desde 1974, cerca de 1 milhão de crianças por ano experimentaram a dissolução de sua família, e essas crianças "têm duas a três vezes mais probabilidade que seus pares em casamentos intactos de sofrerem de sérias patologias sociais ou psicológicas".[14]

É preciso reconhecer que a transformação das ideias sobre o casamento trouxe alguns benefícios. Essa não é somente uma história de pesar. Quaisquer que sejam as queixas que você possa ter em relação às várias formas de feminismo doutrinário ou radical, a maioria dos conservadores sociais não ficaria confortável com a ideia de remover os ganhos essenciais do movimento pelos direitos das mulheres, começando, é claro, com o direito ao voto, mas incluindo a aceitação mais ampla de que as mulheres têm o mesmo direito que os homens à felicidade. Eu certamente não gostaria de voltar a um mundo no qual as escolhas ocupacionais das mulheres estivessem limitadas a alguns poucos "empregos femininos", como ensino, vendas de varejo, enfermagem e mesas telefônicas. Como filho e marido de bem-sucedidas "mulheres de carreira" (um termo já antiquado) e pai de uma adolescente que espero ver seguindo o mesmo caminho, dou boas-vindas a muitas dessas mudanças. Tampouco gostaria de ver alguém preso a um casamento infeliz.

Em outras palavras, podemos reconhecer que progressos importantes foram feitos, mas também devemos reconhecer que a implosão do modelo institucional do casamento teve profundas consequências para a sociedade, especialmente para as crianças.

Por mais impressionantes que uma mãe solteira ou um pai solteiro possam ser, permanece o fato de que, como generalização, dois pais são melhores que um. Tais declarações são perturbadoras para muitos americanos, que acreditam que dizer isso estigmatiza injustamente os pais solteiros e os filhos de pais solteiros. Podemos simpatizar com o desejo de não tornar mais pesado um fardo já formidável, mas fatos não se importam com sentimentos (e é por isso que estamos no meio de uma guerra contra os fatos, vinda de todos os lados).[15]

Um estudo recente da universidade de Princeton e da Brookings Institution, de centro-esquerda, relatou que "a maioria dos acadêmicos agora concorda que crianças criadas por dois pais biológicos em um casamento estável se saem melhor que crianças em outras formas familiares, em uma ampla variedade de resultados".[16]

Os sociólogos Sara McLanahan e Gary Sandefur determinaram que filhos adolescentes de pais divorciados têm uma tendência quase três vezes maior de abandonar o ensino secundário (31%, contra 13% dos filhos de famílias intactas). Eles também descobriram que um terço das filhas de pais divorciados se tornam mães adolescentes (ao passo que 11% das filhas de pais casados se tornam mães adolescentes). Mais de um em cada dez filhos do sexo masculino de pais divorciados (11%) passam algum tempo na prisão antes dos 32 anos. "Somente" 5% dos filhos de lares intactos são encarcerados em algum momento da vida.[17]

Um fato cruel da natureza humana é que a evolução nos torna tendenciosos em relação a nossos familiares de maneiras que a mente racional nem sempre pode aceitar ou explicar. Andrew J. Cherlin relata que nem mesmo o novo casamento é a solução que muitos de nós esperam que seja. Em *The Marriage-Go-Round: The State of Marriage and the Family in America Today* [O carrossel matrimonial: o estado do casamento e da família nos Estados Unidos hoje], Cherlin relata que "crianças cujos pais se casaram novamente não têm níveis mais altos de bem-estar que crianças em famílias com somente um dos pais".[18]

Cherlin atribui isso ao stress associado a se mudar e criar elos (ou não) com pais e irmãos adotivos. Sem dúvida isso é parte do problema, mas certamente fatores biológicos profundamente enraizados também estão em jogo. A paciência de um pai tende a ser menor com filhos adotivos que com filhos biológicos, comenta Steven Pinker, "e, em casos extremos, isso pode levar ao abuso".[19] Um desanimador estudo de Nicholas Zill, do Instituto para Estudos da Família, descobriu que crianças adotadas têm mais dificuldade na escola que crianças criadas pelos pais biológicos. O que torna isso tão desanimador é o fato de que os pais adotivos tendem a ter uma situação financeira melhor e estão tão dispostos quanto os pais biológicos, se não mais, a dedicarem tempo e esforço à criação dos filhos.[20]

A descoberta de Zill enfatiza o problema com o triunfalismo da família tradicional. A adoção é uma coisa maravilhosa e, somente porque há desafios ligados a ela, ninguém jamais argumentaria que os problemas enfrentados pelas crianças adotadas tornam as alternativas melhores. Crianças deixadas em orfanatos ou lares abusivos têm ainda mais problemas. Similarmente, a estabelecida descoberta de que os pais frequentemente enfrentam dificuldades com seus filhos não biológicos não significa que pessoas com filhos não deveriam se casar novamente. O necessário em tais casamentos é um esforço adicional para compensar o inevitável empuxo da natureza humana.[21]

Obviamente, eu acredito que isso é muito mais que um argumento econômico, mas olhar para a família através das lentes da economia pode nos ajudar a ver as consequências no mundo real de uma maneira que a retórica explosiva e a visão nostálgica sobre "a maneira como as coisas costumavam ser" não podem. Considere o stress que tantas famílias enfrentam quando pais idosos já não conseguem se cuidar sozinhos. As pressões envolvidas dificilmente podem ser capturadas somente por considerações econômicas. O sentimento de obrigação dos filhos adultos em relação aos pais e aos próprios filhos não pode ser fácil ou totalmente traduzido em termos financeiros. Mas pode ser iluminado por eles. Um estudo da RAND Corporation descobriu que pessoas idosas sem filhos acabam pagando muito mais por casas de repouso. Por quê? Porque passam muito mais tempo em casas de repouso. Pessoas com filhos, particularmente filhas, gastam menos porque os filhos tornam a casa de repouso menos necessária.[22] Os dados não falam dos significados emocionais, mas não é difícil preencher os espaços em branco.

Como cuidamos dos idosos é uma questão importante, mas como criamos as crianças é mais importante para o futuro do país. A Brookings Institution's Isabel Sawhill — que não é uma instituição bíblica de direita — descobriu que 20% do aumento da pobreza infantil desde 1970 pode ser atribuído ao colapso das famílias.[23] Um estudo de Brad Wilcox descobriu que os estados com mais pais casados se saem melhor em uma ampla variedade de indicadores econômicos, incluindo mobilidade ascendente para crianças pobres e taxas mais baixas de pobreza infantil.[24] Na maioria dos indicadores, resumiu o *Washington Post*, "a porcentagem de pais casados em um estado é um previsor melhor da saúde econômica que a composição racial e o nível educacional dos residentes".[25]

Outro fator deixado fora das conversas são os incríveis benefícios econômicos do casamento para os homens. Homens casados, levando-se em consideração todos os fatores, ganham 44% mais que homens solteiros.[26] Pascal-Emmanuel Gobry observa que os benefícios salariais do casamento são iguais, se não maiores, que os de frequentar a faculdade.[27] Mas, acrescenta ele, os economistas são rápidos em exaltar a importância vital de frequentar a faculdade, mas detestam enfatizar — ou mesmo falar sobre — os benefícios do casamento.[28]

Ron Haskins, também da Brookings Institution, identificou o que chama de "sequência do sucesso": "concluir no mínimo o ensino secundário, ter emprego em tempo integral e esperar até os 21 anos para se casar e ter filhos." Se os jovens fizerem somente essas três coisas, nessa ordem, eles quase certamente sairão da pobreza. "Nossa pesquisa mostra que, dos americanos adultos que seguiram essas três regras simples, somente 2% estão na pobreza e quase 75% se uniram à classe média (definida como ganhando 55 mil dólares ou mais ao ano)."[29] Indubitavelmente, alguns adolescentes poderiam ser persuadidos a seguir esses passos com apelos à fria razão. Mas é realmente tão ridículo alegar que a sociedade como um todo teria menos problemas em persuadir mais crianças a seguirem essa sequência se as famílias também a estivessem seguindo? Ou se as celebridades e outras elites promovessem abertamente esse estilo de vida? Ou colocassem uma manchinha de estigma no nascimento fora do casamento e na cultura de "pais solteiros"?

De fato, isso destaca as profundas falhas e hipocrisias das elites em nossa cultura. Em meio a toda essa conversa sobre o declínio do casamento, uma tendência importante frequentemente é ignorada: o casamento entre as elites continua estável. A taxa de divórcio entre americanos abastados se estabilizou no fim da década de 1980 e diminuiu em grande medida, ao menos entre os brancos. A porcentagem de mulheres brancas jovens com diplomas universitários que eram casadas em 2010 era de pouco mais de 70%. É um número bastante parecido com o de 1950.[30] Menos de 9% das mulheres brancas com diploma universitário tiveram filhos fora do casamento em 2011, em um número também muito próximo ao de 1950.[31] Uma análise do Pew Research Center sobre os dados mais recentes do Gabinete do Censo descobriu que o casamento está mais relacionado ao status socioeconômico que em qualquer outro momento da história.[32] Os americanos com ensino superior tendem a obter um diploma, se casar e ter filhos, nessa ordem. Entrementes, o casamento, particularmente entre a classe trabalhadora, saiu de moda. (O livro de Charles Murray *Coming Apart: The State of White America, 1960-2010* [Despedaçando-se: a situação dos Estados Unidos brancos, 1960—2010] documenta exaustivamente essas tendências.) Sem surpresa, os profissionais com ensino superior tendem a se casar com outros profissionais com ensino superior, aumentando a distância entre as elites e o restante da população. "São os americanos privilegiados que estão se casando, e casar os ajuda a permanecer privilegiados", disse Andrew J. Cherlin, sociólogo da Universidade Johns Hopkins, ao *New York Times*. Até 40% do crescimento da desigualdade econômica pode ser atribuído às mudanças no padrão de casamento nos Estados Unidos. "As pessoas com mais educação tendem a ter estruturas familiares estáveis, com pais comprometidos e envolvidos", acrescenta a socióloga de Princeton Sara McLanahan. "As pessoas com menos educação tendem a viver situações mais complexas e instáveis, envolvendo homens que vêm e vão."[33] Wilcox atribui essas tendências à degradação do modelo institucional do casamento e à subsequente ascendência do modelo das "almas gêmeas". O ideal romântico de encontrar sua alma gêmea tem profundas raízes históricas, mas, durante a maior parte da história humana, o casamento foi uma instituição política, religiosa e econômica amplamente afastada das noções de "verdadeiro amor" e almas gêmeas. Isso começou a mudar logo depois do milagre econômico da revolução lockiana. O casamento entre almas gêmeas não é um ideal unicamente americano, mas tem sido mais intensamente idealizado e democratizado nos Estados Unidos e é provavelmente nosso maior produto cultural de exportação, embora o casamento por amor ainda não seja a norma em muitas partes do mundo não ocidental.[34]

A grande mudança em anos recentes é a que Brad Wilcox identificou. Encontrar um autêntico parceiro para a vida sempre foi uma consideração importante, mas não o *único* critério. Sempre foi agradável, em um casamento arranjado, quando os jovens sentiam simpatia um pelo outro, mas esse não era o único item na lista. Mesmo depois que os casamentos arranjados deixaram de ser a norma aceitável, a abordagem de lista de conferência continuou. As mulheres — e seus pais — ainda definiam o "bom partido" para além do escopo estrito de encontrar "o amor". O homem seria um bom provedor? A mulher seria boa mãe? Ele ou ela vinha de boa família? Seguia a fé correta? E assim por diante. Há algumas gerações, casar-se puramente por amor era um luxo amplamente reservado aos ricos. Em alguns aspectos, estamos retornando àquele modelo, com a diferença de que, no passado, os pobres ainda se casavam. Quase já não fazem isso.

Hoje, o modelo das almas gêmeas funciona com base na visão autocentrada, embora não necessariamente *egoísta*, de que existe uma única pessoa lá fora que me permitirá ser a pessoa que quero ser. Essa busca por uma felicidade recém-redefinida tem muitas vantagens, particularmente para as mulheres. Eu certamente não gostaria de voltar a um tempo no qual a escolha sobre com quem se casar não cabia inteiramente ao casal envolvido (com exceção do caso de minha filha, no qual eu gostaria de ter poder de veto!) O problema não é homens e mulheres terem o direito de escolher seus parceiros de vida; o problema é que, culturalmente, diminuiu a variedade de fatores levados em consideração para essa escolha. E isso tem desvantagens.

Para começar, é mais provável que termine em divórcio. Se o casamento está relacionado somente a noções românticas de realização pessoal, há muito pouco no que se apoiar quando ele revela ser menos do que você esperava. Ao dizer às pessoas pobres, especialmente, que elas precisam esperar pela "pessoa certa", a sociedade está, se não impedindo, ao menos dificultando o acesso à melhor instituição para criar filhos, sair e permanecer fora da pobreza e encontrar sentido em termos que não sejam puramente individualistas. É notável que, em todas as inquietudes sobre o aumento da desigualdade econômica, a questão da dissolução do casamento quase nunca compareça ao debate.

A família estabelece todas as fundações cruciais para o tipo de pessoa que você se tornará. Quando digo que a família é o portão de acesso à civilização, estou sendo literal. A família *civiliza bárbaros*. Ela imprime neles a linguagem, os costumes, as convenções morais, os valores e as expectativas sobre como a sociedade deve funcionar. Se a cultura é uma conversa, a família é onde a conversa começa. Outras instituições certamente continuam o trabalho da família. Alguns pesquisadores alegam que os colegas possuem mais influência sobre as crianças que os pais. Talvez. Mas os pais têm grande papel na determinação de quem serão esses colegas, desde onde vivem e para que escola mandam os filhos até seus hobbies e associações. Mesmo assim, como pode confirmar quase todo professor do mundo, o primeiro e mais importante trabalho começa em casa.

Em 2012, o colunista do *Washington Post* Courtland Milloy fez uma boa pergunta: por que a participação afro-americana no beisebol profissional é a mais baixa de todos os tempos?[35] A economia não oferece muito insight. O beisebol oferece um retorno mais alto aos atletas que qualquer outro esporte profissional. Mas a cultura desempenha grande papel, embora ele seja difícil de quantificar. O basquete e o futebol são mais populares e glamurosos. O beisebol é um esporte mais lento, menos favorável à cobertura televisiva. As políticas públicas também desempenham certo papel. Os governos locais acham os diamantes de beisebol um item pesado no orçamento.

Mas uma resposta parcial saltou da página: pais. "Se uma pesquisa fosse realizada, acredito que descobriríamos que a coisa que os jogadores na média e acima da média têm em comum são seus pais", disse Gerald Hall Jr., diretor de beisebol de uma liga juvenil local. "Em essência, o beisebol é um esporte de pai e filho. E, se você é uma criança que não tem ninguém para lançar a bola, ninguém com quem conversar, ninguém para discipliná-lo da maneira exigida pelo beisebol, é pouco provável que vá jogar."

Tony Davenport, um treinador local, concordou. "Você precisa começar cedo com as crianças e ensinar o básico: como segurar o bastão, a maneira correta de arremessar, como pegar a bola com a luva, e não com a mão", disse ele. "Muitas crianças realmente gostam disso, se continuam a receber orientação."

O basquete é um esporte amplamente aprendido com colegas. Do mesmo modo que o futebol. Mas o beisebol é arcano. Ele requer explicações e paciência. Você não precisa subscrever todos os argumentos sentimentais sobre a importância dos pais para entender como um pai ausente cria dificuldades. Uma simples divisão do trabalho sugere que é difícil para um único pai preparar ou prover o jantar (ou trabalhar em dois empregos) e arremessar para o filho ou se sentar no sofá por algumas horas assistindo e explicando o jogo ao mesmo tempo. Mais eis a parte importante: essa observação é verdadeira em relação não somente ao beisebol, mas a todo um conjunto de lições de vida, habilidades e tarefas, de tocar um instrumento a aprender um ofício e entender os bons hábitos.

Pais sozinhos — sejam solteiros ou divorciados — simplesmente têm menos tempo para dedicar à criação dos filhos. Isso tem numerosos efeitos em cadeia. Pais solteiros com dificuldades têm mais tendência de permitir que a TV, o iPad ou o Xbox sirvam como babás. Eles passam menos tempo vetando colegas que podem levar seus filhos a hábitos ruins. E apresentam comportamentos — como namorar pessoas diferentes em rápida sucessão ou ter compreensivelmente pouca paciência — que nem sempre são ideais.

É claro que o mundo está cheio de contraexemplos de pessoas bem-sucedidas criadas por pais solteiros. Em muitos desses casos, houve participação dos avós ou de outros membros da família estendida. Em outros, a mãe fez tudo sozinha. Algumas mães *conseguem* fazer tudo sozinhas. Mas isso é exigir demais delas e não é a melhor maneira de organizar uma sociedade.

Tudo se resume a conversa, gratidão e memória. As pessoas tendem a valorizar o que a sociedade celebra. A conversa mais ampla sobre casamento, família e paternidade se deteriorou. Ela está em melhores condições do que estava na época em que Betty Friedan podia comparar as donas de casa a vítimas de campos de concentração e alguns radicais gritavam "fim à monogamia!". As pessoas sérias já não dizem que "uma mulher precisa de um homem tanto quanto um peixe precisa de uma bicicleta". Mas a retórica sobre o casamento e a paternidade está permeada da política da guerra cultural na direita e da vitimologia da política identitária na esquerda. No centro sentimental, usualmente é adornada por uma panaceia de autoajuda e tola verborreia sobre *lifehacks* do tipo faça você mesmo.

A despeito do casamento gay, entre os cosmopolitas no comando de nossa cultura, é simplesmente *déclassé* exaltar os benefícios do estilo de vida casado burguês, ao menos no fórum público. Entrementes, intelectuais e ativistas intimidam e demonizam qualquer um que conceda honra indevida ao casamento ou, mais frequentemente, despreze ou estigmatize a promiscuidade, o divórcio ou os filhos fora do matrimônio. Dan Quayle, que, como presidente, criticou o programa de TV *Murphy Brown* por celebrar os filhos fora do casamento, foi vilificado pelas elites culturais por seu puritanismo e adesão às leis de Comstock. Mas, como questão de política pública, ele estava certo.[36]

Aqueles que preferem, no melhor dos casos, ignorar o papel da cultura na degradação da família enfatizam puramente as explicações materiais para a decomposição. A família, dizem, entrou em colapso por causa do desaparecimento do "salário familiar", que era mantido por altos níveis de sindicalização. E, embora seja tolo argumentar que a estrutura da economia não desempenha nenhum papel no encorajamento ou desencorajamento às pessoas para formarem famílias, tais alegações são exageradas.

Os materialistas não estão errados ao dizer que as condições econômicas são importantes. Seu erro é presumir que as explicações econômicas contam toda a história.

Os sacrifícios inerentes à paternidade requerem uma quantidade enorme de apoio social para permanecerem atraentes, particularmente em uma era na qual há tantas distrações prazerosas, tornadas possíveis pela afluência em massa do capitalismo. Joseph Schumpeter reconheceu que a família era a instituição indispensável para o capitalismo democrático liberal. Os sacrifícios que ela exige dos pais, disse ele, "não consistem somente dos itens que estão ao alcance da régua do dinheiro".[37] Ela exige coisas mais intangíveis, como tempo, comprometimento emocional e subordinação de seus desejos e necessidades às necessidades de seus filhos. Esses sacrifícios precisam ser honrados, pública e passionalmente.

No início do capítulo, sugeri que o dilema enfrentado pela família é uma miniatura do argumento mais amplo deste livro. Caso eu tenha feito um trabalho ruim ao demonstrar isso, permita-me elaborar. Meu argumento é que o capitalismo e a democracia liberal não são naturais. Nós tropeçamos neles em um processo de tentativa e erro, mas também por pura sorte, contingência e acaso. O sistema de mercado depende dos valores burgueses, ou seja, dos princípios, ideias, hábitos e sentimentos que ele não criou e que não pode restaurar, uma vez perdidos. Esses valores só podem ser transmitidos de duas maneiras: pelo exemplo e pela narrativa. Em outras palavras, pela adoção dos comportamentos corretos e pela instrução, através de palavras e atos, sobre quais são os comportamentos corretos. As instituições, e não o governo, são os principais mecanismos de comunicação e recompensa desses valores. Além disso, a própria modernidade requer que os cidadãos tenham lealdades divididas e diversas. Uma delas é a lealdade a si mesmo: todos temos o direito de buscar a felicidade da maneira como a definimos. Mas outras incluem a lealdade à família, aos amigos, à fé, à comunidade, ao trabalho etc. Nossos problemas hoje podem ser traçados até o fato de que já não sentimos gratidão pelo Milagre e pelas instituições e costumes que o tornaram possível. Onde não há gratidão — e o esforço que a gratidão exige —, todo tipo de ressentimento e hostilidade retorna. Poucos realmente *odeiam* a família nuclear tradicional e o papel que ela desempenha. Mas muitos são indiferentes. E a indiferença é suficiente para permitir o retorno da ferrugem da natureza humana.

Hannah Arendt certa vez comentou que, a cada geração, a civilização ocidental é invadida por bárbaros. Nós os chamamos de "crianças". A família é a primeira linha de defesa contra essa invasão bárbara. A metáfora é inepta, porque os pais não estão em guerra contra os filhos. Mas estão em guerra contra o lado mais sombrio da natureza humana, que tentamos remover de nossos filhos ao inscrever em seus corações noções de decência, *fair play* e autocontrole. Quando os pais falham em fazer isso, outras instituições, incluindo o governo, tentam interferir e ajudar como podem. Mas nenhum professor, terapeuta, assistente social, padre, rabino, imã ou policial pode negar que, quando a família falha em fazer sua parte, o trabalho de toda instituição que se segue à família se torna muito mais difícil. Isso não significa que toda família fracassada produz criminosos, quem dirá bárbaros saqueadores. Mas, quando a família fracassa, torna-se mais difícil produzir bons cidadãos dedicados aos princípios e hábitos que criaram o Milagre.

TREZE

A ERA TRUMP:
OS PERIGOS DO POPULISMO

V amos continuar de onde paramos no último capítulo. A civilização é uma conversa em curso. Mude a conversa e você muda o mundo. Se um bebê nascido hoje não é diferente de um bebê nascido há 50 mil anos, então a única coisa que impede esse bebê de crescer e se transformar em um bárbaro é a conversa na qual ele nasceu. Essa é a moral de tudo que discutimos até agora.

Deirdre McCloskey diz que o Milagre aconteceu por causa de palavras e conversas. "A economia nada é sem as palavras que a suportam", insiste ela. "O capitalismo, como a democracia, é conversa, conversa, conversa o tempo todo."[1]*

---

* "Alego que uma grande mudança na opinião comum sobre os mercados e a inovação causou a Revolução Industrial e, depois, o mundo moderno. A mudança ocorreu durante os séculos XVII e XVIII no noroeste da Europa. Mais ou menos subitamente, holandeses, britânicos e depois norte-americanos e franceses começaram a falar sobre a classe média, alta ou baixa — a 'burguesia' —, como se fosse digna e livre. O resultado foi o crescimento da economia moderna.

"Ou seja, ideias ou 'retórica' nos enriqueceram. A causa, em outras palavras, foi a linguagem, a mais humana de nossas realizações. A causa não foi, em primeira instância, uma mudança econômica/material: não foi a ascensão desta ou daquela classe, o florescimento deste ou daquele ofício ou a exploração deste ou daquele grupo. Para dizer de outra forma, nosso enriquecimento não foi uma questão somente de prudência, a qual, afinal, é uma virtude

Isso é verdade para mais que somente a economia. É verdade para a política, família, religião e toda empreitada humana. Somos uma espécie cooperativa, e foi nossa habilidade de comunicar conceitos que nos enviou para o topo da cadeia alimentar.

Contudo, não sejamos literais demais. Não se trata, estritamente falando, das palavras em si, mas da maneira como as usamos e dos conceitos que elas formam e comunicam. Mas é axiomaticamente verdadeiro que aquilo que pode ser criado pela conversa também pode ser destruído pela conversa. As festas de fim de ano podem ser adoráveis ou um desastre sombrio e deprimente, dependendo do curso da conversa. O mesmo ocorre com a civilização. A Revolução Gloriosa e a Revolução Americana representaram a ascensão de uma nova visão de mundo burguesa que exaltava a liberdade, o comércio, a inovação, o trabalho duro e autonomia da família e do indivíduo. Essa visão de mundo borbulhou de baixo para cima muito mais do que gotejou de cima para baixo. A burguesia afirmou seus direitos. E, uma vez conquistados, esses direitos se tornaram cada vez mais universais, porque essa era a única maneira por meio da qual a conversa podia prosseguir. Quando se disse que todos os homens são criados iguais e dotados pelo Criador de direitos inalienáveis à vida, à liberdade e à busca da felicidade, tornou-se cada vez mais difícil dizer "Bem, com exceção dessas pessoas aqui". Quando se insiste que a única forma legítima de governo é o governo consentido, é muito difícil voltar atrás.

De fato, até muito recentemente, os ditadores e totalitários precisavam reivindicar o manto da democracia, falando como se fosse algo em que até mesmo eles precisavam acreditar, se quisessem ser vistos como governantes legítimos. A União Soviética, a Alemanha nazista e a Itália de Mussolini insistiam em falar em nome do povo, mesmo que rejeitassem as ficções "mecânicas" da política ocidental e realizassem eleições Potemkin. A Alemanha Oriental chamou a si mesma de "República Democrática Alemã". A

---

também dos ratos e da grama. Uma mudança na retórica *sobre* a prudência, sobre o outro e, peculiarmente, sobre as virtudes humanas exercidas em uma sociedade comercial deu início ao progresso material e espiritual. Desde então, a retórica burguesa tem aliviado a pobreza em todo o mundo e ampliado o escopo espiritual da vida humana." Deirdre N. McCloskey, *Bourgeois Dignity: Why Economics Can't Explain the Modern World* (Chicago: University of Chicago Press, 2010), p. xi.

Coreia do Norte ainda utiliza o nome "República Popular Democrática da Coreia". A Síria de Bashar al-Assad e os mulás do Irã sentem necessidade de realizar eleições e referendos para manter as aparências, assim como Saddam Hussein, Hosni Mubarak e Napoleão antes deles. Mesmo a enganação dos ditadores era um tributo à virtude democrática.

No Ocidente, a esquerda e a direita argumentaram sobre como e onde estabelecer o limite entre bem-estar social e liberdade econômica, mas o restante da conversa costumava se resumir a que partido estava mais comprometido com a democracia, a liberdade de expressão e a liberdade pessoal. Os progressistas, de Franklin Delano Roosevelt a Barack Obama, acreditavam que conceder "direitos econômicos" libertaria as pessoas. Lembre-se que FDR proclamou que "homens passando necessidade não são homens livres".[2] Os conservadores, na tradição liberal clássica, argumentaram que essa abordagem era uma violação do liberalismo propriamente entendido e estava destinada a restringir a liberdade. Essas discordâncias foram — e permanecem — intensas, mas, se aceitamos a palavra das partes envolvidas, ambas acreditavam estar do lado da liberdade e usaram a retórica para esse fim.

Isso começou a mudar no início do século XXI.

Nas duas últimas décadas, a retórica das elites ocidentais se tornou cada vez mais hostil à democracia, à liberdade de expressão e ao capitalismo. Uma das razões é a crença disseminada de que sociedades autoritárias se desenvolvem melhor e mais rapidamente que sociedades democráticas e de livre mercado. Essa é uma noção muito antiga que emerge com nova roupagem a cada geração. Mussolini fez os trens andarem no horário. Lincoln Steffens voltou da União Soviética e declarou: "Estive no futuro, e ele funciona."[3] Isso foi dito sobre a economia planejada de Napoleão e provavelmente sobre Hamurabi. Há algo profundamente sedutor na ideia de uma sociedade dirigida por uma figura paterna forte ou um sábio conselho de especialistas.

Isso é particularmente verdadeiro entre as pessoas que acreditam que deveriam fazer parte de tal conselho. Elas olham para o exterior em busca de sociedades que fazem as coisas da maneira "certa" e insistem que devemos seguir seu exemplo. Foi isso que incontáveis intelectuais norte-americanos disseram na década de 1920 e início da década de 1930 sobre os regimes fascistas e comunistas na Europa e, como um cão que volta para comer o próprio vômito, é o que dizem hoje em dia.[4]

William Easterly, um dos mais brilhantes acadêmicos da economia do desenvolvimento ainda vivos, documenta como esse culto ao autoritarismo viceja entre a casta global de especialistas em desenvolvimento e os jornalistas que os usam como fonte.[5] Parte do problema de olhar para as autocracias "bem-sucedidas" como modelo é que elas são uma espécie de miragem estatística. É verdade que, nos últimos cinquenta anos, nove em cada dez países com crescimento econômico realmente extraordinário foram autocracias. Isso sugere que a autocracia oferece o melhor caminho para a prosperidade. O problema é que, nesse período, existiam *89 autocracias*. Em outras palavras, ser uma autocracia, na melhor das circunstâncias, oferece uma chance em nove de levar à prosperidade. Mesmo isso é enganoso, porque as políticas implementadas pelas autocracias bem-sucedidas tendem a afastá-las do despotismo.[6]

Lee Kuan Yew, o ditador que fundou Singapura, é o déspota benigno favorito da elite global, e por uma boa razão. Suas políticas levaram a um surpreendente crescimento econômico. Mas como ele fez isso? Acabando com a corrupção — tanto no sentido convencional como no sentido que venho empregando — na sociedade. Às vezes, foi um modernizador brutal. Na década de 1990, Singapura tinha uma das mais elevadas taxas de execução *per capita* do mundo.[7] No "modelo de Singapura", o uso da autoridade política para fins pessoais e outras formas de corrupção são implacavelmente proibidos, e o estado de direito, incluindo os direitos de propriedade e a execução de contratos (sob o *common law* britânico), é protegido de modo implacável. Lee Kuan Yew acredita em baixa regulamentação, baixa taxação e livre comércio.

Em outras palavras, o ingrediente essencial do crescimento de Singapura não foi o despotismo, mas a imposição dos mecanismos de mercado e, em certa extensão, o legado do colonialismo britânico. O sucesso de Lee Kuan Yew sem dúvida dependeu parcialmente de sua habilidade de não ser corrompido pelo poder e manter o país no caminho da modernização — e, aposto, da eventual democratização —, mas também derivou da natureza única de Singapura, uma pequena nação insular. Porém, para cada Lee Kuan Yew, há muitos outros Hugo Chávez, Fidel Castro e Robert Mugabe. Apostar nos Estados autoritários acreditando que se irá obter um Lee Kuan Yew é jogar loteria com milhões de vidas.

O ponto mais importante, todavia, é que bajular ditaduras é moralmente grotesco. É, no fim das contas, somente uma forma de adoração ao poder. Por exemplo, o colunista do *New York Times* e autor de best-sellers Thomas Friedman passou grande parte das duas últimas décadas elogiando efusivamente o capitalismo autoritário esclarecido da China. Olhe para a China, insistiu ele coluna após coluna, discurso após discurso, e livro após livro. Eles só se importam com "políticas ótimas"!

Muito bem, vamos olhar para a China. O autoritarismo, primeiro sob os imperadores e depois sob Mao, empobreceu, oprimiu ou matou centenas de milhões de pessoas na China. Então, no fim da década de 1970, a China introduziu mercados e direitos de propriedade rudimentares. E, subitamente, a economia chinesa decolou. Pela primeira vez, centenas de milhões de chineses podiam comer carne, usar eletricidade e comprar coisas há muito consideradas essenciais por aqui e luxos inacessíveis por lá. E, no entanto, aqui nos Estados Unidos e em grande parte do mundo desenvolvido, a reação ao sucesso da China foi "Uau! Deve ser por causa do autoritarismo".

Em muitos aspectos, Friedman foi o principal animador de torcida:

Observando os debates sobre assistência médica e clima/energia no Congresso, é difícil não chegar à seguinte conclusão: há somente uma coisa pior que uma autocracia monopartidária, e essa coisa é a democracia monopartidária que temos nos Estados Unidos hoje. A autocracia monopartidária certamente tem suas desvantagens. Mas, quando é dirigida por um grupo razoavelmente esclarecido, como ocorre na China hoje, ela também pode apresentar grandes vantagens. O partido único pode impor medidas politicamente difíceis, mas criticamente importantes para empurrar a sociedade para o século XXI.[8]

Vale a pena explicar o que Friedman quer dizer com "democracia monopartidária". Na época em que ele escreveu isso, o Partido Democrata controlava a Câmara, o Senado e a Casa Branca. Mas o partido na "democracia monopartidária" que ele lamentou não era o governante, mas o minoritário, que se recusava a capitular ante a maioria. O benefício da autocracia é que ela é autocrática e pode abrir mão da persuasão, impondo as melhores políticas.

Em seu livro *Hot, Flat, and Crowded: Why We Need a Green Revolution—and How It Can Renew America* [Quentes, planos e lotados: por que precisamos de uma revolução verde e como ela pode renovar os Estados Unidos], Friedman escreveu um capítulo intitulado "China por um dia (mas não dois)". Nesse capítulo, ele defende abertamente que os Estados Unidos sejam como a China, mas somente por um dia. Nesse dia, não haverá estado de direito, salvaguardas constitucionais ou debate democrático. Em vez disso, especialistas "esclarecidos" serão capazes de simplesmente impor as melhores políticas — ou seja, aquelas com as quais Friedman concorda.

Esse é um exemplo perfeito de como palavras podem camuflar coisas. Suas colunas estão cheias dos chavões e jargões que povoam as reuniões em Davos e as palestras do TED. Mas em que "China por um dia" difere substancialmente de "rei por um dia", "tirano por um dia" ou, já que estamos falando nisso, "nazista por um dia"? Dizer "China por um dia" dá ao "argumento" um toque de classe, mas esse toque de classe é somente um rótulo diferente para a mesma e velha garrafa. (Além disso, se há uma lição que devemos aprender com os últimos mil — ou 10 mil — anos é que, se as pessoas recebem poder absoluto por "apenas um dia", elas encontram razões para estendê-lo. O poder absoluto é como encontrar o gênio da lâmpada: a primeira coisa que pedimos é mais pedidos.)

No fim das contas, querer ser "China por um dia" não é diferente de falar sobre como nossa política deveria ser o "equivalente moral da guerra" (outro argumento que Friedman emprega constantemente, dizendo que devemos lutar contra as mudanças climáticas da mesma maneira que lutamos durante a Segunda Guerra Mundial: "o verde", explica ele, "é o novo vermelho, branco e azul").[9] Somos programados para dispensar amenidades e protocolos quando estamos sob ataque. Os tecnocratas entendem isso, e é por isso que a administração Obama adorava a frase "é terrível desperdiçar uma crise". E é por isso que a campanha de Trump se mostrou — e a Casa Branca de Trump se mostra — tão ávida para descrever os Estados Unidos como inferno assolado pela violência quando isso serve a sua agenda política. "A carnificina americana termina aqui e agora", declarou o presidente em seu discurso de posse,[10] concluído com o punho levantado.

A maneira como falamos é meramente um reflexo da maneira como pensamos. Não surpreende, portanto, que o estado da opinião pública no Ocidente seja deprimente. A maioria dos jovens já não acredita que a democracia seja "essencial".[11] O apoio à liberdade está literalmente morrendo. Entre os nascidos na década de 1930, 75% dos norte-americanos e 53% dos europeus diziam que viver sob um governo democrático era "essencial". Entre os nascidos na década de 1980, o número cai para cerca de 40% na Europa e 30% nos Estados Unidos. Somente 32% dos millennials consideram "absolutamente essencial" que "os direitos civis protejam as liberdades das pessoas".[12]

"Os cidadãos de várias democracias supostamente consolidadas na América do Norte e na Europa Ocidental não somente se tornaram mais críticos em relação a seus líderes políticos", escreveram os cientistas políticos Roberto Stefan Foa e Yascha Mounk para o *Journal of Democracy*. "Eles também se tornaram mais cínicos em relação ao valor da democracia como sistema político, demonstram menos esperança de poder fazer algo para influenciar as políticas públicas e estão mais dispostos a expressar apoio pelas alternativas autoritárias."[13]

Há ampla evidência de que o apoio aos direitos essenciais que definem a ordem liberal está diminuindo, mais pronunciadamente entre os jovens (embora seja possível que, como reação à presidência Trump, alguns deles desenvolvam mais apreço pelas liberdades civis). Quanto mais jovem, menos probabilidade de apoiar o direito à livre expressão. Quarenta por cento daqueles entre 18 e 34 anos disseram ao Pew Research Center achar que as expressões ofensivas às minorias devem ser banidas.[14] Uma pesquisa entre estudantes universitários em 2015 descobriu que a maioria favorece códigos de expressão tanto para alunos como para professores. Mas de seis em dez querem que os professores forneçam aos alunos avisos de "gatilho emocional" antes de discutirem ou apresentarem materiais que alguns podem achar ofensivos. Um terço dos alunos não sabia que a primeira emenda é a parte da Constituição que protege a livre expressão. Trinta e quatro por cento deles disseram que a primeira emenda não se aplica ao "discurso de ódio" (sim, se aplica) e 30% dos que se identificaram como *liberais* disseram acreditar que a primeira emenda está ultrapassada.[15]

Presumivelmente, a maioria dos jovens liberais não acha que o apoio ao livre mercado, à democracia e à liberdade de expressão é, em si mesmo, "discurso de ódio". Mas é notável quão rapidamente os ativistas podem concluir que o apoio a tais coisas é um "código" para ideais odiosos. (O *Harvard Crimson* tem uma longa tradição de publicar artigos insistindo que o eminente acadêmico Harvey Mansfield, um dos últimos conservadores de Harvard, usa "discurso de ódio".) A historiadora de Duke Nancy MacLean publicou um livro, *Democracy in Chains: The Deep History of the Radical Right's Stealth Plan for America* [Democracia acorrentada: a história detalhada do plano furtivo da direita radical para os Estados Unidos], no qual argumenta que o movimento econômico libertário, especificamente a escola da escolha pública, é um esquema racista muito mal disfarçado, projetado para minar a democracia. A despeito de o livro ter sido muito criticado por apresentar uma pesquisa desonesta e esfarrapada — sendo uma obra de "ficção histórica especulativa", de acordo com Michael C. Munger, colega de MacLean na Duke —, no momento em que escrevo ele é um dos finalistas do National Book Award. Aparentemente, a tese é sedutora demais para se importar com fatos.[16] Tente falar sobre individualismo, desigualdade, mérito etc. em um campus universitário e veja quanto tempo demora até que alguém se sinta ofendido. Em muitos lugares nos quais a nova classe controla a cultura, a livre expressão passou a ser definida como ataque e o ataque como livre expressão.[17]

Antes de o engodo da administração Obama sobre um vídeo ter causado os ataques ao posto diplomático norte-americano em Bengasi ser revelado, editoriais e programas de rádio e televisão pediram que a primeira emenda fosse "retificada" a fim de restringir a liberdade de expressão nos Estados Unidos, como se bárbaros criando tumulto do outro lado do mundo tivessem poder de veto sobre o que os norte-americanos podem dizer.

É inevitável que, ao mudar a maneira como as pessoas pensam e falam, o formato da política também mude. Em toda a Europa, movimentos não liberais vêm ganhando fôlego há mais de uma década. A Frente Nacional de Marine Le Pen está a toda, forçando coalizões artificiais entre conservadores tradicionais e socialistas para mantê-la fora do poder. Emmanuel Macron conseguiu derrotar Le Pen, mas, para isso, precisou formar um novo partido: La République en Marche ou simplesmente En Marche, traduzido como Em Marcha ou Avante. No momento em que escrevo, é cedo demais para um julgamento definitivo de Macron, mas ele parece ter alguns traços napoleônicos. Ele prometeu ignorar o Parlamento francês e impor a maioria de suas reformas por decreto. E já estendeu o estado de emergência declarado após os horríveis ataques terroristas de 2015.[18]

Na Áustria, uma coalizão similar à de Macron conseguiu evitar, por pouco, que Norbert Hofer se tornasse o primeiro líder nacionalista de direita em um país europeu ocidental desde o fim da Segunda Guerra Mundial. Na vizinha Hungria, o presidente Viktor Orbán fala rotineiramente de "construir um Estado não liberal" nos moldes dos regimes da Rússia, da Turquia e da China.[19] "Estados democráticos liberais não conseguem permanecer globalmente competitivos", insiste ele.[20] O maior competidor político de Orbán é o Jobbik, um partido ultranacionalista que é economicamente de esquerda, anticapitalista, e se alimenta da profunda reserva de antissemitismo no país. Estima-se que um em cada cinco húngaros sinta extrema animosidade pelos judeus.[21] Na Bulgária, o partido nacional-socialista Ataka (Ataque) fez imensos avanços misturando uma agenda populista anti-imigração com socialismo econômico convencional e racial (que com frequência se mostram historicamente sinônimos).

Na Grécia, domina um partido nacionalista de esquerda, o Syriza, ao passo que o partido autoritário de direita Aurora Dourada marcha sob uma bandeira que convenientemente lembra a bandeira oficial nazista, exibindo uma serpenteante forma geométrica preta contra um pano de fundo vermelho.[22] O astro do partido é o ditador pró-fascista grego Ioannis Metaxas, que governou entre 1936 e 1941.[23]

Na Grã-Bretanha, o triunfo do movimento Brexit, embora benéfico de modo geral, talvez deva sua margem de vitória relativamente estreita a uma subcorrente de sentimento nativista e nacionalista (fomentado, em certa extensão, pelo exército de trolls das mídias sociais de Vladimir Putin). Mais preocupante é o não liberalismo de Jeremy Corbyn, o esquerdista reacionário que lidera o Partido Trabalhista e rejeita o projeto de Tony Blair de reconciliar o partido com o capitalismo democrático liberal. Populista de esquerda e opositor fervoroso de todas as coisas "sionistas", Corbyn se esforça para evitar a acusação de antissemitismo ao mesmo tempo que bajula membros da coalizão que não podem evitar essa acusação.

Recep Tayyip Erdoğan, da Turquia, em apenas alguns anos avançou muito no projeto de unir as políticas não liberais de Atatürk à teologia não liberal dos otomanos, perseguindo jornalistas e aprisionando milhares de oponentes políticos. No momento em que escrevo, a Venezuela sob Nicolás Maduro continua a provar que as coisas sempre podem ficar piores em uma ditadura populista-socialista. O país, rico em petróleo, sofre com uma hiperinflação nos níveis de Weimar. Pais são obrigados a desistir dos filhos porque não podem alimentá-los enquanto Maduro atribui o estado econômico do país aos "parasitas burgueses".[24]

Em julho de 2017, o presidente Trump visitou Varsóvia, na Polônia, e fez uma empolgante defesa da civilização ocidental, com a qual concordo em grande parte. O discurso, contudo, teve uma camada de nacionalismo que não deixou de ser percebido pelo cada vez mais autoritário governo polonês. O partido governante, Lei e Justiça, está comprometido com uma campanha para deslegitimar a imprensa, o Judiciário independente e mesmo a natureza apolítica das forças armadas, em um programa chamado de "repolonização".[25]

Tragicamente, o sonho do liberalismo está morrendo também nos países não liberais. O movimento "Verde" no Irã foi destruído a partir de cima, mas também minado a partir de baixo. "Os jovens educados que eram a espinha dorsal do movimento Verde agora são pessoas desmoralizadas e apáticas de 30 ou 40 anos, em uma transformação parecida como a que ocorreu ao movimento pela democracia na China após o massacre da praça da Paz Celestial em 1989", escreve Sohrab Ahmari.

"A situação é igualmente desalentadora em terras árabes", acrescenta ele. "Com exceção da Tunísia, os levantes da Primavera Árabe de 2010 e 2011 geraram guerra civil, falhas do Estado ou o retorno ao repressivo *status quo ante.*" Pesquisas de opinião pública "sugerem que os jovens da região desejam estabilidade, e não liberdade política".[26] A desmoralização dos jovens árabes é compreensível, dado o fracasso da Primavera Árabe em cumprir suas promessas, mas eu me pergunto se parte de seu desespero não deriva do crescente consenso global de que a democracia está perdendo sua atratividade.

A ERA TRUMP

E então, claro, há Donald Trump. Embora não se possa deduzir isso dos textos de muitos intelectuais e jornalistas liberais, o presidente Trump é diferente dos demagogos de extrema direita e neofascistas, em alguns aspectos importantes — mas, claro, é desanimadoramente similar a eles em outros. As diferenças merecem ser discutidas primeiro.

Ao contrário de Marine Le Pen, Norbert Hofer, Viktor Orbán e outros políticos não liberais, Trump não está profundamente imerso na ideologia nacionalista, ou em qualquer outra. Trump não é de modo algum um intelectual. Dizer que alguém não é um intelectual não significa dizer que não é inteligente. A questão sobre o intelecto de Trump permanece em aberto para todos, com exceção de seus mais comprometidos seguidores e detratores — e do próprio Trump, que insiste constantemente ser um homem de gênio inegável. Ele certamente possui uma astúcia formidável, que costuma pegar seus oponentes de surpresa. Mas também está claro que sabe muito pouco sobre a história política norte-americana, e isso o torna uma criatura política fascinante.

Por exemplo, muitos de seus slogans favoritos — "a maioria silenciosa", "o homem esquecido", "Estados Unidos primeiro" e mesmo "tornar os Estados Unidos grandes novamente" — possuem profundas raízes históricas que ele parece não conhecer. Ele aprendeu a expressão "Estados Unidos primeiro" com um repórter do *New York Times* que tentava entender sua filosofia política.[27] "Estados Unidos primeiro" tem um pedigree complicado na política norte-americana, pois era o grito de guerra de uma ampla coalizão de não intervencionistas que queriam manter os Estados Unidos fora da Segunda Guerra Mundial na Europa. Com o tempo, ele assumiu uma conotação particularmente sinistra, pois sua facção mais vocal era objetivamente pró-Alemanha durante o conflito europeu. Durante uma entrevista ao *Washington Post*, Trump foi informado de que a frase "a maioria silenciosa" fora usada por Richard Nixon durante sua campanha de 1972.[28] Não está claro se alguém explicou a ele que "o homem esquecido" era o slogan de FDR em seu esforço para atrair as massas descontentes da Grande Depressão. Até mesmo "tornar os Estados Unidos grandes novamente" não é original; a expressão foi usada repetidamente por Ronald Reagan em sua campanha de 1980 (embora com um sentido muito diferente).

Os comprometimentos ideológicos de Trump são similarmente precários. Nos últimos trinta anos, ele foi consistente a respeito de somente um punhado de ideias — protecionismo, "tomar o petróleo" dos países do Oriente Médio que invadimos e alguns clichês vagos sobre reduzir a regulamentação —, mas expressou posições sobre vários temas, como imigração, aborto, assistência média etc. Ao contrário dos conservadores norte-americanos tradicionais, sua bússola nunca foi o governo limitado, a constituição, a liberdade individual ou, é desnecessário dizer, os "valores tradicionais". Há pouca razão para acreditar que tenha mais que uma noção rudimentar de tais conceitos. Seus motes sempre foram "vitória" e "força". Sua promessa-chave aos eleitores foi fazer com que os Estados Unidos "vencessem novamente" e que, se eleito, nossos líderes já não seriam "fracos". "Vencer resolve muitos problemas", disse ele em uma entrevista ao *Washington Post*.[29]

Deveria ser desnecessário dizer — mas, atualmente, não é — que vitória e força são valores inteiramente amorais. Trapaceiros e assassinos bem-sucedidos "vencem". Bons pais não ensinam aos filhos que a única coisa que importa é vencer e que ser forte é mais importante que ser decente. Uma pessoa séria, em termos morais e filosóficos, não coloca a vitória pessoal como seu valor mais elevado.

Para Donald Trump, "vencer" — nos negócios, nos índices de audiência e na política — é tudo que importa. Ter sugerido que um de seus oponentes era praticamente um pedófilo e acusado outro de ser filho de um cúmplice do assassinato de Kennedy se justifica pelo fato de que venceu. Ele até mesmo explicou que o fato de se queixar constantemente é uma ferramenta útil para vencer. "Eu me queixo e me queixo até vencer."[30] Donde seu empenho em exibir todas as notícias que não o mostram como vencedor não somente como injustas ou tendenciosas, mas "falsas".

A ignorância de Trump em relação aos políticos que vieram antes dele se revelou uma grande vantagem política. A elite da classe política — na esquerda e na direita, mas, de modo mais importante, no arrogante centro — investiu demais no poder dos xiboletes e tabus políticos. Trump simplesmente passou por cima deles, falando de sua própria e autêntica maneira. Para aqueles que dão muita importância às palavras, Trump soava não somente ignorante, mas também vulgar. Porém, para milhões de eleitores, soava real, e sua vulgaridade provava que ele não era parte do "establishment" que tantos culpavam pelo lamentável *status quo*. Essa foi sua grande vantagem em relação ao senador Ted Cruz, um político do establishment que sabia as letras de todas as canções do populismo, mas não conseguiu cantá-las de maneira convincente.

Similarmente, a retórica antipolítica de Trump é um eco claro da linguagem da década de 1930 em ambos os lados do Atlântico. "A hora da conversa fiada já passou", declarou Trump em seu discurso de posse (e novamente durante a Conferência de Ação Política Conservadora em fevereiro de 2017). "Chegou a hora da ação!"[31] Ele adora falar sobre o "sangue dos patriotas".

A década de 1930 marcou o ápice do culto internacional à "ação". Roosevelt, Mussolini, Hitler e incontáveis outros líderes tentaram aproveitar a crença disseminada de que o decadente capitalismo ocidental e o "liberalismo de Manchester" eram inadequados aos desafios da época. Nos Estados Unidos, FDR lançou mão dessa ideia, em uma tentativa de preservar a democracia (embora não necessariamente o capitalismo), quando prometeu "experimentação ousada e persistente". Até hoje — como sei bem demais — os progressistas não conseguem entender o que está envolvido em uma política de "experimentação". A própria ideia de experimentação presume que não há restrições apriorísticas, dogmáticas ou de princípios à investigação. "Escolha um método e tente", disse FDR.[32] Parece muito razoável, mas a implicação é que a democracia, os direitos de propriedade, os direitos civis etc. não são restrições apriorísticas ao comportamento político. O objetivo central de nossa constituição era colocar certas questões fora do alcance de governantes e eleitores. "Experimentação" diz que todas as opções são válidas, e essa é a própria definição do método autoritário. "Sou conservador, mas, a essa altura, quem se importa?", perguntou um exasperado Donald Trump durante a convenção do Partido Republicano na Califórnia. "Temos de endireitar o país."[33]

"O fascismo apelou em primeiro lugar ao etos pragmático da experimentação", observou o falecido John Patrick Diggins.[34] A ideologia era um peso morto, impedindo que as nações atingissem seu verdadeiro potencial. Hitler desprezava os teóricos que falavam de princípios e doutrinas, chamando-os de "cavaleiros da tinta". De acordo com Hitler, a Alemanha precisava de uma "revolta contra a razão", pois "o intelecto envenenou nosso povo!".[35]

Não estou dizendo que Trump é como Hitler. Não é: Hitler teria revogado o Obamacare facilmente! Ele tampouco é como Roosevelt ou Mussolini. A questão é que representa a reversão a um tipo natural de líder que fala e pensa em termos tribais. Seu modo de pensar e sua retórica são menos interessantes que o fato de terem encontrado adesão em tantos norte-americanos, particularmente entre os supostos defensores do constitucionalismo e do governo limitado.

Trump é uma figura totalmente romântica, de várias maneiras. Ele acredita não em Deus, na constituição ou em regras abstratas, mas em seus próprios instintos: "Sou uma pessoa muito instintiva, mas meus instintos sempre se provam corretos."[36] "A experiência me ensinou algumas coisas", disse ele. "Uma delas é ouvir meus instintos, por mais que algo soe bem no papel."[37] Em numerosas entrevistas, Trump explicou que seus instintos são mais confiáveis que os fatos. Se parece certo para ele, então é certo. Foi por isso que certa vez afirmou, durante uma declaração juramentada, que seu patrimônio líquido dependia muito de como se sentia em determinada manhã.[38] E também foi por isso que, como homem de negócios, nunca se incomodou de mentir para os sócios, abusar da desapropriação e fazer tudo de que conseguisse se safar.

Durante sua presidência, ficou claro que seus sentimentos — particularmente suas inseguranças, sua megalomania etc. — determinam a vasta maioria de suas decisões. Sua recusa em parar de atacar os pais de um soldado norte-americano muçulmano, morto durante a campanha, foi um indicador de sua abordagem da vida. E seus ataques a um juiz de ascendência mexicana enfatizaram como as normas democráticas e o decoro não possuem peso na balança de seus sentimentos.

E, embora sua capacidade de personalizar todo conflito e relação seja o tema central de sua psique, sua confiança nos sentimentos também possui consequências políticas mais amplas. Como candidato, ele encorajou as multidões a "descerem a porrada" nos manifestantes.[39] Como presidente, aprovou e celebrou o uso da força excessiva por parte de policiais.[40] Ele famosamente admira Vladimir Putin e, sempre que é pressionado sobre o fato de admirar um autocrata assassino, joga os Estados Unidos na fogueira, dizendo que os norte-americanos não têm o direito de julgar, porque também fazemos coisas horríveis.[41] Não há situação na qual ele não tente defender seus próprios interesses políticos ou acertar alguma conta, seja em uma palestra para os escoteiros, seja em um discurso para militares.

Se Trump fosse capaz de conter seu *id* e pensar para além do horizonte de seus instintos, ele seria um demagogo muito mais formidável. Felizmente não é, e a arquitetura constitucional de nosso governo, combinada ao comprometimento patriótico da maioria das pessoas que trabalham para ele, é mais que suficiente para limitar sua vontade de poder como presidente.

Mesmo assim, são precisamente essas qualidades que o tornam tão fascinante. Por baixo dos ternos e das gravatas anormalmente compridas, ele é um retrocesso, uma espécie de protótipo genérico do homem pré-moderno, obcecado em ser o alfa do grupo. Como não tem nenhuma ideologia coerente e é amplamente imune às normas do bom caráter, Donald Trump é, de muitas maneiras, um exemplo perfeito de como o capitalismo, sem os dogmas extrarracionais da moralidade, cria criaturas de puro apetite, guiadas apenas pelos programas mais rudimentares da natureza humana. Ele se importa com sexo e poder, dominar os outros e reafirmar seu status. Coloca a família acima de todas as considerações, mas define os interesses da família em termos de riqueza e glória dinástica. Vê os outros como instrumentos de sua vontade, cujo valor é mensurado pela lealdade a ele — uma lealdade que raramente é reciprocada. Quando perguntado que sacrifícios fez que possam se comparar aos sacrifícios de pais que perderam o filho na guerra, não conseguiu citar nenhum.[42] Ele é um cavaleiro, no sentido nietzschiano, e faz sua própria moralidade.

Infelizmente, em vez de ver esses fatos como falhas, muitos eleitores os viram como características admiráveis. O estilo político improvisado e quase glandular de Donald Trump, combinado a sua incontrita ignorância sobre as normas democráticas e seu ressentimento absoluto contra as elites, o transformou em recipiente ideal para as frustrações e raivas não somente da base republicana, mas de milhões de eleitores insatisfeitos e não tradicionais de Obama, que sentiam novamente não ter voz na política. De fato, os conservadores doutrinários estiveram entre os últimos a se unir sob a bandeira de Trump, um fato facilmente esquecido agora, quando tantos ideólogos e intelectuais conservadores atualizam sua visão de mundo para racionalizar e acomodar Trump.

Em resumo, Donald Trump é o mais bem-sucedido político populista da história norte-americana, com a possível exceção do presidente Andrew Jackson. Muitos comentaristas conservadores se convenceram de que a vitória de Trump foi produto de seu próprio e incrível gênio político. Há pouquíssimas evidências para suportar essa alegação. Isso não é necessariamente um insulto. A política está mais relacionada ao momento que a qualquer outra coisa. Trump flertou com a ideia de concorrer à presidência em 2000, pelo Partido Reformista, e novamente em 2012. Em ambas as vezes, desistiu, parcialmente porque não tinha chance de vencer. A questão é que ele venceu as eleições porque aquele era o momento certo e, mesmo assim, quase não conseguiu.[43]

Assim como sempre é rentável ser um vendedor de água com grandes estoques durante uma seca, é bom ser populista em um momento de sede disseminada pelo populismo. Vale a pena lembrar que houve dois populistas autênticos na campanha presidencial de 2016, o outro sendo o senador por Vermont Bernie Sanders. Há razões para acreditar que, se o establishment democrata não tivesse cerrado fileiras em torno de Hillary Clinton, o candidato progressista e quintessencialmente tecnocrático da nova classe, Sanders, teria vencido as primárias democratas. Mesmo que não tivesse vencido, permaneceria o fato de que o populismo está a todo vapor, tanto na esquerda como na direita, aqui e no exterior.

OS PERIGOS DO POPULISMO

O populismo, que essencialmente significa nada mais que "povismo", não é uma doutrina. É uma orientação e uma paixão. Em teoria e retórica, ele exalta "o povo", mas, na realidade, só fala por um subconjunto dele. Ele partilha com o nacionalismo a glorificação ou santificação romântica do grupo. Aqueles no grupo são parte da tribo, da causa, do "movimento" ou de qualquer outra abstração que acione o "instinto de coalizão" discutido anteriormente. Eles são nós, aqueles por quem estávamos esperando. "O povo" simultaneamente afirma ser vítima dos e superior aos vitimadores, tendo uma reivindicação mais correta ao poder. Eles podem afirmar ser "os 99%" — não são —, mas querem dizer que são 100% daqueles que importam. "Para os populistas", escreve Jan-Werner Müller, "esta equação sempre funciona: qualquer remanescente pode ser ignorado como imoral e não propriamente parte do povo. Essa é outra maneira de dizer que o populismo é sempre *uma forma de política identitária* (embora nem todas as versões da política identitária sejam populistas)."[44]

Como conservador crítico em relação ao presidente, fui submetido à raiva e ao desprezo quase constantes de seus apoiadores, incluindo muitos que já foram meus admiradores. (De fato, uma das mais dolorosas revelações dos últimos dois anos foi descobrir quantas pessoas ficaram desapontadas porque não baixei meus padrões a fim de corresponder a suas expectativas.) Menciono o fato porque tem sido fascinante ouvir tantos apoiadores de Trump se reunirem sob a bandeira "nós, o povo". É um refrão constante. Mas também falso. O uso que os apoiadores de Trump fazem de "nós, o povo" é uma ilustração perfeita do argumento de Müller. Donald Trump perdeu no voto popular e, no momento em que escrevo, sua taxa de aprovação é de cerca de 30%. Por qualquer métrica objetiva, ele não é o paladino do "povo". É um representante das pessoas que seus apoiadores acreditam ser as únicas que importam.

O populismo e o nacionalismo costumam caminhar juntos, mas nem todo movimento populista é nacionalista, nem todo movimento nacionalista é populista. Antes de levar o populismo ao palco nacional, William Jennings Bryan era, propriamente falando, alguém que colocava o Nebraska em primeiro lugar. Do mesmo modo, George Wallace foi um populista pelo "povo do Alabama", significando as pessoas brancas do Alabama que apoiavam as leis de Jim Crow. Al Sharpton ficou famoso como demagogo populista representando primeiro a si mesmo e, depois, um subconjunto de negros do Harlem. Donald Trump costuma falar sobre "o povo americano", mas sua definição de quem se qualifica como "povo americano" começa e termina com aqueles que o apoiam. A "única coisa importante", anunciou ele durante um comício na primavera de 2016, "é a unificação das pessoas, porque as outras pessoas nada significam."[45]

Os movimentos populistas norte-americanos tendem a ser colocados do lado esquerdo do espectro político, a não ser que fossem abertamente racistas ou antissemitas, caso em que os historiadores e analistas políticos liberais fazem muito esforço para disassociá-los da esquerda e exonerar o progressismo. Na Europa, onde as classes altas substituíram as velhas noções de nobreza e aristocracia herdadas pela tecnocracia de elite, o populismo tende a ser associado à demagogia, a dizer o que as pessoas querem ouvir e ao pensamento retrógrado. Os banqueiros e burocratas caçoam daqueles que resistem à maré da globalização, chamando-os de perdedores amargos.

E há alguma verdade nisso. Os movimentos populistas tendem a ser coalizões de perdedores. Não no sentido pejorativo, mas no sentido analítico. Os movimentos populistas, quase por definição, não surgem entre aqueles que acham que tudo está ótimo, e eles estão recebendo sua parte. O populismo é alimentado pelo ressentimento no sentido de que as "pessoas reais" estão sendo subjugadas ou exploradas pelas elites, pelo establishment ou, em numerosos casos extremos de populismo, por conspiradores nas sombras. "As teorias de conspiração", escrever Müller, não são "uma curiosa adição à retórica populista, estando enraizadas e emergindo da própria lógica do populismo".[46]

Franklin D. Roosevelt criou a expressão "o homem esquecido" não porque era populista, mas porque precisava retirar apoio de seus muitos desafiantes populistas. Mas a expressão foi um brilhante encapsulamento da fonte do descontentamento popular. Ser esquecido é sentir-se desrespeitado, deixado de fora ou para trás. Isso gera um venenoso sentimento de ingratidão pelo *status quo* e a causticante sensação de que as coisas eram melhores no passado. Foi esse sentimento que os nacionalistas românticos da Europa exploraram. Estamos familiarizados com a maneira como a paranoia pode surgir quando somos excluídos; inventamos teorias segundo as quais nossos inimigos — ou amigos — trabalham contra nós.[47] O populismo frequentemente trabalha sob a mesma dinâmica, mas em escala de massa.

Os primeiros movimentos populistas nos Estados Unidos foram majoritariamente agrários e rurais. Os fazendeiros, por razões óbvias, não estavam na vanguarda da mudança social. A rápida industrialização e urbanização da vida norte-americana compreensivelmente levaram as comunidades rurais a sentir que seu país estava se afastando delas. A tendência dos jovens de deixar suas comunidades em busca de vida nova nas grandes cidades gerou ressentimento entre aqueles que ficaram para trás (e amplificou a sensação de alienação e desenraizamento entre os que partiram). A sempre crescente sofisticação do capitalismo financeiro fez com que muitos se sentissem ferramentas ou peões de forças fora de seu controle.

Essa é uma das razões para os movimentos populistas, nos Estados Unidos e na Europa, serem atraídos para várias formas de "producerismo", uma doutrina econômica que distingue entre a atividade econômica "boa" — construir com as próprias mãos, lavrar o solo etc. — e a mera manipulação de capital. William Jennings Bryan distinguiu entre aqueles que trabalhavam com as próprias mãos, criando coisas, e "os ociosos detentores de ocioso capital".[48] O producerismo está frequentemente associado aos movimentos populistas de "direita", mas é possível ver sua relação com as noções marxistas de teoria do valor-trabalho e capital explorador. Quando Benito Mussolini fez a transição do socialismo para o fascismo, ele parou de chamar seu jornal de *Il Popolo d'Italia* (*O povo da Itália*), um "diário socialista", em favor de "diário dos produtores".[49] A acreditarmos em Donald Trump, os únicos empregos que importam são a manufatura e a construção civil. Ele fala obsessivamente sobre o déficit comercial, jamais mencionando que os Estados Unidos possuem um significativo excedente em serviços ou que o déficit comercial é produto do grande investimento estrangeiro no país.

Historicamente, a demonização do "capital ocioso" forneceu um meio fértil para a mais antiga das teorias da conspiração: o antissemitismo. Thomas E. Watson, um proeminente populista da Georgia, começou como defensor de pobres brancos e negros, argumentando que os pobres precisavam se unir contra os interesses abastados. Mas, como o populismo não possui princípio limitador, com exceção da necessidade de alimentar e avivar o ressentimento, ele finalmente adotou a supremacia branca, o anticatolicismo e o antissemitismo. A plataforma do Partido Populista em 1892 proclamava: "Uma vasta conspiração contra a humanidade foi organizada em dois continentes e rapidamente toma conta do mundo."[50]

Na Europa na década de 1930 e em grande parte do mundo árabe hoje, a disseminada crença de que os judeus ou sionistas são autores de todo problema do mundo transformou o antissemitismo na rota mais fácil para dizer às massas o que elas querem ouvir.

"Os populistas [...] procuram os acordos supostamente secretos que governam o mundo 'por trás das cortinas'", observou Christopher Hitchens. "Isso é infantil. Mas essa infantilidade é sinistra em adultos."[51] O argumento de Hitchens é mais profundo do que ele mesmo pode ter percebido. A corrupção da democracia vem da natureza humana, e as crianças sempre estão mais próximas do estado natural que os adultos. Os adultos — com sorte — foram civilizados. As crianças nascem bárbaras e seus instintos são os mesmos em todas as eras. O populismo é um grito bárbaro e infantil dado pelo homem democrático.[52]

A constante insistência de Donald Trump de que "o sistema é manipulado" — mesmo enquanto ele mesmo dirige o sistema — se adequa perfeitamente ao mainstream da tradição populista, assim como a maior parte da retórica de Bernie Sanders e, em menor extensão, de Elizabeth Warren. Às vezes, o complexo de perseguição de Trump é divertido. Seus incansáveis tuítes perguntando por que o governo não fez isso ou aquilo fazem parecer que ele não tem como perguntar diretamente a seus funcionários. Mas sua afirmação de que há uma conspiração "globalista" contra "o povo" também tem ecos mais ominosos.

Nas últimas semanas da corrida presidencial de 2016, a campanha de Trump disparou. Em um discurso de 13 de outubro, ele reclamou "dos interesses globais especiais" que "não têm nosso bem em mente".[53] Em uma propaganda chamada de seu "argumento final", queixou-se do "establishment político" global que, como um vampiro, "sugou o sangue de nosso país". Usando imagens de supostos vilões globalistas — na maioria judeus —, invectivou contra essa sinistra conspiração. Enquanto a tela mostrava o CEO do Goldman Sachs, Lloyd Blankfein, Trump declarou: "Uma estrutura de poder global é responsável pelas decisões econômicas que roubaram nossa classe trabalhadora, tomaram a riqueza de nosso país e colocaram o dinheiro nos bolsos de um punhado de grandes corporações e entidades políticas."[54] (O fato de que grandes parcelas de sua administração são geridas por gente do Goldman Sachs, de Wall Street e de Davos é um estimulante tributo à sua falta de coerência ideológica — ou simplesmente lógica.)

A propaganda gerou acusações vociferantes de antissemitismo, com alguns a comparando à falsa conspiração antissemita do século XIX, *Protocolos dos sábios de Sião*. Tais queixas podem ser exageradas, embora não pareça inconcebível que Steve Bannon, o declaradamente nacionalista gerente de campanha de Trump, estivesse incentivando o exército de trolls preconceituosos da direita alternativa que ele ajudou a criar. Não acho que Bannon ou Trump sejam antissemitas, mas é muito mais difícil defendê-los da acusação de flagrante cinismo em sua disposição de empregar a retórica populista e incentivar um exército de trolls racistas e antissemitas.*

---

* Tenho alguma experiência pessoal nessa questão. Como crítico conservador de Donald Trump, fui sujeitado a uma sucessão de ataques antissemitas por parte de membros da direita alternativa. E eles não foram sutis. No Twitter, usando Photoshop, meu rosto foi colocado no interior de uma câmera de gás, com um sorridente Donald Trump prestes a apertar o botão. Um meme comum era a imagem de um cadáver pendurado nas barras de apoio de um helicóptero, com a implicação de que era isso que me esperava sob a presidência

Porém, novamente, o ponto importante não é que as pessoas na órbita de Trump — ou seus pares na Europa — façam apelos populistas e nativistas. É que entramos em uma época na qual tais apelos *funcionam*. Sempre houve oportunistas populistas em todo país toda época. Mas as sociedades saudáveis, com instituições saudáveis, em geral conseguem evitá-los como a um vírus fraco. A retórica dos demagogos se perde em meio a conversas muito mais importantes. A coisa desanimadora sobre o momento que vivemos é a demagogia estar em tão alta demanda na esquerda e na direita.

A demagogia — o apelo aos instintos viscerais da multidão — é uma forma antiga de retórica. O termo vem dos antigos gregos, que definiram o demagogo como líder das pessoas comuns. Somente mais tarde ele assumiu o sentido de jogar com as paixões do público para fomentar ações imediatas e impensadas ou ódio em relação ao sistema. A demagogia está bastante obviamente ligada ao romantismo, porque ambos colocam a emoção e os sentimentos acima da razão e dos fatos. No entanto, a prática da demagogia é muito mais antiga, porque está baseada nos instintos humanos. Em sociedades primitivas, nas quais se presume que estrangeiros são inimigos e a sobrevivência exige inflamar a zelosa defesa do grupo e o ódio demonizador pelo outro, a habilidade de ver o mundo em preto e branco é uma vantagem competitiva. O talento de inflamar as paixões — e a habilidade de ter suas paixões inflamadas — é uma fonte de força. Pois a unidade é fruto da paixão. Em outras palavras, a demagogia é um traço humano natural. Conter, canalizar e dissipar paixões populares perigosas é o que as civilizações *fazem*. A constituição faz muitas coisas, mas uma de suas funções principais é embotar e desviar o poder dos demagogos e das

---

Trump. Quando mencionei no Twitter que meu irmão morrera em função de seus vícios, membros entusiásticos da direita alternativa perguntaram se ele fora transformado em abajur ou barra de sabão. A Liga Antidifamação determinou que eu estava em sexto lugar na lista de jornalistas judeus submetidos a ataques antissemitas durante a campanha presidencial de 2016, com meu amigo Ben Shapiro em primeiro lugar e o jornalista Jeffrey Goldberg em terceiro. (Ver "ADL Report: Anti-Semitic Targeting of Journalists During the 2016 Presidential Campaign: A Report from ADL's Task Force on Harassment and Journalism", p. 6. Disponível em: https://www.adl.org/sites/default/files/documents/assets/pdf/press-center/CR_4862_Journalism-Task-Force_v2.pdf.) O que me chateou mais que os ataques preconceituosos foi o relativo silêncio de muitos conservadores tradicionais, que acharam não valer a pena assumir uma posição mais vocal contra o preconceito em nome de seu candidato.

massas que os ouvem. Isso já foi entendido e celebrado pelos conservadores. Mas não tanto atualmente.

Novamente, se Trump tivesse sido capaz de conter seus instintos, ele teria sido um presidente muito mais formidável e um demagogo muito mais efetivo. Se fosse capaz de ler melhor o momento, teria feito um discurso de posse muito diferente, apelando aos democratas por um maciço programa de partilha da riqueza a partir de grandes gastos com infraestrutura ou algo assim. Teria captado parte da paixão populista que guiou a campanha de Sanders. Em vez disso, como fizeram tantos novos presidentes, interpretou errado os resultados das eleições, antagonizando os democratas e apaziguando seus apoiadores mais zelosos. Como conservador e como norte-americano, isso me deixa feliz, ao menos a curto prazo, porque, ao galvanizar a oposição, ele sem querer fortaleceu o sistema de freios e contrapesos. Mas, a longo prazo, eu me preocupo mais, porque ele demonstrou que o conservadorismo, ao menos como expressado pelo Partido Republicano e seus veículos de mídia mais leais, não é imune ao desejo tribal por homens fortes.

Donald Trump não causou essa corrupção na direita — ele a explorou. E, tendo obtido sucesso, a acelerou. Se a civilização é somente uma conversa, então Donald Trump já é um presidente muito significativo, porque modificou profundamente a conversa de nossa democracia.

CATORZE

AS COISAS DESMORONAM: O EXPERIMENTO NORTE-AMERICANO EM RISCO

Para muitos norte-americanos, incluindo principalmente liberais, mas também um bom número de conservadores, libertários e outros, a súbita emergência de Donald Trump como força política suscitou a questão: *De onde veio esse monstro?*

É claro que isso não é inteiramente justo com Trump e muitos de seus apoiadores. Para muitos eleitores, Donald Trump não era o monstro, mas o salvador, o heroico — embora falho — defensor exigido pelos tempos. Ele era o Shin Godzilla de nosso momento, erguendo-se para destruir o establishment e despertar o verdadeiro espírito da nação norte-americana. Para outros, era simplesmente a opção preferível entre duas escolhas ruins. Amplas pesquisas durante a campanha mostraram que mais eleitores votaram contra Clinton, e não em Trump.[1] E se, por exemplo, sua principal preocupação como conservador fosse o futuro da Suprema Corte, Trump era a escolha certa na época.

Qualquer que seja sua perspectiva, a questão real é que Trump não saiu do nada. Tanto sua eleição como sua presidência são sintomas de tendências muito antigas. Qualquer tentativa de explicar como Donald Trump conseguiu ter sucesso na tomada hostil do Partido Republicano exigiria um livro inteiro — no mínimo. Assim, simplesmente focarei no que acredito ser fatores mais importantes e mais diretamente ligados aos temas deste livro.

Como tentei demonstrar, a natureza humana se mantém constante. O mundo mudou nos últimos trezentos anos, não porque evoluímos e nos tornamos seres mais esclarecidos, mas porque tropeçamos em uma nova maneira de falar e de pensar sobre como a sociedade deve ser organizada. Essa maneira de pensar modificada foi o evento revolucionário, mas a revolução foi apoiada e garantida por várias instituições, tanto em termos de regras como no sentido mais concreto de associações e organizações, comumente agrupadas sob o termo "sociedade civil". Ela engloba tudo, desde igrejas e escolas até ligas de boliche e clubes 4-H. A velha forma de sociedade civil não está morta, mas recua por toda parte, como um recife de corais outrora grandioso sendo morto pelas águas ácidas.

O símile é intencional. Sempre pensei na sociedade civil como um grande recife de corais no oceano. O coral fornece um rico ecossistema no qual reside uma vasta variedade de vida, e por vezes é chamado de "floresta tropical do mar". Os corais constituem menos de 0,1% da superfície oceânica mundial, mas respondem por inacreditáveis 25% de todas as espécies marinhas.[2]

Durante a maior parte da pré-história humana, houve somente uma instituição: a tribo ou bando. Ela podia ser subdividida em unidades menores: a família, caçadores *versus* coletores etc. Mas essas unidades estavam subsumidas na própria tribo.

Após a revolução agrícola, a divisão do trabalho criou espaço para mais instituições, algumas das quais podiam até mesmo estar em conflito. Havia um "espaço" fora do Estado. E, nesse espaço, as instituições cresceram com o tempo, no ritmo dos corais. Esse ecossistema mudou pouco e, quando mudou, o fez muito lentamente, permitindo que os seres humanos se adaptassem. O recife era composto de apenas algumas poucas colônias de coral: a família, a comunidade local, a igreja, um punhado de ocupações, em geral supervisionadas por guildas de um tipo ou outro, e, é claro, o Estado, incluindo os militares. Então, por razões já discutidas detalhadamente, houve uma miraculosa explosão de instituições. E, com essa explosão, veio um inacreditável surto de prosperidade e gênio criativo humano, o que expandiu e estendeu todo o processo.

Criar um ambiente propício às instituições mediadoras é uma forma de engenharia social, provavelmente o maior feito de engenharia social da história humana, mas não da maneira como normalmente definimos o termo. É uma engenharia social do tipo que descrevi quando discuti as diferenças entre os jardins ingleses e franceses. Os jardins ingleses criam uma zona de liberdade na qual pessoas e instituições estão livres para prosperar. Os seres humanos servem como polinizadores, movendo-se de uma instituição para outra, obtendo e ao mesmo tempo fornecendo nutrição. Trata-se de uma engenharia social sem qualquer objetivo que não o florescimento do próprio jardim.

Perdoe-me a oscilação entre metáforas, mas a sociedade civil na era moderna é como criar recifes artificiais. Despeje uma pilha de concreto ou afunde uma plataforma petrolífera no golfo do México e aguarde. Em breve, corais, algas, cracas, ostras e outras criaturas se grudarão a elas. Enquanto se acumulam, peixes passam a morar no novo abrigo. (Plataformas petrolíferas no sul da Califórnia abrigam 27 vezes mais peixes que recifes rochosos naturais na mesma área.)[3] Eu odeio a frase "se você construir, eles virão", mas, nesse caso, ela é adequada. E, quando vêm, eles florescem.

O problema dessa metáfora é que o Estado não pode construir recifes, só protegê-los. Se você já mergulhou com tanque de oxigênio ou snorkel, provavelmente sabe que os mergulhadores não devem tocar o coral com as mãos nuas. Os óleos de nossa pele rompem as membranas do coral e podem matar uma colônia inteira. O Estado é um turista de mãos oleosas na sociedade civil. A menos que seja extremamente cuidadoso — o que costuma não ser — ao intervir em uma instituição, ele a prejudica e frequentemente a mata.

A sociedade civil tem uma moeda diferente da moeda da economia de mercado e do Estado. Associações voluntárias operam em uma economia de amor, comunidade, caridade e reciprocidade. O Exército da Salvação, a Igreja católica, os escoteiros, os clubes de jardinagem e as sociedades de reencenação da guerra civil operam com base em valores partilhados e princípios diferentes dos das agências de bem-estar social ou dos programas de emprego. Quando chega pisoteando tudo e diz a esses grupos como devem operar, o Estado usualmente é prejudicial. Quando assume as funções sendo desempenhadas pela sociedade civil, é tóxico.

Essa não é a intenção, claro. O governo afirma que "está lá para ajudar". E faz muitas coisas boas e importantes. O que não pode fazer é amar você.

Os políticos adoram comparar o país a uma família. Essa analogia é perigosa. Os programas de bem-estar social — incluindo numerosos benefícios à classe média — são justificados afirmando-se que todos pertencemos à família norte-americana, as famílias cuidam de seus membros e, em família, não há vergonha em pedir ajuda. O problema aqui é duplo. Qualquer um que já tenha pedido dinheiro a um familiar — particularmente ao familiar errado — sabe que a vergonha quase sempre desempenha grande papel na experiência, principalmente se você pedir mais de uma vez. A generosidade familiar tem limites e condições. Isso porque generosidade é diferente de direito, e a assistência familiar traz consigo formas complexas de reciprocidade, culpa, expectativas etc.

Meu irmão Josh era viciado. Meus pais o ajudaram muitas vezes antes de ele morrer. Toda a sua ajuda — financeira, emocional e de todos os outros tipos — vinha com condições, sermões, abraços, lágrimas, culpa, encorajamento e ultimatos. O governo não pode desempenhar esse papel. Nenhum desses fatores psicológicos está operante em um cheque do governo. Um burocrata pode telefonar para você às dez da noite, como seu tio Irving, e fazer chantagem sobre o dinheiro que você deve a ele?

O ex-senador pelo Texas Phil Gramm conta uma história sobre um grupo de eleitores. Perguntaram-lhe qual era sua política em relação a filhos. Ele disse algo como "Minha política deriva do fato de que ninguém pode amar meus filhos como eu e minha mulher os amamos".

Uma mulher na plateia o interrompeu e disse: "Não, isso não é verdade. Eu amo seus filhos tanto quanto você."

Graham retrucou: "Mesmo? Quais são os nomes deles?"

O segundo problema é que os benefícios de bem-estar social não são recebidos como caridade; eles são vistos como direito. Quando você diz às pessoas — particularmente a *estranhos* — que elas têm direito a algo que não conquistaram ou pelo que não trabalharam, você está ensinando uma profunda — e, muitas vezes, profundamente perniciosa — lição sobre como a vida funciona. Por exemplo, quando as sociedades assumem que o governo está lá para atender a todas as necessidades e desejos dos pobres, não somente os pobres se tornam menos motivados a ajudar a si mesmos, como os abastados também se tornam menos motivados a ajudá-los. Os países europeus, imaginados como os melhores modelos de organização social, viram sua sociedade civil atrofiar. As igrejas são subsidiadas, mas seus bancos estão vazios. A atitude prevalente é a de que, se o Estado está lá para ajudar os que precisam, por que as pessoas deveriam dar mais? "É para isso que eu pago impostos." Entrementes, nos Estados Unidos, o mais caridoso país desenvolvido do mundo, a religião é privatizada e fonte de imensurável generosidade social.

"Estudos sobre caridade nos Estados Unidos mostram que as pessoas no quintil menos religioso da população doam somente 1,5% de seu dinheiro para caridade", escreve Jonathan Haidt. "As pessoas no quintil mais religioso (com base no comparecimento à igreja, e não na crença) doam colossais 7% de sua renda para caridade, e a maioria das doações vai para organizações religiosas." Haidt acrescenta que "dá-se o mesmo no trabalho voluntário: as pessoas religiosas fazem muito mais que as seculares, e a maior parte do trabalho é feito para, ou ao menos a partir de, suas organizações religiosas."[4] A sociedade civil encoraja as pessoas a se voltar para os outros, a ajudar não em troca de um cheque, mas pela recompensa psíquica ou espiritual de ser necessárias. Esse tipo de participação é fonte de valores e virtudes que sustentam a democracia e o capitalismo.

As instituições mediadoras também fornecem um senso de sentido, comunidade e mesmo identidade que dá às pessoas a sensação de pertencimento e realização.

Arthur C. Brooks, presidente do American Enterprise Institute (do qual sou membro), escreveu extensamente sobre a importância do "sucesso conquistado". Conquistar o sucesso não é sinônimo de ganhar dinheiro ou ficar famoso. A essência do sucesso conquistado, que Brooks diz ser a essência do excepcionalismo norte-americano, é a satisfação pessoal que resulta do trabalho duro e da conquista. Ela pode assumir a forma de dinheiro, mas não é o dinheiro que compra a sensação de sucesso conquistado. As pessoas que simplesmente recebem dinheiro — de uma loteria ou herança — experimentam uma breve excitação psicológica em razão da benesse inesperada, mas essa excitação se desvanece rapidamente. O que gera felicidade duradoura é a convicção de que seu trabalho é valorizado, que sua contribuição foi significativa e que você é necessário. Uma mãe que não trabalha fora e cria filhos felizes e saudáveis pode ter altos níveis de sucesso conquistado, ao passo que um corretor de ações pode ter baixo sucesso conquistado. Padres, professores, artistas, escritores — qualquer que seja seu status financeiro — podem ter altos níveis de sucesso conquistado se sentem que fazem diferença no mundo.

A razão para o experimento norte-americano estar tão ligado ao sucesso conquistado é o fato de nosso sistema ter sido projetado para deixar que as pessoas escolham seu próprio caminho até ele. É isso que significa "busca individual pela felicidade". E quanto mais instituições mediadoras temos, mais caminhos abrimos até o sucesso conquistado.

Brooks contrasta o sucesso conquistado com o "desamparo aprendido", uma expressão cunhada pelo eminente psicólogo da Universidade da Pensilvânia Martin E. P. Seligman. O desamparo aprendido tem definições clínicas relacionadas ao estudo da depressão, mas, nesse contexto, é o que você obtém quando os incentivos ao trabalho e as recompensas por mérito param de funcionar. Quando as pessoas sentem que seu destino não está em suas mãos, que elas não são capitãs de si mesmas, elas respondem de acordo.[5] Marx achava que a alienação era endêmica no capitalismo, mas qualquer um que tenha vivido ou mesmo visitado uma sociedade comunista sabe que a alienação é ainda mais prevalente em economias dirigidas pelo Estado. É possível se sentir como uma engrenagem na máquina em uma sociedade de livre mercado, mas a sociedade de livre mercado, por definição, permite a saída de sistemas, empregos, carreiras etc. que não servem aos interesses do indivíduo. Os sistemas estatais não reconhecem o direito de saída.

Mas esse direito é apenas nominal *se você não tem para onde ir*. As instituições mediadoras fornecem tais refúgios. Um homem pode se sentir miserável em seu trabalho, mas rico em sua vida fora do trabalho, se for necessário, valorizado ou estimado por seus amigos, sua família, sua igreja ou o departamento de bombeiros voluntários do qual faz parte.

Durante os últimos trezentos anos, toda variedade ideológica do estadismo, da esquerda marxista à direita monarquista, afirmou que o Estado deve receber o poder de curar a alienação do mercado, fechar as feridas da divisão e agir como pai amoroso cuidando dos filhos. Isso não funciona.

Mas, quanto mais pessoas acreditam que funciona, mais pessoas dão às costas àquilo que funciona: *nós mesmos*. Nós construímos os recifes nos quais as pessoas encontram lares emocionais ou psicológicos. E, quando o Estado os toca, ele os fere.

Existe uma razão para os liberais norte-americanos expressarem tal admiração pelo modelo europeu: eles tendem a pensar como europeus. Também têm três vezes mais probabilidade que os conservadores de dizer aos pesquisadores que querem que o governo "faça mais" para reduzir a desigualdade de renda. Ao mesmo tempo, os conservadores que acreditam que o governo não deveria se envolver com a desigualdade de renda doam quatro vezes mais dinheiro para caridade que os liberais. Em 2002, as pessoas que diziam que o governo estava "gastando dinheiro demais com bem-estar social" tinham mais probabilidade de ajudar pessoas sem-teto com comida ou dinheiro.[6] Quando terceirizamos a compaixão pelos outros para o governo, ficamos livres para pensar somente em nós mesmos.

Para ser justo, a crença de que o Estado, e somente o Estado, pode satisfazer as complexidades supostamente cada vez maiores da vida moderna é sincera e deriva da compaixão real. A questão não é que aqueles que desejam que o Estado cuide de tudo sejam maus ou egoístas; afinal, eles querem pagar mais impostos para ajudar os outros. A questão é que estão cegos para os custos de sua compaixão. No segundo discurso de posse de Barack Obama, ele proclamou:

> O povo americano não pode atender às demandas do mundo de hoje
> agindo sozinho, do mesmo modo que os soldados americanos não
> poderiam ter enfrentado as forças do fascismo ou do comunismo com
> mosquetes e milícias. Nenhuma pessoa, sozinha, pode treinar todos
> os professores de matemáticas e ciências de que precisaremos para
> equipar nossas crianças para o futuro ou construir rodovias, redes e
> laboratórios de pesquisa que trarão novos empregos e negócios para
> o país. Agora, mais que nunca, precisamos fazer essas coisas juntos,
> como uma nação e um povo.[7]

Analise atentamente o que ele está dizendo. Em sua visão sobre os Estados Unidos, há somente dois atores no palco nacional: o governo federal e o indivíduo. Esqueça as instituições mediadoras; nem mesmo os governos estaduais e locais — os quais, estando mais próximos do solo, estão mais bem equipados para entender os desafios enfrentados pelo povo — entram nessa história. Como escreveu Yuval Levin em seu seminal *Fractured Republic: Renewing America's Social Contract in the Age of Individualism* [República fraturada: renovando o contrato social norte-americano na era do individualismo]: "Esse entendimento emaciado da vida de nossa nação é precisamente a razão pela qual a esquerda está tão mal equipada para ajudar os Estados Unidos a se ajustar às realidades do século XXI." Ao reduzir a vida norte-americana ao indivíduo ou ao Estado, sem nada importante no meio, deixamos de lado todos os cantos e fendas nos quais as pessoas vivem e interagem. O clichê de que "governo é somente uma palavra para as coisas que fazemos juntos" torna invisível o vasto ecossistema da sociedade civil, no qual as pessoas cooperam voluntariamente e encontram sentido para suas vidas. Essa visão, escreveu Levin, "achata a complexa e desenvolvida topografia da vida social e não deixa nenhuma saída para o corrosivo *loop* retroalimentado do individualismo e da centralização".[8]

Essa é a visão não de um jardim inglês, mas de um campo que produz uma única variedade de grãos. Cada talo de trigo é igual, em sua mesmice, a todos os outros e precisa ser nutrido pelo governo. O atomismo, outra forma de alienação, é a sensação de estar sozinho no mundo, sem ninguém a quem pedir ajuda. Tais sentimentos de isolamento são inevitáveis quando o Estado toma conta de todos os cantinhos da sociedade civil nos quais as pessoas *realmente* vivem. Levin comenta que "coletivismo e atomismo não são pontas opostas do espectro político, mas lados da mesma moeda".[9]

Como mostrou em um vídeo exibido no primeiro dia da convenção democrata de 2012, "o governo é a única coisa à qual todos pertencemos".[10] No mesmo ano, a campanha de Barack Obama publicou uma apresentação de slides chamada "A vida de Julia", que falava de uma mulher fictícia chamada Julia e de tudo que o governo faria por ela durante sua vida. Cada slide começava com as palavras "Sob o presidente Obama..." e então explicava algum benefício específico que ela receberia do Estado, da educação sob o programa Head Start no jardim de infância ao apoio ao ensino secundário como parte do programa Race to the Top. Na faculdade, "sob o presidente Obama", ela receberia crédito em impostos e assistência médica fornecida pelo governo. E assim por dia. Após se formar, receberia ajuda por meio das leis de salário igualitário e subsídios governamentais para custear seus empréstimos estudantis e seu controle de natalidade. Mais tarde, "sob o presidente Obama, Julia decide ter um filho". Ao envelhecer, "sob o presidente Obama", ela se afiliaria ao Medicare. E, por fim, "sob o presidente Obama", se aposentaria, viveria da previdência social e seria voluntária em um "jardim comunitário".[11]

Deixando de lado a estranha implicação de que Barack Obama seria presidente durante uma vida inteira, a implicação mais interessante da propaganda é o que *não* está lá. Julia não tem família, com exceção do filho único, que desaparece de sua vida ao fazer 18 anos. Não há pais, marido ou seres amados. Não há igreja nem associação voluntária até os anos dourados de Julia, quando ela terá tempo para ser voluntária em um jardim comunitário. O Estado, em outras palavras, assume o lugar da família, dos amigos, da comunidade e da religião.

O desejo de ser parte de uma família é um dos mais profundos instintos emocionais humanos. É por isso que quase todo programa de TV fala de famílias, sejam tradicionais ou virtuais. O desejo pela família é similar ao que Robert Nisbet chamou de "busca pela comunidade". De fato, uma das razões para "A vida de Julia" ter encontrado ressonância foi o fato de oferecer uma visão de pertencimento a algo, uma oportunidade de fazer com que o Estado preencha os vazios da alma. Essa história — a de que o Estado pode ser sua família ou lhe fornecer senso de comunidade — é incrivelmente poderosa e popular. Também deixa os conservadores e, especialmente, os libertários em distinta desvantagem. Como questão de ideologia, não vemos o Estado como substituto bom, confiável ou mesmo possível para o senso de solidariedade e pertencimento social que só pode vir da sociedade civil, começando com a família. (Ou, ao menos, a maioria de nós não o via assim antes da ascensão de Trump.)

A visão do Estado sendo pai ou mãe é popular porque apela a algo profundo em nosso interior, e é por isso que encontramos tais apelos em todas as eras da história humana. De fato, essa visão é, a sua própria maneira, tribal. Somos todos iguais, todos dependemos uns dos outros e todos precisamos de um Grande Homem — seja Barack Obama ou Donald Trump — para nos liderar e punir nossos inimigos, como quer que sejam definidos. Mas por que essa ideia se mostra tão sedutora agora?

Uma razão óbvia, mas parcial, é o fato de que a economia está falhando com amplas parcelas dos norte-americanos. Como o capitalismo não é natural, ele deve produzir resultados ou as pessoas começam a se perguntar "Para que me dar o trabalho?". E, desde 2000, a economia de mercado norte-americana não vem cumprindo sua parte na barganha. "O ano 2000", escreve o proeminente demógrafo Nicholas Eberstadt, "é um marco sombrio em nossa nação. Por qualquer razão, o grande elevador americano, que levou sucessivas gerações de americanos a patamares mais elevados de padrão de vida e bem-estar social, quebrou, e quebrou para valer."[12]

Entre o início de 2000 e o fim de 2016, os Estados Unidos ficaram vastamente mais ricos. O patrimônio líquido dos domicílios e das instituições sem fins lucrativos mais que dobrou, de estimados 44 trilhões para 90 trilhões de dólares. Mas o crescimento *per capita* ficou em torno de 1%. Em outras palavras, a distribuição da prosperidade econômica pela sociedade tem sido dolorosamente desigual. Nicholas Eberstadt estima que, se tivéssemos somente o crescimento econômico do pós-guerra, considerado normal antes de 2000, o PIB *per capita* teria sido 20% mais alto em 2016.[13]

O escopo do problema se torna mais aparente quando olhamos para a situação do emprego nos Estados Unidos. "As taxas de emprego despencaram desde 2000 e estão em seu nível mais baixo em décadas", escreve Eberstadt. As estatísticas oficiais são meramente medíocres, mas também enganosas, porque só analisam as pessoas que estão procurando emprego. Para cada homem norte-americano desempregado entre 25 e 50 anos procurando emprego, "há outros três que não estão trabalhando, nem procurando emprego". Entrementes, a taxa de emprego de mulheres — "uma das mais distintivas tendências de nossa sociedade no pós-guerra" — regrediu. As taxas de emprego de mulheres no auge da vida produtiva "voltaram ao que eram há uma geração, no fim da década de 1980".[14]

Ao fim da presidência de Barack Obama, após noventa meses seguidos de crescimento econômico reconhecidamente morno, o número de norte-americanos no auge da vida produtiva que estavam empregados era mais baixo que ao fim da Grande Depressão em 1940, quando as taxas oficiais de desemprego ficavam acima de 14%. Desde 1948, o número de homens com mais de 20 anos que não trabalham mais que dobrou.[15]

Novamente, a história geral não é sombria, mas a narrativa para um amplo segmento do povo norte-americano tem sido. O restante dos Estados Unidos prosperou. Em 1979, a classe média alta englobava 12,9% da população; em 2014, 29,4%.[16] De acordo com o Gabinete do Censo, considerando-se a inflação, a parcela de domicílios com renda anual de 100 mil dólares ou mais subiu de 8% em 1967 para 26,4% em 2015.[17] Em 2015, de acordo com o Pew Research Center, havia 11% menos norte-americanos na classe média que em 1971, mas isso porque 7% haviam se movido para classes mais altas, ao passo que 4% haviam sido deixados para trás. O número de norte-americanos nas classe média e alta aumentou 50% entre 1971 e 2015.[18]

Contudo, embora seja importante notar que a desigualdade de renda cresceu em grande parte porque os ricos ficaram mais ricos e a classe média ficou muito maior, isso não altera o fato de que grande parte de norte-americanos está empacada. E ela constituiu uma parcela desproporcional da base de Donald Trump.*

Muitos querem culpar o capitalismo por essa estagnação da economia. E certamente é justo notar que a destruição criativa do mercado costuma deixar pessoas para trás. A despeito das alegações de Donald Trump, a indústria de carvão foi ferida mais pela inovação e pelos mercados que pela administração Obama. A invenção do fraturamento hidráulico e de outras técnicas tornou o gás natural economicamente mais viável que o carvão. A administração Obama não ajudou essa indústria, mas a destruição criativa a prejudicou mais.[19] Similarmente, a automação fez mais para destruir empregos na manufatura que a terceirização ou os acordos comerciais ruins. A manufatura norte-americana, na verdade, está se saindo muito bem.[20] Sua produção raramente foi tão alta, e ela permanece sendo o maior setor da economia.[21] O problema é que, por causa da inovação, ela requer menos pessoas para fazer a mesma tarefa. Manufaturamos duas vezes mais que em 1984, mas com um terço a menos de trabalhadores.[22]

---

* Devo notar que, no momento de publicação deste livro, muitos indicadores econômicos são bastante positivos, particularmente o mercado de ações, que o presidente agora cita como medida-chave da saúde econômica. Teremos de esperar para ver quão profundamente essas tendências serão sentidas na base da economia.

Além disso, não deveria ser surpresa que, quando bilhões de pessoas entram na força global de trabalho graças à disseminação do capitalismo e às maciças melhorias no transporte e nas comunicações globais, os ganhadores no exterior criem alguns perdedores domésticos. Mesmo assim, embora seja correto e adequado que os norte-americanos se preocupem mais consigo do que com não norte-americanos, não devemos perder de vista o fato de que a disseminação dos mercados pelo mundo levou ao maior e mais rápido declínio da pobreza de toda a história humana. O fato de levar tempo para a economia norte-americana se ajustar à súbita expansão do mercado global não é uma falha do sistema de mercado. Mas a maneira como nossas elites gerenciaram esse ajuste foi falha.

Foi por isso que os diretores de campanha de Obama acharam que "A vida de Julia" seria uma propaganda persuasiva. Existe uma razão para consultores políticos muito espertos terem iniciado a convenção democrata com as palavras "O governo é a única coisa à qual todos pertencemos". E há uma razão para Donald Trump ter colocado a culpa pela "desindustrialização" na "liderança fracassada" em Washington. Quando a sociedade civil é saudável, a maioria das pessoas não olha para Washington em busca de resposta para seus problemas. Olhamos para mais perto de casa. É somente quando as florestas são derrubadas que vemos os picos distantes. Quando a família e a sociedade civil estão exauridas ou são disfuncionais, não perdemos nosso desejo de "pertencer" a algo, nem a necessidade de ser ajudados quando o infortúnio nos atinge. E lá está o Estado, oferecendo-se para intervir onde as outras instituições falharam ou foram omissas. Os estatistas argumentam desde a fundação que o governo em Washington é a resposta para nossos problemas. O argumento se torna mais persuasivo quando as florestas são derrubadas e todos os olhos se voltam naturalmente para Washington.

Essa tendência beneficiou Barack Obama porque sua filosofia política era consistente com ela e sua campanha sempre encorajou a ideia de que ele representava algum tipo de despertar nacional. Seu slogan "Nós somos aqueles por quem estávamos esperando" foi uma brilhante, embora assustadora, forma new age de populismo. Mas a erosão da sociedade civil e da economia tradicional também ajudou Donald Trump. Onde Obama insistia em uma visão tecnocrática e progressista do governo na qual todo cidadão era parceiro e colaborador, Donald Trump ofereceu nostalgia e nacionalismo.

Passarei às especificidades da mensagem de Donald Trump em um instante. Antes, preciso falar do nacionalismo como ideologia. Há nos círculos conservadores um furioso debate sobre o nacionalismo que afasta muitos aliados e amigos tradicionais. Na *National Review,* onde sou editor sênior, alguns de meus colegas lideraram a tentativa de fazer com que o conservadorismo adotasse o que meus amigos Richard Lowry e Ramesh Ponnuru chamaram de "nacionalismo benigno":

> Ele incluiu lealdade ao país: um senso de pertencimento, afiliação e gratidão. E esse senso está relacionado ao povo e à cultura do país, e não somente a suas leis e instituições políticas. Tal nacionalismo inclui solidariedade aos compatriotas, cujo bem-estar vem antes do bem-estar dos estrangeiros, embora não o exclua. Quando esse nacionalismo encontra expressão política, ele apoia um governo federal zeloso de sua soberania, direto e incontrito sobre defender os interesses de seu povo e consciente da necessidade de coesão nacional.[23]

Superficialmente, minhas únicas objeções a isso são terminológicas. Mas a terminologia importa, visto que a retórica modela a maneira como pensamos sobre o mundo em que vivemos. Em minha opinião, Lowry e Ponnuru estão falando não de nacionalismo, mas de patriotismo. O nacionalismo é um fenômeno universal. De modo geral, não possui conteúdo ideológico para além da glorificação da nação em que se manifesta. Nisso, é semelhante ao conservadorismo e ao radicalismo genéricos. Um conservador na Rússia e um conservador no Reino Unido querem conservar coisas muito diferentes. Um radical na Espanha e um radical na Arábia Saudita querem destruir coisas muito diferentes. Do mesmo modo, um nacionalista celebra coisas muito diferentes em cada nação.

Pode-se dizer o mesmo do patriotismo, é claro. Um patriota aqui é diferente de um patriota lá. Mas, no contexto norte-americano, o patriotismo é definido pela aderência a um conjunto de princípios e ideais mais elevados que o mero nacionalismo. Trata-se também de uma orientação cultural inerente à ideia de excepcionalismo norte-americano. A despeito do mal-entendido comum na esquerda e na direita, o excepcionalismo norte-americano jamais significou "somos melhores que todos os outros".

Não se trata de um jingoísmo, mas de uma observação. Até mais ou menos a última década, a discussão sobre o excepcionalismo norte-americano não girava em torno de se éramos ou não excepcionais, mas se nosso óbvio excepcionalismo era uma coisa boa. Para a esquerda, que queria que os Estados Unidos fossem mais parecidos com a Europa, era ruim. Para a direita, tanto para a facção isolacionista como para a facção internacionalista, o excepcionalismo norte-americano era algo de que se orgulhar. Mas jamais significou "nacionalismo".

O nacionalismo, por definição, está preocupado com a vontade coletiva ou o espírito coletivo. Como os argumentos sobre o equivalente moral da guerra, as hipóteses fundamentais e o cerne emocional do nacionalismo são o culto à unidade. Estamos nisso juntos! Vamos nos unir por uma causa maior que nós mesmos! A palavra "fascismo" é baseada em *fasces* — um punhado de gravetos em torno de um machado —, que era o símbolo da autoridade romana e significava "força dos números". Nos Estados Unidos, o patriotismo pode incluir essas coisas em momentos de crise, mas jamais perde de vista o fato de que a unidade fundamental de nossa ordem constitucional não é o grupo, mas o indivíduo. Para o nacionalista, a entidade heroica é a multidão virtuosa; para o patriota, é o herói que, com a lei a seu lado, enfrenta a multidão. G. K. Chesterton capturou muito bem essa diferença: "'Meu país, certo ou errado' é algo que um patriota jamais pensaria em dizer. É como dizer: 'Minha mãe, embriagada ou sóbria.'"[24]

Sempre argumentei que um pouquinho de nacionalismo é essencial ao projeto norte-americano. O nacionalismo é um comprometimento pré--racional, emocional e *tribal* com o país. Esse é o meu lugar e eu o amo, inclusive porque ele é meu. Somos produtos das nações em que nascemos, e um mínimo de gratidão e apreciação pelo lugar de onde viemos é bom e saudável. Porém, se um pouco de nacionalismo é saudável, em excesso é venenoso. De fato, todos os venenos são determinados pela dose. Em outras palavras, o nacionalismo não é, propriamente falando, uma ideologia; é uma paixão, como a luxúria. A atração sexual é importante em todo casamento, mas nenhum casamento saudável é baseado na *luxúria*. Uniões fortes dependem de valores partilhados e do comprometimento com certos princípios e projetos que são mais importantes que o eu. O mesmo se dá com as nações. Os fundadores reconheceram que a paixão política era perigosa e, por isso, criaram um sistema para mantê-la sob controle.

Historicamente, o nacionalismo sempre esteve em guerra contra as restrições artificiais à vontade das pessoas, e é por isso que os historiadores usam a expressão "nacionalismo romântico". O nacionalismo romântico emergiu nos dias finais da Revolução Francesa, quando intelectuais franceses e alemães — e as massas — se rebelaram contra a fria racionalidade e os legalismos do Iluminismo. Os jacobinos do grande terror eram nacionalistas convictos, convencidos de que os franceses eram o povo escolhido por Deus. Eles inscreveram as palavras "o cidadão nasce, vive e morre pela pátria" acima de todos os altares e em todas as ruas.[25] Robespierre não hesitou em adotar o nacionalismo: "Sou francês e um de seus representantes [...] Ó, povo sublime! Aceite os sacrifícios de meu ser; feliz é o homem que nasce em seu meio, e mais feliz aquele que pode morrer por sua felicidade."[26]

Na Alemanha, intelectuais como Johann Gottfried Herder e Johann Fichte se manifestaram contra a autocracia baseada no Iluminismo de Frederico, o Grande, e contra o frio pragmatismo militarista do império de Napoleão. A razão e a ciência serviram para desencantar o mundo, nas palavras de Max Weber, e o nacionalismo foi um "credo de reencantamento" (nas palavras de Ernest Gellner). O nacionalismo, com seus mitos e fábulas, restauraria parte do sentido perdido na era da razão. O marxismo em breve se provaria outro credo da mesma natureza. Herder e Fichte usaram muita coisa de Rousseau e sua ideia de criar uma sociedade baseada na vontade geral, que Herder redefiniu como *Volksgeist* ou espírito do povo.[27]

Ele e Fichte usaram a língua como característica definidora da mítica nação alemã. "Cuspa o limo nojento do Sena", exortou Herder. "Fale alemão, você que é alemão!"[28] "Os homens são formados pela língua muito mais do que a língua é formada pelos homens", acreditava Fichte. A língua alemã era pura, insistia ele, porque desafiara a corrupção não somente do limo do Sena, mas também das ideias estrangeiras do Império Romano e sua língua latina. "Os alemães ainda falam uma língua viva e o fazem desde que ela surgiu da natureza, ao passo que outras tribos teutônicas falam uma língua que se move na superfície, mas cujas raízes estão mortas." Fichte não era um racista biologista — embora não fosse fã dos judeus —, mas suas ideias sobre a língua se prestariam ao mais virulento nacionalismo étnico dos nazistas: "De todos os povos modernos, é em vocês que jaz mais decididamente a semente da perfeição humana e a quem foi designada a liderança de seu desenvolvimento. Se sua essencialidade perecer, todas as esperanças de salvar a raça humana das profundezas de sua miséria perecerão com vocês."[29]

Essencialismo racial, superioridade tribal, exaltação da paixão e do mito — o nacionalismo não é somente impotente contra essas coisas, ele é o meio no qual essas paixões crescem como bactérias em uma placa de Petri. O nacionalismo funciona com base da hipótese de que a busca por sentido e redenção espiritual é uma empreitada coletiva. O "nacionalismo benigno" de Lowry e Ponnuru certamente está em conflito com tais coisas, porque a melhor parte da cultura norte-americana se contrapõe às paixões irracionais. Contudo, todo o trabalho de valor nesse conceito de nacionalismo benigno é feito pela palavra "benigno", e não pela palavra "nacionalismo".

Isso porque o nacionalismo desprovido de qualificadores negativos não tem freios internos, nenhum princípio limitador que o impeça de se entregar à paixão coletiva. E é por isso que o nacionalismo, levado a seu extremo lógico, deve se tornar estatismo ou alguma forma de socialismo. É uma crença residual do marxismo e do leninismo afirmar que nacionalismo e socialismo são opostos. Mas, em todos os lugares nos quais o nacionalismo corre livre, ele se torna algum tipo de socialismo. E sempre que o socialismo é implementado em uma nação real, ele se torna nacionalismo. Pegue um discurso de Hugo Chávez ou Fidel Castro e substitua palavras como "nacionalista" e "nacionalizar" por "socialista" e "socializar"; o sentido da frase permanecerá o mesmo. Quando nacionaliza uma indústria, você a socializa, e vice-versa. Quando saltam das páginas para o mundo real, os termos não são opostos; são sinônimos.

O nacionalismo irrestrito pode se transformar em estatismo, porque o Estado é a única instituição que supostamente representa todos nós. O que nos leva de volta a Donald Trump.

Em seu discurso de posse, o presidente Trump expôs sua visão da nova ordem:

> Na base de nossa política estará a lealdade total aos Estados Unidos da América e, a partir da lealdade a nosso país, redescobriremos nossa lealdade uns aos outros.[30]

É a mesma canção de Barack Obama, mas em um ritmo diferente, tendo em vista ouvintes diferentes. Ambos adotaram a ideia de que todos os problemas norte-americanos podem ser solucionados por Washington. Seus programas e sua retórica eram diferentes de muitas maneiras importantes, mas a hipótese subjacente em ambos os casos era: se tivermos a pessoa certa no Salão Oval, poderemos transformar o país ou "tornar os Estados Unidos grandes novamente".

Nisso, Trump diferiu dos conservadores tradicionais, que argumentam que Washington é poderosa demais e está envolvida demais em nossas vidas e nossa economia. Trump argumentou — ou gritou — que as elites de Washington eram fracas e estúpidas demais para solucionar nossos problemas. Ele insistiu que seria "fácil" fornecer melhor assistência médica a todos, gastando menos dinheiro. Ele poderia se contrapor sozinho à maré de globalização por meio de suas habilidades superiores de negociação. Haveria tantas vitórias, Trump avisou a seus seguidores, que eles um dia sofreriam de fadiga crônica da vitória.[31]

Assim como a deterioração da sociedade civil tornou o coração dos liberais — mas não somente dos liberais — receptivo ao credo do reencantamento ou "transformação fundamental" dos Estados Unidos de Barack Obama, ela fez com que muitos conservadores — mas não somente conservadores (pois Trump recebeu milhões de votos de eleitores de Obama)[32] — se mostrassem receptivos ao nacionalismo "Estados Unidos primeiro" de Trump.

No fim das contas, a questão sobre se a polarização da política norte-americana cria pensamento tribal ou se o pensamento tribal cria polarização só pode ser respondida com "ambos". O que está claro é que grande parte do apoio a Trump, durante as eleições e até hoje, vem do desejo de combater fogo com fogo. Em centenas de discussões, conversas e debates com os mais entusiásticos apoiadores de Trump — e muitos de seus apoiadores relutantes —, o refrão mais repetido é que vivemos com Trump ou morremos com Hillary. Para os verdadeiros crentes, foi uma escolha emocionante. Para os mais céticos, uma escolha lamentável, mas necessária. A tradicional visão conservadora de governo limitado e mercados livres passou da data de vencimento. A escolha agora é progressismo ou nacionalismo.

O progressismo, em outras palavras, conjurou uma reação nacionalista que é menos uma alternativa ao estatismo de esquerda e mais uma versão direitista dele. Façamos uma pausa e analisemos como isso aconteceu.

Existe profunda confusão no interior do progressismo. Por um lado, os progressistas se orgulham muito de seu papel como agentes de "mudança social". E costumam ter razões para se sentir orgulhosos. Se você acredita nas causas dos direitos civis e do feminismo, por que não celebraria suas conquistas? Mas, ao mesmo tempo, os progressistas querem alegar que qualquer esforço para resistir às forças do "progresso" é um ato de agressão nessa guerra cultural. Do aborto ao casamento gay e aos direitos dos transgêneros, os progressistas querem que toda instituição e comunidade se curve a seu movimento. Quando se recusam, os resistentes são chamados de agressores.

O slogan "tornar os Estados Unidos grandes novamente" funcionou em tantos níveis porque pode ser interpretado de diversas maneiras. Mas uma parte fundamental do apelo "MAGA" [Make America Great Again] de Trump foi a noção de que poderíamos retornar a uma época mais simples — e frequentemente mitológica — na qual empregos de classe média pendiam das árvores como frutas maduras, a polícia tinha toda liberdade para cuidar dos criadores de problemas e a "correção política" ainda não arruinara a diversão de todo mundo. "MAGA", especialmente quando adornado com toda a retórica nacionalista e populista, pertence à grande tradição herderiana de conjurar mitos e um passado imaginado no qual "nós, o povo [certo]", não éramos humilhados por estrangeiros aqui ou no exterior.

Mesmo entre as fileiras de apoiadores conservadores de Trump que compreendiam que com toda probabilidade ele estava vendendo gato por lebre, essa mentalidade venceu o argumento. Michael Anton, um multimilionário administrador de fundos hedge e intelectual em tempo parcial que agora trabalha na administração Trump, escreveu um famoso artigo, sob pseudônimo, para a *Claremont Review of Books* intitulado "As eleições do voo 93". Nesse artigo, ele argumentou que os Estados Unidos estariam essencialmente condenados se Hillary Clinton vencesse. Assim, como os passageiros que dominaram os terroristas no 11 de setembro, não havia escolha senão apoiar Trump. Coragem altruísta era necessária (mas não a ponto de correr o risco de perder o emprego ao escrever usando o próprio nome).[33] Esse argumento foi subscrito por muitos conservadores importantes, mesmo por muitos que já haviam sido oponentes passionais de Trump. A arrogância imperial dos engenheiros sociais e guerreiros da justiça social progressistas recebeu uma reação tão apocalíptica que mesmo conservadores conscientes, que reconheciam a desonestidade e a demagogia de Trump, foram incapazes de resistir. Na verdade, por mais desdém que eu sinta por

Trump, ainda sou compelido a admitir que, se meu voto fosse decisivo nas eleições, eu provavelmente teria votado nele.

"Tornar os Estados Unidos grandes novamente" capturou o espírito dessa reação. Ele invocou alegações nostálgicas sobre comércio, política externa, cultura e economia. Mas a mais saliente e ilustrativa plataforma da agenda Trump foi a imigração.

O escritor suíço Max Frisch famosamente disse, referindo-se aos trabalhadores convidados em seu país, que "queríamos trabalhadores, mas recebemos pessoas".[34] Esse insight se aplica mais agudamente à Europa. O maciço influxo de imigrantes do Oriente Médio, da África do Norte e do sul da Ásia teve as consequências previsíveis, testando as instituições nacionais e locais e dando origem a grandes manifestações de populismo e pedidos por mais autoritarismo.

Grande parte da esquerda reconhece que a imigração está alimentando a reação popular, mas então assume a posição de que a reação é racista, preconceituosa e, em consequência, politicamente ilegítima. Sem dúvida, a imigração em massa gera atitudes racistas e preconceituosas em certos segmentos da população. Contudo, se basear nesse tipo de explicação encoraja um tipo de orgulhosa demonstração de virtude: *as pessoas que não querem imigração são retrógradas e preconceituosas, ao contrário de mim.*

Tais respostas não somente ignoram a complexidade da questão, como também encorajam ainda mais ressentimento entre os segmentos da sociedade sendo demonizados. Em certo sentido, é como culpar a vítima. Por exemplo, na base da escada socioeconômica, o emprego é muito mais frequentemente uma questão de esforço físico. Se você tem pouca ou nenhuma educação, trabalhar com as mãos em geral é sua única opção. Importar grandes números de competidores que mantêm os salários baixos — *ou são percebidos assim* — não será celebrado pelos trabalhadores diaristas com o mesmo entusiasmo demonstrado pelos jornalistas e pelos abastados. Se começássemos a importar muitos comentaristas que pudessem fazer o trabalho dos editores do *New York Times* pela metade do preço, talvez encontrássemos mais nuances em suas páginas.

Tendo a acreditar que altos níveis de imigração, particularmente imigração baseada em qualificações, são uma política economicamente desejável. Além disso, as evidências de que a imigração pouco qualificada resulta em prejuízo líquido para o país não são tão claras quanto alguns alegam. (O campo da economia que estuda a imigração está permeado de problemas metodológicos e ideológicos.)[35] Mas o fato é que, assim como ocorre com o comércio e a automação, todas as políticas econômicas criam ganhadores e perdedores. Os proponentes de altíssimos níveis de imigração quase invariavelmente tendem a estar na coluna dos ganhadores, e uma proporção desanimadoramente alta deles tende a ignorar condescendentemente as queixas dos perdedores. Quando falo para plateias abastadas, costumo comentar que as pessoas na sala só conhecem dois tipos de imigrantes: trabalhadores manuais extremamente dedicados que cuidam de seu jardim e limpam sua casa e seu escritório, e "cidadãos do mundo" como eles, extremamente dedicados e altamente educados. Em nenhuma dessas instâncias os membros da plateia têm qualquer razão para se sentir ameaçados pelos imigrantes, econômica ou culturalmente. (Seus filhos não frequentarão as superlotadas escolas públicas dos trabalhadores diaristas e, se os filhos de imigrantes abastados frequentarem as escolas particulares de seus filhos, melhor ainda, pois a "diversidade" é uma coisa maravilhosa.) Ser rico pode significar ser capaz de ser generoso à custa de alguém.

Mesmo assim, é um erro colocar toda a ênfase nos argumentos econômicos sobre a imigração. Os economistas são muito bons em descrever o mundo a partir de modelos, mas tendem a diminuir, ignorar ou demonizar os custos culturais e psicológicos da imigração. Assim, quando se trata de imigração, eles tendem a falar de trabalhadores, custos do trabalho, produtividade e todo tipo de custos e benefícios. Mas esses modelos silenciam sobre outros custos e benefícios — coesão social, saúde cívica e institucional, confiança comunitária —, que são difíceis de quantificar.

Mas não impossíveis. Um artigo recente de Ronald Inglehart, da Universidade de Michigan, e Pippa Norris, da Escola de Governança Kennedy, em Harvard, descobriram que a maioria das evidências indica que a ascensão do populismo nos Estados Unidos e na Europa está relacionada mais à "reação cultural" que ao deslocamento econômico.[36] Sua teoria de reação cultural inclui questões para além da imigração. Feminismo, direitos gays e outras formas de mudança progressista são parte de uma mistura psicológica. Mas há razões para acreditar que a imigração provavelmente é a maior impulsionadora da reação cultural nos bastiões populistas.

Um estudo recente de pesquisadores da Escola de Economia de Londres descobriu que, embora os níveis de desemprego não estejam intimamente relacionados ao apoio populista ao Brexit, os níveis de imigração estão. Um estudo anterior de 2012 descobrira que a oposição à imigração estava menos relacionada a preocupações econômicas que a temores sobre o que os recém-chegados fariam à "composição da população local" e como isso afetaria "seus bairros, escolas e locais de trabalho".[37]

Grande parte da literatura de ciência política sobre esse tópico está repleta de rótulos *ad hominem* (ou rótulos tecnicamente neutros usados de maneiras *ad hominem*): "racismo", "xenofobia", "nativismo", "preconceito", "isolacionismo" etc. E, embora seja tragicamente verdade que é fácil encontrar exemplos para apoiar tais descritores, a tragédia aumenta quando usamos esses termos como condenação generalizada a qualquer um que tenha objeções à imigração em massa. Em outras palavras, todos os racistas, xenófobos e supremacistas brancos se opõem à imigração, mas nem todos os que se opõem à imigração são racistas e xenófobos. A revista *National Review* esteve na vanguarda dos que argumentaram que, se os políticos responsáveis não lidarem com as preocupações legítimas dos eleitores sobre a imigração, a questão passará a ser controlada pelos políticos irresponsáveis, porque, segundo os eleitores, eles são os únicos falando sobre o problema. A eleição de 2016 provou que estávamos certos.

A retórica de Donald Trump sobre a imigração durante a campanha foi como um espelho dos clichês mais caricatos da esquerda. Enquanto os absolutistas pró-imigração riem de qualquer sugestão de que os imigrantes são algo além de nobilíssimos norte-americanos, Trump frequentemente os retratou — particularmente os ilegais — como detritos da humanidade. Por exemplo, Hillary Clinton disse que o islã "não tem nenhuma relação com o terrorismo".[38] E Donald Trump, ao jurar banir *todos* os muçulmanos (ao menos inicialmente), deixou claro que acredita que o islã tem *tudo* a ver com terrorismo. A mesma dinâmica entrou em ação com a constante invocação do número estatisticamente não representativo de crimes cometidos por imigrantes ilegais. Essa tática retórica ajudou Trump de duas maneiras. Primeiro, ele demagogicamente apelou ao instinto tribal e natural de sentir medo dos outros. Segundo, assinalou que ele estava disposto a desafiar as regras "politicamente corretas" do establishment "fraco" e "estúpido".

Em outras palavras, a esquerda usou um pincel largo e uma única cor, e o mesmo fez Trump. Quando isso acontece, não há espaço para as sombras e os contrastes necessários para descrever o mundo como realmente é. Um acadêmico que tentou fazer isso foi o sociólogo de Harvard Robert D. Putnam, um decente liberal de esquerda que provavelmente é o principal cientista social norte-americano sobre as questões da sociedade civil e da comunidade. Em uma pesquisa maciça entre mais de 30 mil norte-americanos, ele descobriu que havia inegável correlação entre o aumento da diversidade e o colapso da comunidade. Ele é inflexível ao afirmar que o racismo não é a explicação primária. (Na verdade, os apoiadores da ideia de que o racismo é o motor primário do sentimento anti-imigração jamais prestaram muita atenção às controvérsias sobre imigração no século XIX e início do século XX ou aos sentimentos anti-imigração na África e no Oriente Médio, nos quais a raça não desempenha nenhum papel.)

De acordo com Putnam, as pessoas que vivem em comunidades mais diversas tendem a "desconfiar de seus vizinhos, independentemente de sua cor de pele, afastar-se até mesmo dos amigos próximos, esperar o pior da comunidade e de seus líderes, voluntariar-se menos, doar menos para caridade e trabalhar menos frequentemente em projetos comunitários, registrar-se menos para votar, fazer mais agitação em nome da reforma social, mas ter menos fé de que isso realmente possa fazer diferença e se prostrarem, infelizes, na frente da televisão".[39]

Em resumo, escreve ele, "pessoas vivendo em situações etnicamente diversas parecem se recolher como uma tartaruga".[40] Putnam odiou suas descobertas e reconheceu que elas não seriam bem recebidas por seus pares. Assim, passou um ano retestando os números em busca de outras explicações. Não encontrou nenhuma.

Em comunidades étnica ou culturalmente homogêneas, há mais confiança e capital social. As pessoas que partilham línguas, costumes, fé, instituições e a boa e velha história simplesmente têm mais probabilidade de resolver suas diferenças e seus problemas sem esperar que o governo faça isso por elas. Em resumo, a cultura partilhada constrói confiança, algo essencial para a democracia e o crescimento econômico. "A confiança", escreve Francis Fukuyama, "é a expectativa que surge, no interior de uma comunidade, de comportamento regular, honesto, cooperativo e baseado em normas comumente partilhadas por parte dos membros dessa comunidade".[41]

Pense no típico vilarejo europeu dos cartões-postais, nos quais as crianças usam os trajes comunais, os pais organizam festivais e todo mundo frequenta a mesma igreja. É surpresa que haja uma reserva maior de confiança e cooperação social em tal comunidade que em uma cidade diversificada e cheia de estranhos e recém-chegados? A Suécia e outros países escandinavos têm sido o ideal dos progressistas norte-americanos há gerações. O que esses mesmos progressistas têm dificuldade para entender é que a homogeneidade étnica e o forte consenso cultural tornam a social-democracia muito mais fácil de implementar. Pode-se dizer, sem medo de contradição, que o influxo de imigrantes e refugiados nesses países — e outros, como Alemanha, Reino Unido, Holanda, França etc. — não contribuiu para a paz social.

Não há julgamento de valor aqui. A vida em uma cidadezinha tradicional pode ser maravilhosa. Também pode ser estupidificante para aqueles que querem algo mais ou simplesmente algo *diferente*. A expressão alemã medieval *Stadtluft macht frei* ("o ar da cidade liberta") capturou essa distinção. Mudar-se para a cidade sempre significou escapar da mais ordenada e tradicionalista vida rural.

Os costumes — festivais, danças do Dia de Maio, tanto faz — das comunidades tradicionais não são meramente pitorescas atividades culturais; são circuitos de confiança, solidariedade e cooperação social. É correto e adequado valorizar a inclusão. Mas ela só pode ir até certo ponto. Os cristãos podem visitar uma mesquita, mas provavelmente não podem rezar lá com regularidade. As pessoas que falam coreano simplesmente terão mais dificuldade para forjar relacionamentos com pessoas que não falam.

A proporção da população norte-americana nascida no exterior é a mais alta de todos os tempos. Em 1960, a população nascida no exterior era obviamente menor em termos absolutos e como proporção da população geral, além de consistir majoritariamente de imigrantes da Europa e do Canadá (84%), que tinham mais facilidade para ser assimilados à cultura majoritária.[42] Os mexicanos representavam 6% da população nascida no exterior e os outros latino-americanos 3,5%, em um total de 9,5%. Em 2014, 27,7% vinham do México e outros 23,9% de outros países latino-americanos.[43] Dos 48 milhões de alunos matriculados nas escolas públicas em 2012, quase um em cada quatro falava uma língua que não o inglês em casa.[44]

As pessoas costumam comentar que já tivemos proporções similares de estudantes nascidos no exterior em escolas públicas antes (embora estejamos em território não mapeado quando se trata de números absolutos). Elas citam os imigrantes bem-sucedidos que chegaram à ilha Ellis e descobriram e realizaram o sonho americano. Essa é uma grande história, e eu a adoro. O que ela deixa de fora é que, naquele tempo, os Estados Unidos, nos níveis local, estadual e federal, estavam absolutamente determinados a transformar os imigrantes em norte-americanos. Às vezes, esse esforço era excessivamente draconiano — como durante a Primeira Guerra Mundial —, como no caso dos falantes de alemão, que essencialmente enfrentavam acusações judiciais por falar sua língua natal em público. Mas as escolas, as igrejas e a cultura popular tinham as ferramentas e a determinação para encorajar a assimilação.

Hoje, toda a determinação está do outro lado da equação. Há um amplo e agressivo lobby educacional e político que trabalha contra a assimilação e tenta criar ainda mais incentivos para que os imigrantes — assim como os grupos étnicos nativos — mantenham sua identidade minoritária a qualquer custo.

A assimilação ainda é popular entre muitos imigrantes e norte-americanos nativos. Mas está sendo disputada precisamente onde é mais necessária. No sistema da Universidade da Califórnia, um memorando da administração adverte os funcionários e professores a não usar linguagem que pode levar a "microagressões", definidas como "provocações, esnobismos ou insultos cotidianos, verbais e não verbais, intencionais ou não, que comuniquem mensagens hostis, derrogatórias ou negativas a certas pessoas, com base somente em sua filiação a um grupo marginalizado". Um exemplo de declaração ofensiva, hostil ou derrogatória é dizer que "os Estados Unidos são um caldeirão cultural". Isso envia o sinal de que o falante espera que as minorias "se assimilem à cultura dominante".[45]*

Bom, esperamos mesmo.

---

* Elas também deixam de fora o fato de que a economia norte-americana podia absorver essas ondas de imigrantes. George Borjas observa que, em 1914, 75% da força de trabalho na Ford Motor Company era composta de imigrantes (George J. Borjas, We Wanted Workers: Unraveling the Immigration Narrative [Nova York: W. W. Norton, 2016], p. 52). O setor industrial não está se saindo tão mal quanto alguns afirmam, graças amplamente à inovação e aos grandes avanços na automação. Mas alguém acredita que o país pode absorver ondas de trabalhadores estrangeiros não qualificados, como fez outrora?

Qualquer que seja sua política preferida em termos de imigração — a minha é simplesmente ter uma *e impô-la* —, devemos lembrar que o medo e a desconfiança de estranhos são inteiramente naturais. Não gosto da demagogia e da demonização de imigrantes que vicejam na direita atualmente, mas o fato é que tais respostas são uma característica da natureza humana. Isso não desculpa atos declarados de preconceito ou crueldade, mas deveria ao menos instilar um pouco de humildade e empatia nas pessoas que acham que o "nativismo" não passa de ignorância. Muitas das pessoas preocupadas com a imigração sabem de algo muito melhor que seus críticos: suas comunidades estão mudando de maneiras das quais elas não gostam.

Donald Trump se aproveitou da frustração de milhões de pessoas cansadas das promessas não cumpridas de políticos que disseram que fariam algo em relação ao problema. Não gosto da maneira como ele fez isso e acho que ele deixará de cumprir a maioria de suas promessas, provavelmente resultando em ainda mais raiva popular. Mas isso não significa que as preocupações das quais ele se aproveitou sejam inteiramente ilegítimas.

Novamente, a polarização alimenta essas tendências, e essas tendências alimentam a polarização.

Para entender como, é importante entender o grau em que a erosão da sociedade civil fez com que milhões de norte-americanos se afiliassem à política partidária como fonte de sentido tribal. Os partidos políticos norte-americanos nem sempre foram particularmente ideológicos. Se alguém dissesse ser republicano ou democrata em 1950, você precisaria de mais informações antes de saber se ele era conservador ou liberal. Havia muitos republicanos progressistas e muitos democratas conservadores. Mas, nas últimas décadas, a partir da de 1960 e se intensificando praticamente todos os anos, os partidos se tornaram não somente mais ideológicos, mas também mais tribais. "Hoje, os partidos políticos não são somente pessoas que devem governar da maneira que você quer. Eles são um time a apoiar e uma tribo da qual se sentir parte. E a visão pública da política está se tornando cada vez mais soma zero: você precisa ajudar seu time a vencer e assegurar que o outro time perca", escreve Amanda Taub, que cobre ciências sociais para o *New York Times*.[46]

"O partidarismo, durante muito tempo, não foi visto como parte de quem somos", explicam os cientistas políticos Shanto Iyengar e Sean J. Westwood.

"Não era algo essencial a nossa identidade, mas somente um traço suplementar. Contudo, na era moderna, vemos a identidade partidária como algo semelhante ao gênero, à etnia ou à raça: um traço essencial que usamos para nos descrever para os outros." E a filiação partidária está se tornando um previsor de comportamentos e atitudes mais importante que a raça.[47]

Conforme as outras fontes de sentido definham e pensamos em nós mesmos como habitantes da comunidade nacional, e não local, as apostas políticas inevitavelmente sobem, não somente em termos políticos, mas também psicologicamente. A lógica do esporte e da guerra toma conta. Se eles vencerem, nós perderemos, e vice-versa. Cidadãos da Califórnia e de Nova York se envolvem em brigas partidárias na Carolina do Norte ou em Indiana como se fossem batalhas de uma guerra mais ampla.

Essa visão de mundo tribal do nós-*versus*-eles é intensificada nas mídias sociais, onde é mais fácil encontrar "amigos" virtuais de mentalidade parecida a milhares de quilômetros de distância que conversar com um vizinho real. Em ambos os lados do corredor político, a questão deixa de ser a persuasão e se torna a vitória e a humilhação dos vencidos. Estudos demonstraram que quando as pessoas veem alguém recebendo choques por meio de eletrodos, a parte do *cérebro do observador* que sente dor também se ilumina. Em um estudo, essa resposta empática se mostrou mais provável quando se dizia ao observador que a vítima era fã de seu time de futebol favorito. Porém, quando se dizia ao observador que a vítima era fã de um time rival, o centro de prazer do cérebro do observador se iluminava.[48] Isso é puro tribalismo, e está programado em nós. Quando um dos meus sofre, eu sinto dor. Quando o "outro" sofre, eu me delicio.

Não sei se experimentos similares foram realizados usando tribos ideológicas ou tribais, mas não tenho dúvida de que obteriam o mesmo resultado. O sofrimento dos avatares liberais é algo com que os conservadores se regozijam, e vice-versa. Após ataques terroristas e tiroteios em massa, a esquerda torce abertamente para que o perpetrador seja um homem branco e furioso pertencente a algum "grupo de ódio da direita". Quando se confirma que o assassino é um muçulmano radical, muitos membros da direita têm problemas para conter sua alegria com o fato de sua visão de mundo ter sido confirmada.

Facebook e Twitter se tornaram plataformas nas quais você se vangloria de sua pureza e comprometimento com as coisas boas e comenta como seus opostos ideológicos são não somente corruptos, mas também metafisicamente comprometidos com coisas ruins. (Há um curioso paradoxo na polarização tribal entre esquerda e direita. As pessoas tendem a argumentar que o inimigo está totalmente comprometido com uma ideologia maligna e também disposto a se vender em nome do lucro pessoal.) "Você quer mostrar que é um bom membro de sua tribo", disse Westwood ao *New York Times*. "Quer mostrar aos outros que os republicanos ou os democratas são maus e que sua tribo é boa. As mídias sociais fornecem uma oportunidade única de declarar publicamente ao mundo quais são suas crenças e quão disposto você está a denegrir a oposição e reforçar seus próprios candidatos políticos."[49]

O desejo por notícias que satisfaçam a luxúria popular pelo que pode ser chamado de *schadenfreude* extático — o prazer obsceno com a tristeza alheia — criou um mercado e, onde há mercado, há empreendedores. Donde a ascensão das *fake news* para hordas de trolls de esquerda e de direita, que acham que dizer "suas lágrimas são deliciosas" ou "seu ofendidinho" são argumentos. O viés é endêmico a todo o jornalismo. A fraude, no entanto, embora não seja nova no jornalismo, experimenta uma espécie de nova era dourada. Invenções descaradas voam pela internet, alimentadas por anúncios do tipo pagamento-por-clique e pelo escaldante desejo, entre milhões de pessoas, de ver a realidade se inclinar em sua direção. Entrementes, meias-verdades, que frequentemente são mais efetivas que mentiras, saturam toda organização de notícias respeitável. As manchetes sempre tenderam ao sensacionalismo. Porém, em uma era na qual milhões de pessoas só leem as manchetes e na qual grande parte da conversa política ocorre no espaço de 140 caracteres do Twitter, a conversa nacional se tornou um nevoeiro de sentimentos e fatos desejados, mas falsos. Se o fanático é alguém que não pode mudar de opinião e não quer mudar de assunto, o fanatismo corre solto na esquerda e na direita. É claro que, quando um presidente acredita que mentiras são verdades se lhe *parecerem* verdades, a falsidade obtém um poderoso megafone.

Tyler Cowen, um brilhante economista da Universidade George Mason, tem a cínica visão de que grande parte do discurso ideológico pode ser reduzida ao desejo de ver o status relativo de um grupo aumentar ou diminuir.[50] Ele se refere ao rarefeito mundo de acadêmicos e intelectuais. Mas isso parece ainda mais obviamente verdadeiro nas trincheiras da cultura política. O que quer que se pense sobre os méritos subjacentes às questões relacionadas ao movimento Black Lives Matter [Vidas Negras Importam], ele é uma discussão sobre o status relativo dos grupos. O esforço para forçar confeiteiros cristãos a fazer bolos de casamento para homossexuais contra sua vontade tem muito pouco a ver com tolerância e muito a ver com um espírito vingativo que grita: "Você será forçado a se importar!" Quando Hillary Clinton chamou metade dos apoiadores de Donald Trump de "cesta de deploráveis",[51] esses apoiadores transformaram a expressão em medalha de honra e florete para a vingança retórica.

Novamente, devo dizer que todas essas tendências estão inter-relacionadas e se reforçam mutuamente, mas só podemos pensar criticamente sobre os fenômenos se os isolarmos. A imigração em massa erode as instituições mediadoras, e o declínio dessas comunidades autênticas impulsiona a migração para "comunidades virtuais" online nas quais os ressentimentos são reforçados quando os semelhantes se congregam, apoiando declarações e atitudes que normalmente jamais expressariam na vida real. Esse reforço os encoraja a dizer essas coisas na vida real. A reação é então celebrada como "vitória" na internet e pode ser cada vez mais monetizada. A imigração e os problemas econômicos fazem as pessoas se sentirem inseguras; assim, elas vão ao Facebook, onde as pessoas editam suas vidas para fazer parecer que tudo vai bem, e isso gera sentimentos de inveja e ansiedade de status ou classe. Como disse Montesquieu, "se só quiséssemos ser felizes, isso seria facilmente realizável; mas desejamos ser mais felizes que os outros, e isso é sempre difícil, pois acreditamos que os outros são mais felizes que nós".[52]

Todas essas tendências fazem com que as pessoas procurem novas fontes de identidade — raça, gênero, sexo, fé e afiliação política — e, conforme essas categorias superficiais de autoentendimento se solidificam, a polarização tribal se intensifica. O que frequentemente chamamos de tribalismo nas democracias modernas é, na verdade, o que poderíamos chamar de "coalizismo". Mas coalizismo não consta do dicionário e soa muito parecido com a política normal, que sempre esteve relacionada a coalizões, mesmo no caso dos tiranos, desde que a palavra foi inventada. "Tribalismo" chega mais perto da realidade de nossa polarização.

O conservadorismo estava se movendo na direção da política identitária para pessoas brancas muito antes de Trump, e poderia ter acabado onde está hoje, mais cedo ou mais tarde, mesmo que ele jamais tivesse se candidatado.

Mas creio que a causa precipitadora da rendição da direita ao populismo e ao tribalismo foi o fracasso dos membros do Tea Party. O movimento populista que surgiu para se opor ao presidente Obama foi a única causa populista norte-americana com a qual já simpatizei ou que já apoiei (falei em muitas reuniões do Tea Party). Por quê? Porque, por mais que eu não goste e não confie em multidões, seus membros aliaram o populismo aos princípios da fundação, exigindo que o governo cumprisse o orçamento e obedecesse à constituição. Encontrei inúmeras pessoas dos pequenos pelotões da sociedade civil falando passionalmente sobre os documentos primários de nossa civilização. Elas organizavam clubes de leitura e seminários nas salas de suas casas e em centros recreativos. Estudavam o funcionamento de dívidas e déficits. Quando se reuniam, alguns arruaceiros surgiam, como sempre ocorre quando o entusiasmo político é alto e as pessoas se reúnem. Mas eles eram mantidos sob controle. As multidões recolhiam seu lixo e levavam sua cidadania a sério. Havia paixão, mas ela estava associada a princípios.

Essas pessoas conseguiram eleger muitos políticos. Mas, no fim das contas, falharam em atender aos padrões que estabeleceram para si mesmas. Os bancos foram socorridos. O Obamacare permaneceu. Mas não foram esses fracassos que transformaram muitos membros do Tea Party em tribalistas. Foi o fato de que, a despeito de esposarem os princípios da constituição e defenderem objetivos totalmente razoáveis e patrióticos (quer você concorde ou não com eles como questões políticas), foram demonizados pela mídia e por Hollywood como caipiras e palermas racistas. Isso destaca a dinâmica cancerígena em curso. Se você diz às pessoas que lutar pela constituição e por princípios universais é "coisa de gente branca", muitas pessoas brancas acabarão concordando com você. Elas verão a constituição como documento dos "americanos reais". Mas, como a constituição limita seu poder, chegarão à conclusão de que a lealdade à constituição é perda de tempo. O que começa como alegação de que somente as pessoas brancas se importam com a constituição termina com ninguém se importando com ela. Ainda não chegamos a esse ponto, mas, em muitas frentes, estamos próximos. Por mais bizarro que isso possa parecer, há uma facção crescente na direita que idolatra o agitador de esquerda e defensor da vitória a qualquer custo Saul Alinsky. Eles acreditam que a esquerda foi brilhante ao usar essa tática para assumir o controle do país e, como estamos em uma batalha existencial, devemos emulá-la. O argumento principal é que, se o outro lado não se deixa restringir pelas regras, então "nós" tampouco devemos fazê-lo.

Quando os críticos de Trump denunciam a violação das "normas democráticas", a resposta imediata é: "E quanto a Obama?"

E essa é uma pergunta muito boa. Mas minha resposta é: "Eu critiquei Obama quando ele violou as normas democráticas. Portanto, estou sendo consistente ao criticar Trump pela mesma razão." A resposta mais frequente dos maiores apoiadores de Trump é: "Por que deveríamos obedecer às regras se eles não obedecem?"

Donald Trump entrou nesse redemoinho de disfuncionalidade e o intensificou.

Durante anos, os conservadores reclamaram porque os republicanos se rendem muito facilmente. E, como editor sênior da *National Review*, eu perderia acesso ao banheiro dos executivos se ousasse dizer que isso não é verdade. Não preciso recontar a história do New Deal ou da Grande Sociedade para demonstrar que o GOP [Grand Old Party, Bom e Velho Partido, o Partido Republicano] frequentemente é arrastado pela maré de um governo cada vez maior. Além disso, embora ache que os conservadores estão do lado certo do argumento em muitas questões culturais, esse registro de fracassos ajuda a explicar por que os republicanos frequentemente focam nas questões sociais simbólicas que agitam as bases. O único problema é que costumam jogar a toalha também nessas lutas. Parte disso se deve simplesmente à natureza do conservadorismo. Tendemos, como disse Hayek, a ser levados em direções que não escolhemos. Em princípio, isso não me incomoda, porque dar à sociedade tempo para digerir as mudanças inevitáveis é uma função importante. Mesmo assim, seria agradável vencer com mais frequência.

Donald Trump também usou essa frustração, como ilustram suas declarações explosivas *à la* Charlie Sheen sobre "vencer". O problema é que vencer e lutar não são princípios independentes. Em meus numerosos debates com alguns dos maiores apoiadores conservadores de Trump, fiquei constantemente chocado com a maneira como muitos supostos — ou antigos — conservadores de princípios adotaram "vencer" e "lutar" como fins em si mesmos. Trump podia vomitar os mais grosseiros epítetos para defender uma posição objetivamente imoral ou politicamente indefensável que a resposta de seus animadores de torcida era "ao menos ele está lutando!". Trump se tornou um avatar de "nós, o povo", e vencer se dissociou da substância de qualquer vitória. Quando ele não pode declarar vitória, é porque outros falharam com ele ou o prejudicaram injustamente. Quando declara vitória, a substância não importa. Quando faz algo incompreensível, isso é parte de uma genialidade que não conseguimos entender. Em resumo, para muitas pessoas, trata-se simplesmente de culto de personalidade.

Nas primárias, os pesquisadores perguntaram aos republicanos se eles favoreciam a assistência médica universal financiada pelo governo, e a vasta maioria disse que não. Quando ficaram sabendo que Donald Trump a apoiava (como fazia na época), quase 50% deles passaram a apoiá-la também.[53] Em agosto de 2017, uma pesquisa descobriu que metade dos republicanos apoiaria a postergação das eleições de 2020 se Donald Trump fosse favorável a essa medida.[54]

Na reunião do Comitê de Ação Política Conservadora de fevereiro de 2017, a conselheira de Trump Kellyanne Conway sugeriu que o "C" de Conservadora fosse substituído pelo "T" de Trump.[55] Tratava-se de um exagero bajulador, mas, ao ouvir a plateia comemorar enquanto ele deixava o livre comércio de lado em favor do "nacionalismo econômico", era possível ver no comentário dela uma brasa de verdade que poderia crescer e se transformar em chama.

Barack Obama tinha um culto de personalidade similar. Celebridades juraram lealdade a ele.[56] Um colunista especulou que ele era um "trabalhador da luz", definido como "tipo raro de ser antenado que tem a habilidade de não meramente nos liderar até novas políticas externas, planos de assistência médica ou qualquer outra coisa, mas, na verdade, nos ajudar a iniciar *uma nova maneira de existirmos no planeta*, de nos conectarmos e nos engajarmos com esse bizarro experimento terreno".[57] Deepak Chopra proclamou que ele representava "um salto quântico na consciência americana".[58] "Barack Obama é a representação coletiva de nossas esperanças mais puras, nossa visão mais elevada e nosso conhecimento mais profundo", afirmou a *life coach* Eve Konstantine. "Ele é o produto do onisciente campo quântico da inteligência."[59] A mídia mainstream ignorou tudo isso — e muito mais — porque também estava apaixonada por ele. "Achamos que ele seria [...] o próximo messias", confessou Barbara Walters.[60] E isso também alimentou profundo ressentimento entre milhões de norte-americanos que não estavam motivados pelo racismo, mas simplesmente pela discordância, pelo saudável cinismo ou pelo bom e velho partidarismo. Entretanto, mesmo assim, foram chamados de racistas.

Os comentaristas, jornalistas e políticos liberais que olham para Donald Trump e perguntam "de onde veio esse monstro" não o criaram — e certamente não votaram nele —, mas ajudaram a empilhar a lenha para as chamas da reação.

Acadêmicos estudando fenômenos tão diversos quanto o terrorismo islâmico, a supremacia branca, as gangues de rua e os cultos descobriram que a ferramenta-chave do recrutamento é sempre a mesma: a promessa de sentido e pertencimento. Os seres humanos estão programados para querer pertencer, ser parte de uma causa maior e valorizados por suas contribuições para essa causa. Jovens com escasso capital social — famílias disfuncionais, escolas e comunidades indiferentes etc. — são os mais suscetíveis a tais apelos precisamente porque têm poucas fontes alternativas de sentido e pertencimento. Esse é o insight central de todo programa Big Brother e Boys & Girls Club. Mas os pobres, os pouco educados e os "deixados para trás" pelo capitalismo não são os únicos suscetíveis a tais apelos. *Todos somos.* Muitos dos terroristas do 11 de setembro eram educados. Osama Bin Laden era rico. A própria modernidade causa problemas para muitas pessoas, se não possuírem recursos ou oportunidades de encontrar fontes saudáveis de sentido e pertencimento.

Em abril de 1993, Hillary Clinton fez um discurso inaugural na Universidade do Texas, em Austin, no qual declarou que "precisamos de uma nova política de sentido. Precisamos de um novo etos de responsabilidade e cuidado individual. Precisamos de uma nova definição de sociedade civil que responda às questões, suscitadas pelas forças do mercado e do governo, sobre como teremos uma sociedade que nos preencha novamente e nos faça sentir parte de algo maior que nós mesmos".[61]

Em meu primeiro livro, fiz críticas fulminantes a Clinton por seu discurso da política de sentido. Hoje acho que fui injusto. O *diagnóstico* que ela fez tinha méritos. Era consistente com a longa tradição de criticar o Iluminismo e a Revolução Industrial em relação à "questão social". As pessoas anseiam pelo senso de solidariedade tribal que nos permitiu evoluir e chegar ao topo da cadeia alimentar — embora eu ainda discorde totalmente de Clinton quanto à *solução* que ela apresentou para o problema: mais centralização. Como Obama, a resposta de Clinton é dar mais poder ao Estado, a fim de satisfazer nosso desejo por sentido. Essa abordagem só piora as coisas, porque torna o Estado a única fonte de sentido em nossas vidas, o que, por sua vez, alimenta o ressentimento dos milhões que acham insatisfatória a definição de sentido fornecida pelo Estado. Antes da Revolução Gloriosa, a Igreja católica na Inglaterra sentia que um protestante no trono era uma ameaça a seu lugar no universo. E vice-versa.

Essa é a direção para a qual estamos caminhando, e essa direção é *para trás*. Quando o presidente ou o partido no poder investe nesse tipo de sentido e significância, os "deixados de fora" se sentem estrangeiros em seu próprio país. E o partido no poder faz tudo que pode para exacerbar essa sensação. Então, quando o outro partido assume, ele dá o troco. A única solução é interromper o ciclo, tornando o Estado menos importante e deixando que os recifes semimortos da sociedade civil recuperem a saúde.

Isso não significa que não há coisas importantes a serem feitas pelo Estado. Mas ele não pode preencher o vazio em nossa alma. É isso que os monarcas que governavam por direito divino alegavam, e é o que os teocratas costumam pregar.

Conclusão:
O declínio é uma escolha

"A questão sobre se os Estados Unidos estão em declínio não pode ser respondida com um sim ou um não. Não há sim ou não. Ambas as respostas estão erradas, porque a suposição de que existe uma trajetória predeterminada e inevitável, resultante de forças externas incontroláveis, está errada. Nada é inevitável. Nada está escrito. Para os Estados Unidos hoje, o declínio não é uma condição. O declínio é uma escolha."

— Charles Krauthammer, 2009[1]

Tentei manter deus fora deste livro, mas, como entidade sociológica, Deus não pode ser excluído. Iniciei a história do Milagre na década de 1700 porque foi quando a prosperidade começou a disparar como um foguete. Mas um foguete não se materializa do nada. A decolagem é o clímax de uma história muito longa.

Falando de modo simples, chegamos aonde estamos por causa de Deus. Não estou defendendo a existência de providência ou intervenção divina. Eu acredito em Deus, porém, mesmo que não acredite, você não pode ignorar sua importância como inovação humana. Não me refiro aos deuses no plural, mas a Deus como ser único e onisciente, que observa nossos momentos privados. Antes do deus dos judeus, os deuses eram mais parecidos com servos irascíveis que com mestres. Os seres humanos escolhiam deidades para apoiar suas paixões, atender a seus desejos e justificar suas conquistas. Romanos, gregos, hindus, vikings, chineses, japoneses e outros criaram deuses para corresponder a seus sentimentos, do ódio e da raiva à luxúria e à compaixão. O deus hebraico inverteu a divisão do trabalho, exigindo que as pessoas trabalhassem para ele, e não o contrário. O deus hebraico reconheceu a santidade moral do judeu individual, tanto homem como mulher. O deus cristão universalizou essa santidade moral. Desde seus primeiros dias, o cristianismo reconheceu que toda pessoa merecia certa medida de justiça e era obrigada a respeitar os outros filhos de Deus. A regra dourada "faça aos outros o que gostaria que fizessem a você" foi a semente da qual nasceu o conceito de indivíduo.[2] O cristianismo, em outras palavras, introduziu a ideia de que nascemos em um estado de igualdade natural. Para romanos e gregos, a aristocracia era natural, e alguns homens simplesmente eram escravos por natureza. É claro que, mesmo depois de o cristianismo conquistar a Europa, persistiu a tendência natural de as elites se aferrarem a suas vantagens. A ênfase do cristianismo na dignidade e na igualdade humanas não destruiu a monarquia, a aristocracia, a servidão ou a escravidão por mais dezesseis séculos. Mas se pode argumentar que o pavio foi aceso.

O cristianismo prestou outro serviço fundamental: criou a ideia de secularismo. Como vimos, o cristianismo dividiu o mundo entre a cidade dos homens e a cidade de Deus, no famoso relato de Santo Agostinho. Essas cidades eram inteiramente metafóricas, descrevendo estados mentais, não cidades-Estados. Aqueles que viviam na cidade de Deus se devotavam ao amor a Deus. Aqueles que viviam na cidade dos homens se devotavam a seus próprios interesses. Agostinho claramente preferia a cidade de Deus. Mas reconheceu que as sociedades humanas sempre seriam marcadas pela "divisão fundamental" entre aqueles com fé e aqueles sem ela. Os seculares e os fiéis tinham de conviver e criar sistemas políticos que protegessem seus interesses comuns em termos de "paz terrena" e outras "necessidades desta vida".[3] Santo Agostinho certamente era mais teocrata do que essas palavras o fazem parecer. Mas seu realismo sobre a natureza deste mundo criou um espaço entre o religioso e o secular. Para Agostinho, a sociedade estava dividida não entre nobres e camponeses (ou escravos) ou ricos e pobres, mas entre crentes e não crentes. Ainda mais importante: a tarefa última de identificar quem era quem cabia a Deus, não aos homens.[4]

O protestantismo também fez contribuições, como vimos. A ênfase de Martinho Lutero na fé, e somente nela, como medida de retidão liberou a consciência individual do monopólio da Igreja católica. Também levou a uma explosão de seitas, que não somente criaram instituições e hábitos emocionais — incluindo um revolucionário respeito pela inovação — como também forçaram o Estado a expandir as fronteiras da liberdade e da tolerância.

O avanço do Ocidente foi produto de uma série de tensões criativas, entre os direitos do indivíduo e os poderes do Estado; a fé dominante e as minorias religiosas; a fé e a razão; a religião e o governo; etc. Mas também havia tensões criativas no interior do coração humano, alguns tão antigos quanto ele mesmo: entre desejo e responsabilidade; autoexpressão e autodisciplina; desejo de brilhar como indivíduo e participar e contribuir para a comunidade; e, novamente, entre fé e razão. Essas placas tectônicas da natureza humana se movimentavam e se chocavam no interior da sociedade e no interior de nossas almas.

Mas uma coisa informava todas essas paixões e ideias: *a ideia de que Deus estava olhando*. O maior freio ao natural desejo humano de seguir seus sentimentos e fazer o que parece bom ou "certo" pode ser capturado em uma única expressão: "temor a Deus." A noção de que Deus estava vendo mesmo que os outros não estivessem provavelmente foi a força civilizadora mais poderosa da história humana. O bom caráter com frequência é definido como aquilo que você faz quando ninguém está vendo. E certamente é verdade que muitos ateus têm bom caráter. Também é verdade que a paz aumentou quando a sociedade se tornou mais secular (o que não significa que correlação seja causação). Mas a própria noção do que constitui bom caráter vem de incontáveis gerações de pessoas tentando descobrir como se comportar quando somente Deus sabia o que estavam fazendo. E esta é a tensão mais importante: entre nossos mais baixos desejos instintivos e aquilo que Deus espera de nós. Essa tensão criou espaço para que a razão se tornasse uma ferramenta moral crucial em nossas vidas. Os doutores da Igreja medieval usavam a razão para deduzir e descobrir a vontade de Deus e pôr fim às divisões entre as pessoas ao apelar a sua consciência. A tradição rabínica judaica tem sua própria e profunda história de usar a razão e o debate para descobrir a de outro modo oculta vontade de Deus.

Isso, obviamente, não é verdadeiro para todas as sociedades. Algumas substituíram Deus pela honra de seus ancestrais — o que é algo muito diferente. Os fantasmas dos ancestrais não necessariamente lhe dizem para tratar estranhos com respeito. De qualquer modo, no Ocidente, onde o Milagre aconteceu pela primeira e única vez na história humana, foi Deus, como definido pelo cristianismo e informado pelo judaísmo, quem modelou nosso entendimento sobre o comportamento certo e adequado. A religião fornece uma estrutura para como as pessoas abordam o mundo, como priorizam desejos e necessidades, como estruturam seus dias e suas vidas. Ela é — ou era — a fonte primária de ideias sobre por que você deve sair da cama pela manhã e como deve se comportar durante o dia. Deus exercia um empuxo magnético na bússola humana, normalmente voltada para dentro, apontando o caminho para algo melhor.

Quer você acredite ou não em Deus, a ideia de Deus encolheu em nossa sociedade e em nosso coração. Se você acredita que o homem possui um forte instinto religioso, se eu o convenci de que a natureza — incluindo a natureza humana — abomina o vácuo, então você tem de acreditar que a ausência de Deus criou um espaço a ser preenchido por todo tipo de ideia. Uma famosa frase (atribuída a Chesterton) diz que "quando o homem escolhe não acreditar em Deus, ele não passa a não acreditar em nada, mas se torna capaz de acreditar em tudo".[5] Isso, como vimos, explica todos os esforços totalitários para criar um paraíso na terra e substituir uma religião que coloca a utopia no além-mundo por uma religião "científica" que criará um paraíso na terra do aqui e agora.

Contudo, essa não é a única possibilidade. Os movimentos totalitários têm um histórico muito ruim quando se trata de tornar as pessoas mais felizes e, desse modo, mesmo pessoas alienadas pelo capitalismo e pela democracia reconhecem que tais movimentos podem não lhes dar o que desejam. Assim, elas olham para outros lugares. Algumas se retraem, em busca de seu próprio e autodefinido sentido, tornando-se obcecadas pela boa forma física, por exemplo.[6] Algumas se refugiam no mundo virtual dos videogames. Outras podem procurar religiões novas e exóticas que prometam respostas que, segundo elas, a religião tradicional não pode fornecer.

Algumas buscam fanaticamente a riqueza ou a celebridade como fins, e não como meios para um fim.

Mas a maioria dessas coisas requer trabalho e esforço e, para muitos, esse é um preço de admissão alto demais. Em *Fascismo de esquerda*, argumentei que os temores de que os Estados Unidos se tornem um Estado policial autoritário ou totalitário eram infundados. A maior ameaça, argumentei, está não na visão de Orwell em *1984*, de uma bota pisando para sempre na face humana, mas na visão de Aldous Huxley em *Admirável mundo novo*. No famoso romance de 1932 sobre uma sociedade futurista (no ano 2540), bebês se desenvolvem em úteros artificiais e cidadãos se mantêm felizes e dóceis ingerindo uma droga chamada soma. Como comentei em *Fascismo de esquerda*, *Admirável mundo novo* suscita questões mais relevantes e angustiantes que as de *1984*. Todo mundo entende por que a sociedade de guerra e propaganda perpétuas de *1984* é indesejável. Porém, em *Admirável mundo novo*, todo mundo se sente mais ou menos *feliz*. O Milagre foi construído a partir da ideia burguesa de que todo mundo tem o direito de *buscar* a felicidade, implicando que ela exige esforço e trabalho. Mas e se a felicidade pudesse ser entregue em nossa porta? Conforme a tecnologia — computadores, robôs, inteligência artificial, engenharia genética e farmacologia — se aprimora e o entretenimento se torna cada vez mais imersivo, por que nos darmos o trabalho de buscar a felicidade se ela pode chegar até nosso sofá? Há um aplicativo para isso, como se costuma dizer.

Minha réplica permanece a mesma: a promessa de tal sociedade é ouro de tolo.

O sucesso conquistado é o segredo para a felicidade significativa. O governo pode aumentar seu patrimônio líquido com um cheque, mas não pode melhorar seu *amor próprio*. Do mesmo modo, o entretenimento não é um substituto para o esforço, e certamente é um substituto pobre para Deus. Mas a busca pelo ouro de tolo levou muitas pessoas a fins trágicos. Uma das grandes lições da vida, tanto para indivíduos como para civilizações, é que "você é o que venera".[7] A teoria de que o capitalismo é resultado do protestantismo pode não explicar tudo, mas explica muito. Acreditar que Deus está não somente nos observando mas têm altas expectativas em relação a nós cria certo tipo de sociedade. Acreditar em receber "curtidas" no Facebook, Twitter, Instagram ou Snapchat (ou o que quer que surja em seguida) indubitavelmente cria outro tipo de sociedade. O usuário médio do iPhone destrava seu telefone em média oitenta vezes por dia, e esse número cresce a cada ano.[8] E, no entanto, a despeito de cada um de nós ter acesso a mais informação em nosso bolso que qualquer erudito do mundo há vinte anos, nós não a usamos. Nós nos afogamos em informações, mas sofremos inanição de conhecimento. Ao finalizar este capítulo em 2017, uma pesquisa do Centro de Políticas Públicas Annenberg, da Universidade da Pensilvânia, relatou que uma em cada três pessoas não sabia citar um único direito listado na primeira emenda. Somente um em cada quatro norte-americanos, 26%, sabia nomear os três ramos do governo. Foi um decréscimo em relação aos 38% de 2011! Um terço dos norte-americanos não consegue nomear um *único* ramo do governo.[9]

A ignorância em relação ao governo, por si mesma, não é necessariamente chocante. Mas é preocupante, inclusive por causa da obsessão nacional de encorajar as pessoas a votar. Se você não sabe o que *é* o ramo Executivo, por que é tão vital que vote para presidente? Afinal, a democracia supostamente se baseia em eleitorados informados. A resposta para essa pergunta — por que votar? — é invariavelmente romântica, e não racional. As pessoas devem expressar sua vontade! Devem participar! Sim, sim, muito bem. Só que votar deveria ser o ápice do comprometimento cívico, não o portão de acesso a ele. Mas a maré puxa para o outro lado. Os legisladores na Califórnia e em outros estados cada vez mais querem que as crianças votem. Outros querem que as pessoas votem online, para não precisar sofrer a inconveniência de *buscar* a democracia.[10] É melhor que ela seja entregue em casa, como as linhas telefônicas do programa *American Idol*.

Em 1961, John Courtney Murray fez uma brilhante palestra intitulada "Return to tribalism"[Retorno ao tribalismo]. Ele fez uma advertência profética: "Sugiro que o real inimigo dentro dos portões da cidade não é o comunista, mas o idiota." Ele não queria dizer idiota no "uso vernacular, de alguém mentalmente deficiente", mas no "uso primitivo grego". Para os gregos, idiota era o indivíduo que "não possui filosofia pública, o homem que não é mestre do conhecimento e das habilidades subjacentes à vida da cidade civilizada. O idiota, para o grego, está apenas um degrau acima do bárbaro. Ele é o homem que ignora o significado da palavra 'civilidade'".[11] (A palavra "idiota" só adquiriu a conotação de estúpido, com baixo QI, no século XIV.)[12]

Sem dúvida, isso soa ultrajantemente elitista. Que seja. Sou elitista no sentido de que acredito em padrões objetivos de certo e errado, excelência e preguiça. Mas sejamos claros: nossas elites também são um problema. Patrick J. Deneen, um brilhante e intelectualmente anacrônico (de um jeito bom) professor da Universidade de Notre Dame, escreve:

> Meus alunos não sabem de nada. Eles são extremamente cordiais, agradáveis e confiáveis, majoritariamente honestos e bem-intencionados, e profundamente decentes. Mas o cérebro deles está vazio, desprovido de qualquer conhecimento substancial que possa ser fruto da educação como legado e presente da geração anterior. Eles são o ponto culminante da civilização ocidental, uma civilização que esqueceu quase tudo acerca de si mesma e, como resultado, chegou a uma indiferença quase perfeita em relação a sua própria cultura.

Ele explica que seus alunos — não somente em Notre Dame, mas também em outras faculdades de elite nas quais ensinou, como Princeton e Georgetown — são muito espertos: "Eles se saem magnificamente bem nos testes e sabem exatamente o que é preciso para tirar nota 10 em todas as matérias (significando que raramente se permitem ser passionais ou estar investidos em qualquer matéria)". E acrescenta: "Eles constroem currículos excelentes" e "são a nata de sua geração, mestres do universo, uma geração à espera de dirigir os Estados Unidos e o mundo".

Mas...

> faça algumas perguntas básicas sobre a civilização que eles herdarão e se prepare para olhos desviados e semblantes de pânico. Quem lutou na guerra do Peloponeso? Quem ensinou Platão e a quem ele ensinou? Como Sócrates morreu? Levante a mão se já leu tanto a *Ilíada* como a *Odisseia*. *Os contos de Canterbury*? *Paraíso perdido*? *Inferno*?
> Quem foi Paulo de Tarso? O que eram as 95 Teses, quem as escreveu e que efeito tiveram? Por que a Magna Carta é importante? Como e onde Thomas Becket morreu? Quem foi Guy Fawkes e por que há um dia com seu nome? O que disse Lincoln em seu segundo discurso de posse? E no primeiro? E no terceiro? O que *são* os *Federalist Papers*?

Algumas poucas mãos podem se levantar nesta ou naquela pergunta, o que costuma ser apenas um acaso feliz, um conhecimento acidental obtido em uma aula extravagante. Em resumo, eles são idiotas, no sentido grego original. Idiotas muito espertos. Talvez até mesmo idiotas brilhantes. Entretanto, no verdadeiro sentido do termo, não há contradição. "Eles aprenderam exatamente o que pedimos que aprendessem: a ser como efemérides, vivos por acaso em um presente fugaz", lamenta Deneen.[13] As artes liberais, como originalmente concebidas, deveriam ser um antídoto a essa forma de idiotia, ao equipar os estudantes com os argumentos e o conhecimento necessários para proteger e defender a *liberdade*.

Em vez disso, esses são os líderes do amanhã que os líderes de hoje criaram. Eles são os filhos da nova classe, tão ignorantes em relação a sua própria civilização que não têm resposta para aqueles que insistem, com virtuosa paixão, que não vale a pena defender nossa civilização. Eles são a reserva do exército da ingratidão, sem interesse em defender as plataformas de expressão sobre as quais estão em pé e, frequentemente, ávidos para destruí-las em nome da luta contra o "discurso de ódio". Na faculdade, os filhos privilegiados de nossa elite têm a rotina mais personalizada de toda a história humana, tendo seus desejos e necessidades atendidos sob demanda. Entre os abastados, a maioria não trabalha para pagar os estudos. Eles acham normal que outros preparem sua comida, limpem seus quartos e fraternidades e os protejam não somente da violência física, mas de ideias supostamente "violentas" — e, mesmo assim, estão convencidos de ser "independentes". É alguma surpresa que queiram tornar a sociedade como um todo tão segura e reconfortante quanto o único mundo que conhecem? É alguma surpresa que deixem seus sentimentos e desejos guiarem seu senso de certo e errado?

"Orwell temia que os livros fossem banidos", escreve Neil Postman em *Amusing Ourselves to Death: Public Discourse in the Age of Show Business* [Nos divertindo até a morte: discurso público na era do show business]:

> Huxley temia que não houvesse razão para bani-los, pois não haveria ninguém querendo lê-los. Orwell temia que nos privassem de informa-

ções. Huxley temia que nos dessem tantas informações que seríamos reduzidos à passividade e ao egoísmo. Orwell temia que nos escondessem a verdade. Huxley temia que ela fosse afogada em um mar de irrelevância. Orwell temia que nos tornássemos uma cultura cativa. Huxley temia que nos tornássemos uma cultura trivial, preocupada com algum equivalente do cinema sensível, do orgião-espadão e da balatela centrífuga [...] Em *1984*, as pessoas são controladas pela dor. Em *Admirável mundo novo*, são controladas pelo prazer. Em resumo, Orwell temia que aquilo que tememos pudesse nos arruinar. Huxley temia que aquilo que amamos pudesse nos arruinar.[14]

A primazia do sentimento — a marca quintessencial do romantismo — se tornou uma ideia viva sobre como organizar nossas vidas. "São as ideias que governam o mundo, porque são as ideias que definem a maneira como a realidade é percebida." Essa é uma das citações mais famosas de Irving Kristol. Mas é somente metade. Ei-la na íntegra:

> [Adam Smith] não poderia estar mais errado. *São as ideias que governam o mundo, porque são as ideias que definem a maneira como a realidade é percebida e, na ausência de religião, é da cultura — de pinturas, poemas, canções, filosofia — que nascem essas ideias.*[15]

O argumento de Kristol é que os conservadores — e os defensores da liberdade em geral — estão perdendo a batalha das ideias porque não entenderam que a cultura popular deixou a religião para trás. A cultura popular, com sua ênfase no hedonismo, no animismo ou simplesmente no sentimento, é o principal conduto público de sentido em nossas vidas e, com poucas exceções, está desligada dos (e frequentemente é hostil aos) entendimentos mais elevados de sentido, moralidade ou religião. Grande parte da música, da pintura e da arquitetura clássicas era dedicada a glorificar Deus.

Estamos nos tornando aquilo que veneramos, e aquilo que veneramos somos nós mesmos. Com exceção da ocasional música country, qual foi a última vez em que você se engajou com a cultura popular mainstream dedicada a qualquer coisa parecida com glorificar Deus? A renovação da alma é outra coisa. Mas esse é o ponto. Na cultura popular, quase todos os esforços para renovar a alma caem sob o cansativo clichê "espiritual, mas não religioso", ou, mais provavelmente, "descobrir a si mesmo" — sem Deus.

Todo drama, toda comédia e praticamente todo entretenimento falam dos sentimentos humanos. Os personagens na página ou na tela podem usar a razão, mas ela é sempre subserviente a suas motivações emocionais. Isso não é novo. Vem se mostrando verdadeiro desde a primeira peça ou primeiro poema.

A diferença é que nossos sentimentos se tornaram um fim em si mesmos. A maneira como nos sentimos — e não aquilo que concluímos — é a verdade mais elevada. O instinto visceral derrotou a mente.

Isso — e não a imigração, a desigualdade ou a política identitária — explica por que o populismo está tão perto da superfície em nossas vidas. Queremos que nossos sentimentos sejam ratificados. O populismo não é uma ideologia. É um sentimento. Os populistas possuem programas, mas eles são meramente manifestações do sentimento popular. "O povo do Nebraska quer a prata livre e eu quero a prata livre", proclamou William Jennings Bryan (que não era nenhum tolo). "Analisarei os argumentos mais tarde."[16] Para os populistas, os princípios abstratos são um *handicap*. Huey Long, o lendário governador populista da Louisiana, certa vez perguntou a um repórter de *The Nation*: "Qual a utilidade de estar certo somente para ser derrotado?" Para Long, chegara "a hora de todos os homens de bem se elevarem acima dos princípios" para que se pudesse transformar "todo homem em rei". Em outras palavras, era preciso determinação e força para destruir "o establishment".[17]

Quando paramos de buscar sentido em Deus e começamos a buscá-lo em nós mesmos, tornou-se inevitável que tentássemos encontrar realização, pertencimento e sentido em tribos e multidões. "Classicamente, há três maneiras pelas quais os seres humanos tentam encontrar transcendência — sentido religioso — para além de Deus", escreve o teólogo e pastor Eugene Peterson. "Através do êxtase do álcool e das drogas, através do êxtase do sexo recreativo e através do êxtase das multidões. Os líderes da Igreja frequentemente advertem contra as drogas e o sexo, mas, ao menos nos Estados Unidos, quase ninguém adverte contra as multidões."[18] A multidão é reconfortante, gratificante e inspiradora. Satisfaz nosso desejo evolutivo de sermos parte da tribo. Elias Canetti escreve, em *Massa e poder*, que, no interior da multidão, "as distinções são descartadas e nos sentimos *iguais* [...] É por causa desse momento abençoado, no qual ninguém é maior ou melhor que ninguém, que as pessoas formam multidões".[19]

O espírito animador — isto é, o *sentimento* — do populismo é o espírito da multidão. Os partidários da esquerda amam as multidões, vendo nelas inspiração moral e "poder do povo". Os partidários da direita amam as multidões, vendo nelas a prova de que a "maioria silenciosa" já não está em silêncio. Mas cada lado vê as multidões do outro como algo muito diferente e ameaçador: um "outro" demoníaco. O que ambos os lados parecem ignorar é que encontrar conforto e força nos números é uma paixão tribal. Pode às vezes ser necessário e mesmo nobre — digamos, na praça da Paz Celestial, nas ruas de Teerã ou na marcha de 1963 em Washington —, mas a nobreza deriva somente do objeto de sua força, não da força em si. A unidade é amoral porque unidade é força, e a força pode ser usada tanto para o mal quanto para o bem. Entregar-se à paixão da multidão é inerentemente corrompedor, porque não busca nenhuma autoridade além da própria paixão e lhe dá o direito de agir com base em seus instintos.

É preciso liderança moral para impedir que a multidão se torne uma turba e se perca, e a liderança moral só pode vir da conversação, de lembrar à multidão que sua unidade é um meio, e não um fim.

Porém, a cultura dos sentimentos está relacionada a mais que multidões nas ruas. Ela cria uma mentalidade, uma orientação, uma sensação de ter direitos em relação a como o mundo à nossa volta deve funcionar. A ideia de que poderíamos manter nossa política separada e protegida do restante da cultura é um nonsense extravagante. No capítulo sobre a cultura popular, comentei que, quando assistimos a filmes, nós o fazemos com nossa mente tribal mais ou menos intacta.

Todavia, o que acontece quando as notícias — os fatos e eventos reais que afetam nossas vidas — são processados como mais uma forma de entretenimento? O jornalismo político tende a ser apresentado como drama, com um herói contra outros protagonistas. Comentaristas e jornalistas cobrindo o ex-presidente Barack Obama tinham a tendência de narrar cada drama político calculando se ele emergiria ou não vitorioso. Se a política que ele desejava era ou não adequada e constitucional recebia, no máximo, uma análise secundária. Hoje, grande parte da mídia pró-Trump faz o mesmo.

"Trump vai vencer?" "Isso dará uma vitória a Trump?" Esse é o novo papel de tornassol ideológico de muitos na direita. As multidões, virtuais e reais, cada vez mais investem nos políticos — e nas celebridades em geral — seus sentimentos de amor-próprio. Se você me ama, você ama meu político.

O desejo de que o herói vença, a despeito de a vitória ser ou não objetivamente desejável, não é meramente romântico. Também é tribal. Ele diz que meu time deve triunfar, nossa vontade deve ser atendida e todos os impedimentos são igualmente ilegítimos. O próprio Barack Obama disse dezenas de vezes que não tinha autoridade constitucional para unilateralmente conceder anistia aos chamados "sonhadores". Mas, no momento em que decidiu fazer isso, não houve um pio de protesto entre os membros de sua equipe. O que importava era a vitória. Em um instante, os republicanos que *haviam concordado* com o presidente Obama durante anos, quando ele dizia não poder fazer isso, tornaram-se tolos e vilões por não mudarem de ideia juntamente com ele.

Quando decidi escrever *Fascismo de esquerda*, há uns quinze anos, Charles Murray me deu alguns conselhos vitais. Ele me disse que se, no curso de minha pesquisa, não mudasse de ideia em relação a meia dúzia de questões importantes, eu estaria fazendo algo errado. Ele queria dizer que escrever um livro é um processo interativo e autoeducativo. Se você tem todas as respostas antes de começar — como muitos autores políticos hoje em dia —, não está escrevendo um livro sério. Está fazendo propaganda.

Espero que os leitores vejam este como um livro sério. Certamente aprendi muito ao escrevê-lo. (O manuscrito original era ao menos duas vezes mais longo que o livro que você está segurando.) Várias surpresas intelectuais e históricas pelo caminho modificaram minha maneira de pensar.

A mais relevante realização foi que agora acredito que eu estava errado sobre a ameaça do autoritarismo, como descrevi em *Fascismo de esquerda*. Não é que a distopia de Huxley seja o caminho mais provável que os Estados Unidos podem adotar; é que não há razão para acreditar que a queda terminaria aí. Uma sociedade que chafurda em sentimentos e entretenimentos tampouco é necessariamente sustentável. Quando a tecnologia e todas as formas de simulação que a acompanham — farmacológica, auditiva, visual, pornográfica etc. — progridem geometricamente, o mesmo se dá com nossa capacidade de nos tornarmos insensíveis a elas. Como um paciente com dor, precisamos cada vez mais de morfina para obtermos somente uma fração da satisfação.

"Criamos homens sem peito e esperamos deles virtude e empreendedorismo", avisou C. S. Lewis em *A abolição do homem*. "Rimos da honra e ficamos chocados ao encontrar traidores em nosso meio."[20] O "peito", na narrativa poética de Lewis, é um dos "indispensáveis oficiais de ligação entre o homem cerebral e o homem visceral. Pode-se dizer que é por causa desse elemento intermediário que o homem é homem, pois, por seu intelecto, é meramente espírito e, por seus apetites, é meramente animal."[21]

Em outras palavras, o peito é onde razão e paixão se fundem para formar decência, civilidade, probidade e honra, corretamente entendidas.

A autoindulgência e a autoveneração privam os homens de seus peitos, deixando-os mal equipados para defender o que requer defesa e famintos por algum tipo de sentido.

O jovem muçulmano que deixou a Europa e os Estados Unidos para ir lutar pelo Estado Islâmico tinha acesso a todo tipo de entretenimento e distração, mas os achava insatisfatórios. O mesmo vale para os indivíduos alienados e anestesiados que formam as fileiras dos neonazistas, do Antifa e de incontáveis outros grupos. Eles anseiam por um sentido que nossas principais instituições já não se sentem compelidas ou capazes de fornecer, ao menos para aqueles que mais necessitam dele.

Francis Fukuyama, o moderno popularizador da ideia de fim da história (com um artigo e, mais tarde, um livro de mesmo nome), antecipou esse problema em grande escala. "Talvez a perspectiva de séculos de tédio ao fim da história sirva para reiniciá-la novamente", escreveu ele.[22]

Mas Fukuyama era um otimista. Ele achava que seriam necessários séculos de *ennui*, ao passo que as evidências sugerem que esse desafio é enfrentado por toda geração e todo coração. Assim como o capitalismo traz em si as sementes de sua própria destruição (como disse Schumpeter), o despotismo suave da vida huxleiana gera seu próprio colapso. O canto de sirene da glória, da grandeza, da solidariedade nacional ou da redenção — ou vingança — tribal se torna cada vez mais sedutor, primeiro entre indivíduos alienados e, por fim, entre grupos e mesmo nações. Já vimos esse padrão antes. Depois de Napoleão, o Ocidente gozou do mais longo período de prosperidade da história humana. Durante um século, não houve guerras de grande escala na Europa. Contudo, quando a perspectiva de guerra se tornou presente em 1914, a nata da civilização ocidental, em ambos os lados do Atlântico, agarrou a oportunidade de provar sua glória e a grandeza de sua nação. Após a guerra, Julien Benda foi o único a reconhecer que, apesar de todo o derramamento de sangue, os apetites não haviam sido saciados. Os pensadores de todo o Ocidente ainda se dedicavam à "organização intelectual dos ódios políticos".[23] Benda viu que os tribalismos de nacionalidade, etnia, raça e classe levariam a uma segunda guerra, ainda mais terrível que a primeira. Ainda estamos longe disso, mas não é difícil imaginar como os riachos de hoje podem se tornar rios. A retórica gera sua própria realidade, porque ela transmite ideias, e as ideias ainda governam o mundo.

Essa realização me atingiu durante o curso deste projeto, não nas páginas, mas na vida real.

Quando comecei, nenhuma pessoa séria — provavelmente nem mesmo ele — acreditava que Donald Trump era um candidato plausível à presidência. Sua ascensão nas primárias e sua vitória representaram um desafio profissional — e uma distração — para os quais nunca planejei.

O fato de que a ascensão de Trump ocorreu contra o pano de fundo de minhas reflexões sobre natureza humana, tribalismo, romantismo e corrupção tornou toda a experiência mais intensa e aguçada. De muitas maneiras, o desafio existencial apresentado por Trump e pelo *trumpismo* ao movimento conservador parecia um microcosmo dos desafios enfrentados pela civilização ocidental.

Pense na emergência da chamada direita alternativa. A razão para nos preocuparmos com o crescimento e a (relativa) popularidade da direita alternativa não é o fato de que seus aderentes podem chegar ao poder e implementar suas fantasias. Não, a razão para estarmos consternados é o fato de que essas ervas daninhas intelectuais encontraram aderência. Elas deveriam ter sido enterradas sob camadas e camadas de dogma duro como um leito rochoso, sem esperança de receber ar fresco ou luz do sol. Mas tal é a situação que enfrentamos. A rocha está partida. O solo de nossa sociedade civil está exaurido, e as raízes de nossas instituições sofrem para segurar aquilo que se mantém.

Assim como qualquer civilização criada por ideias pode ser destruída por ideias, o mesmo ocorre ao movimento conservador. É por isso que a cura para o que nos aflige é o dogma. A única solução para nosso infortúnio é que o Ocidente retome as ideias essenciais que tornaram o Milagre possível, não somente como conjunto de políticas, mas também como ligação tribal e comprometimento dogmático.

Porém, vivemos em uma cultura que não quer que seu programa favorito chegue ao fim. O desejo de sermos entretidos reprogramou grande parte de nossa civilização, porque reprogramou nossa mente. Quando tudo precisa ser capaz de entreter, julgamos tudo por seu valor de entretenimento. O entretenimento é fundamentalmente romântico e tribal. Usa atalhos, ignora argumentos, eleva a paixão e idolatra heróis. Tente fazer um filme excitante sobre como leis são feitas e políticas implementadas sem criar heróis cheios de determinação e vilões cheios de cobiça, ignorando os argumentos razoáveis de ambos os lados. É quase impossível.

Donald Trump quebrou a quarta parede entre entretenimento de reality show e política. Ele se alimenta de conflitos e dramas interpessoais. Organizou sua vida e sua presidência não em torno de medidas, ideologias ou mesmo da política propriamente dita, mas de *índices de audiência*. Ele abriu caminho à força nas primárias, antes e acima de tudo, porque era tão incrivelmente capaz de nos entreter. Dizer que alguém é capaz de entreter não é necessariamente um cumprimento. Vilões de filmes de horror são capazes de nos entreter. Mas, em uma época movida pelo entretenimento, isso pode ser uma vantagem, mesmo que não seja inerentemente uma virtude.

A ascensão de Trump me mostrou que a direita norte-americana é muito mais suscetível ao poder corruptor da natureza humana do que jamais imaginei. E isso me deixa desolado. Ainda mais importante, não acredito, como já acreditei, que este país é imune ao autoritarismo. Ele pode sobreviver a Trump, sem dúvida. Mas a ascensão de Trump provou que o conservadorismo é muito mais frágil e suscetível à mentalidade de turba do que eu imaginava. Eu gostaria muito de acreditar que isso é uma febre e vai passar. E, às vezes, acho que provavelmente vai, particularmente quando a administração Trump falha em cumprir suas extravagantes promessas de "tornar os Estados Unidos grandes novamente". Mas Barack Obama falhou em "transformar fundamentalmente os Estados Unidos", e a resposta da esquerda não foi se tornar mais moderada e razoável. Foi redobrar suas paixões para uma nova tentativa. Não há razão para acreditar que o mesmo não acontecerá à direita. E isso deixará os conservadores tradicionais tão ideologicamente destituídos quanto nossos primos libertários têm estado.

O conservadorismo norte-americano moderno é um feixe de comprometimentos ideológicos: governo limitado, direitos naturais, importância dos valores tradicionais, patriotismo, gratidão etc. Mas, sob tudo isso, há um leito rochoso sobre o qual se apoiam todos esses comprometimentos: a crença de que as ideias e o caráter importam. Podemos debater quais ideias são importantes e o que significa bom caráter. De fato, a razão pela qual podemos debater é acreditar que as ideias importam. Essa é nossa dívida para com o Iluminismo: a partir da razão e da argumentação, podemos identificar as boas e más ideias. O conservadorismo norte-americano moderno surgiu nas décadas de 1940 e 1950, apoiado em argumentos tornados necessários pela ameaça do comunismo, em defesa da civilização ocidental, do livre mercado, da constituição, dos direitos de propriedade e de todos os conceitos subjacentes que levaram ao Milagre.

Donald Trump está na contramão desse pilar do conservadorismo. Seu relacionamento com as ideias é inteiramente *ad hoc* e assumidamente instrumental. Ele afirma não estar comprometido com nenhuma doutrina para além da necessidade de eterna flexibilidade. Quanto a seu caráter, basta dizer que ele precisaria de uma escada para atingir qualquer padrão de bom caráter defendido pelos conservadores nos últimos cinquenta anos: honestidade nos negócios, probidade sexual, humildade, comedimento, devoção religiosa, decência retórica. Direi de modo mais simples: ele não é uma boa pessoa. Se você o descrevesse de forma abstrata a qualquer conservador (ou liberal) há uma década, isso seria incontroverso. Ele é grosseiro e rude. Admite abertamente sua cobiça, sua mania de reclamar e suas trapaças. Só é polido quando a polidez pode beneficiá-lo. Respeita a lei somente quando pode usá-la como arma e vê as outras pessoas como instrumentos de sua vontade.

Seus maiores apoiadores não se importam com isso e muitos conservadores comuns não se importam excessivamente. Esqueça os conservadores: que os norte-americanos possam vê-lo como representante do melhor que os Estados Unidos têm a oferecer é uma profunda corrupção do idealismo norte-americano. Trump apela ao desejo tribal por um Grande Homem — ou, se conseguisse o que quer, por um rei.

É claro que, graças aos fundadores, não temos títulos de nobreza. Isso não nos impediu de tentar criar outros títulos. Nos Estados Unidos, onde riqueza e celebridade servem como substitutos para antigas noções de aristocracia, Trump levou muito a sério o (possivelmente apócrifo) conceito de *droit du seigneur*, o suposto direito dos nobres de fazer sexo com suas vassalas e servas. Ele infamemente se vangloriou do fato de sua fama lhe permitir assediar mulheres. "Quando você é um astro, elas deixam você fazer isso. Você pode fazer qualquer coisa [...] agarrá-las pela buceta."

Embora tal comportamento seja indefensável, não há nada inerentemente errado em fingir ser aristocrata, uma vez que não vivemos em um mundo de títulos herdados. Mas eis o problema: Trump saltou de seu mundo de aristocracia fingida e chegou ao poder real. E trouxe consigo muitas das suposições de seu mundo ilusório. Como vimos, a civilização ocidental lutou durante milênios para vencer a universal preferência humana pelo nepotismo. De uma tacada, Trump o colocou de volta no centro da vida política. Seus filhos são ministros com portfólios ilimitados no governo, mesmo enquanto mantêm seus próprios interesses comerciais. Como seu filho Eric explicou corretamente, o nepotismo é um "fato da vida". Ele ainda acrescentou que é "uma coisa bela".[24] E pode ser uma coisa bela na sociedade civil, na qual construir uma dinastia para a família faz parte do sonho americano, ao menos para alguns. Mas Eric saiu do reino privado dos negócios familiares e o impôs aos negócios do povo.

Tudo isso é um pequeno exemplo de um padrão e um problema mais amplos da rendição conservadora ao trumpismo. Não se trata de uma alternativa às piores facetas do progressismo. Trata-se de uma *versão* de direita alternativa dessas facetas, baseada não tanto em ideias, mas nas queixas populistas e no culto de personalidade.

E esse é somente um painel em uma grande tapeçaria de corrupção conservadora. Durante as primárias republicanas de 2016, muitos apresentadores de programas de rádio e TV de direita seguiram o famoso provérbio: "Lá vai o povo e eu devo segui-lo, pois sou seu líder."[25] Alguns certamente sempre estiveram mais interessados no marketing que nas ideias. Usavam seu talento para adivinhar para onde os consumidores estavam indo, e esperavam por eles lá. Outros cederam, um a um, à sedução da popularidade e do populismo. O fato de que uma celebridade conseguiu fazer isso com a direita é particularmente significativo — e condenatório.

Os mesmos conservadores que insistiram que o "caso" de Bill Clinton com uma estagiária era motivo para um impeachment viram pouco a que objetar em um homem cujo comprometimento com a fidelidade marital provavelmente é menor que o de Bill Clinton. Os conservadores que alegaram que Rudy Giuliani era inadequado para a presidência por causa de seus três casamentos e de sua posição sobre os direitos gays defenderam ou ignoraram os três casamentos de Trump e seu apoio ainda maior aos direitos gays. Libertários que passaram décadas defendendo o livre comércio, a imigração irrestrita e o culto a Ronald Reagan mudaram de direção e subiram no trem Trump, adotando avidamente posições que já haviam denunciado como retrógradas e racistas.

Esse apoio absoluto a um líder, independentemente de seus argumentos e ações, é precisamente o tipo de coisa que aterrorizava os autores de nossa constituição, e provavelmente é por isso que Trump a vê como arcaica. No momento em que escrevo, 45% dos republicanos dizem que os tribunais deveriam ter o poder de fechar agências de notícias que publicam matérias "tendenciosas ou inexatas".[26]

A evidência do poder corrompedor da política tribal e do culto de personalidade a Trump está em toda parte. Em 2011, somente 30% dos evangélicos brancos diziam que "um oficial eleito que comete um ato imoral em sua vida pessoal ainda pode se comportar eticamente e cumprir seus deveres na vida pública e profissional". Em 2016, esse número mais que dobrou, chegando a 72%. Os evangélicos brancos costumavam ser o grupo religioso menos tolerante a atos imorais cometidos por oficiais públicos. Depois de Trump, são a demografia *mais* tolerante. Na verdade, agora são muito mais tolerantes a atos imorais que o norte-americano médio.[27]

Quando os democratas voltarem ao poder, que princípios ainda estarão disponíveis para os republicanos? Sob Obama, os conservadores lamentaram o abuso das ordens executivas. Ainda serão capazes de usar esse argumento depois de Trump? Que padrão de impropriedade sexual agora impede que alguém chegue à presidência? Como os conservadores denunciarão o "capitalismo clientelista" após Trump? Quem terá coragem de dizer que o governo não deveria estar "escolhendo ganhadores e perdedores" no mercado depois que Trump pressionou uma empresa após a outra para conseguir vitórias políticas? Que padrões de decoro presidencial, honestidade e retórica podem sobreviver a quatro anos de tiradas e insultos mesquinhos de Trump no Twitter?

Donald Trump não é um ditador, graças, em grande parte, à constituição e ao povo, mas é possível ver como a distância entre ditadura e democracia diminuiu. Antes de escrever *Fascismo de esquerda*, eu partilhava de uma visão que podia ser descrita como "Isso não pode acontecer aqui". Depois de estudar o horror moral da administração Wilson, modifiquei minha visão para "Isso não pode acontecer aqui durante muito tempo".* Mas essa visão também era generosa demais. Desde o New Deal, o movimento conservador tem sido o principal defensor dos princípios do governo limitado, do livre mercado e do constitucionalismo. Contudo, ver Donald Trump seduzir a direita fez com que eu me perguntasse se esse comprometimento vai durar.

O que me leva de volta à corrupção. Como a antiga piada sobre a tartaruga em cima da cerca — "ela chegou lá de alguma maneira" —, sabemos que o Milagre aconteceu. A evidência está a nossa volta, por toda parte. Temos

---

* Sob Woodrow Wilson, os Estados Unidos adotaram o totalitarismo, aprisionando, perseguindo e censurando dissidentes. O governo empregou violência extralegal contra os inimigos domésticos e demonizou grupos étnicos. O Comitê de Informações Públicas foi o primeiro ministério da propaganda moderno, enviando milhares de agentes governamentais para fomentar a ânsia pela guerra e a conformidade ideológica. Mas a guerra acabou e o derrame de Wilson encerrou sua presidência antes do fim do mandato. Em 1920, os republicanos adotaram a campanha de "retorno à normalidade" e, uma vez no poder, libertaram os prisioneiros políticos, desmantelaram o ministério da propaganda de Wilson e o socialismo de guerra, e adotaram novamente princípios de livre mercado, dando início a uma prosperidade sem precedentes. (Ver Jonah Goldberg, *Liberal Fascism: The Secret History of the American Left, from Mussolini to the Politics of Change* [Nova York: Broadway Books, 2009 (2007)], p. 106-20.) A primeira guerra moderna dos Estados Unidos acentuou nosso instinto tribal e, durante algum tempo, abandonamos o comprometimento com os princípios de nossa civilização. Mas esse comprometimento se reafirmou, enfraquecido, porém majoritariamente intacto. Vale notar que Franklin Roosevelt lamentou a reafirmação do antigo dogma de liberdade individual. Em seu execrável discurso sobre o estado da União de 1944, FDR disse que, se retornássemos à "normalidade" da década de 1920, estaríamos na verdade nos rendendo em casa às forças do fascismo contra as quais lutamos no exterior. (Ver Franklin D. Roosevelt, "4—State of the Union Message to Congress, January 11, 1944", American Presidency Project, editado por John Woolley e Gerhard Peters. Disponível em: http://www.presidency.ucsb.edu/ws/?pid=16518.)

boas teorias sobre como e por que ele aconteceu, mas, no fim das contas, são somente teorias. Tudo que sabemos com certeza é *o que* aconteceu, pois isso pode ser mensurado. A segunda lei da termodinâmica, no entanto, nos diz que nada neste mundo pode resistir à natureza sem esforço.

Imagine um carro novinho em um campo. Deixado lá por uma ou duas décadas, ele ainda será o mesmo carro. Porém, quando você voltar para buscá-lo, a pintura terá desbotado. Certas partes estarão enferrujadas. Os pneus estarão vazios. Talvez o para-brisa esteja rachado depois de tantos invernos e verões. Sem dúvida insetos e pássaros terão criado ninhos entre as plantas que cresceram nas fendas. Em um século, um passante encontrará uma casca e algumas relíquias. Em mil anos — ou talvez 10 mil, não faz diferença para a natureza —, parecerá que jamais houve um carro por lá. A natureza toma tudo de volta, a menos que você a mantenha a distância com todo forcado a sua disposição e, mesmo assim, toda vitória é temporária, exigindo que o próximo cuidador use o forcado como um bastão.

No centésimo quinquagésimo aniversário de declaração da independência, no maior discurso já feito sobre esse documento, com exceção do discurso de Gettysburg, Calvin Coolidge observou:

Há na declaração uma finalidade extremamente repousante. Frequentemente se diz que o mundo progrediu muito desde 1776, que tivemos novas ideais e experiências que nos dão muitas vantagens sobre as pessoas daquela época e que, consequentemente, podemos descartar suas conclusões em nome de algo mais moderno. Mas esse argumento não pode ser aplicado a esse grandioso texto. *Se todos os homens são criados iguais, isso é definitivo. Se são dotados de direitos inalienáveis, isso é definitivo. Se o governo deriva seus justos poderes do consentimento dos governados, isso é definitivo. Nenhum avanço, nenhum progresso pode ser feito para além dessas proposições. Se alguém deseja negar sua verdade ou sensatez, a única direção em que poderá avançar historicamente não é para a frente, mas para trás, para um tempo no qual não havia igualdade, direitos dos indivíduos ou governo do povo. Aqueles que desejam seguir nessa direção não podem alegar progresso. São reacionários. Suas ideias não são mais modernas, mas mais antigas que as ideias dos pais revolucionários* [ênfase minha].[28]

Acredito nisso de todo coração. Acredito que, conceitualmente, chegamos ao fim da história. Estamos no topo e, nessa altitude, esquerda e direita perdem a maior parte de seu sentido. Porque, quando você está no topo de uma montanha, qualquer direção para a qual se volte — seja para a esquerda, na direção do socialismo; para a direita, na direção do nacionalismo; ou para qualquer outra direção esperta —, o resultado será o mesmo: você precisará descer, de volta ao lugar de onde partiu.

Por mais que eu acredite nisso, como questão prática no mundo real, isso só é verdade enquanto um número suficiente de norte-americanos também acreditar e trabalhar para manter viva essa crença. Coolidge estava certo sobre o caráter final da declaração como ideia. Mas essa ideia, sem o trabalho duro de seus cuidadores, irá enferrujar e será retomada pela natureza humana.

Mais que fé e crença, mais que razão e dados, o ingrediente indispensável para que esse trabalho seja bem-sucedido é a *gratidão*. O dicionário Webster define "ingratidão" como "esquecimento ou baixo reconhecimento pela bondade recebida".[29] A palavra-chave é "esquecimento". A gratidão é impossível sem memória. Como podemos retribuir a bondade se não nos lembramos dela? Contudo, "esquecimento" tem um significado especial aqui. Não se trata meramente de um lapso de memória. "Lembrar" é um verbo ativo. Na Bíblia, é uma ação, não uma função passiva do cérebro. "Lembre--se do dia do sábado, para santificá-lo" é uma instrução para *fazer algo*, de forma atenta e consciente. Quando falhamos em manter esses princípios ativos em nosso coração e esquecemos por que devemos ser gratos por eles, nos tornamos ingratos.

Não há vitórias permanentes. A única vitória pela qual vale a pena lutar — porque é a única vitória alcançável — é entregar a civilização à geração seguinte e equipá-la para continuar a luta, e assim por diante, para sempre. Não podemos nos livrar da natureza humana e das tendências naturais e tribais da humanidade. Mas sabemos que, nas circunstâncias certas, nossa natureza tribal pode ser canalizada para o comprometimento com a liberdade, o individualismo, os direitos de propriedade, a inovação etc. *Aconteceu* na Inglaterra, de forma acidental, mas orgânica.

E aconteceu nos Estados Unidos por *escolha*. Os Estados Unidos criaram a si mesmos a partir da fala. Os fundadores criaram nossa constituição por meio de argumentos, e acreditaram que ela poderia funcionar, desde que pessoas de bom caráter lutassem contra a inevitável entropia da natureza humana. Elas a escreveram e a tornaram difícil de modificar para nos ajudar nesse esforço. A única coisa que dá à constituição o poder de durar é nosso compromisso para com ela, e não há nada que nos impeça de nos afastar desse compromisso, com exceção de nossa recusa em fazê-lo.

E não podemos ser forçados a permanecer comprometidos com nossos princípios. Só podemos ser persuadidos. A razão, sozinha, não consegue carregar esse fardo, mas a tarefa é impossível sem ela. Os pais devem transformar seus filhos bárbaros em cidadãos, e o restante de nós deve tentar manter vivos os princípios de nossa civilização, demonstrando gratidão por eles. O Milagre da prosperidade humana de 1700 até agora parece um foguete decolando. Alguns acham que chegamos a uma órbita permanente e estável da qual podemos olhar para baixo e ver o minúsculo pontinho de nosso passado tribal. Só que não existe órbita estável. Devemos acelerar e fazer a manutenção do equipamento, ou cairemos de volta no lugar de onde viemos. Quando a mão gravitacional da natureza toma de volta os objetos no céu, a física chama isso de *"decaimento* orbital". O mesmo se dá com nossa civilização. Desista de lutar por ela, deixe de manter a natureza humana a distância, abandone nossos princípios por qualquer razão — egoísmo, preguiça, esquecimento, ambição, ingratidão, seja o que for — e estará escolhendo o decaimento.

O declínio é uma escolha. Os princípios, como os deuses, morrem quando ninguém mais acredita neles.

Apêndice:
progresso humano

Este livro é baseado em alguns argumentos centrais:

- Vivemos em uma época anormalmente próspera. Nossa prosperidade não é meramente material, mas também política e filosófica. Pelos padrões históricos, vivemos em uma época milagrosa na qual todo ser humano é reconhecido, pela lei e pela cultura, como indivíduo soberano com direitos inalienáveis. Isso não é normal no ambiente natural da humanidade. É, para usar um rótulo que empreguei em todo o livro, um Milagre.
- Tropeçamos nesse Milagre sem querer e podemos tropeçar para longe dele.
- A natureza humana não somente existe, como também é fundamentalmente imutável.
- Se não levarmos em conta e canalizarmos a natureza humana, ela superará e corromperá as instituições que tornam a prosperidade possível.

A proposição mais fácil de demonstrar é a de que vivemos em uma época unicamente próspera. Pode parecer óbvio para alguns, mas esse "fato grandioso", como Deirdre McCloskey o chama, é negado, denegrido ou ignorado por muitos. Ironicamente, o fato grandioso é rebaixado mais veementemente por aqueles que acreditam que as condições materiais — a economia — representam o cerne da moralidade política. A própria essência do socialismo — em todas as suas variantes — é a convicção dogmática de que a virtude da sociedade é determinada quase inteiramente por quão justamente a riqueza e os recursos são distribuídos.

Essa é uma visão de mundo totalmente legítima e defensável. Mas cria problemas práticos quando transformada em política pública. Como Margaret Thatcher gostava de dizer, "o problema com o socialismo é que, uma hora ou outra, o dinheiro dos outros acaba".[1] Lidaremos com essas questões mais tarde. Há outro problema, mais fundamental, que precisa ser abordado aqui. Todas as formas de socialismo — no sentido mais amplo — subscrevem um entendimento totalmente subjetivo da pobreza. Os mais pobres são mensurados contra os mais ricos. Em outras palavras, quando a pobreza é definida subjetivamente, um milionário é pobre em uma comunidade de bilionários. Se a pobreza é considerada condição objetiva, e não relativa, os mais pobres entre nós vivem melhor que os mais ricos em nosso ambiente natural. Como objeção, é possível indicar a situação das pessoas sem-teto, mas o trabalhador pobre nos Estados Unidos de 2018 vive melhor, por qualquer medida material imaginável, que o ser humano mais rico de mil anos atrás. E, por quaisquer medidas, uma pessoa pobre típica de hoje vive melhor que uma pessoa rica de cem anos atrás.

Isso não significa que não devemos fazer mais para ajudar os pobres de hoje. É meramente a observação de que nossos padrões são tão contingentes e ligados aos tempos que com frequência perdemos de vista o inacreditável progresso que fizemos em um período notavelmente curto. Este apêndice pretende demonstrar esse progresso.

Se a linha do tempo da história humana fosse uma paisagem, os seres humanos teriam vivido a maior parte dessa história em um cenário desolado, vivendo da terra, comendo tubérculos, castanhas, insetos e pequenos animais. "A coisa mais importante a se saber sobre os seres humanos pré--históricos", escreve Yuval Noah Harari, "é que eles eram animais muito insignificantes, sem mais impacto em seus ambientes que os gorilas, os vagalumes e as águas-vivas."[2] Foi só recentemente que os seres humanos se tornaram o maior predador do planeta. Nossa espécie só começou a caçar há cerca de 400 mil anos e, durante muito tempo, nossos ancestrais pré-históricos podiam tanto ser caça quanto caçador. Muitas de nossas primeiras ferramentas eram usadas para escavar ossos e chegar ao tutano. De acordo com alguns especialistas, esse podia ser nosso nicho. "Assim como os pica-paus se especializaram em extrair insetos do tronco das árvores", sugere Harari, "os primeiros seres humanos se especializaram em extrair tutano dos ossos. Isso porque os primeiros membros do gênero *Homo* eram saprófagos, aproveitando as carcaças de animais mortos por predadores superiores."[3]

Provavelmente não é necessário nos demorar na pobreza de nossos ancestrais anteriores ao *Homo sapiens*. Vamos avançar algumas centenas de milhares de anos e analisar os ianomâmis, uma tribo que vive às margens do rio Orinoco, na fronteira entre o Brasil e a Venezuela. Trata-se de uma das poucas sociedades de caçadores-coletores usando ferramentas de pedra no mundo. Eles vivem da caça de subsistência, da agricultura de pequena escala e de um pouco de comércio: alguns ianomâmis fazem cestas, redes e outros itens para vender nos vilarejos próximos.

Em uma estimativa muito aproximada de Eric Beinhocker, os ianomâmis produzem em média 90 dólares por ano. (A estimativa tem de ser aproximada porque eles não usam dinheiro nem, obviamente, compilam estatísticas.) De acordo com Beinhocker, "nossa história econômica levou 2,485 milhões de anos, ou 99,4% do período total, para passar das primeiras ferramentas para o nível de sofisticação econômica e social de caçadores-coletores como os ianomâmis".[4] Em outras palavras, durante quase toda a história humana, os ianomâmis seriam considerados *incrivelmente ricos*. Como diz o economista Todd Buchholz: "Durante a maior parte da vida do homem na terra, ele não viveu melhor sobre duas pernas do que vivera sobre quatro."[5]

Mas, por métricas modernas e oficiais, os ianomâmis são piores que pobres. O Banco Mundial define a pobreza como sobreviver com 1,90 dólar por dia.[6] Novamente, colocar essa questão em termos monetários pode ser enganoso, pois captura a pobreza material da vida de subsistência ou quase subsistência que definiu os habitats humanos durante quase toda a nossa história. Também não deveria ser necessário dizer que os ianomâmis não têm acesso a assistência médica. Um ferimento trivial para mim ou para você pode ser uma sentença de morte para eles. A pobreza dos ianomâmis também engloba o fato de que o membro típico da tribo enfrenta uma escassez de escolhas sobre como viver a vida. Se você subscreve alguma ideia de "bom selvagem" ou acredita que a ignorância é uma bênção, pode achar que eles têm uma vida boa. Quem precisa estudar arte ou literatura ou praticar medicina quando pode ter uma vida "autêntica", composta de caçar, colher frutos e fazer cestas? Mas essa opção está mais ou menos disponível para qualquer um lendo este livro e, mesmo assim, você não o está lendo no meio da floresta.

Os leitores deste livro vivem no oásis do agora, mas os ianomâmis ainda vivem nas bordas mais distantes desses oásis.

Após o início da revolução agrícola, foram necessários quase 12 mil anos para que os seres humanos passassem do padrão de vida de 90 dólares ao ano dos ianomâmis para o padrão de vida dos antigos gregos no ano 1000 a.C. (150 dólares ao ano), de acordo com o economista J. Bradford DeLong. E foi somente em 1750 que a renda chegou a 180 dólares ao ano: o dobro da renda dos ianomâmis, é verdade... mas demoramos quase 14 mil anos para chegar a ela.[7] O historiador econômico David S. Landes não estava exagerando quando disse que "em termos materiais, o inglês de 1750 estava mais próximo dos legionários de César que de seus próprios bisnetos".[8] Douglass C. North e seus colegas afirmaram, em *Violence and Social Orders: A Conceptual Framework for Interpreting Recorded Human History*, que "durante o longo período da história humana antes de 1800, as evidências sugerem que a taxa de crescimento da renda *per capita* estava muito próxima do zero".[9]

Em outras palavras, se os 200 mil anos de existência dos *Homo sapiens* fossem um único ano, o progresso econômico teria ocorrido nas últimas quatorze horas.[10]

O problema, claro, é que ninguém realmente sabe por que o Milagre aconteceu. Há muitas teorias, mas nenhum consenso. A melhor explicação é que as ideias mudaram. A partir da década de 1700, em um canto remoto da Europa, as pessoas começaram a acreditar que o indivíduo era soberano, que a inovação era boa, que os frutos de nosso trabalho nos pertenciam. Inventamos a noção de direitos concedidos por Deus e uma maneira de organizar a sociedade mais ampla — a ordem estendida para além de nossa família e tribo — que permitiu que os seres humanos comerciassem e assinassem contratos, em vez de bater uns nos outros com porretes. Tropeçamos em um sistema que não era de soma zero, e esse sistema tornou as pessoas mais livres e mais ricas. Chamei isso de revolução lockiana, mas John Locke não a criou, do mesmo modo que Adam Smith não criou o capitalismo quando o descreveu.

Devo fazer uma pausa e explicar que meu objetivo neste apêndice — e, em certa extensão, neste livro — não é oferecer uma explicação para o surgimento do Milagre, mas meramente demonstrar que ele surgiu. Do ponto de vista da história humana, essa explosão de prosperidade é tão miraculosa quanto a gansa dos ovos de ouro gingar até a casa de um camponês e produzir riqueza inimaginável. Já expus as diferentes teorias sobre o *porquê*. O que importa aqui é *o quê*.

Os chineses têm um conceito útil: "a retificação dos nomes." Confúcio argumentou que, quando as palavras já não descrevem o mundo como ele é, a justiça se torna impossível. "Se os nomes não são corretos, a linguagem não está de acordo com a verdade das coisas", escreveu ele. "Se a linguagem não está de acordo com a verdade das coisas, os assuntos não podem chegar ao sucesso."[11]

A era em que vivemos está desconectada do passado. E isso é bom. Isso, na verdade, é o Milagre. Mas há um lado negativo. Quando a memória histórica é amputada, o presente deixa de ser valorizado. Se você nasce e é criado em um oásis, ninguém espera que possa entender a miséria de viver no deserto. Os ocidentais agem como se a prosperidade de hoje fosse simplesmente natural e, como resultado, têm uma atitude indiferente pelas ideias e instituições que tornaram essa prosperidade possível. Reconhecer nossa boa fortuna é o primeiro passo para garanti-la para a posteridade. O norte-americano e o europeu ocidental médio têm o estilo de vida mais personalizado da história humana e, mesmo assim, ficam zangados porque nem todos os seus desejos são atendidos. Em resumo, somos ingratos. E, em nossa ingratidão, damos ouvidos ao diabinho da natureza humana em nosso ombro.

A menos que esteja lendo isso nu no meio da selva, nada a sua volta é natural. É artificial. É fabricado. E isso é maravilhoso. Mas nós nos recusamos a ver as coisas dessa maneira. Como disse Irving Kristol, "quando não temos a disposição de ver as coisas como realmente são, não há nada tão mistificante quanto o óbvio".[12] Assim, permita-me voltar a desmitificar o óbvio.

De acordo com o historiador econômico Angus Maddison, a economia do mundo ocidental entre os anos 1 e 1820 cresceu 0,06% ao ano ou 6% ao século — ou seja, essencialmente, não cresceu.[13] O PIB mundial *per capita* subiu de 467 dólares no ano 1 para meros 666 dólares em 1820.[14] Deirdre McCloskey estima que, antes da Revolução Industrial, praticamente todo mundo vivia com 3 dólares por dia.[15] Em termos materiais, mesmo os lordes e barões marginalmente mais ricos viviam perto do que hoje chamamos de padrão de subsistência. Praticamente todo mundo, durante a maior parte da história humana, viveu no que hoje temos o luxo de chamar de pobreza.

O crescimento econômico decolou na década de 1700, começando na Inglaterra, e acelerou desde então.[16] Maddison estima que mercadorias e serviços produzidos entre 2001 e 2010 constituem 25% de todas as mercadorias e serviços produzidos desde o ano 1 da era cristã.[17] Os números de McCloskey colocam a diferença entre o que nossos ancestrais ganhavam e o que ganhamos entre 3 e 100 dólares por dia (para nações burguesas).[18] J. Bradford DeLong descobriu um aumento de 37 vezes da renda mundial *per capita* entre 1750 e o fim da década de 2000, passando de 180 dólares por pessoa para 6.600 dólares por pessoa.[19] E mesmo os lugares mais pobres do mundo moderno apresentam taxas de crescimento maiores que qualquer outra antes da Revolução Industrial.[20] O PIB global disparou, de estimados 150 bilhões no ano 1 para mais de 50 trilhões de dólares em 2008.[21] Observados de maneira macroscópica, estamos mais próximos do Éden do que o próprio Éden jamais esteve.

O coral de Bernie Sanders não contesta isso: eles reconhecem que enorme riqueza foi acumulada. Meramente argumentam que os pobres foram deixados para trás. Isso é falso. Na grande migração para fora do deserto, os pobres podem ter ficado no fim da caravana, mas também passaram a viver no oásis. E, conforme o Ocidente marchava mais para o interior do oásis, mais partes do mundo nos seguiram.

Em todo o mundo, o número de pessoas consideradas pobres diminuiu tanto relativa *quanto* absolutamente — um feito incrível, dados os aumentos maciços da população.[22] Durante toda a história humana antes da era moderna, o que chamamos de pobreza era simplesmente "o jeito como as coisas são". E assim permaneceu na maior parte do mundo até tão recentemente quanto 1820. Em uma estimativa extrema, em 1820, 94,4% da população mundial vivia com 2 dólares por dia ou menos, e 83,9% com menos de 1 dólar por dia. Em 2015, somente 9,6% da população mundial vivia com menos de 1,90 dólar por dia.[23]

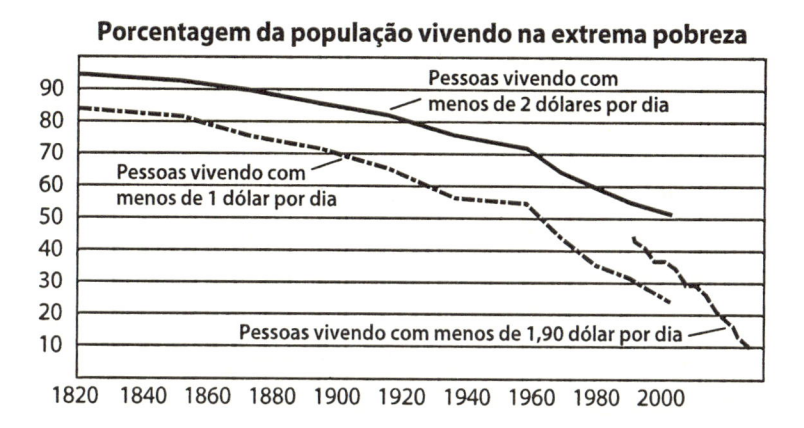

Porcentagem da população vivendo na extrema pobreza

As estatísticas são ainda mais impressionantes em termos numéricos simples. Em 1970, quase 27% da população global vivia na pobreza absoluta (menos de 1 dólar por dia em valores de 1987). Um pouco mais que 5% viviam nessa condição em 2006.[24]

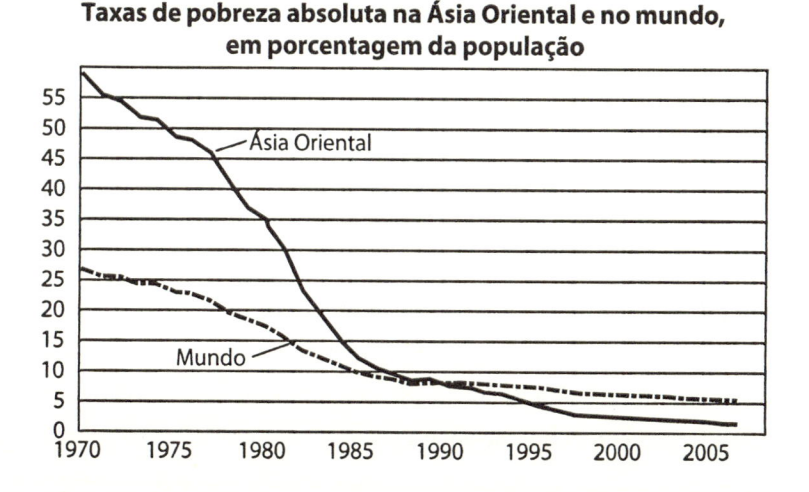

Taxas de pobreza absoluta na Ásia Oriental e no mundo, em porcentagem da população

Denuncie a "globalização" o quanto quiser. Ela certamente cobrou um preço de alguns cidadãos do mundo desenvolvido. Mas a disseminação das forças de mercado para os cantos mais afastados do mundo foi o principal motor da mais ampla erradicação da pobreza da história humana. Entre 1990 e 2010, a porcentagem da população dos países em desenvolvimento vivendo na pobreza caiu de 43% para 21%, uma redução de quase 1 bilhão de pessoas.[25] Em 2015, pela primeira vez na história humana, menos de 10% da população mundial foi considerada extremamente pobre.[26] As Nações Unidas estimam que houve mais redução da pobreza nos últimos cinquenta anos que nos quinhentos anos anteriores.[27]

Uma das grandes divisões entre esquerda e direita é a discordância sobre a definição de liberdade. A esquerda tende a definir liberdade em termos materiais e a direita, em termos políticos. Roosevelt argumentou que "homens passando necessidade não são homens livres".[28] Assim, o Estado deve fornecer ou garantir assistência médica, renda (ou emprego) etc. Isso é chamado de liberdade positiva. A direita prefere a "liberdade negativa": liberdade da interferência do governo. O que frequentemente fica fora do debate é o fato de que o crescimento econômico e a inovação tecnológica fazem mais para fornecer liberdade positiva do que qualquer governo jamais poderia fazer.

O tempo é um recurso finito por definição. A tecnologia não pode criar mais horas no dia, mas nos permite fazer mais com as horas que temos ao reduzir a quantidade de trabalho necessária para realizar as tarefas. Um dos aspectos dominantes do mundo pré-capitalista e pré-industrial era a quantidade de trabalho e o número de trabalhadores necessários para realizar mesmo as tarefas mais simples. Hoje, o mundo está cada vez mais deixando a opressiva labuta do passado para trás.

Para dar apenas um exemplo, considere a porcentagem da população total empregada na agricultura. Frequentemente romantizado, o trabalho agrícola é extenuante. Felizmente, cada vez menos pessoas se dedicam a ela. Quando a China começou a se abrir aos mercados em 1978 (há pouco mais de uma geração), 70,5% da população trabalhava na agricultura. Após quatro décadas de transformação impulsionada pelo mercado, esse número ficou em 28% em 2015.[29] Ao contrário da China, ninguém nos Estados Unidos tem memória de uma força de trabalho majoritariamente agrícola. Mas tão recentemente (no grande esquema histórico das coisas) quanto 1870, 46% da população trabalhava em fazendas. Em 1940, bem ao alcance da memória cultural norte-americana, 17,3% da população ainda trabalhava com agricultura. Em 2009, 1,1% o fazia.[30] Os dados disponíveis ao redor do mundo mostram um padrão similar.[31]

A tecnologia também aliviou o fardo do trabalho em geral. Em 1950, a média de horas trabalhadas anuais era de 2.226,47 por trabalhador (semana de trabalho de 43 horas em um ano de 52 semanas). Em 2016, era de 1.855,04 (semana de trabalho de 36 horas em um ano de 52 semanas).[32]

Por causa do vasto escopo de tempo e dos muitos países envolvidos, muitos dos quais deixaram de existir ou só começaram a existir ou relatar dados em algum momento do período mensurado, é preciso analisar esses números com alguma cautela. Contudo, a tendência que eles descrevem é inegável. E foi tornada possível pelos incríveis aumentos da produtividade. Novamente, os números disponíveis têm limitações. Porém, os números que possuímos pintam um retrato incrível: produtividade global do trabalho em 9,30 dólares por hora trabalhada em 1950 e 36,64 dólares em 2015 (mensurada em dólares norte-americanos de 2014).[33]

Dizendo de modo simples: produzir mais em menos tempo significa menos trabalho. De fato, o alívio da labuta humana permitido pelo capitalismo é tão extenso que os grandes debates políticos nos países desenvolvidos centram em fazer com que *mais* pessoas trabalhem — um debate que não faria sentido para nossos ancestrais. Esse é um desafio vital, com certeza. Torna-se cada vez mais óbvio que o trabalho — significativo e valorizado — é essencial para a felicidade humana. Criar fontes de trabalho pode ser uma das mais importantes tarefas políticas e culturais do próximo século. Mas sejamos claros: esse é um bom problema para se ter, considerando-se as alternativas históricas.

Horas trabalhadas por trabalhador, média anual

**Produtividade do trabalho por hora trabalhada,
em dólares americanos de 2014, paridade do poder de compra**

Outra maneira pela qual o capitalismo é liberador é o fato de ter permitido que a humanidade escapasse da armadilha malthusiana. Thomas Malthus, escrevendo no fim do século XVIII, acreditava que o aumento da população sempre seria mais acelerado que os meios de produção de alimentos. Por isso, ele é alvo de zombaria hoje em dia, mas, na verdade, seu diagnóstico era acurado em sua época.[34] Pense novamente no lavrador, que durante toda a história humana se esforçou, frequentemente em vão, para manter a si mesmo e a sua família no nível de subsistência. E compare isso ao crescimento atual da produtividade das lavouras.[35]

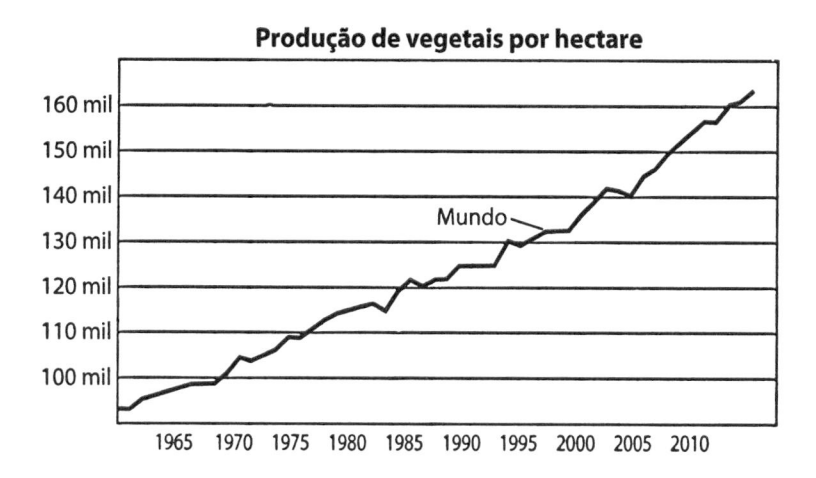

Produção de vegetais por hectare

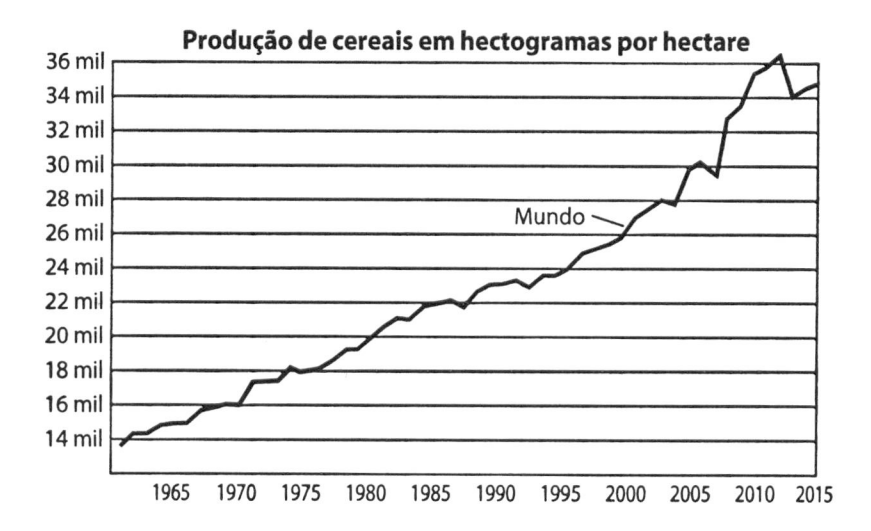

Produção de cereais em hectogramas por hectare

Malthus pode ter descrito acuradamente sua época, mas o capitalismo pôs fim ao que parecia a maldição eterna da humanidade.

Considere o milagre do Novo Testamento no qual Jesus alimentou 5 mil pessoas com alguns pães e peixes. O apóstolo Filipe disse que a multidão era tão vasta que nem mesmo meio ano de salário poderia alimentá-la.[37] Metade do salário anual médio nos Estados Unidos de hoje seria algo em torno de 28 mil dólares,[38] com os quais seria possível comprar múltiplos alimentos para uma vasta multidão. E esse é somente um exemplo do poder transformador do capitalismo. Para manter as coisas bíblicas, um estudo de Brian Wansink e C. S. Wansink revelou que as descrições da Última Ceia se tornaram mais apetitosas e generosas com o tempo, refletindo o aumento de opções e porções durante os séculos.[39] Para um exemplo mais numérico, considere que:

- Em 1961, o mundo produziu somente 53,6% do que produziu em média entre 2004 e 2006, ao passo que, em 2013, produziu 119%.[40]

- O consumo de carne por pessoa nos países em desenvolvimento quase dobrou desde 1964.[41]

- O fornecimento global médio por pessoa aumentou em mais de 600 calorias desde 1961:[42]

- O déficit médio de consumo de calorias entre pessoas privadas de alimentos declinou acentuadamente desde 1992.[43]

- E, o mais surpreendente, o número total de pessoas subnutridas em todo o mundo despencou desde 1992, quando era de quase 1 bilhão, para os menos de 700 milhões de hoje.[44]

Também temos mais energia, e mais barata, que nunca. O acesso mundial à eletricidade — um serviço que, não podemos esquecer, simplesmente não existiu para uso humano durante milhares de anos antes da era moderna — cresceu de maneira constante, de 75,65% em 1990 para 84,58% em 2012:[45]

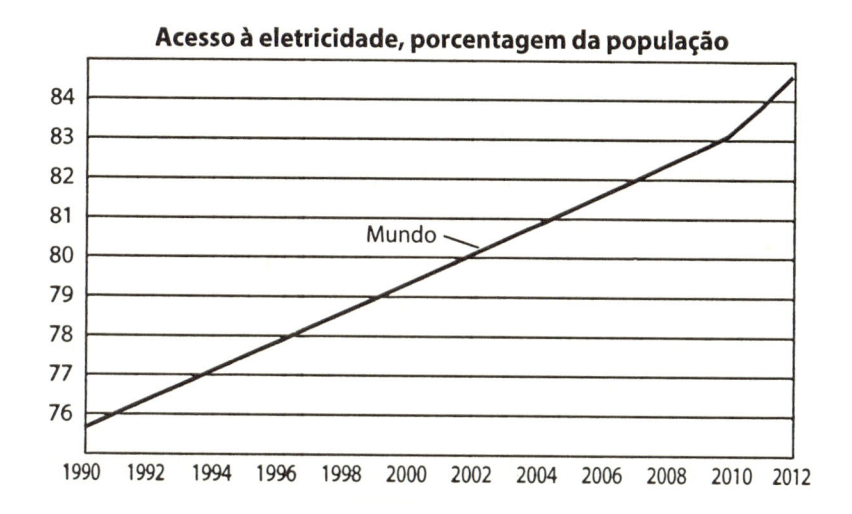

Acesso à eletricidade, porcentagem da população

Todos esses são testemunhos do milagre moderno do capitalismo.

O leitor cético pode ficar irritado por eu estar creditando todas essas coisas ao capitalismo. Afinal, ciência e tecnologia não são inerentemente "capitalistas". É verdade. As pessoas inventaram e descobriram coisas muito antes de surgir qualquer coisa parecida com o sistema capitalista. Mas, como já discuti detalhadamente, antes da revolução lockiana, a ciência e a tecnologia foram rotineiramente submetidas à política e à religião. A inovação era literalmente crime ou pecado em muitas partes do mundo, por ser uma ameaça à ordem estabelecida. A liberdade da economia de mercado é, na realidade, liberdade para inovar, aumentar a eficiência das práticas existentes e/ou inventar novas práticas que tornam as antigas obsoletas. As pessoas podiam ser livres para construir uma ratoeira melhor que a que existira durante milênios, mas a liberdade de oferecer essa ratoeira melhor ao mercado é um desenvolvimento notavelmente recente.

O capitalismo, na verdade, é a força mais liberadora da história humana. Matt Ridley estima que, com o ser humano médio consumindo 2.500 watts por segundo, 150 pessoas teriam que pedalar bicicletas para abastecer o estilo de vida ao qual cada vez mais gente está acostumada. Para os norte-americanos, seriam necessárias 660 pessoas.[46] O economista Mark J. Perry estimou o número de servidores domésticos de que o norte-americano médio precisaria para substituir a tecnologia que utilizamos. Manter esse nível de conveniência exigiria o esforço físico de mais ou menos seiscentas pessoas (tenha esses números em mente da próxima vez em que assistir a *Downton Abbey*, com sua aparente multidão de criados).[47] Em ambos os casos, a proliferação da energia elétrica beneficiou imensamente a humanidade.

Porém, mesmo que o mundo estivesse ficando sem recursos (o que não está), continuamos a fazer mais com menos, graças à habilidade sem par do mercado de maximizar a eficiência de maneiras impossíveis aos planejadores centrais. De acordo com um estudo de 2013 da Alliance to Save Energy, "a produtividade da economia norte-americana se expandiu mais de três vezes desde 1970, ao passo que a demanda por energia cresceu somente 50%", resultando em milhões de barris de petróleo a menos sendo empregados. O cientista natural da Universidade de Manitoba Vaclav Smil — o especialista favorito de Bill Gates nessas questões — identificou algumas áreas que geram esta eficiência: a produção moderna de aço requer somente 20% da energia que exigia em 1900, a produção de alumínio requer 70% menos e a de fertilizante nitrogenado, 80% menos. Similarmente, o tecnólogo Ramez Naam calcula que a energia necessária para aquecer uma casa diminuiu 50% desde 1978 e a energia necessária para dessalinizar água diminuiu 90% desde 1970.[48] Os Estados Unidos agora usam metade da energia por unidade do PIB que usavam em 1950, e o mundo usa 1,6% menos energia por cada dólar de crescimento do PIB a cada ano.[49] Também usam menos água hoje do que usavam em 1980, a despeito de a população ter aumentado em cerca de 80 milhões de pessoas.[50]

Essa eficiência também se manifestou na produção material. Vaclav Smil observa que produzir 1 dólar de valor nos Estados Unidos em 1920 exigia 283,5 gramas de material, ao passo que hoje requer somente 70,8 gramas. E os 11 milhões de telefones celulares que existiam em 1990 pesavam 7 mil toneladas, ao passo que os 6 bilhões que existem hoje pesam somente cem vezes mais.[51]

Voltando à agricultura, não estamos simplesmente obtendo um aumento maciço da produtividade das lavouras. Na verdade, estamos fazendo isso com menos emissão de gases de efeito estufa.[52]

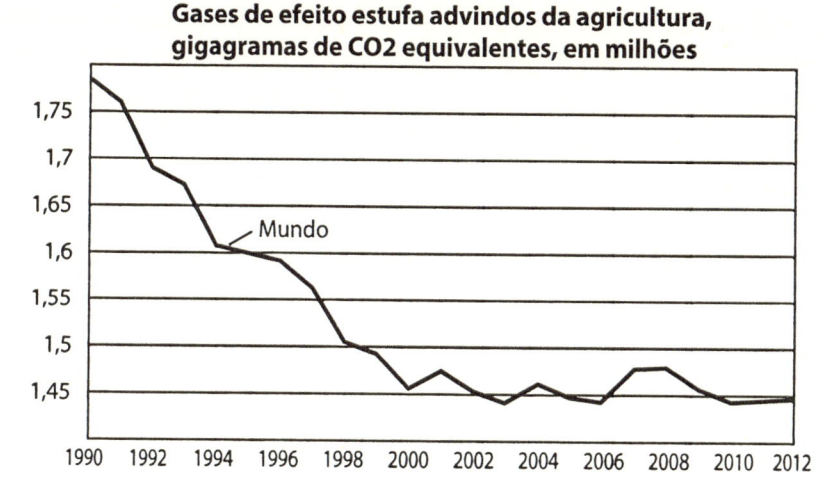

Gases de efeito estufa advindos da agricultura, gigagramas de CO2 equivalentes, em milhões

Contrariamente ao que você pode estar ouvindo por aí, nossos recursos são abundantes e estão aumentando nossa eficiência, impulsionada pela inovação, em usá-los de maneira sensata.

O capitalismo também transformou completamente o transporte, que tem uma história depressivamente primitiva desde a invenção da roda até o primeiro trem de passageiros, limitado, como era, aos cavalos e navios.[53] Eis um relato do historiador William Manchester sobre as viagens na Idade Média:

> As viagens eram lentas, caras, desconfortáveis e perigosas. Eram mais lentas para aqueles que viajavam em carruagens, mais rápidas para os pedestres e ainda mais rápidas para os cavaleiros, que eram poucos, por causa da necessidade de trocar de cavalos e pagar estábulos. As despesas vinham principalmente dos incontáveis pedágios e o desconforto de várias fontes de irritação. As pontes sobre os rios eram instáveis (os padres recomendavam entregar a alma a Deus antes de cruzá-las); outros rios tinham de ser vadeados; as estradas eram deploráveis — na maior parte, trilhas enlameadas e cheias de sulcos que, com exceção do verão, eram impossíveis para carroças de duas rodas — e as noites tinham de ser passadas nas miseráveis hospedarias europeias. Elas eram insalubres, com as camas encostadas umas às outras e os cobertores cheios de baratas, ratos e pulgas; as prostitutas faziam seu trabalho e então fugiam com o dinheiro dos homens e os donos das hospedarias tomavam a bagagem dos hóspedes, sob o pretexto de que não haviam pagado.[54]

Manchester também relata o tempo de viagem naquela época, de Veneza — um dos centros comerciais do mundo medieval — para vários outros lugares: Damasco (80 dias), Alexandria (65), Lisboa (46), Constantinopla (37), Valladolid (29), Londres (27), Palermo (22), Nuremberg (20), Bruxelas (16), Lyons (12), Augsburg (10).[55] A primeira viagem de Colombo durou mais de dois meses.[56] Em 1830, uma viagem de Nova York para Chicago levava três semanas.[57] Hoje, todas essas viagens são realizadas em menos de um dia. E, graças ao mercado, a habilidade de viajar está disponível para mais pessoas todos os anos.[58] Assim como o capitalismo percorreu um longo caminho na direção de nos libertar da escuridão e da labuta, ele também venceu a tirania da distância.

Embora certamente seja verdade que o capitalismo e o crescimento econômico tiveram um custo para o meio ambiente, as sociedades de livre mercado são muito melhores em cuidar dele que as economias planificadas. Além disso, o capitalismo fornece os meios para remediar os danos.

As florestas em países ricos vêm se expandindo há decadas.[59] A despeito das disseminadas previsões em contrário, as florestas da Europa cresceram durante as décadas de 1980 e 1990.[60] De 1960 a 2000, as florestas da Índia cresceram 15 milhões de hectares (uma área maior que o estado de Iowa). Deixando de lado as nações em intenso desenvolvimento do Brasil e da Indonésia, as florestas globais cresceram cerca de 2% desde 1990.[61] E a área florestal cresceu nos Estados Unidos e na China, os dois países mais ricos do mundo.[62]

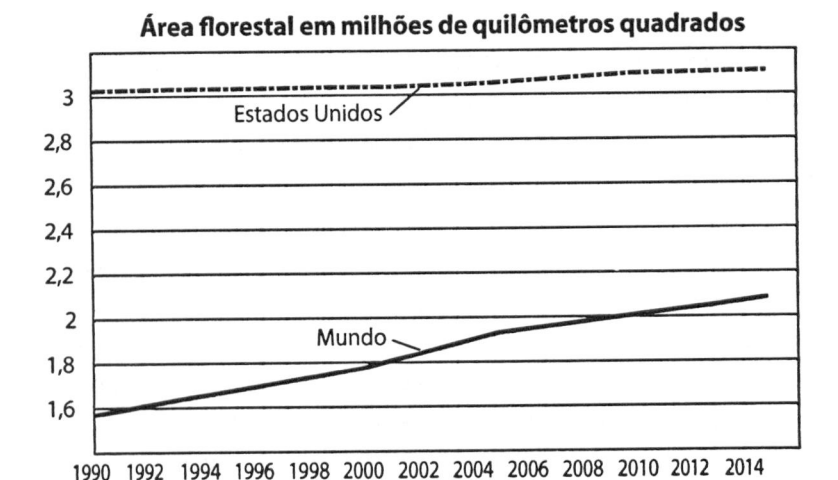

Área florestal em milhões de quilômetros quadrados

A inovação nos permite substituir recursos declinantes ou exauridos por recursos melhores. Ronald Bailey observa que "as ferrovias, a forma 'moderna' de transporte do século XIX, consumiam cerca de 25% de toda a madeira usada nos Estados Unidos, tanto para dormentes quanto como combustível".[63] Hoje, já não utilizamos madeira como combustível e a usamos muito menos como material de construção (e o uso do papel está despencando, graças à revolução digital).

Similarmente, quando decidimos que os subprodutos da indústria estão se tornando um problema, o mercado nos permite usar técnicas inovadoras para resolvê-lo. Consequentemente, em anos recentes, as emissões de dióxido de carbono relacionadas à energia nos Estados Unidos apresentam tendência de redução, não aumento:[64]

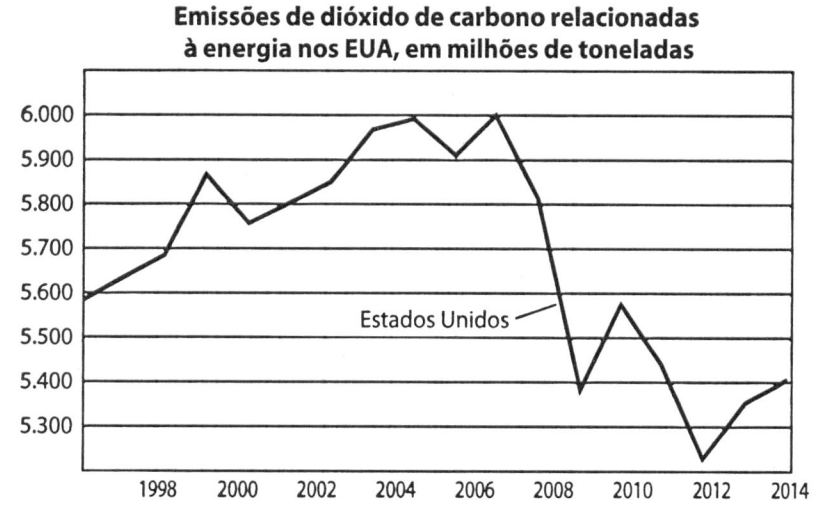

Emissões de dióxido de carbono relacionadas à energia nos EUA, em milhões de toneladas

Como estamos fazendo mais com menos e como a riqueza do capitalismo nos permite poupar o que outrora tomamos irresponsavelmente da terra, o capitalismo é, no fim das contas, bom para o meio ambiente. "Os níveis de poluição estão caindo nos países ricos e começarão a cair nos países mais pobres, conforme se tornem mais ricos", escreve Bailey.[65]

O capitalismo também nos tornou mais saudáveis. Proporcionou uma vida mais longas para mais pessoas. Nas sociedades pré-modernas como um todo, a expectativa de vida era de mais ou menos 40 anos.[66] As sombras (almas) dos antigos gregos frequentemente encontravam Hades aos 18 anos; a maioria das sombras dos romanos encontrava Plutão aos 22. Um estudo de esqueletos de nativos americanos pré-colombianos realizado em 2002 descobriu que poucas pessoas passavam dos 50 anos, ou mesmo dos 35.[67] Poucos europeus da Idade Média chegavam à meia-idade; metade morria antes do trigésimo aniversário. Uma garota podia esperar viver até os 24 anos. Os homens afortunados o bastante para chegarem aos 30 ou 40 anos podiam esperar viver um pouco mais, mas teriam aparência idosa no que hoje consideramos ser a meia-idade.[68] Estamos em situação muito melhor. Mesmo a expectativa de vida média no nascimento em 1960, de 52,48 anos, era mais favorável que qualquer outra no passado. Mas, em 2015, esse número era de 71,6 anos.[69]

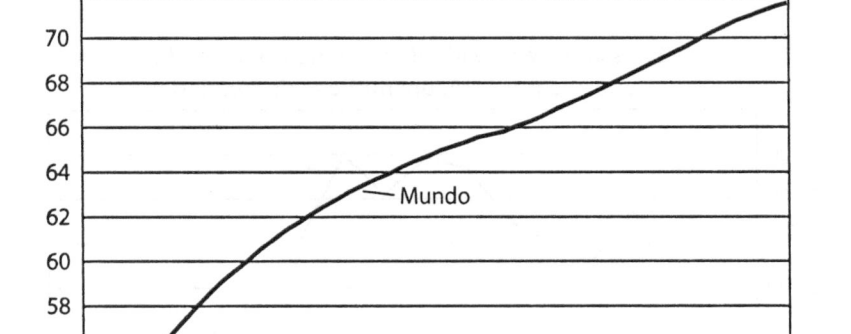

Expectativa de vida ao nascer, em anos

Hoje, uma pessoa pode esperar viver décadas mais que qualquer um no passado. O capitalismo literalmente deu "vida nova" às pessoas, no sentido de que, no passado, chegar à idade avançada era uma ambição pouco realista. A tecnologia não pode criar mais tempo, mas pode nos dar a oportunidade de ter mais tempo.

Contudo, o capitalismo dá vida nova de outra maneira: simplesmente temos mais probabilidade de *sobreviver*.[70] Nas sociedades pré-modernas, quase um terço das crianças morria antes dos 5 anos. A mortalidade entre bebês nas sociedades de caçadores-coletores era quase trinta vezes maior que nos Estados Unidos de hoje, e a mortalidade entre crianças era mais de cem vezes maior. A taxa global de mortalidade infantil, ponderada pela população, era de 43% em 1800. Nesse ano, os países em pior situação viram a morte de metade de todas as suas crianças, mas mesmo os países em situação melhor perderam um terço delas. Nos Estados Unidos em 1890, a mortalidade infantil era de 22% dos nascimentos.[71]

Hoje, a taxa global de mortalidade infantil, ponderada pela população, é de 3,4%. Essa taxa é de 1,3% na China, que, juntamente com o Brasil, experimentou queda de quatro vezes nas últimas quatro décadas.[72] Desde 1960, a taxa global de mortalidade infantil declinou de 121,9 por mil nascidos vivos para 31,7:[73]

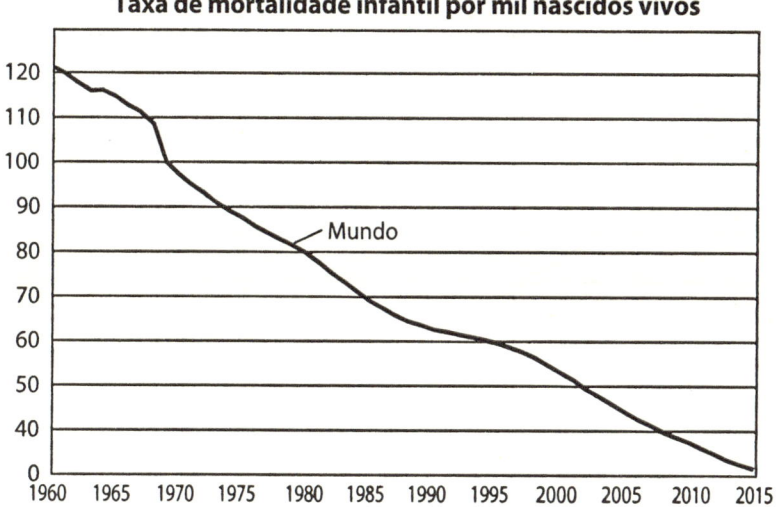

Taxa de mortalidade infantil por mil nascidos vivos

Similarmente, a taxa global de mortalidade em todas as idades caiu de 16,03 em cada mil em 1960 para 8,09 em cada mil em 2013.[74]

Pense em todo o valor criado porque as pessoas simplesmente *viveram*.

Em parte, isso vem acontecendo simplesmente por causa da correlação entre saúde e riqueza.[75] Mais especificamente, da melhoria na assistência médica. Considere apenas alguns aspectos da assistência médica no passado. Você gostaria de ser tratado pelos médicos medievais descritos por William Manchester?

Sabia-se que as estrelas eram guiadas pelos anjos, e os médicos consultavam constantemente astrólogos e teólogos. Médicos diagnosticando doenças eram influenciados pela constelação sob a qual o paciente nascera ou adoecera; assim, o eminente cirurgião Guy de Chauliac escreveu: "Se alguém for ferido no pescoço quando a lua está em Touro, o ferimento será perigoso." Milhares de pessoas desfiguradas por nódulos linfáticos inchados em seu pescoço acossavam os reis da Inglaterra e da França, acreditando que sua escrófula seria curada pelo toque de uma mão real. Um dos documentos desse período é um calendário, publicado em Mainz, que designa os melhores momentos astrológicos para sangrias. As epidemias eram atribuídas a configurações desafortunadas das estrelas.[76]

Taxa de mortalidade por mil pessoas

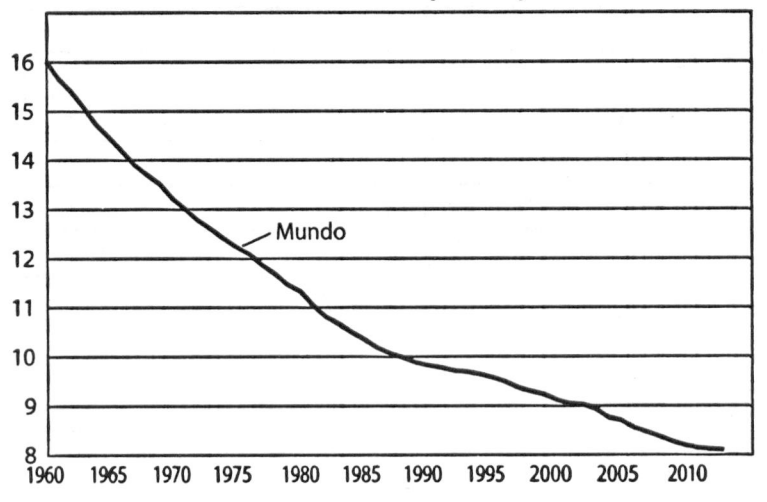

Você confiaria seus dentes aos "dentistas" da Inglaterra medieval, que se baseavam em "remédios herbais, talismãs e amuletos" para limpá-los e removê-los?[77] Você gostaria de ter um membro amputado antes da primeira cirurgia indolor, com anestesia, em 1846?[78] Você confiaria nos exames médicos antes de 1896, quando instrumentos de aferição da pressão arterial e máquinas de raios x — a última custando em 2012 somente 20% do que custava em 1910[79] — foram inventados? Ou antes de 1901, a data de invenção dos eletrocardiogramas, que só passaram a ser amplamente usados na década de 1920?[80] Ou gostaria de viver nos Estados Unidos na década de 1920, quando, de acordo com Lewis Thomas, ex-deão das faculdades de medicina das universidade de Yale e de Nova York, ir ao médico provavelmente *diminuía* suas chances de sobrevivência, e a maioria das mães se tornava enfermeira doméstica por necessidade?[81] Ou, por volta da mesma época, quando a sepse matava quase metade dos pacientes de grandes cirurgias?[82] Tão recentemente quanto 1990, o número de mulheres morrendo no parto ou em função dele em todo o mundo era muito mais alto que hoje.[83] E, uma década atrás, sequenciar o genoma custava milhões de dólares, comparados aos 10 mil de hoje.[84] O avanço constante da assistência médica explica grande parte da melhoria geral dos indicadores de saúde.

Talvez o mais proeminente resultado desse e de outros avanços tenha sido a constante redução das mortes em função de doenças. O faraó Ramsés V, apesar de todo o seu poder, morreu de varíola. (Para ser justo, não há cura para a varíola nem mesmo hoje, mas temos uma vacina que funciona como cura até quatro dias após a infecção.) Nathan Rothschild, o homem mais rico do mundo em 1836, morreu nesse mesmo ano do que hoje seria uma infecção facilmente tratável.[85] Quando Calvin Coolidge era presidente dos Estados Unidos, em 1924, seu filho morreu uma semana após contrair uma infecção em razão de uma bolha que se formou enquanto brincava no gramado da Casa Branca.[86] E essas eram algumas das pessoas mais ricas e poderosas do mundo. A vida era muito pior para a maioria:[87] malária, febre tifoide e disenteria matavam milhares a cada ano.[88]

Hoje, todavia, muitas e muitas doenças — caxumba, rubéola, malária, sarampo, encefalite letárgica, elefantíase e oncocercose — estão regredindo drasticamente em todo o mundo, sugerindo que "a total erradicação de muitas doenças é uma perspectiva realista".[89] Nos Estados Unidos, a taxa de mortalidade em razão de doenças infecciosas foi de somente 2% em 2009.[90] Outros indicadores também melhoraram de modo significativo. A malária, a febre tifoide e a disenteria já não apresentam números significativos no mundo desenvolvido,[91] com a última, em particular, provavelmente sendo mais conhecida como meme de videogame ("Você morreu de disenteria") que como doença mortal.[92] Os derrames mataram 75% menos pessoas em 2013 que na década de 1960.[93] A AIDS teve um pico no fim da década de 1990; em 2010, a incidência caíra 20% em relação a 1997.[94] O câncer ainda é um flagelo terrível, mas estamos lidando com ele melhor que nunca. Com exceção do câncer de pulmão, a incidência e a taxa de mortalidade decaíram

16% entre 1950 e 1997 e aceleraram em seguida; quando o hábito de fumar diminuiu, o câncer de pulmão começou a decair também.[95] Como o número de produtos químicos artificiais aumentou drasticamente nas últimas quatro décadas, as taxas de mortes relacionadas ao câncer e a incidência de câncer, ajustada pela idade, declinaram. Metade de todos os pacientes com câncer morria em até cinco anos após o diagnóstico na década de 1970; hoje, 68% sobrevivem além disso. A incidência geral de câncer caiu 0,6% ao ano desde 1994, salvando 100 mil pessoas que, de outro modo, teriam morrido em função da doença. A taxa de mortalidade da leucemia é de 7,1 em cada 100 mil pessoas, metade do que a alarmista ambiental Rachel Carson alegou em *Primavera silenciosa*. Estimadas 10.450 crianças foram diagnosticadas com câncer em 2014, menos de 1% das mortes totais associadas ao câncer, e 80% delas sobrevivem cinco anos ou mais, em um aumento de 50% em relação à década de 1970.[96]

O câncer causa 186 de cada 100 mil mortes ao ano, mas isso ocorre em grande parte porque muito mais norte-americanos vivem além dos 65 anos, a idade média de diagnóstico. No início do século XX, os norte-americanos não viviam tempo suficiente para desenvolver 75% dos tipos de câncer de hoje.[97] Os indicadores não baseados em doenças também melhoraram: as taxas de incapacidade entre norte-americanos com mais de 65 anos caíram de 26,2% para 19,7% entre 1982 e 1999 (duas vezes mais rápido que a taxa de mortalidade).[98] Historicamente, se você conseguia chegar a uma idade avançada, era improvável que fosse produtivo, quem dirá próspero. Hoje, os cidadãos idosos dos países desenvolvidos formam uma classe à parte.

Também somos mais alfabetizados e educados que nunca. Durante a maior parte da história humana, a maioria das pessoas — e mais mulheres que homens — era analfabeta. As grandes histórias, como *Ilíada*, *Odisseia* e *Beowulf*, foram contadas oralmente por muito tempo antes de ser escritas. Educação de qualquer tipo era um privilégio da elite. Em 1820, somente 12% da população mundial era alfabetizada. A riqueza criada pelo capitalismo mudou tudo isso. Em 2014, somente 15% da população mundial permanecia analfabeta, em uma inversão quase total em menos de duzentos anos.[99]

O nível de educação também aumentou. O tempo médio de escolaridade em todo o mundo passou de 2,97 anos em 1950 para 8,99 anos em 2015:[100]

Média de escolaridade em anos

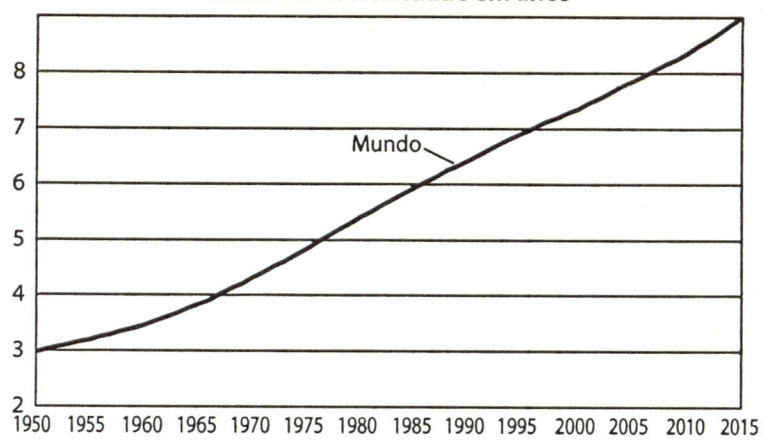

Graças ao capitalismo, educação e alfabetização já não são privilégios da elite, mas cada vez mais comuns para todos.*

O capitalismo também transformou completamente as comunicações. Durante toda a história humana até mais ou menos 170 anos atrás, a velocidade de disseminação das notícias era igual à velocidade das pessoas, ou seja, "a pé, a cavalo, de navio ou, mais recentemente, de trem", como indicado pelo economista Robert J. Gordon.[101] A história registra muitos exemplos sombriamente cômicos desses problemas de comunicação. Durante a guerra do Peloponeso, os atenienses, tendo decidido destruir os rebeldes mitileneanos, enviaram um barco para fazer isso. Mudando de ideia no dia seguinte, seu único recurso foi enviar outro barco após o primeiro, com instruções para remar o mais rapidamente possível, a fim de chegar a tempo de dissuadir o primeiro barco.[102] A batalha de Nova Orleans, tecnicamente a batalha final da guerra de 1812, ocorreu após o fim do conflito.[103] O primeiro telegrama, enviado em 1844, inaugurou uma nova era nas comunicações humanas.[104] Contudo, por mais impressionantes que as primeiras inovações tenham parecido àqueles que as experimentaram, parecem risivelmente primitivas hoje, em razão do ritmo do avanço tecnológico. E a tecnologia continua a evoluir: em 2010, cada domicílio norte-americano tinha cerca de 2,6 telefones celulares; em 2013, 91% dos adultos tinham celular.[105] As assinaturas de

---

* Cada vez mais a educação também pode ser inimiga do capitalismo, como discutido anteriormente.

serviço celular aumentaram de 0,27 a cada cem pessoas em 1990 (lembre-se do tijolão de Gordon Gekko em *Wall Street*, de 1987) para 105,74 a cada cem pessoas (!) em 2014.[106]

Além disso, as chamadas feitas desses aparelhos são mais baratas. Hoje, achamos normal que um pacote telefônico simples cubra chamadas de longa distância instantâneas; no entanto, há apenas setenta anos, essas chamadas exigiam múltiplos operadores e custavam uma fortuna.[107] Até mesmo temos tecnologias — Facebook, Twitter, Skype — que permitem comunicações gratuitas e instantâneas sem telefone. Pela primeira vez na história humana, duas pessoas podem se falar *sem que uma saiba aonde a outra está*.[108] Essa é uma evidência do incrível poder transformador do capitalismo.

Assinaturas de telefone celular, por cem pessoas

Os mercados também transformaram profundamente a computação. *Deu a louca nos nazis*, um absurdo filme de ficção científica, ilustra esse ponto. No filme de 2012, os militares nazistas fugiram secretamente para o lado escuro da Lua ao fim da Segunda Guerra Mundial e passaram anos planejando a invasão da Terra. Seus planos recebem um considerável impulso quando eles roubam o smartphone de um astronauta norte-americano, o qual, sozinho, tem mais poder de computação que todos os equipamentos que eles possuem.[109] Parece forçado? Mas o diferencial no poder de computação é altamente plausível. O ENIAC, um dos primeiros computadores "modernos", debutou em 1946, mais ou menos quando os nazistas fugiram para a

Lua. Ele pesava 27 toneladas, ocupava 22,3 m² de espaço e precisava de 174 kilowatts de energia, suficiente para (supostamente) reduzir a luminosidade de toda a Filadélfia quando ligado.[110] Em 1949, a *Popular Mechanics* previu que, um dia, um computador poderia pesar menos que 1,5 tonelada.[111] No início da década de 1970, Seymour Cray, conhecido como "pai do supercomputador", revolucionou a indústria. Seu supercomputador Cray-1 chocou a concorrência com uma velocidade recorde de 160 milhões de operações de ponto flutuante por segundo, memória de 8 megabytes, nenhum fio mais longo que 120 centímetros e habilidade de caber em uma sala pequena. O Laboratório Nacional Los Alamos o comprou em 1976 por 8,8 milhões de dólares, ou 36,9 milhões de hoje, com ajuste pela inflação. Mas, como previsto pela lei de Moore (que diz que o número de transistores contidos em um microchip dobra a cada 24 meses),[112] a computação moderna se aprimorou e disseminou para além das especulações mais delirantes das pessoas da época de qualquer um desses computadores (com exceção de certas obras de ficção científica). Em 1996, uma equipe de alunos da Universidade da Pensilvânia colocou as capacidades do ENIAC em um único microchip de 64 mm² que requeria 0,5 watts e tinha cerca de 1/350.000 do tamanho do original.[113] E isso foi há vinte anos.

A previsão da *Popular Mechanics* se provou correta, embora (compreensivelmente) pouco ambiciosa. Mesmo assim, tente dizer à equipe editorial de 1949 que hoje seguramos computadores em nossas mãos, os guardamos no bolso e os usamos no colo. Laptops com 750 vezes mais memória, mil vezes mais poder de cálculo e uma quantidade infinitamente maior de capacidades gerais que o Cray-1 estão disponíveis no Walmart por menos de 500 dólares.[114] Validando a comparação de *Deu a louca nos nazis*, um smartphone com 16 gigabytes de memória tem 250 mil vezes mais capacidade que o computador da Apollo 11 que permitiu o primeiro pouso na Lua.[115] Os salários de uma vida toda em 1975 comprariam o poder de computação de uma calculadora de bolso em 2000.[116] Em 1997, 450 dólares compravam 5 gigabytes de armazenagem em disco rígido, que hoje é gratuita.[117] Um MacBook Pro com 8 gigabytes de RAM tinha 1,6 milhão de vezes mais RAM que o MANIAC, um "supercomputador" de 1951.[118] Esqueça os anjos na cabeça de um alfinete: a Intel pode colocar mais de 6 milhões de transistores no ponto final desta frase.[119]

O que isso significa para o consumidor é uma disseminação tecnológica sem precedentes. Os celulares de hoje possuem mais poder de computação que máquinas que, há meras décadas, exigiam salas inteiras. Quase metade do mundo usa internet; essencialmente, ninguém o fazia em 1990.[120]

Os computadores são melhores, mais rápidos, inteligentes, prevalentes e conectivos que antes. Na década de 1990, os decisores políticos progressistas se inquietaram com algo chamado "divisão digital". Eles se convenceram de que, sem intervenção governamental, a internet seria um brinquedo dos ricos. Assim, aumentaram impostos, transferiram riqueza, pagaram alguns eleitorados e alegaram vitória. Mas a verdade é que a internet sempre esteve destinada a ser para todos, porque é isso que o mercado faz. Ele introduz luxos para os ricos, e os ricos subsidiam inovações que transformam luxos — telefones celulares, carros, medicamentos, computadores, alimentos nutritivos, casas confortáveis etc. — em necessidades. É o maior triunfo de alquimia de toda a experiência humana, e a resposta de muitos, em cada geração, é a ingratidão e a autoatribuição de direitos [entitlement].

Usuários de internet, por cem pessoas

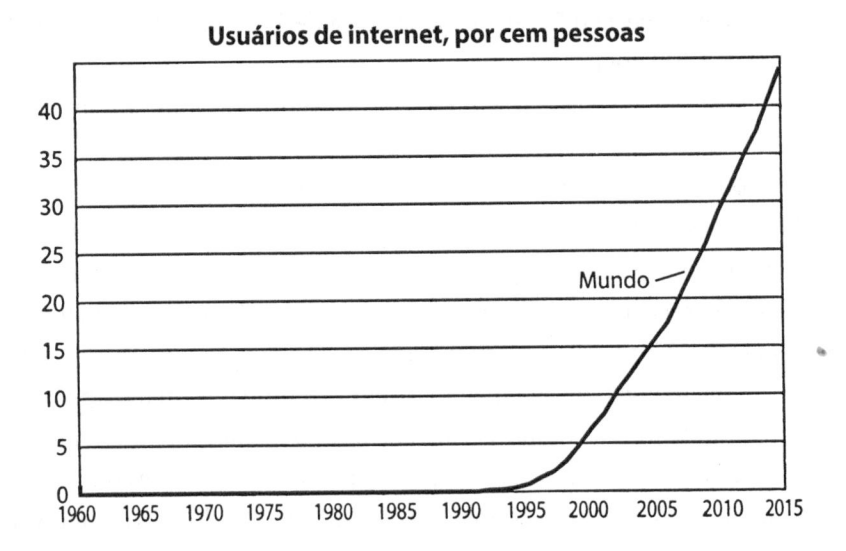

Nada disso significa que essa miraculosa explosão de prosperidade material ocorreu sem custos. Tal é a natureza da vida. Tudo tem um custo.

Tampouco significa que o governo não desempenhou papel no nivelamento de alguns excessos de enriquecimento humano. Mas o governo paternalista é tão antigo quanto o primeiro Grande Homem liderando o primeiro bando de macacos sem pelo pelas savanas da África. O paternalismo é a lógica por trás do governo de cada césar, rei, paxá, sultão, comissário e imperador. O paternalismo não criou o Milagre. A engenhosidade humana liberada pelo milagre da liberdade, principalmente liberdade econômica — que gera liberdade política —, é que o tornou possível.

Mesmo assim, na era moderna, toda geração considera o Milagre como favas contadas. Pessoas que deveriam saber melhor das coisas nos dizem que o capitalismo está nos deixando mais doentes, pobres e explorados. Que estamos ficando para trás e, como consequência, devemos olhar ainda mais para trás, para uma era dourada mitológica na qual estávamos melhor. Uma pesquisa com resultados típicos revelou que 66% dos norte-americanos acreditam que a extrema pobreza "quase dobrou nos últimos vinte anos, 29% acham que não mudou e somente 5% declararam corretamente que caiu pela metade". Os números não são melhores em outros lugares do mundo desenvolvido: 58% dos britânicos acham que a extrema pobreza aumentou e um terço acha que permaneceu igual.[121] Esses pessimistas respondem em vão à pergunta de Thomas Babington Macaulay: "Que princípio determina que, quando vemos somente melhorias atrás de nós, devemos esperar somente deterioração à nossa frente?"[122]

Para funcionar, o sistema de livre mercado depende de valores, ideias e instituições fora do domínio da economia, um tópico que cobri na segunda metade deste livro. O ponto importante é o seguinte: o sistema de livre mercado não é meramente o melhor programa contra a pobreza já concebido; ele é, bastante literalmente, o *único* sistema já inventado. A pobreza é a condição humana natural, e foi o estado constante da humanidade por quase toda a nossa história. O socialismo como rótulo é uma invenção relativamente recente. Mas o socialismo como ideia é mais que antigo. O socialismo é a economia da tribo. Evoluímos como espécie cooperativa que compartilha recursos. Essa é uma das razões pelas quais a ideia de socialismo continua retornando. Ela está em nosso cérebro, juntamente com várias ideias e desejos vindos de fábrica: que o capitalismo não é natural; que a liberdade individual e a liberdade de expressão não são naturais; que o capitalismo democrático liberal está em guerra contra a natureza humana em toda geração.

Eis um tema comum na literatura: todo desejo vem com um senão. Do *Fausto* de Goethe e Marlowe à "Cantinela do velho canguru" de Kipling, "Galochas da felicidade" de Hans Christian Andersen e meia dúzia de episódios de *Além da imaginação*, devemos ter cuidado com aquilo que desejamos. O Milagre de agora é a resposta aos desejos de mil gerações cujas vidas eram pobres, sujas, brutais e curtas. O capitalismo é o maior empreendimento cooperativo e pacífico para o enriquecimento humano jamais criado — e maior em várias ordens de magnitude. O senão? *Não parece*. Não parece cooperativo. Nem mesmo parece pacífico. É cheio de incerteza e tumulto.

O capitalismo não pode fornecer sentido, espiritualidade ou senso de *pertencimento*. Essas coisas estão a montante do capitalismo. E não tem problema ser assim. O capitalismo é um sistema econômico fantástico em produzir aquilo que alegamos querer dos sistemas econômicos: crescimento e prosperidade. O problema é que aquilo que dizemos querer e o que realmente queremos são coisas diferentes. A economia é uma esfera da civilização mais ampla, e queremos mais do que o mero capitalismo pode fornecer. Queremos sentido. Queremos sentir que somos parte da tribo. Mas, assim como um martelo é uma faca muito ruim, o capitalismo é uma ferramenta inadequada para preencher o vazio em nossa alma.

O sentido vem da família, dos amigos, da fé, da comunidade e de incontáveis pequenos pelotões da sociedade civil. Quando essas instituições falham, o capitalismo sozinho não pode restaurá-las. Como resultado, a natureza humana começa a fazer demandas aos sistemas político e econômico que nenhum deles pode satisfazer. A liberdade, econômica e política, é reapresentada como fonte de nossos problemas. Tendo perdido a fé em outros domínios, perdemos a fé no próprio Milagre, e invocamos o que parece mais natural: o tribalismo, o nacionalismo ou o socialismo em um ou outro disfarce. A maioria das pessoas reconhece que a "confiança do consumidor" é importante para a economia. Quando as pessoas se sentem otimistas sobre sua própria situação financeira e sobre as perspectivas da economia geral, é mais provável que gastem dinheiro, e os negócios investem mais em trabalhadores e equipamento. Tragicamente, passamos muito mais tempo falando sobre confiança do consumidor que sobre confiança civilizacional, e, no entanto, a confiança civilizacional é vastamente mais importante. A civilização ocidental criou o Milagre, apesar de o ter feito por acidente. Quando perdemos a confiança — e o orgulho — naquilo que realizamos, estamos cometendo um ato suicida em escala civilizacional.

Notas

INTRODUÇÃO: TROPEÇANDO EM UM MILAGRE

1. Richard Rorty, *Consequences of Pragmatism: Essays, 1972-1980* (Mineápolis: University of Minnesota Press, 1982), p. xlii.
2. Estou em dívida para com Joshua Greene, autor de *Moral Tribes: Emotion, Reason, and the Gap Between Us and Them* (Nova York: Penguin, 2013) [Ed. bras.: *Tribos morais: a tragédia da moralidade do senso comum*. Rio de Janeiro: Record, 2018], por esse experimento mental.
3. Robin Fox, *The Tribal Imagination: Civilization and the Savage Mind* (Cambridge: Harvard University Press, 2011), p. 6.
4. "GDP, 1990 International Dollars", Human Progress. http://human-progress.org/f1/2128. Todos os números foram retirados de Human Progress, um projeto do Instituto Cato. Marian L. Tupy e Chelsea Follett foram extremamente úteis nessa parte do projeto.
5. Todd G. Buchholz, "Dark Clouds, Silver Linings", em *New Ideas from Dead Economists: An Introduction to Modern Economic Thought* (Nova York: Penguin Group, 2007 [1990]), p. 313.
6. Uso a palavra "tribal" porque é um adjetivo mais útil. Tecnicamente, os seres humanos evoluíram em unidades menores chamadas bandos. Mas a palavra "bandal" não existe e "tribo", a unidade seguinte de organização, captura muito bem o argumento.
7. Com exceção de alguns primatas inferiores noturnos e do mais superior dos primatas, o orangotango, praticamente todos os primatas vivem em comunidades.

8. Sebastian Junger, *Tribe: On Homecoming and Belonging* (Nova York: Grand Central, 2016, edição Kindle), p. 2-3.

9. "Milhares de europeus são indígenas, e não temos nenhum exemplo de aborígene que escolheu se tornar europeu", observou um escritor emigrado francês, Hector Saint John de Crèvecoeur, em 1782. "Deve haver em seus elos sociais algo singularmente cativante e muito superior a qualquer coisa da qual possamos nos gabar." "Crèvecoeur pareceu ter entendido que a natureza intensamente comunal das tribos indígenas tinha uma atratividade com a qual os benefícios materiais da civilização ocidental não necessariamente conseguiam competir", escreve Junger. "Se ele estava certo, o problema começou assim que os europeus tocaram a costa americana. Já em 1612, autoridades espanholas notaram, com espanto, que quarenta ou cinquenta mulheres da Virgínia haviam se casado com membros das tribos indígenas e que até mesmo as inglesas se misturavam abertamente com os nativos." Ibid., p. 10.

10. O escritor austríaco Ernst Fischer descobriu que a visão de Marx era uma extensão "da revolta romântica contra um mundo que transformou tudo em mercadoria e degradou o homem ao status de objeto". O acadêmico socialista Michael Löwy, em um ensaio profundamente pesquisado, "A crítica romântica e a crítica marxista à moderna civilização dourada", concluiu que "o anticapitalismo romântico é a fonte esquecida de Marx, uma fonte tão importante para sua obra quanto o neo-hegelianismo alemão ou o materialismo francês". Mas Paul Johnson resumiu melhor: "Não há nada científico nele; de fato, tudo que importa é que ele era anticientífico." Michael Löwy, "The Romantic and the Marxist Critique of Modern Civilization", *Theory and Society* 16, n. 6 (novembro de 1987), p. 897; Paul Johnson, *Intellectuals* (Nova York: HarperCollins, 2009, edição Kindle), localização 1233-37 [Ed. bras.: *Os intelectuais*. Rio de Janeiro: Imago, 1990].

11. Trinta anos após a primeira publicação, em 17 de janeiro de 2018, a Amazon o colocava em quinto lugar de vendas entre os livros de ciência política. Trata-se de uma incansável denúncia da América como força do mal. E permanece sendo um dos mais — se não o mais — amplamente empregados textos didáticos das escolas e faculdades norte--americanas. "Tendo a escolha entre um livro que retrata a América honestamente — como história de extraordinário sucesso — e um livro que retrata a história da América como litania de depredações e

fracassos, qual você acha que o graduado médio de uma faculdade de pedagogia, o membro médio da Associação Nacional de Educação, iria escolher?", pergunta Roger Kimball. E acrescenta: "Fazer a pergunta é respondê-la." Roger Kimball, "Professor of Contempt", *National Review* online, 3 de fevereiro de 2010. http://www.nationalreview.com/article/229071/professor-contempt-roger-kimball.

12. Howard Zinn, *A People's History of the United States* (Nova York: HarperCollins, 2005 [1980]), p. 10.

13. "163. The Hen and the Golden Eggs", *Aesop's Fables* (tradução de G. F. Townsend, 1867. Ver Aesopica: Aesop's Fables in English, Latin, & Greek. http://mythfolklore.net/aesopica/townsend/163.htm.

14. "Avyan 24. Of the goos and of her lord", *Aesop's Fables* (tradução de William Caxton, 1484. Ver Aesopica: Aesop's Fables in English, Latin, & Greek. http://mythfolklore.net/aesopica/caxton/724.htm.

15. Estou em dívida para com Paul Rahe por trazer a significância dessa cena à minha atenção. Para seu argumento integral, ver Paul Rahe, "Don Vito Corleone, Friendship, and the American Regime", em *Reinventing the American People: Unity and Diversity Today*, editado por Robert Royal (Washington, Ethics and Public Policy Center, 1995), p. 115-35.

1. NATUREZA HUMANA: NOSSO HOMEM TRIBAL INTERNO

1. Paul Bloom, *Just Babies: The Origins of Good and Evil* (Nova York: Broadway Books, 2013, edição Kindle), p. 23-29.

2. Ibid., p. 110-111.

3. Ibid., p. 14.

4. Carl Schmitt, *Glossarium: Aufzeichnungen der Jahre 1947-1951*, editado por Eberhard Freiherr von Medem (Berlim: Duncker & Humblot, 1991), p. 4-5, 243. Citado em Claudia Koonz, *The Nazi Conscience* (Cambridge: Belknap Press/Harvard University Press, 2003), p. 293.

5. Bloom, *Just Babies*, p. 15.

6. Donald E. Brown, "Human Universals, Human Nature & Human Culture", *Daedalus* 133, n. 4 (edição especial: "On Human Nature", outono de 2004), p. 47-54.

7. Steven Pinker, *The Blank Slate: The Modern Denial of Human Nature* (Nova York: Penguin Publishing Group, 2003 [2002], edição Kindle),

p. 6 [Ed. bras.: *Tábula rasa: a negação contemporânea da natureza humana*. São Paulo: Companhia das Letras, 2004].

8. Ibid.

9. Jean-Jacques Rousseau, "The Second Part", sec. 207, "A Dissertation on the Origin and Foundation of the Inequality of Mankind", *The Social Contract and Discourses*, Online Library of Liberty, 1761. http://oll.libertyfund.org/tities/rousseau-the-social-contract--anddiscourses#lf0132_head_066.

10. Arthur Herman, *The Idea of Decline in Western History* (Nova York: Free Press, 1997), p. 29.

11. Charles Baudelaire, "The Salon of 1846", *Romanticism: The Documentary History of Western Civilization*, editado por John B. Halsted (Londres: Palgrave Macmillan, 1969), p. 119.

12. Francis Fukuyama, *The Origins of Political Order: From Prehuman Times to the French Revolution* (Nova York: Farrar, Straus and Giroux, 2011), p. 73 [Ed. bras.: *As origens da ordem política: Dos tempos pré-humanos até a Revolução Francesa*. Rio de Janeiro: Rocco, 2013].

13. Deirdre N. McCloskey, *Bourgeois Dignity: Why Economics Can't Explain the Modern World* (Chicago: University of Chicago Press, 2010), p. 154-55.

14. Steven Pinker, "A History of Violence", *New Republic*, 18 de março de 2007. https://newrepublic.com/article/77728/history-violence.

15. Matt Ridley, "Farewell to the Myth of the Noble Savage", *Wall Street Journal*, 25 de janeiro de 2013. http://www.wsj.com/articles/SB10001 424127887323940004578257720972109636.

16. Nicholas Wade, *Before the Dawn: Recovering the Lost History of Our Ancestors* (Nova York: Penguin Publishing Group, 2006), p. 151.

17. Chagnon foi assediado por antropólogos, ativistas indígenas e missionários católicos pelo retrato nativo invariavelmente sombrio das sociedades primitivas com que convivia. As acusações típicas de viés colonial, chauvinismo ocidental e racismo foram lançadas contra ele. Mas ele foi vindicado por pesquisas subsequentes, mais notadamente a obra de Alice Dreger, da Universidade do Noroeste. Ver Alice Dreger, "Darkness's Descent on the American Psychological Association: A Cautionary Tale", *Human Nature* 22, n. 3 (setembro de 2011), p. 225-46. http://link.springer.com/article/10.1007%2Fs12110-011-9103-y. Ver também Matt Ridley, "Farewell to the Myth of the Noble Savage", *Wall Street Journal*, 25 de janeiro de 2013.

18. Napoleon Chagnon, "Life Histories, Blood Revenge, and Warfare in a Tribal Population", *Science*, 239, n. 4843 (26 de fevereiro de 1988), p. 985-92. http://www.class.uh.edu/faculty/tsommers/moral%20diversity/bood%20revenge%20yanomamo.pdf.

19. Marvin Harris era a autoridade reinante no início da década de 1960, quando Chagnon partiu pela primeira vez para realizar sua pesquisa na Amazônia. O professor de Colúmbia era materialista cultural, o que é uma maneira elegante de dizer que era marxista. Ele rejeitou a noção de que a honra ou conflitos sobre mulheres levavam a matanças constantes. Em vez disso, adotou a teoria apresentada por seu antigo aluno, Daniel Gross, que em 1975 publicou um artigo postulando que a escassez de proteína animal na Amazônia era a única razão pela qual as tribos recorriam à guerra. Ele disse a Chagnon: "Se você demonstrar que os ianomâmis obtêm proteínas equivalentes a um Big Mac por dia, comerei meu chapéu." Os estudos sobre proteínas ainda são acaloradamente debatidos, com os partidários de Chagnon encontrando proteínas equivalentes a todo um Happy Meal e os oponentes encontrando um pouco menos. Mas, em relação a seu argumento mais amplo, Chagnon foi vindicado. Porém, mesmo que o guerreiro ianomâmi típico consumisse menos proteína animal que Gwyneth Paltrow durante um jejum de purificação, isso não faria muita diferença para meu argumento geral. Primeiro, as taxas de violência entre as sociedades primitivas são notavelmente constantes ao longo do tempo e da geografia. Certamente algumas delas obtêm proteínas suficientes? Segundo, embora a escassez relativa de bichos-preguiça e porcos-do-mato possa levar a níveis espantosos de violência e infanticídio, permanece o fato de que os ianomâmis vivem em estado de violência constante. E, considerando-se que a escassez relativa definiu praticamente toda sociedade humana antes da revolução agrícola — e muito depois dela —, seria racista, para não dizer lamentavelmente ignorante, assumir que outras populações humanas não responderam à escassez da mesma maneira. Ver Emily Eakin, "How Napoleon Chagnon Became Our Most Controversial Anthropologist", *New York Times,* 13 de fevereiro de 2013. http://www.nytimes.com/2013/02/17/magazine/napoleon-chagnon-americas-most-controversial-anthropologist.html?mcubz=1.

20. Michael Graulich, "Aztec Human Sacrifice as Expiation", *History of Religions* 39, n. 4 (2000), p. 353.

21. Robert J. Sharer e Loa P. Traxler, *The Ancient Maya*, 5ª edição (Stanford: Stanford University Press, 1994 [1946]), p. 543-44.

22. Bradley J. Parker, "The Construction and Performance of Kingship in the Neo-Assyrian Empire", *Journal of Anthropological Research* 67, n. 3 (outono de 2011), p. 372.

23. Matthias Schulz, "The Worst Ways to Die: Torture Practices of the Ancient World", Spiegel Online International, 15 de maio de 2009. http://www.spiegel.de/international/zeitgeist/the-worstways-to-dietorture--practices-of-theancient-worlda-625172.html.

24. Marvin Zalman, "Miranda v. Arizona", em Rolando V. del Carmen *et al.*, *Criminal Procedure and the Supreme Court: A Guide to the Major Decisions on Search and Seizure, Privacy, and Individual Rights* (Lanham: Rowman & Littlefield, 2010), p. 240.

25. Steven Pinker relata sua visita ao Museu de Tortura Medieval (Museo della Tortura e di Criminologia Medievale) em San Gimignano, Itália: "Acho que mesmo os leitores mais calejados em relação às atrocidades da história recente encontrariam algo para chocá-los nessa exibição de crueldade medieval. Há o Berço de Judas, usado durante a Inquisição espanhola: a vítima nua era amarrada pelas mãos e pelos pés, suspensa por um cinto de ferro em torno da cintura e baixada sobre uma ponta afiada que penetrava seu ânus ou vagina; quando a vítima relaxava os músculos, a ponta distendia e rasgava seus tecidos. A Virgem de Nuremberg era uma versão da Dama de Ferro, com cravos cuidadosamente posicionados para não perfurar os órgãos vitais da vítima e encerrar prematuramente seu sofrimento. Uma série de gravuras mostra vítimas penduradas pelos tornozelos e serradas ao meio da virilha para baixo; a exibição explica que esse método de execução era usado em toda a Europa para crimes que incluíam rebelião, bruxaria e desobediência militar. A Pera era um instrumento na forma da fruta, composta de quatro partes e uma ponta afiada, que era inserida na boca, no ânus ou na vagina e aberta por um parafuso giratório a fim de destroçar a vítima de dentro para fora; era usada para punir sodomia, adultério, incesto, heresia, blasfêmia e "união sexual com Satã". A Pata de Gato ou Garra Espanhola era um conjunto de garras usadas para rasgar a carne da vítima. A Máscara da Infâmia era modelada como uma cabeça de porco ou asno; a vítima era submetida tanto à humilhação pública quanto à dor de uma lâmina ou saliência inserida em seu nariz ou boca para impedir que gritasse. A Forquilha do Herege

tinha um par de pontas afiadas em cada ponta: uma era colocada sob o queixo da vítima e a outra na base do pescoço, de modo que, quando seus músculos ficassem exaustos, ela empalaria a si mesma em ambos os lugares." Steven Pinker, *The Better Angels of Our Nature: Why Violence Has Declined* (Nova York: Penguin Publishing Group, 2012 [2011], edição Kindle), localização Kindle 3063-67 [Ed. bras.: *Os anjos bons da nossa natureza: por que a violência diminuiu*. São Paulo: Companhia das Letras, 2013].

26. Steven A. LeBlanc, *Constant Battles* (Nova York: St. Martin's, 2003), p. 8.

27. Ver item 15 em "The Code of Hammurabi", tradução de L. W. King, Avalon Project, Yale Law School. http://avalon.law.yale.edu/ancient/hamframe.asp.

28. Richard Hellie, "Slavery", *Encyclopaedia Britannica*. https://www.britannica.com/topic/slavery-sociology.

29. Thomas Sowell, "The Real History of Slavery", em *Black Rednecks and White Liberals* (Nova York: Encounter, 2005), p. 113.

30. "Onde há tal diferença como aquela entre alma e corpo ou entre homens e animais (como no caso daqueles cujo negócio é usar seu corpo e nada podem fazer de melhor), o tipo mais baixo é escravo por natureza e é melhor para ele, como para todos os inferiores, estar sob o domínio de um mestre." Aristóteles, "Book One, Part V", em *Politics*, tradução de Benjamin Jowett, Internet Classics Archive. http://classics.mit.edu/Aristotle/politics.1.one.html.

31. Alguém poderia objetar, dizendo que os fundadores, apesar de toda a sua sabedoria, não consideravam os africanos totalmente humanos. Isso certamente é verdade no caso de alguns deles. Mas trata-se não somente de uma desculpa ruim, como também de uma explicação pouco convincente. Os colonos ingleses originais da Companhia da Virgínia tentaram transformar os indígenas locais em escravos, mas isso não funcionou por várias razões, a mais óbvia sendo que eles fugiam com facilidade. Os ingleses também tentaram usar europeus brancos como quase-escravos — ou seja, servos por contrato —, algo que também não funcionou. (De fato, os primeiros negros trazidos para a América eram servos por contrato, não escravos.)

32. Reuters Staff, "Chronology—Who Banned Slavery When?", Reuters, 22 de março de 2007. https://www.reuters.com/article/uk-slavery-idUSL1561464920070322.

33. Jerome Reich, "The Slave Trade at the Congress of Vienna: A Study in English Public Opinion", *Journal of Negro History* 53, n. 2 (abril de 1968), p. 139-40.

34. Ver "Slavery Abolition Act". *Encyclopaedia Britannica*. https://www.britannica.com/topic/Slavery-Abolition-Act; "1863 Abolition of Slavery", Rijks Studio. https://www.rijksmuseum.nl/en/rijksstudio.

35. Ibid.

36. Don Bourdeaux, "Capitalism and Slavery", Café Hayek, 25 de agosto de 2009. http://cafehayek.com/2009/08/capitalism-andslavery.html.

37. Adam Smith, "I.8.40: Of the Wages of Labour", em *An Inquiry into the Nature and Causes of the Wealth of Nations*, Library of Economics and Liberty. http://www.econlib.org/library/Smith/smWN3.html.

38. Adam Smith, "III.2.9: Of the Discouragement of Agriculture in the Ancient State of Europe After the Fall of the Roman Empire", em *An Inquiry into the Nature and Causes of the Wealth of Nations*, Library of Economics and Liberty. http://www.econlib.org/library/Smith/smWN3.html.

39. Abraham Lincoln, "House Divided Speech: Springfield, Illinois, June 16, 1858", Abraham Lincoln Online. http://www.abrahamlincolnonline.org/lincoln/speeches/house.htm.

40. Daron Acemoglu e Alexander Wolitzky, "The Economics of Labor Coercion", *Econometrica* 79, n. 2 (março de 2011), p. 555. http://economics.mit.edu/files/8975.

41. Harry Wu, "The Chinese Laogai", Victims of Communism Memorial Foundation. http://victimsofcommunism.org/the-chinese-laogai/.

42. John Stuart Mill, "Essay V: On the Definition of Political Economy; and on the Method of Investigation Proper to It", em *Essays on Some Unsettled Questions of Political Economy*, Online Library of Liberty. http://www.econlib.org/library/Mill/mlUQP5.html.

43. Richard Leakey e Roger Lewin, *People of the Lake: Mankind and Its Beginning* (Garden City: Anchor, 1978), p. 139 [Ed. bras.: *O Povo do Lago: O homem: suas origens, natureza e futuro*. Brasília: Editora UnB, 1996].

44. Fukuyama, *The Origins of Political Order*, p. xii.

45. Adam Smith. "III.1.8: Of the Love of Praise, and of That of Praise-worthiness; and of the Dread of Blame, and That of Blame-worthiness", em *The Theory of Moral Sentiments*, Library of Economics and Liberty. http://www.econlib.org/library/Smith/smMS3.html#Part%20

III.%20Of%20the%20Foundation%20of%20our%20Judgments%20
concerning%20our%20own%20Sentiments%20and%20Conduct,%20
and%20of%20the%20Sense%20of%20Duty.

46. Ver Frans de Waal, *Chimpanzee Politics: Power and Sex Among the Apes* (Baltimore: Johns Hopkins University Press, 2007 [1983]).

47. Russ Roberts, "Munger on Slavery and Racism", Library of Economics and Liberty, 22 de agosto de 2016. http://www.econtalk.org/archives/2016/08/munger_on_slave.html.

48. Ver Jonah Goldberg, *The Tyranny of Clichés: How Liberals Cheat in the War of Ideas* (Nova York: Sentinel, 2012), p. 175-79.

49. Davis Benioff e D. B. Weiss, "You Win or You Die", *Game of Thrones*, temporada 1, episódio 7.

50. Jonathan Haidt, *The Righteous Mind: Why Good People Are Divided by Politics and Religion* (Nova York: Knopf Doubleday, 2012, edição Kindle), p. 165-66.

51. Paul Bloom. *Just Babies: The Origins of Good and Evil* (Nova York: Broadway Books, 2013, edição Kindle), p. 95.

52. Charles Darwin, "Chapter V: On the Development of the Intellectual and Moral Faculties During Primeval and Civilised Times", *The Descent of Man and Selection in Relation to Sex*, Project Gutenberg. http://www.gutenberg.org/cache/epub/2300/pg2300.html.

53. Paul H. e Sarah M. Robinson, *Pirates, Prisoners, and Lepers: Lessons from Life Outside the Law* (Lincoln: Potomac Books, 2015, edição Kindle), localização Kindle 672-75.

54. Ibid., localização Kindle 670-71.

55. Blake Seitz, "Bernie Sanders Was Asked to Leave Hippie Commune for Shirking, Book Claims", *Washington Free Beacon*, 19 de abril de 2016. http://freebeacon.com/politics/bernie-sanders-asked-leave-hippie-commune/.

56. Ver Amy Shuman, "Food Gifts: Ritual Exchange and the Production of Excess Meaning", *Journal of American Folklore* 113, n. 450 (edição especial: "Holidays, Ritual, Festival, Celebration, and Public Display", outono de 2000), p. 495-508.

57. Eugene Scott, "Trump Believes in God, but Hasn't Sought Forgiveness", CNN, 18 de julho de 2015. http://www.cnn.com/2015/07/18/politics/trump-hasnever-sought-forgiveness/.

58. Partilhar alimentos a partir da "troca ritual" produz o que Amy Shuman chama de "excesso de sentido". Em outras palavras, a

significância do ato é muito maior que o conteúdo material do que é dado. Se alguém importante em sua vida o convida para jantar com a família, você entende que o valor do gesto é muito maior que o custo dos alimentos ou o valor do tempo empregado na preparação. Regras higiênicas relacionadas a alimentos têm uma base bastante óbvia na evolução. Haidt discute longamente como diferentes sociedades desenvolveram regras arcanas e elaboradas para lidar com alimentos. Os huas da Nova Guiné, por exemplo, acreditam que "a fim de que seus meninos se tornem homens, eles precisam evitar alimentos que se pareçam de qualquer modo com vaginas, incluindo qualquer coisa vermelha, úmida, pegajosa, que venha de um buraco ou tenha cabelo. Inicialmente, parece superstição arbitrária combinada a previsível sexismo em uma sociedade patriarcal. [O psicólogo norte-americano] Turiel chamaria essas regras de convenções sociais, porque os huas não acreditam que homens de outras tribos precisem segui-las. Mas os huas certamente pensavam em suas regras alimentares como regras morais. Eles falavam sobre elas constantemente, julgavam uns aos outros por seus hábitos alimentares e governavam suas vidas, seus deveres e seus relacionamentos pelo que a antropóloga Anna Meigs chamou de 'religião do corpo'." Jonathan Haidt, *The Righteous Mind: Why Good People Are Divided by Politics and Religion* (Nova York: Knopf Doubleday, 2012, edição Kindle), p. 14.

59. Ernest Gellner, *Plough, Sword, and Book: The Structure of Human History* (Chicago: University of Chicago Press, 1989), p. 118-12.

2. CORROMPENDO O MILAGRE: QUANDO A NATUREZA HUMANA REAGE

1. Horácio, *Epístolas*, Livro I, epístola x, linha 24, Latin Library. http://www.thelatinlibrary.com/horace/epist1.shtml.

2. Ronald Reagan, "First Inaugural Address—January 5, 1967", Governors' Gallery, California State Library. http://governors.library.ca.gov/addresses/33-Reagan01.html.

3. Belzebu é o nome da deidade babilônica Baal, que foi transformada em demônio por judeus, cristãos e muçulmanos. Ver Liaquat Ali Khan, "Beelzebub: An Unfairly Demonized Deity?", *Huffington Post*, 23 de abril de 2017. http://www.huffingtonpost.com/liaquat-alikhan/beelzebub-an-unfairly-dem_b_9759936.html.

4. William Golding, *Lord of the Flies* (Nova York: Berkeley, 2003 [1954]), p. 143. [Ed. bras.: *Senhor das moscas*. Rio de Janeiro: Alfaguara, 2014].

5. "corruption, n", *OED Online*, Oxford University Press, junho de 2017.

6. Robert Nisbet escreve em *Prejudices*: "Mas a palavra corrupção tinha uso mais geral e diverso mesmo durante a Idade Média. Não somente a carne humana, mas também a vida orgânica em geral, a linguagem, o estudo dos clássicos, a moralidade, a conduta na diplomacia e no comércio, a arte e, embora pouco frequente, o governo político podiam servir de referentes. Mais frequentemente, durante a Renascença e depois, houve referências à própria Terra, que se acreditava amplamente estar passando por uma decomposição e desintegração gradual, com seu eventual despedaçamento e desaparecimento sendo uma previsão certa. Desde a época do surgimento da palavra na língua inglesa, por volta do século XIV, até o século XIX, todos os ramos da literatura e da arte tiveram várias aplicações para ela. Embora, do século XVI em diante, usos de natureza política tenham se tornado mais comuns, como resultado da crescente proeminência do Estado político na vida ocidental, tais usos não interferiram ou reduziram suas aplicações a uma variedade de referentes não políticos." Robert Nisbet, *Prejudices: A Philosophical Dictionary* (Cambridge: Harvard University Press, 1983), p. 61.

7. William Shakespeare, *The Tragedy of Hamlet, Prince of Denmark*, ato IV, cena III, The Complete Works of William Shakespeare. http://shakespeare.mit.edu/hamlet/full.html.

8. Nicholas Wade, *Before the Dawn: Recovering the Lost History of Our Ancestors* (Nova York: Penguin, 2006), p. 149.

9. Jonathan Gottschall, "Explaining Wartime Rape", *Journal of Sex Research* 41, n. 2 (maio de 2004), p. 130. http://www.nlgmltf.org/pdfs/11--Gottschal-wartime-rape.pdf.

10. Jonathan Gottschall, ibid., após revisar a horrível prevalência do estupro de guerra em todo o mundo no século XX, escreve: "Não há razão para acreditar que o estupro em massa em tempos de guerra fosse menos comum antes do século XX. Talvez guerras históricas mais bem documentadas incluam exemplos de estupro militar disseminado. Por exemplo, o estupro em massa está bem documentado nas guerras entre os judeus e seus inimigos, descritas na Bíblia (como Deuteronômio 21, Isaías 13:16, Lamentações 5:11, Zacarias 14:2), em crônicas anglo-saxônicas e chinesas (Littlewood, 1997), nos combates

medievais europeus (Meron, 1993), durante as cruzadas (Brownmiller, 1975, p. 35), na conquista da Pérsia por Alexandre (Hansen, 1999, p. 188), nos massacres vikings (Karras, 1990), na conquista de Roma por Alarico (Ghiglieri, 2000, p. 90), nas guerras menores dos gregos antigos (Finley, 1954) e assim por diante. É importante notar que o nível e a extensão do estupro em massa em muitos conflitos — por exemplo, a "violação da Bélgica" pela Alemanha durante a Primeira Guerra Mundial — foram acaloradamente contestados por acadêmicos (Gullace, 1997). Porém, a revisão das evidências históricas fornece a distinta impressão de que, sempre e por toda parte, quando os homens foram para a guerra, muitos deles pensaram como o velho Nestor, na *Ilíada*, que concluiu seu discurso aos soldados gregos cansados de guerra lembrando os espólios da vitória: "Que ninguém se apresse a voltar para casa antes de ter se deitado com a mulher de algum troiano" (Homero, 1999, livro 2, p. 354-55).

11. C. S. Lewis. *The Screwtape Letters* (Nova York: HarperCollins, 2001 [1942]), p. 161.

12. John Locke, *Some Thoughts Concerning Education*, sec. 115, Online Library of Liberty. http://oll.libertyfund.org/titles/locke-theworksvol8--somethoughts-concerning-education-posthumous-works-familiar--letters.

13. Arthur Herman, *The Idea of Decline in Western History* (Nova York: Free Press, 1997), p. 15-16.

14. Jonah Goldberg, *The Tyranny of Clichés: How Liberals Cheat in the War of Ideas* (Nova York: Sentinel, 2012), p. 8.

15. Ibid., p. 9.

16. Ibid.

17. Deuteronômio 31:29. https://www.biblegateway.com/verse/en/Deuteronomy%2031:29.

18. Ver Tiago 4:4. https://www.biblegateway.com/verse/en/James%20 4%3A4.

19. Francis Fukuyama, *The Origins of Political Order: From Prehuman Times to the French Revolution* (Nova York: Farrar, Straus and Giroux, 2011), p. 43.

20. Ibid., p. 17.

21. Mancur Olson, *The Rise and Decline of Nations: Economic Growth, Stagflation, and Social Rigidities* (New Haven: Yale University Press, 1987), p. 1.

22. Ibid.

23. Adam Bellow, *In Praise of Nepotism* (Nova York: Knopf Doubleday, edição Kindle, 2003), localização Kindle 3245-49.

24. Em sua primeira carta aos Coríntios, Paulo diz: "Digo, porém, aos solteiros e às viúvas, que lhes é bom se ficarem como eu. Mas, se não podem conter-se, casem-se. Porque é melhor casar do que abrasar-se." (1 Coríntios 7:8-9). https://www.biblegateway.com/passage/?search=1+Corinthians+7:8-9.

25. Marshall Connolly, "A Very Brief History of Priestly Celibacy in the Catholic Church", Catholic Online, 24 de agosto de 2016. http://www.catholic.org/news/hf/faith/story.php?id=70507.

26. "O objetivo do papa Gregório era pôr fim à corrupção e à busca de renda econômica no interior da Igreja atacando o patrimonialismo, a liberdade de bispos e padres de terem filhos. Ele foi motivado pela mesma lógica que levou chineses e bizantinos a lançarem mão dos eunucos ou os otomanos a capturarem escravos militares e os separarem de suas famílias: tendo a escolha entre lealdade ao Estado e lealdade à família, a maioria das pessoas é biologicamente conduzida à segunda. A maneira mais direta de reduzir a corrupção era, portanto, proibir os oficiais de terem famílias." Fukuyama, *The Origins of Political Order*, p. 265.

27. Ver Santiago Cortés-Sjöberg, "Why Are Priests Celibate?", U.S. Catholic. http://www.uscatholic.org/glad-you-asked/2009/08/why-are--priests-celibate. Martinho Lutero, concordando com Horácio sobre a futilidade de manter a natureza totalmente a distância, opôs-se ao celibato dos padres, afirmando que levaria à masturbação. "A natureza jamais desiste", disse Lutero, "e somos todos conduzidos ao pecado secreto. Para falar crua, porém honestamente, se ele não vai para uma mulher, vai para sua camisa." Ver Helen L. Owen, "When Did the Catholic Church Decide Priests Should Be Celibate?", History News Network, outubro de 2001. http://historynewsnetwork.org/article/696.

28. "Pope Callistus III", Catholic Encyclopedia, New Advent. http://www.newadvent.org/cathen/03187a.htm.

29. "Pope Innocent XII", Catholic Encyclopedia, New Advent. http://www.newadvent.org/cathen/08022a.htm.

30. Bellow, *In Praise of Nepotism*, localização Kindle 1595-96.

31. Ibid., localização Kindle 1592-1607.

32. Ibid., localização Kindle 1609-10.

33. Cemal Kafadar, *Between Two Worlds: The Construction of the Ottoman State* (Berkeley e Los Angeles: University of California Press, 1995), p. 111-13.

34. *The Republic of Plato*, 414c-415c, tradução de Allan Bloom, (Nova York: Basic Books, 1968), p. 93-94.

35. Fukuyama, *The Origins of Political Order*, p. 190-91.

36. "Janissary", *Encyclopaedia Britannica*. https://www.britannica.com/topic/Janissary-corps.

37. Os pretorianos da Roma Antiga, assim como os janízaros otomanos e os eunucos chineses, finalmente se tornaram um grupo de interesse próprio. No ano 193, a guarda pretoriana não somente assassinou o imperador Pertinax, como leiloou o trono. Por fim, Titus Flavius Sulpicanus comprou o controle do Império Romano por 25 mil sestércios por pretoriano. Ver B. G. Niebuhr, "Lecture CXXXV", *Lectures on the History of Rome, from the Earliest Times to the Fall of the Western Empire* (Londres: Lockwood, 1870), p. 738-39.

38. Maria Konnikova, "The Limits of Friendship", *New Yorker*, 7 de outubro de 2014. http://www.newyorker.com/science/maria-konnikova/social-media-affect-math-dunbar-number-friendships.

39. Alguns críticos do número de Dunbar acham que ele é alto demais, dado que a maioria dos bandos humanos primitivos era muito menor que isso, com quarenta a cinquenta pessoas.

40. Hayek acreditava que o impulso tribal era uma ameaça permanente à sociedade aberta e ao estado de direito, e que praticamente toda empreitada coletivista era uma tentativa de satisfazer nossa nostalgia atávica pelo passado tribal: "Deve-se perceber, no entanto, que os ideais do socialismo (ou da 'justiça social'), que em tal posição se provam tão atraentes, não oferecem realmente uma nova moral, mas meramente apelam a instintos herdados de um tipo anterior de sociedade. Eles são um atavismo, uma tentativa vã de impor à sociedade aberta as morais de uma sociedade tribal que, se prevalecesse, não somente destruiria a grande sociedade, como também ameaçaria a sobrevivência dos grandes números aos quais cerca de trezentos anos de ordem de mercado permitiram a humanidade a chegar." Ele acrescentou: "O persistente conflito entre as morais tribais e a justiça universal se manifestou na história a partir de um choque recorrente entre o senso de lealdade e o senso de justiça. Foi a lealdade a grupos particulares, como aqueles de ocupação, classe, clã, nação, raça ou religião, que representou o maior

obstáculo à aplicação universal das regras de justa conduta. Somente lenta e gradualmente essas regras gerais de conduta em relação a todos os homens prevaleceram sobre as regras especiais que permitiam que o indivíduo ferisse um estranho se isso serviço ao interesse de seu grupo." F. A. Hayek, *Law, Legislation and Liberty, Volume 2: The Mirage of Social Justice* (Chicago: University of Chicago Press, 1976), p. 146—148.

41. Ver William Butler Yeats, "The Second Coming", Poetry Foundation. https://www.poetryfoundation.org/poems/43290/the-second-coming.

3. O ESTADO: UM MITO COMBINADO

1. Thomas Hobbes, "Chapter XIII: Of the Natural Condition of Mankind, As Concerning Their Felicity, and Misery", *Leviathan*, século 9, editado por Edwin Curley (Indianápolis: Hackett, 1994), p. 76.

2. Olson: "Assim, não devemos nos surpreender com o fato de que, embora haja muitos textos sobre a desejabilidade dos 'contratos sociais' para obter os benefícios da lei e da ordem, ninguém jamais encontrou uma sociedade ampla que tenha obtido uma ordem pacífica ou outros bens públicos por meio de um acordo entre seus indivíduos." Mancur Olson, "Dictatorship, Democracy, and Development", *American Political Science Review* 87, n. 3 (setembro de 1993), p. 568.

3. Ibid.

4. Ibid., p. 567.

5. Ibid., p. 568.

6. Ibid., p. 567.

7. "A criminalidade do Estado não é nova e não merece questionamento", escreve Albert Jay Nock. "Ela começou quando o primeiro grupo predatório de homens se uniu e formou o Estado, e continuará enquanto o Estado existir, porque o Estado é fundamentalmente uma instituição antissocial, fundamentalmente criminosa. A ideia de que o Estado se originou para servir a qualquer tipo de propósito social é completamente não histórica. Ele se originou para conquistar e confiscar — ou seja, no crime." Albert Jay Nock, "The Criminality of the State", *American Mercury*, março de 1939, acessado via Mises Daily, Mises Institute, 29 de dezembro de 2006. https://mises.org/library/criminality-state.

8. Diego Gambetta, em sua obra seminal, *The Sicilian Mafia: The Business of Private Protection* [A máfia siciliana: o negócio da proteção privada],

leva esse argumento muito além. A máfia, argumenta ele, preencheu um nicho de mercado da sociedade italiana quando o governo se tornou um garantidor pouco confiável dos direitos de propriedade. Por uma porcentagem, a máfia fazia o que o governo não podia ou não queria fazer. Os líderes das gangues nas penitenciárias da Califórnia e do Texas são outro exemplo perfeito de bandidos estacionários em sociedades modernas. Em *The Social Order of the Underworld: How Prison Gangs Govern the American Penal System* [A ordem social do submundo: como as gangues governam o sistema penal americano], David Skarbek descreve como os Grandes Homens de nosso sistema penal cobram taxas de seus membros e de outros presidiários em troca de proteção contra os bandidos errantes. Afinal, a primeira regra da prisão é que todo mundo precisa de amigos.

9. Isso não significa que não somos programados para acreditar em alguma concepção de propriedade. Possuímos um senso inato de justiça, e tirar o que pertence a outro tende a violá-lo. Em bandos de chimpanzés, se um adulto mais forte pega comida de um mais fraco, o mais fraco reclama. O alfa ou um pequeno grupo de aliados pode intervir para endireitar as coisas. Nas primeiras sociedades de caçadores-coletores, esse papel cabia ao Grande Homem ou a algum outro líder tribal. Mas se ele optava ou não por intervir era uma questão social e política. Não havia regra ou código escrito dizendo que devia intervir.

10. "Embora haja muitos exemplos históricos de formação de Estados concorrentes, ninguém jamais observou a versão pura, de modo que filósofos políticos, antropólogos e arqueólogos só podem especular sobre como o primeiro ou os primeiros Estados surgiram" escreve Francis Fukuyama em *The Origins of Political Order: From Prehuman Times to the French Revolution* (Nova York: Farrar, Straus and Giroux, 2011), p. 81-82.

11. Charles Tilly, "Reflections on the History of European State-Making", p. 42. http://psi424.cankaya.edu.tr/uploads/files/Tilly,%20Reflections%20on%20State%20Making.pdf. Tilly faz uma descrição de cargo de quatro tópicos que segue bastante de perto o bandido estacionário de Olson. Primeiro, um líder, guerreiro ou chefe feudal (os rótulos não importam muito) se torna o poder indisputado em seu território, em geral após destruir os concorrentes externos. Segundo, ele se volta contra os concorrentes domésticos, reais e potenciais, e os elimina ou neutraliza. Terceiro, oferece "proteção" — como a da máfia — aos

"clientes" em seu território. E, finalmente, cria um sistema de taxação para "adquirir os meios para realizar os três primeiros". O foco de Tilly estava na formação do Estado na Europa. Suas teorias, como argumenta Francis Fukuyama, se aplicam muito facilmente também à China. Mas sua teoria de formação predatória do Estado se torna mais controversa quando aplicada a outros locais.

12. Douglass C. North e Robert Paul Thomas, *The Rise of the Western World: A New Economic History* (Nova York: Cambridge University Press, 1973), p. 2.

13. Ibid., p. 1.

14. Ernest Gellner, *Plough, Sword, and Book: The Structure of Human History* (Chicago: University of Chicago Press, 1989), p. 16.

15. Ver Chelsea German, "$1,500 Sandwich Illustrates How Exchange Raises Living Standards", Human Progress, 25 de setembro de 2015. http://humanprogress.org/blog/1500-dollar-sandwich-illustrates-exchange-raises-living-standards; https://www.youtube.com/watch?v=URvWSsAgtJE.

16. Max Weber, "Politics as a Vocation", *From Max Weber: Essays in Sociology*, editado e traduzido por H. H. Gerth e C. Wright Mills (Nova York: Routledge, 2009), p. 78. Em outro texto, Weber considera um Estado digno desse nome "desde que sua equipe administrativa reivindique com sucesso o 'monopólio do uso legítimo da força física' na imposição de sua ordem". Max Weber, *Economy and Society: An Outline of Interpretive Sociology*, vol. I, parte Um: "Conceptual Exposition: I. Basic Sociological Terms: 17. Political and Hierocratic Organizations", editado por Guenter Roth e Claus Wittich (Berkeley e Los Angeles: University of California Press, 1978 [1968]), p. 54.

17. Isso é verdade ainda hoje, mesmo nas sociedades mais progressistas. Em São Francisco, Estocolmo ou Amsterdã, se você desobedecer à lei e o Estado ficar sabendo, em algum momento pessoas com armas irão atrás de você e lhe dirão para parar. Isso é verdade não somente para crimes graves, mas também para crimes inócuos. Se você se recusar a separar seu lixo adequadamente, por exemplo, pode receber uma carta ou e-mail ordenando que obedeça à lei. Se você ignorar a carta, pode receber a visita de um oficial do governo. Pode ser multado. Se se recusar a pagar a multa, receberá outra. E outra. O processo continuará até que o Estado envie policiais armados para forçar sua obediência

ou puni-lo. Se você duvida que mesmo as mais inócuas instituições do Estado de bem-estar social sob o qual você vive são apoiadas pela ameaça de força, pergunte-se por que a Administração de Previdência Social recentemente comprou 174 mil projéteis de ponta oca. Ver Stephen Ohlemacher, "Why Does Social Security Need 174,000 Bullets?", Associated Press. http://katu.com/news/nation-world/why--does-social-security-need174000-bullets-11-19-2015.

18. Pode escolher: "colocar força em"; "acrescentar força a, intensificar, fortalecer (sentimento, desejo, influência); transmitir novo vigor ou energia a (ação, movimento, ataque etc.). Obs.: exercer força; esforçar--se, batalhar [...]; aplicar força para influenciar; usar força; pressionar com força; superar pela violência; tomar (uma cidade) de assalto; forçar, violar (uma mulher); compelir, restringir, obrigar [...]; produzir, impor, efeito pela força; forçar, impor (algo) a alguém; compelir pela força física ou moral (a realização de uma ação, a conformidade a uma regra etc.); impor (um curso de ação a uma pessoa); compelir ao cumprimento de (uma lei); apoiar pela força (uma reivindicação, demanda, obrigação)". De "enforce, v", *OED Online*, Oxford University Press, junho de 2017.

19. Gellner, *Plough, Sword, and Book*, p. 17.

20. Jeremy Egner, "'Game of Thrones' Recap: The Faith and the Crown", *New York Times*, 26 de abril de 2015. https://artsbeat.blogs.nytimes.com/2015/04/26/game-of-thrones-recap-the-faith-andthe-crown/.

21. Yuval Noah Harari, *Sapiens: A Brief History of Humankind* (Nova York: HarperCollins, 2015, edição Kindle), p. 122. [Ed. bras.: *Sapiens: Uma breve história da humanidade*. Porto Alegre: L&PM, 2018].

22. "Sir Arthur's Quotations", The Arthur C. Clarke Foundation. https://www.clarkefoundation.org/about-sirarthur/sir-arthurs-quotations/.

23. "A coisa mais significativa sobre a escrita", observou Ernest Gellner, "é que ela torna possível o distanciamento entre a afirmação e o falante. Sem a escrita, todo discurso está preso ao contexto: em tais condições, a única maneira pela qual uma afirmação pode ser dotada de solenidade especial é a ênfase ritual, o contexto incomum e deliberadamente solenizado, a rigidez prescrita de maneiras." Gellner, *Plough, Sword, and Book*, p. 71.

24. "The Code of Hammurabi", traduzido por L. W. King, Avalon Project, Yale Law School. http://avalon.law.yale.edu/ancient/hamframe.asp.

25. Ibid., n. 15.

26. Ibid., n. 196-99.

27. Ibid., n. 195.

28. Ibid., n. 104.

29. Claude Hermann Walter Johns, "Babylonian Law—The Code of Hammurabi", *Encyclopedia Britannica*, 11ª edição, citada em Avalon Project, Yale Law School. http://avalon.law.yale.edu/ancient/hammpre.asp.

30. Arriscamos entrar em uma longa discussão sobre as diferenças entre lei e legislação, mas passarei por cima dela. Hoje pensamos que a legislação é simplesmente o processo de escrever leis. Mas não foi assim que os teóricos legais entenderam as coisas durante a maior parte da história humana. Algumas leis existem, haja ou não *legislação* para suportá-las. O Estado não precisa de uma lei dizendo que a pessoa à sua frente na fila do Starbucks pedirá café antes de você, e, todavia, quase todos reconhecemos e obedecemos a essa regra sem ajuda da polícia. Os gansos não seguem nenhuma lei escrita quando voam em V; em vez disso, descobriram uma lei que diz que a formação em V é a melhor maneira de voar. Se alguém fura a fila, os outros clientes ou o caixa impõem a lei não escrita ou oculta. Uma antiga tradição no pensamento legal diz que todas as leis escritas deveriam ser um esforço para descobrir e esclarecer as leis não escritas. Em *Minos*, Sócrates debate com um companheiro sobre a natureza da lei. O homem não nomeado diz que a lei são "coisas lealmente aceitas". Sócrates protesta: "Então a fala são coisas ditas, a visão coisas vistas, a audição coisas ouvidas? Ou a fala é distinta das coisas ditas, a visão distinta das coisas vistas, a audição distinta das coisas ouvidas e a lei deve ser distinta das coisas lealmente aceitas? É assim? Qual é sua visão?" O companheiro modifica sua definição: "Parece que a opinião do Estado é o que você chama de lei." Mas Sócrates pergunta se o Estado não pode fazer julgamentos ruins. Se não pode cometer erros. E então oferece uma definição melhor. "E, novamente, ao escrever sobre o que é justo e injusto e, de modo geral, sobre o governo de um Estado e a maneira adequada de governá-lo, aquilo que é certo é a lei do rei, mas não o que não é certo, embora parece ser lei para os que não sabem, pois é ilegal." Platão, *Minos*, 313a–317c, editado por Gregory R. Crane, Perseus Digital Library, Universidade Tufts. http://www.perseus.tufts.edu/hopper/text?doc=Perseus%3Atext%3A1999.01.0180%3Atext%3DMinos%3Asection%3D313a.

31. Kevin D. Williamson, "Gay Marriage: Where Do We Put the Sidewalks?" *National Review* online, 26 de junho de 2011. http://www.

nationalreview.com/corner/270523/gay-marriage-wheredo-we-putsi-dewalks-kevin-d-williamson.

32. Matt Ridley observa que esse próprio código foi uma propriedade emergente. "Nenhum grupo de presidiários se reuniu para decidi-lo. Embora os transgressores fossem punidos com ostracismo, ridículo, ataque ou morte, a punição era descentralizada. Ninguém estava encarregado. E o código dos condenados 'facilitou a cooperação social e diminuiu o conflito social. Ele ajudou a estabelecer a ordem e promover o comércio ilícito'." Matt Ridley, *The Evolution of Everything: How New Ideas Emerge* (Nova York: HarperCollins, 2015), p. 237.

33. David Skarbek, *The Social Order of the Underworld: How Prison Gangs Govern the American Penal System* (Oxford: Oxford University Press, 2014). Citado em Ridley, *The Evolution of Everything*, p. 238.

34. Mais tarde, Henry se arrependeu. "Canossa se tornou um símbolo de submissão secular, mas impropriamente; a contrição do imperador foi breve. Mudando de ideia, ele renovou seu ataque e, sem se deixar deter pela segunda excomunhão, expulsou Gregório de Roma." William Manchester, *A World Lit Only by Fire* (Boston: Little, Brown, 1993 [1992]), p. 11.

35. Ver, por exemplo, Catriona Kelly, "Riding the Magic Carpet: Children and Leader Cult in the Stalin Era", *Slavic and East European Journal* 49, n. 2 (Edição especial do fórum "Russian Children's Literature—Changing Paradigms", verão de 2005), p. 199-224.

36. "Chris Rock: Obama like 'Dad of the Country. And When Your Dad Says Something, You Listen'", Breitbart TV, 6 de fevereiro de 2013. http://www.breitbart.com/video/2013/02/06/chris-rock-obama-is--americas-dad-you-have-to%20-listen-to-him/.

4. O NASCIMENTO DO CAPITALISMO: UM ACIDENTE GLORIOSO

1. Joel Mokyr, *A Culture of Growth: The Origins of the Modern Economy*, Graz Schumpeter Lectures (Princeton: Princeton University Press, Edição Kindle, 2016), p. 4.

2. Em *The Riddle of the Modern World: Of Liberty, Wealth and Equality* [Enigma do mundo moderno: sobre liberdade, riqueza e igualdade], o antropólogo da Universidade de Cambridge, Alan MacFarlane, relata que "a emergência do mundo moderno e sua própria natureza são um

mistério. Estamos muito confusos a respeito de como isso aconteceu".
E acrescenta: "Ainda há uma brecha muito grande na explicação sobre
como ocorreu a transição para o mundo moderno." Alan McFarlane,
The Riddle of the Modern World (Nova York: St. Martin's, 2000), p. 2.
Ernest Gellner, que não estava frequentemente inclinado a admitir
que não tinha a resposta para qualquer pergunta, maravilhou-se com
"as rotas sinuosas e quase milagrosas pelas quais a humanidade agrá-
ria, *uma única vez*, chegou ao caminho" para a modernidade. Ernest
Gellner, *Plough, Sword, and Book: The Structure of Human History*
(Chicago: University of Chicago Press, 1989), p. 204.

3. Eric Jones, "Afterword to the Third Edition", *The European Miracle:
Environments, Economies and Geopolitics in the History of Europe
and Asia*, 3ª edição (Cambridge: Cambridge University Press, 2003
[1981]), p. 257.

4. Se está buscando esse argumento, sugiro *God? Very Probably: Five
Rational Ways to Think About the Question of a God* (Eugene: Cascade,
2015), de Robert H. Nelson.

5. Daniel Hannan, *Inventing Freedom: How the English-Speaking Peoples
Made the Modern World* (Nova York: HarperCollins, 2013, edição
Kindle), localização Kindle 205-9.

6. Ibid., localização Kindle 4686-4701.

7. Para os interessados nesse tópico, *Going Dutch: How England Plundered
Holland's Glory* (Nova York: HarperCollins, 2008), de Lisa Jardine, é
uma história abrangente da influência holandesa sobre a Inglaterra.

8. Ralph Raico, "The 'European Miracle'", em *The Collapse of Development Planning*, editado por Peter Boettke (Nova York: New York
University Press, 1994), p. 41. McCloskey também escreve que "ainda
não sabemos com certeza por que a criação e uso de novos conheci-
mentos continuou acontecendo no norte da Europa, embora muitos
historiadores suspeitem que a fragmentação política da Europa, 'o
antigo continente coalhado', foi o ingresso para o mundo moderno.
Ela levou a guerras incessantes (com exceção do sucesso ocasional de
esquemas utópicos de paz, como o Tratado de Veneza [1454]), mas
também a relativa liberdade para o empreendedorismo". Deirdre
N. McCloskey, *Bourgeois Dignity: Why Economics Can't Explain the
Modern World* (Chicago: University of Chicago Press, 2010), p. 109.

9. Hannan, *Inventing Freedom*, localização Kindle 1293-95.

10. Ibid., localização Kindle 1307-10.

11. Ibid., localização Kindle 1302-4.

12. Francis Fukuyama, *The Origins of Political Order: From Prehuman Times to the French Revolution* (Nova York: Farrar, Straus and Giroux, 2011), p. 233.

13. Karl Marx e Friedrich Engels, *Manifesto of the Communist Party*, "Chapter I: Bourgeois and Proletarians", Marxist Internet Archive. https://www.marxists.org/archive/marx/works/1848/communist--manifesto/ch01.htm.

14. Fukuyama, *The Origins of Political Order*, p. 233.

15. Ibid.

16. Hannan, *Inventing Freedom*, localização Kindle 1179-82.

17. Para uma espécie de visão oposta, ver: Edward D. Re, "The Roman Contribution to the Common Law", *Fordham Law Review* 29, n. 3 (1961). http://ir.lawnet.fordham.edu/cgi/viewcontent.cgi?article=1673&context=flr.

18. Hannan, *Inventing Freedom*, localização Kindle 1198-1200.

19. Ibid., localização Kindle 771-73.

20. Peggy Noonan, "A Cold Man's Warm Words: Jefferson's Tender Lament Didn't Make It into the Declaration", *Wall Street Journal*, 2 de julho de 2012. https://www.wsj.com/articles/SB10001424052748703571704575341403234545296.

21. Thomas Jefferson *et al.*, "Declaration of Independence: A Transcription", America's Founding Documents, National Archives. https://www.archives.gov/founding-docs/declaration-transcript.

22. Hannan, *Inventing Freedom*, localização Kindle 724-26.

23. Patrick Henry, "Virginia Ratifying Convention", 5 de junho de 1788. De: *The Founders' Constitution*, volume 1, capítulo 8, documento 38. http://press-pubs.uchicago.edu/founders/documents/v1ch8s38.html.

24. Hannan, *Inventing Freedom*, localização Kindle 127-31.

25. Barack Obama, "8—Farewell Address to the Nation from Chicago, Illinois—January 10, 2017", American Presidency Project, editado por John Woolley e Gerhard Peters, http://www.presidency.ucsb.edu/ws/?pid=119928http://www.realclearpolitics.com/video/2017/01/10/watch_live_president_obamas_farewell_address.html.

26. James Madison, "*Federalist* No. 48: These Departments Should Not Be So Far Separated as to Have No Constitutional Control over Each Other", Constitution Society. http://www.constitution.org/fed/federa48.htm.

27. Herbert Butterfield, *The Whig Interpretation of History* (Londres: G. Bell, 1931, edição Kindle), localização Kindle 226-28.

28. "The Gunpowder Plot: Three Years in the Making", BBC. http://www.bbc.co.uk/timelines/z3hq7ty.

29. Como escreve o historiador Jay Wieser, "Hannan argumenta que a conquista normanda marcou a queda do éden germânico medieval e iniciou um conflito milenar entre as forças whig da liberdade e as forças tory do estadismo e da aristocracia. Essa brilhante linha eterna jamais existiu". Wieser acrescenta: "e é estranho que Hannan, ele mesmo membro do Partido Conservador britânico, pense que existiu. Os normandos, em vez de vilões continentais importados, eram germânicos (do ramo escandinavo), e os posteriores e inegavelmente germânicos Habsburg e Hohenzollern não eram amantes da liberdade." Wieser também observa que muitas noções de liberdade religiosa e limites à monarquia foram importadas da Holanda após a Revolução Gloriosa. Jay Weiser "Anglosphere monger", *Weekly Standard*, 6 de outubro de 2014. http://www.weeklystandard.com/anglospheremonger/article/806152.

30. James Peron, "The Evolution of Capitalism: Why Did Europe Develop a System of Market Capitalism?", Foundation for Economic Education, 1º de junho de 2000. http://fee.org/freeman/detail/the-evolution-of--capitalism.

31. McCloskey, *Bourgeois Dignity*, p. 332-35.

32. "É fato que os protestantes (especialmente certos ramos do movimento que serão integralmente discutidos mais tarde), como classe governante e classe governada, como maioria e minoria, demonstraram especial tendência de desenvolver um racionalismo econômico que não pode ser observado na mesma extensão entre católicos em uma ou outra situação. Assim, a principal explicação para essa diferença deve ser buscada no caráter intrínseco e permanente de suas crenças religiosas, e não somente em suas situações históricas e políticas temporárias e externas. Será nossa tarefa investigar essas religiões com vistas a descobrir que particularidades possuem ou possuíram e que poderiam ter resultado no comportamento que descrevemos. Em uma análise superficial, e com base em certas impressões atuais, podemos ser tentados a expressar essa diferença dizendo que a maior espiritualidade do catolicismo, o caráter ascético de seus ideais mais elevados, deve ter levado seus aderentes a maior indiferença em relação às coisas boas

deste mundo. Tal explicação se encaixa na tendência popular de julgamento de ambas as religiões. Do lado protestante, ela é usada como base para criticar os ideais ascéticos (reais ou imaginados) do modo de vida católico, ao passo que os católicos respondem com a acusação de que o materialismo resulta da secularização de todos os ideais por meio do protestantismo. Um escritor recente tentou formular a diferença de atitude em relação à vida econômica da seguinte maneira: 'O católico é mais sossegado, tendo menos impulso aquisitivo; ele prefere uma vida com a maior segurança possível, mesmo com uma renda menor, a uma vida de risco e emoção, mesmo que isso lhe dê a chance de obter honrarias e riquezas. O provérbio diz, brincando, 'coma bem ou durma bem'. Nesse caso, os protestantes preferem comer bem e os católicos preferem dormir em paz.'" Max Weber, *The Protestant Ethic and the Spirit of Capitalism*, "Chapter I: Religious Affiliation and Social Stratification", 1905, Marxist Internet Archive. https://www.marxists.org/reference/archive/weber/protestant-ethic/ch01.htm.

33. Ibid.
34. Joyce Appleby, *The Relentless Revolution: A History of Capitalism* (Nova York: Norton, 2010), p. 17. Citado em McCloskey, *Bourgeois Dignity*, p. 145.
35. Ibid.
36. Jerry Z. Muller, *The Mind and the Market: Capitalism in Modern European Thought* (Nova York: Knopf, 2002), p. 167.
37. Karl Marx, "The Metaphysics of Political Economy: Fourth Observation", *The Poverty of Philosophy* (Mansfield Centre: Martino, 2014), p. 121.
38. Don Boudreaux, "Slave to a Myth", Café Hayek, 20 de dezembro de 2014. http://cafehayek.com/2014/12/slave-to-a-myth.html.
39. A palavra "parcimônia" originalmente era mais ampla que seu significado atual, combinando os conceitos de prudência não somente fiscal, poupança, temperança e lucro. Nenhum desses sentidos mais amplos ou o sentido moderno mais estrito, de prudência fiscal, foi inventado pelos protestantes. McCloskey encontrou chamados à parcimônia em todas as eras e civilizações, dos tempos bíblicos aos textos de Buda. A "pré-história da parcimônia", escreve ela, "se estende até o Jardim do Éden" e "está presente [...] em nossos genes". Entrementes, McCloskey escreve:

As taxas de poupança na Itália católica ou, aliás, na China confuciana budista taoísta não eram muito mais baixas, se é que eram mais baixas, que na Massachusetts calvinista ou na Alemanha luterana. De acordo com cálculos recentes de historiadores econômicos, o investimento britânico em capital físico como parcela da renda nacional (sem levar em conta o capital semente) estava notavelmente abaixo da norma europeia — somente 4% em 1700, contra uma norma de 11%, 6% contra 12% em 1760, e 8% contra mais de 12% em 1800. O investimento britânico, embora tenha aumentado antes e durante a Revolução Industrial, demonstrava menos, e não mais, abstinência que países menos avançados.

Citado em McCloskey, *Bourgeois Dignity*, p. 131-32.

40. Charles C. W. Cooke, "Anglosphere Attitudes", *National Review* 66, n. 2, 10 de fevereiro de 2014. https://www.nationalreview.com/nrd/articles/369268/anglosphere-attitudes.

41. White, de acordo com Erick Erickson, é literalmente uma "herege negadora da trindade". Ver Erick Erickson, "An Actual Trinity-Denying Heretic Will Pray at Trump's Inauguration", Resurgent, 28 de dezembro de 2016. http://theresurgent.com/an-actual-trinity-denying-heretic--will-pray-at-trumps-inauguration/.

42. C. V. Wedgwood. *The Thirty Years War* (Nova York: New York Review Books, 2005), p. 506. Devo notar que a frase seguinte diz: "Em vez disso, eles rejeitaram a religião como objeto de luta e encontraram outros."

43. Citado em James Q. Wilson, *American Politics, Then & Now: And Other Essays* (Washington: AEI, 2010), p. 144.

44. McCloskey, *Bourgeois Dignity*, p. 8

45. Elizabeth Palermo, "Who Invented the Printing Press?", LiveScience, 25 de fevereiro de 2014. https://www.livescience.com/43639-whoinvented--theprinting-press.html.

46. Ronald Bailey, *The End of Doom* (Nova York: St. Martin's, 2015), p. 89.

47. Benoît Godin, "'Meddle Not with Them That Are Given to Change': Innovation as Evil", Project on the Intellectual History of Innovation, documento de trabalho n. 6, 2010, p. 16-27. http://www.csiic.ca/PDF/IntellectualNo6.pdf.

48. Deirdre N. McCloskey, "Creative Destruction vs. the New Industrial State: Review of McCraw and Galbraith", *Reason*, outubro de 2007. Acessado via http://www.deirdremccloskey.com/articles/galbraith.php.

49. McCloskey, *Bourgeois Dignity*, p. 421.

50. Bailey, *The End of Doom*, p. 89-90.

51. Sheilah Ogilvie, "'Whatever Is, Is Right'? Economic Institutions in Pre-Industrial Europe" (Tawney Lecture 2006), CESIFO, documento de trabalho n. 2066, p. 13-14. https://papers.ssrn.com/sol3/papers.cfm?abstract_id=1004445#.

52. Jerry Z. Mueller, *The Mind and the Market: Capitalism in Western Thought* (Nova York: Alfred A. Knopf, 2005), p. 5.

53. Marian L. Tupy, "Anti-Capitalism Through the Ages", Foundation for Economic Education, 15 de setembro de 2016. https://fee.org/articles/anti-capitalism-through-the-ages/.

54. Ibid.

55. Mueller, *The Mind and the Market*, p. 6.

56. Ibid.

57. Mueller, *The Mind and the Market*, p. 5-6.

58. Larry Siedentop, *Inventing the Individual: The Origins of Western Liberalism* (Cambridge: Belknap Press/Harvard University Press), p. 338-39.

59. Mueller, *The Mind and the Market*, p. 167.

60. Thomas McCraw, *Prophet of Innovation: Joseph Schumpeter and Creative Destruction* (Cambridge: Belknap Press/Harvard University Press, 2009 [2007]), p. 79 [Ed. bras.: *O profeta da inovação*: Joseph Schumpeter e a destruição criativa. Rio de Janeiro: Record, 2012].

61. "A função dos empreendedores", escreve Schumpeter, "é reformar ou revolucionar o padrão de produção ao explorar uma invenção ou, mais geralmente, uma possibilidade tecnológica não testada para produzir uma nova mercadoria, produzir uma mercadoria antiga de uma nova maneira, gerar uma nova fonte de fornecimento de materiais ou uma nova saída para os produtos, reorganizar uma indústria e assim por diante." Joseph A. Schumpeter, *Capitalism, Socialism and Democracy*, 3ª edição (Nova York: Harper Perennial Modern Thought, 2008 [1942]), p. 132 [Ed. bras.: *Capitalismo, socialismo e democracia*. São Paulo: Editora Unesp, 2017].

62. Ibid., p. 143.

63. Ibid., p. 162.

64. Ibid., p. 249.

65. Quando o poeta francês Gérard de Nerval famosamente passeou com sua lagosta pelo Jardim das Tulherias — "Ele não late e conhece os

segredos das profundezas", gracejou ele —, o passeio foi uma performance artística barata e amplamente inofensiva. Quando Flaubert concluiu seu romance *Salammbô*, ele antecipou esperançosamente que "Ele irá 1) aborrecer os burgueses [...]; 2) enervar e chocar as pessoas sensíveis; 3) enfurecer os arqueólogos; 4) ser ininteligível para as damas; 5) ganhar-me a reputação de pederasta e canibal. Espero que sim". David Brooks, *Bobos in Paradise: The New Upper Class and How They Got There* (Nova York: Simon & Schuster, 2010, edição Kindle), p. 67 [Ed. bras.: *Bubos no paraíso: A nova classe alta e como chegou lá*. Rio de Janeiro: Rocco, 2002].

66. Joel Mokyr, *The Gifts of Athena: Historical Origins of the Knowledge Economy* (Princeton: Princeton University Press, 2002), p. 278.

67. De acordo com Nietzsche, o cavaleiro não precisa odiar seus inimigos; basta saber que *são* seus inimigos. Como o governante negocia com a moeda do poder e da vontade, ele consegue identificar seu inimigo simplesmente em virtude do fato de que os interesses dele conflitam com os seus. Depois que derrotou seu inimigo ou chegou a alguma outra resolução satisfatória para o conflito, ele já não é mais seu inimigo. Não é preciso perder o respeito pelo adversário. Essa dinâmica é vista frequentemente no meio dos militares. Os homens no poder (convencional) respeitam outros homens no poder. Mas o padre, cheio de *ressentimento*, precisa odiar seu inimigo, ver em cada movimento seu uma prova de que ele é mau e representa tudo que o padre despreza. Eis como Nietzsche contrasta o cavaleiro e o padre:

Um homem assim sacode de si mesmo, com um dar de ombros, muitos vermes que teriam se enfiado em outro homem; "amar seus inimigos" é possível aqui e somente aqui — assumindo que seja possível na Terra. Quanto respeito um nobre sente por seus inimigos! — e um respeito desse tipo é uma ponte para o amor [...] Pois ele insiste em ter esse inimigo para si mesmo, como marca de distinção, e só tolerará como inimigo alguém que nada tenha a ser desprezado e muito a ser honrado! Comparado a isso, imagine o "inimigo" como concebido pelo homem ressentido — e aqui temos seu feito, sua criação: ele concebeu o "inimigo mau", o "mau" como ideia básica em relação à qual ele agora ele imagina uma cópia e contraparte, o "bom" — ele mesmo!

Ele também diz:

Ao passo que o nobre é confiante e franco consigo mesmo (gennaˆ
iov, "de nascimento nobre", enfatiza a nuance "correta" e provavelmente também "ingênua"), o ressentido não é correto nem ingê-
nuo, nem honesto nem franco consigo mesmo. Sua alma espreita;
sua mente adora cantos escuros, caminhos secretos e portas dos
fundos; tudo que é secreto apela a ele como sendo seu mundo, sua
segurança, seu conforto; ele sabe tudo sobre se manter em silêncio,
sem esquecer, esperando, temporariamente se humilhando e se
rebaixando. Uma raça de tais homens ressentidos inevitavelmente
terminará sendo mais esperta que qualquer raça nobre e também
respeitará muito mais a esperteza: nomeadamente, como condição
de existência das fileiras superiores, ao passo que a esperteza do
nobre pode facilmente ter um ressaibo sutil de luxo e refinamento:
precisamente porque, nessa área, ela não é nem de perto tão importante quanto a completa certeza sobre a função dos instintos
inconscientes governantes, nem tão importante quanto certa falta
de esperteza, como um ousado ataque ao perigo ou ao inimigo,
ou aqueles acessos súbitos e frenéticos de raiva, amor, reverência,
gratidão e vingança através dos quais as almas nobres de todas as
eras reconhecem umas às outras. Quando o ressentimento ocorre
no nobre, ele é consumido e exaurido em uma reação imediata e,
consequentemente, não envenena. Em contrapartida, não ocorre de
modo algum em incontáveis casos nos quais seria inevitável para todos que são fracos e impotentes. Ser incapaz de levar seus inimigos,
seus infortúnios e mesmos seus erros a sério por muito tempo é o
sinal de naturezas fortes e desenvolvidas, com superabundância de
um poder que é flexível, formativo, curador e pode fazer esquecer.

Friedrich Nietzsche, *On the Genealogy of Morality*, editado por
Keith Ansell-Pearson e traduzido por Carol Diethe (Cambridge:
Cambridge University Press, 2007 [1994]), p. 21-22.

68. McCloskey, "Creative Destruction vs. the New Industrial State."
69. Schumpeter, *Capitalism, Socialism and Democracy*, p. 145.
70. Citado em Matthew Continetti, "The Seer", *National Review* 67, n.
5. 23 de março de 2015. https://www.nationalreview.com/nrd/arti-
cles/414923/seer.

71. George Orwell, "Second Thoughts on James Burnham." http://orwell. ru/library/reviews/burnham/english/e_burnh.html.

72. Francis Fukuyama, "The End of History?" *National Interest*, n. 16 (verão de 1989), p. 4.

73. Abraham Lincoln, "Address Before the Young Men's Lyceum of Springfield, Illinois", Constitution Society, 27 de janeiro de 1838. http://www.constitution.org/lincoln/lyceum.htm.

5. A BATALHA ETERNA: RAZÃO *VERSUS* BUSCA POR SENTIDO

1. Locke escreveu em *Segundo tratado*:

> Embora tenha dito acima, no capítulo II, que todos os homens são iguais por natureza, não suponho entender todos os tipos de igualdade. A idade ou a virtude podem dar aos homens justa precedência. A excelência e o mérito podem colocar outros acima do nível comum. O nascimento pode sujeitar alguns, e as alianças e os benefícios outros, à obediência àqueles aos quais ela é devida em função de natureza, gratidão ou outros aspectos e, mesmo assim, tudo isso é consistente com a igualdade entre os homens em relação à jurisdição ou ao domínio de uns sobre outros, que é a igualdade de que falei como adequada ao assunto em questão, consistindo no fato de que todos os homens possuem liberdade natural, sem estarem sujeitos à vontade ou à autoridade de qualquer outro homem.

> John Locke, "Chap. VI: Of Paternal Power", seção 54, "The Second Treatise of Government: An Essay Concerning the True Original, Extent, and End of Civil Government", *Two Treatises of Government*, editado por Peter Laslett (Cambridge: Cambridge University Press, 1988 [1960]), p. 304. Usarei essa versão para as citações de Locke.

2. Jean-Jacques Rousseau, "A Discourse on Political Economy", *The Social Contract and the Discourses*, Online Library of Liberty. http://oll.libertyfund.org/titles/rousseau-the-social-contract-anddiscourses#lf0132_head_069.

3. Michael Locke McLendon, "The Overvaluation of Talent: An Interpretation and Application of Rousseau's Amour Propre", *Polity* 36, n. 1 (outubro de 2003), p. 115.

4. Barack Obama, "Remarks at the Town Hall Education Arts Recreation Campus—December 4, 2013", American Presidency Project, editado

por John Woolley e Gerhard Peters. http://www.presidency.ucsb.edu/ws/index.php?pid=104522.

5. John Maynard Keynes, "Chapter 24: Concluding Notes on the Social Philosophy Toward Which the General Theory Might Lead", *The General Theory of Employment, Interest, and Money*, Project Gutenberg. http://gutenberg.net.au/ebooks03/0300071h/printall.html.

6. Retiro meu relato da vida de Locke amplamente de Peter Laslett, "II. Locke the Man and Locke the Writer", em John Locke, *Two Treatises of Government*, p. 16-44.

7. Aqueles em busca de um relato integral devem consultar *Our First Revolution: The Remarkable British Upheaval That Inspired America's Founding Fathers* (Nova York: Crown, 2007, edição Kindle), de Michael Barone, do qual meu relato foi derivado.

8. Michael Barone escreve: "Outros governantes seguiram o exemplo [de Luís XIV]. Na Baviera e em Brandemburgo, governantes poderosos acabaram com o poder dos estados, assim como os governantes do Palatinado Renano e de Baden. Um processo similar ocorreu nos domínios dos Habsburgo austríacos. A Dinamarca e, um quarto de século depois, a Suécia desenvolveram governos absolutistas, ao passo que na Espanha e em Portugal o poder das assembleias legislativas, as cortes, foi profundamente reduzido [...] Muitos nos estados alemães menores temiam que a tendência prevalecesse por lá [...] O republicanismo estava em declínio, vivo na agitada Holanda e na lenta Suíça, sofrendo em Veneza e extinto na maioria do restante da Itália (com a conspícua exceção da pequena cidade de Lucca) e defunto na Inglaterra após a Restauração. As forças que resistiam ao absolutismo eram aquelas defendendo direitos antigos, discutivelmente feudais, e as particularidades locais: os vestígios do passado. O absolutismo, aparentemente moderno e eficiente, parecia o caminho do futuro." Michael Barone, *Our First Revolution*, localização Kindle 145-49.

9. Ibid., localização Kindle 2938-39.

10. William of Orange, "Declaration of the Prince of Orange, October 10, 1688", Jacobite Heritage. http://www.jacobite.ca/documents/16881010.htm.

11. Edmund Burke, *Reflections on the Revolution in France*, Constitution Society. http://www.constitution.org/eb/rev_fran.htm.

12. Locke, "Chap. V: Of Property", seção 49, "The Second Treatise of Government", p. 301.

13. Locke, "Chap. II: Of the State of Nature", seção 4, ibid., p. 269.

14. Ibid.

15. Locke, "Chap. III: Of the State of War", seção 19, ibid., p. 280-81.

16. Ibid., sec. 24, p. 284.

17. Mancur Olson, "Dictatorship, Democracy, and Development", *American Political Science Review*, 87, n. 3 (setembro de 1993), p. 568.

18. Locke, "Chap. V: Of Property", seção 27, ibid., "The Second Treatise of Government", p. 287-88.

19. Ibid., seção 41, p. 297.

20. John Locke. "Book II—Chapter I: Of Ideas in General, and Their Original", *An Essay Concerning Human Understanding*, Online Library of Liberty. http://oll.libertyfund.org/titles/locke-theworks-vol1-an--essay-concerning-human-understanding-part1#lf0128-01_label_314.

21. Steven Pinker, *The Blank Slate: The Modern Denial of Human Nature* (Nova York: Penguin, 2003 [2002], edição Kindle), p. 5-6.

22. Locke, "Chap. II: Of the State of Nature", seção 6, "The Second Treatise of Government", p. 271.

23. James T. Kloppenberg, *Toward Democracy: The Struggle for Self-Rule in European and American Thought* (Oxford: Oxford University Press, 2016), p. 158.

24. Locke, "Chap. XI: Of the Extent of the Legislative Power", seção 142, "The Second Treatise of Government", p. 363.

25. Locke, "Chap. IX: Of the Ends of Political Activity", seção 131, ibid., p. 353.

26. Locke, "Chap. IV: Of Slavery", seção 22, ibid., p. 284.

27. Kloppenberg, *Toward Democracy*, p. 138.

28. Michael Locke McLendon, "Rousseau, Amour Propre, and Intellectual Celebrity", *Journal of Politics* 71, n. 2 (abril de 2009), p. 507-8.

29. Jean-Jacques Rousseau, *The Confessions* (Londres: Wordsworth, 1996), p. 641.

30. Leo Damrosch, *Jean-Jacques Rousseau: Restless Genius* (Nova York: Houghton Mifflin, 2005), p. 390-91.

31. Voltaire, "On the Advantages of Civilization and Literature: To J.J. Rousseau", 30 de agosto de 1775, Letters from Voltaire: A Selection, Voltaire Society of America. https://www.whitman.edu/VSA/index.html.

32. David Edmonds e John Eidinow, "Enlightened Enemies", *Guardian*, 28 de abril de 2006. https://www.theguardian.com/books/2006/apr/29/philosophy.

33. David Hume, "Letter 407: To Adam Smith", *The Letters of David Hume, Volume 2: 1766-1776*, editado por J. Y. T. Craig (Oxford: Oxford University Press. 2011), p. 165.

34. Elena Russo, "Slander and Glory in the Republic of Letters: Diderot and Seneca Confront Rousseau", *Republics of Letters* 1, edição 1. http://arcade.stanford.edu/rofl/slander-and-glory-republic-letters-diderot--and-seneca-confront-rousseau.

35. Ibid.

36. Tim Blanning, *The Romantic Revolution: A History*, Modern Library Chronicles (Nova York: Random House, 2011, edição Kindle), localização Kindle 281-90.

37. Jean-Jacques Rousseau, "Book I: Chapter I: Subject of the First Book", "The Social Contract, or Principles of Political Right", *The Social Contract and Discourses*, Online Library of Liberty. http://oll.libertyfund.org/titles/rousseau-the-social-contract-and-discourses#lf0132_label_057.

38. Jean-Jacques Rousseau, "The First Part", seção 130-31, "A Discourse on the Moral Effects of the Arts and Sciences", *The Social Contract and Discourses*, Online Library of Liberty. http://oll.libertyfund.org/titles/rousseau-the-social-contract-and-discourses#lf0132_head_058.

39. Jean-Jacques Rousseau, *Emile, or On Education*, tradução de Allan Bloom (Nova York: Basic Books, 1979), p. 37.

40. Jean-Jacques Rousseau, *Dialogues, Oeuvres*, 1:935. Citado em Eugene L. Stelzig, *The Romantic Subject in Autobiography: Rousseau and Goethe* (Charlottesville e Londres: University Press of Virginia, 2000), p. 46.

41. Jean-Jacques Rousseau, "The Second Part", seção 207, "A Dissertation on the Origin and Foundation of the Inequality of Mankind", *The Social Contract and Discourses*, Online Library of Liberty. http://oll.libertyfund.org/titles/rousseau-the-social-contract-and-discourses#lf0132_head_066

42. Ibid., seção 214.

43. Ibid., seções 214-15.

44. Rousseau, "The Second Part", seção 152, "A Discourse on the Moral Effects of the Arts and Sciences", *The Social Contract and Discourses*, Online Library of Liberty. http://oll.libertyfund.org/titles/rousseau--thesocial-contract-anddiscourses#lf0132_head_059.

45. Essas citações vêm de um esboço inicial de *Discurso sobre a origem e os fundamentos da desigualdade entre os homens*, de Rousseau, citado

em Paul A. Rahe, "The Enlightenment Indicted: Rousseau's Response to Montesquieu", *Journal of the Historical Society* 8, n. 2 (junho de 2008), p. 293.

46. Citado em James Schall, *Political Philosophy and Revelation: A Catholic Reading* (Washington: Catholic University of America Press, 2013), p. 122.

47. Jean-Jacques Rousseau, "Book IV: Chapter VIII: Civil Religion", seção 121, "The Social Contract, or Principles of Political Right", *The Social Contract and Discourses*, Online Library of Liberty. http://oll.libertyfund.org/titles/rousseau-the-social-contract-anddiscourses#lf0132_label_146.

48. Ibid., seções 122-23.

49. Robert Nisbet, *The Present Age: Progress and Anarchy in Modern America* (Nova York: Harper & Row, 1988), p. 52.

50. Citado em Conor Cruise O'Brien, "Rousseau, Robespierre, Burke, Jefferson, and the French Revolution", in Jean-Jacques Rousseau, *The Social Contract and The First and Second Discourses*, Série Rethinking the Western Tradition, editada por Susan Dunn (New Haven e Londres: Yale University Press, 2002, edição Kindle), localização Kindle 4134. Deve-se notar, em parcial defesa de Rousseau, que ele não achava que o contrato social levaria diretamente ao nacionalismo, pois acreditava que as comunidades deviam ser pequenas, como sua amada Genebra, para funcionar. Mas as ideias meramente influenciam os eventos, não os determinam, e as ideias de Rousseau influenciaram profundamente os movimentos nacionalistas em toda a Europa.

51. Richard Pipes, *Property and Freedom* (Nova York: Knopf, 1999), p. 42 [Ed. bras.: *Propriedade & liberdade*. Rio de janeiro: Record, 2001].

52. Citado em O'Brien, "Rousseau, Robespierre, Burke, Jefferson, and the French Revolution", localização Kindle 4136-43.

53. Ibid., localização Kindle 4147-50.

6. O MILAGRE AMERICANO: ELES ESCREVERAM

1. Herbert Butterfield, *The Whig Interpretation of History* (Londres: G. Bell, 1931, edição Kindle), localização Kindle 308-10.

2. "A Revolução Gloriosa iniciou uma série de desenvolvimentos, alguns imediatos, outros durante várias décadas, que restauraram em todas

as colônias americanas o extraordinário grau de autonomia ao qual Carlos e Jaime buscavam pôr fim." James T. Kloppenberg, *Toward Democracy: The Struggle for Self-Rule in European and American Thought* (Oxford: Oxford University Press, 2016), p. 176.

3. Thomas Y. Davies, "Recovering the Original Fourth Amendment", *Michigan Law Review* 98, n. 3 (dezembro de 1999), p. 547-750; "The meaning and origin of the expression: An Englishman's home is his castle", The Phrase Finder. http://www.phrases.org.uk/meanings/an--englishmans-home-is-hiscastle.html.

4. Thomas Jefferson, "Letter to Henry Lee—May 8, 1825", *Thomas Jefferson: Writings*, editado por Merrill D. Peterson (Nova York: Library of America, 1984), p. 1500-1. http://teachingamericanhistory.org/library/document/letter-to-henry-lee/.

5. Na maior parte, a constituição da Virgínia, que ele escrevera, e a declaração de direitos da Virgínia, esboçada por George Mason. Esses dois textos, por sua vez, deviam muito à carta de direitos inglesa de 1688-1689. Em vez de criar uma nova expressão de princípios, a principal realização de Jefferson, escreve Pauline Maier, "está na adaptação criativa de modelos preexistentes a circunstâncias diferentes". Ver Pauline Maier, *American Scripture: Making the Declaration of Independence* (Nova York: Vintage Books, 1988), p. 104.

6. Gordon S. Wood, "Dusting Off the Declaration", *New York Review of Books*, 14 de agosto de 1997. http://www.nybooks.com/articles/1997/08/14/dusting-off-the-declaration/.

7. Abraham Lincoln, texto integral de "Abraham Lincoln's lost speech, May 29, 1856." https://archive.org/stream/abrahamlincoln00linc/abrahamlincoln00linc_djvu.txt.

8. Abraham Lincoln, "Speech on the Kansas Nebraska Act at Peoria, Illinois" (condensado), TeachingAmericanHistory.org. http://teachingamericanhistory.org/library/document/speech-on-the-kansas--nebraska-act-at-peoria-illinois-abridged/.

9. Abraham Lincoln, "Address at the Dedication of the National Cemetery in Gettysburg, Pennsylvania—November 19, 1863", American Presidency Project, editado por John Woolley e Gerhard Peters. http://www.presidency.ucsb.edu/ws/?pid=73959.

10. Martin Luther King Jr., "I Have a Dream", discurso durante a Marcha em Washington por Trabalho e Liberdade, 28 de agosto de 1963,

Martin Luther King Jr., Research and Education Institute — Universidade Stanford. https://kinginstitute.stanford.edu/king-papers/documents/i-have-dream-address-delivered-march-washington-jobs-and-freedom.

11. Carl Becker, em *Declaration of Independence* (1922), afirmou: "Essa declaração, em sua forma e fraseologia, segue de perto certas sentenças do segundo tratado sobre governo de Locke." Charles e Mary Beard insistiram, em 1930, que Locke fornecera o primeiro dos "textos didáticos sobre revolução" para os fundadores. Merle Curti escreveu em 1937: "Ninguém questionou seriamente a grande influência de John Locke no pensamento americano durante a última parte do século XVIII." Mais recentemente, J. W. Peltason escreveu em seu livro *Understanding the Constitution* que se pensava que *Dois tratados sobre o governo*, de Locke, "era o pronunciamento definitivo sobre princípios estabelecidos. As ideias de Locke forneceram argumentos prontos para a causa americana e foram especialmente constrangedores para um governo inglês cuja própria fonte de autoridade estava baseada neles". Ver Oscar e Lilian Handlin, "Who Read John Locke? Words and Acts in the American Revolution", *American Scholar* 58, n. 4 (outono de 1989), p. 546-47. O filósofo inglês Maurice Cranston diz que a influência de Locke "sobre os pais fundadores excede a de qualquer outro pensador". Ver Maurice Cranston. "Locke and Liberty", *Wilson Quarterly* (inverno de 1986), p. 82. http://archive.wilsonquarterly.com/sites/default/files/articles/WQ_VOL10_W_1986_Article_02.pdf.

Aqui, novamente, enfrentamos o dilema do historiador do pensamento tentando conectar pontos de uma mente à outra através das gerações. Porque, embora certamente pareça ser verdade que alguns dos pensadores leram Locke, é surpreendentemente difícil encontrar testemunhos contemporâneos concretos sobre essa suprema influência sobre o pensamento político dos fundadores. Oscar e Lilian Handlin defenderam de modo convincente que os fundadores não eram estudiosos atentos dos textos políticos de Locke (ver o artigo já citado). Eles afirmaram que os historiadores "comumente atribuem muitas ideias e mesmo ações revolucionárias à influência de John Locke, sem se preocupar em investigar os canais de transmissão" (Handlin e Handlin, "Who Read John Locke?", p. 546).

12. Ibid., p. 549.

13. James Wilson, "Remarks of James Wilson in the Pennsylvania Convention to Ratify the Constitution of the United States, 1787", Online Library of Liberty. http://oll.libertyfund.org/titles/wilson-collected--worksof-james-wilson-vol1.

14. De modo perturbador, a se acreditar em Jefferson, Hamilton fez uma longa pausa e então disse: "O maior homem que já viveu foi Júlio César." Ver Thomas Jefferson, "To Dr. Benjamin Rush, Monticello, January 16, 1811", American History: The Letters of Thomas Jefferson, 1743-1826. http://www.let.rug.nl/usa/presidents/thomas-jefferson/letters-of-thomas-jefferson/jefl208.php.

15. John Locke, "A Letter Concerning Toleration", *A Letter Concerning Toleration and Other Writings*, Online Library of Liberty. http://oll.libertyfund.org/titles/locke-a-letter-concerning-toleration-andother--writings.

16. "Act for Establishing Religious Freedom, January 16, 1786", Library of Virginia. http://edu.lva.virginia.gov/docs/ReligiousFree.pdf.

17. Donald Lutz descobriu que Montesquieu e Locke respondem por 60% de todas as referências a pensadores iluministas na literatura política americana da década de 1760. Na década de 1770, essa porcentagem subiu para 75%. Montesquieu era citado mais em obras que discutiam o projeto constitucional, ao passo que Locke estava mais envolvido em argumentos justificando a ruptura com a Inglaterra. Ver Donald S. Lutz, "The Relative Influence of European Writers on Late Eighteenth--Century American Political Thought", *American Political Science Review* 78, n. 1 (março de 1984), p. 192.

18. Clinton Rossiter, *The Political Thought of the American Revolution, Part 3* (Nova York: Harcourt, Brace & World, 1963), p. 8.

19. John Adams, "From John Adams to Jonathan Sewall, February 1760", Founders Online, National Archives. https://founders.archives.gov/?q=locke&s=1111311111&sa=&r=20&sr.

20. Thomas Paine, "Of the Present Ability of America, with Some Miscellaneous Reflections", *Common Sense*, Constitution Society. http://www.constitution .org/ tp/comsense.htm.

21. David Azerrad, "The Declaration of Independence and the American Creed", Heritage Foundation, 3 de julho de 2013. http://www.heritage.org/research/commentary/2013/7/the-declaration-of-independence--and-theamerican-creed.

22. Thomas Jefferson, "Queries 14 and 19, 145-49, 164-65", em *The Foun-ders' Constitution*, volume 1, capítulo 18, documento 16, University of Chicago Press. http://press-pubs.uchicago.edu/founders/documents/v1ch18s16.html.

23. Thomas Jefferson, "Preamble to a Bill for the More General Diffusion of Knowledge—Fall 1778", em *The Founders' Constitution*, volume 1, capítulo 18, documento 11, University of Chicago Press. http://press--pubs.uchicago.edu/founders/documents/v1ch18s11.html.

24. Holly Brewer, "Entailing Aristocracy in Colonial Virginia: 'Ancient Feudal Restraints' and Revolutionary Reform", *William and Mary Quarterly* 54, n. 2 (abril de 1997), p. 307.

25. David Boaz, "The Man Who Would Not Be King", Cato Institute, 20 de fevereiro de 2006. https://www.cato.org/publications/commentary/man-who-would-not-be-king.

26. James Madison, "*Federalist* No. 51: The Structure of the Government Must Furnish the Proper Checks and Balances Between the Different Departments", Constitution Society. http://www.constitution.org/fed/federa51.htm.

27. "Quando qualquer número de homens consentiu em formar uma comunidade ou um governo, eles estão presentemente incorporados", escreveu Locke, "e formam um corpo político no qual a maioria tem o direito de agir e concluir o restante." John Locke, "Chap. VIII: Of the Beginning of Political Societies", seção 95, "Second Treatise of Government", *Two Treatises of Government*, editado por Peter Laslett (Cambridge: Cambridge University Press, 1988 [1960]), p. 330-31.

28. Em 1802, Napoleão realizou um referendo sobre uma nova constituição que o tornaria o cônsul permanente da França (muito parecido com os governantes do Império Romano), ou seja, ditador vitalício. A propos-ta recebeu 99% de aprovação. Em 1804, ele realizou outro referendo perguntando se deveria ser nomeado imperador da França. Os resul-tados oficiais foram ainda melhores (embora não chegassem a 100%). Ver "From Life Consulship to the Hereditary Empire (1802-1804), Napoleon.org (Fondation Napoleon). https://www.napoleon.org/en/history-of-thetwo-empires/timelines/from-life-consulship-to-the--hereditary-empire-1802-1804/.

29. A identidade de Brutus ainda é debatida. Os principais candidatos são Melancton Smith, Robert Yates e John Williams.

30. Brutus, "No. 25—Objections to a Standing Army" (parte II), *The Federalist vs. Anti-Federalist Dispute: The Original Arguments for Each* (Seattle: Amazon Digital Services, 2011, edição Kindle), p. 542.

31. Ver, por exemplo, Charles Lyttle, "Deistic Piety in the Cults of the French Revolution", *Church History* 2, n. 1 (março de 1933), p. 22—40.

32. Citado em James W. Caesar, "Foundational Concept and American Political Development", *Nature and History in American Political Development: A Debate* (Cambridge: Harvard University Press, 2006), p. 20.

33. Ver Yuval Levin, *The Great Debate: Edmund Burke, Thomas Paine, and the Birth of Right and Left* (Nova York: Basic Books, 2013) [Ed. bras.: *O grande debate: Edmund Burke, Thomas Paine e o nascimento da esquerda e da direita*. Rio de Janeiro: Record: 2017].

34. James Madison, "*Federalist* No. 10: The Utility of the Union as a Safeguard Against Domestic Faction and Insurrection (continued)", Constitution Society. http://www.constitution.org/fed/federa10.htm.

35. "Adam Smith on the Need for 'Peace, Easy Taxes, and a Tolerable Administration of Justice'", Online Library of Liberty. http://oll.libertyfund.org/quote/436.

36. Daniel Hannan, *Inventing Freedom: How the English-Speaking Peoples Made the Modern World* (Nova York: HarperCollins, 2013, edição Kindle), localização Kindle 2104-13.

37. Henry Fairlie, "The Shot Heard Round the World", *New Republic* 199, n. 3/4, 18—25 de julho de 1988, p. 20.

38. Ibid., p. 25.

39. Robert Wright, "Why the American Revolution Was Really an Economic Revolution", Learn Liberty, 7 de julho de 2016. http://www.learnliberty.org/blog/why-the-american-revolution-wasreally-an--economic-revolution/.

40. Fairlie, "The Shot Heard Round the World", p. 25.

41. Ibid., p. 23.

42. Ibid., p. 22-23.

43. Daniel J. Boorstin, *The Americans: The Democratic Experience* (Nova York: Knopf Doubleday, 1974 [1973], edição Kindle), localização Kindle 1823—25.

44. Ibid., localização Kindle 1825-31.

45. A expressão "Novo Mundo" adquiriu uma conotação vagamente negativa, pois conjura queixas antigas sobre o deslocamento dos po-

vos nativos nas Américas. Colombo não "descobriu" a América, diz a acusação familiar, ele ajudou os europeus a conquistá-la. Do ponto de vista dos povos indígenas, não há como refutar essa perspectiva (mesmo que tal conquista tenha sido a história de toda a humanidade, incluindo a dos povos indígenas americanos, até o início da revolução lockiana e mesmo depois).

46. Boorstin, *The Americans*, localização Kindle 1836-40.

47. Ibid., localização Kindle 4054-56.

48. Ibid., localização Kindle 4062-65.

49. Boorstin acrescenta que "os homens de negócios eram urgidos a domiciliar suas recém-criadas entidades legais em Delaware, e não em Massachusetts, em Nova Jersey, e não na Pensilvânia, em Nevada, e não em Nova York. Os estados menos populosos, como Delaware, Nova Jersey e Nevada, mostravam-se especialmente ávidos e engenhosos na competição". Ibid., localização Kindle 8056-62.

50. Henry Hazlitt, "Capitalism Without Horns", *National Review* 14, n. 10, 12 de março de 1963, p. 201.

51. Burton Folsom, *The Myth of the Robber Barons: A New Look at the Rise of Big Business in America* (Herndon: Young America's Foundation, 1991).

52. Max Roser, "Economic Growth", Our World in Data. https://ourworldindata.org/economic-growth.

53. Boorstin, *The Americans*, localização Kindle 153-54.

7. AS ELITES: ARISTOCRATAS LIBERADOS

1. George Washington, "Circular to the States", 8 de junho de 1783, em *The Founders' Constitution*, volume 1, capítulo 7, documento 5, University of Chicago Press. http://press-pubs.uchicago.edu/founders/documents/v1ch7s5.html.

2. John Adams, "Defence of the Constitutions of the Government of the United States", em *The Founders' Constitution*, volume 1, capítulo 15, documento 34, University of Chicago Press. http://press-pubs.uchicago.edu/founders/documents/v1ch15s34.html.

3. John Adams, "From John Adams to Benjamin Rush, 27 December 1810", Founders Online, National Archives. https://founders.archives.gov/documents/Adams/99-02-02-5584.

4. Ibid., https://founders.archives.gov/documents/Adams/99-02-02-5585.

5. C. W. Cassinelli, "The Law of Oligarchy", *American Political Science Review* 47, n. 3 (setembro de 1953), p. 773-84.

6. Daron Acemoglu e James Robinson, *Why Nations Fail: The Origins of Power, Prosperity, and Poverty* (Nova York: Crown Business, 2012, edição Kindle), p. 148 [Ed. bras.: *Por que as nações fracassam: As origens do poder, da prosperidade e da pobreza*. Rio de Janeiro: Alta Books, 2012].

7. Ibid.

8. Ibid., p. 150.

9. James Madison, "Federal Convention: Wednesday, June 6", Debates on the Adoption of the Federal Constitution, in the Convention Held at Philadelphia, in 1787; With a Diary of the Debates of the Congress of the Confederation; As Reported By James Madison, a Member and Deputy from Virginia, editado por Elliot Jonathan (Washington, D.C.: impresso para o editor, 1845), p. 163.

10. "Table 4. Population: 1790 to 1990", Census.gov, U.S. Census Bureau. https://www.census.gov/population/censusdata/table-4.pdf.

11. Max Roser, "Economic Growth", Our World in Data. https://ourworldindata.org/economic-growth.

12. Ver Jonah Goldberg, "Your 'Robber Baron,' My American Hero", *National Review* 58, n. 10, 5 de junho de 2006, p. 30-31.

13. Andrew Carnegie, "Wealth", *North American Review*, n. CCCXCI, junho de 1889. https://www.swarthmore.edu/SocSci/rbannis1/AIH19th/Carnegie.html.

14. William Leuchtenburg, *The FDR Years: On Roosevelt and His Legacy* (Nova York: Columbia University Press, 1995), p. 284.

15. "O que, então, é o Estado como conceito sociológico? O Estado, completamente em sua gênese, essencial e quase completamente durante os primeiros estágios de sua existência, é uma instituição social forçada por um grupo vitorioso a um grupo derrotado, com o único propósito de regulamentar o domínio do grupo vencedor sobre o grupo vencido e se proteger contra a revolta interna e ataques externos. Teleologicamente, esse domínio tem como único propósito a exploração econômica dos vencidos pelos vencedores. Nenhum Estado primitivo conhecido pela história se originou de outra maneira." Franz Oppenheimer, "Theories of the State", *The State: Its History and Development Viewed Sociologically*, tradução de John M. Gittman (Indianápolis: Bobbs-Merrill, 1914), p. 15.

16. Albert Jay Nock, *Our Enemy, the State* (Caldwell: Caxton Printers, 1950), p. 49-50.

17. Katie Louchheim, *The Making of the New Deal: The Insiders Speak* (Cambridge e Londres: Harvard University Press, 1983), p. 275.

8. A ERA PROGRESSISTA: O NASCIMENTO DA CONSTITUIÇÃO VIVA E A MORTE DA LIBERDADE

1. Thomas C. Leonard, *Illiberal Reformers: Race, Eugenics, and American Economics in the Progressive Era* (Princeton: Princeton University Press, 2016), p. xi.

2. Jonah Goldberg, "Richard Ely's Golden Calf", *National Review* 61, n. 24, 31 de dezembro de 2009, p. 34.

3. Ibid.

4. Leonard, *Illiberal Reformers*, p. 24.

5. Ibid.

6. Richard Theodore Ely, *The Social Law of Service* (Nova York: Eaton & Mains, 1896), p. 162-63.

7. Samuel Zane Batten, *The Christian State: The State, Democracy, and Christianity* (Filadélfia: Griffith & Rowland Press, 1909), p. 14. Disponível em: https://ia600609.us.archive.org/12/items/christianstatest00batt/christianstatest00batt.pdf.

8. Citado em Michael McGerr, *A Fierce Discontent: The Rise and Fall of the Progressive Movement in America* (Nova York: Free Press, 2003), p. 66.

9. Walter Rauschenbusch, *Christianizing the Social Order* (Waco: Baylor University Press, 2010), p. 330.

10. Leonard, *Illiberal Reformers*, p. 104.

11. Ibid.

12. Citado em Robert Nisbet, *The Sociological Tradition* (New Brunswick: Transaction, 2004 [1966]), p. 273.

13. Ver Jonah Goldberg, *Liberal Fascism: The Secret History of the American Left from Mussolini to the Politics of Change* (Nova York: Broadway Books, 2009 [2007]), p. 97 [Ed. bras.: *Fascismo de esquerda: a história secreta do esquerdismo americano*. Rio de Janeiro: Record, 2009].

14. Woodrow Wilson, "The Study of Administration", *Political Science Quarterly* 2, n. 2 (junho de 1887), p. 204. Phillip Hamburger escreve: "De modo mais geral, no entanto, os americanos adotaram ideias

alemãs para superar obstáculos ao poder administrativo. Quando essas justificativas alemãs foram popularizadas, deixou de haver necessidade de citar os alemães e, após 1914, os americanos passaram a ter razões particularmente fortes para reembalar as ideias continentais a fim de que se adequassem às sensibilidades domésticas. Mas não é coincidência o fato de, ao defenderem a constitucionalidade do direito administrativo, os americanos se basearem em ideias familiares aos acadêmicos alemães. De fato, durante todo o século XX, as ideias anticonstitucionais alemãs estiveram entre as principais justificativas constitucionais para o poder administrativo." Philip Hamburger, *Is Administrative Law Unlawful?* (Chicago: University of Chicago Press, 2014), p. 462.

15. Wilson, "The Study of Administration", p. 215.

16. Ibid., p. 214.

17. Citado em Charles Murray, *By the People: Rebuilding Liberty Without Permission* (Nova York: Crown Forum, 2015), p. 73.

18. Hamburger, *Is Administrative Law Unlawful?*, p. 371.

19. Woodrow Wilson, *Constitutional Government in the United States* (Nova York: Columbia University Press, 1908), p. 16.

20. Woodrow Wilson, "What Is Progress? From *The New Freedom*, Chapter 2", em *American Progressivism: A Reader*, editado por Ronald J. Pestritto e William J. Atto (Lanham: Lexington Books, 2008), p. 50.

21. Ibid., p. 51.

22. John Dewey, *Liberalism and Social Action* (Amherst: Prometheus Books, 2000), p. 40.

23. Ibid., p. 27.

24. Ibid., p. 42.

25. Thomas G. West, "Progressivism and the Transformation of American Government", em *The Progressive Revolution in Politics and Political Science*, editado por John Marini e Ken Masugi (Lanham: Rowman & Littlefield, 2005), p. 16.

26. F. J. Goodnow, "The American Conception of Liberty", em *American Progressivism: A Reader*, p. 57.

27. Ibid., p. 62.

28. Ronald J. Pestritto, "The Birth of the Administrative State: Where It Came From and What It Means for Limited Government", Heritage Foundation, 20 de novembro de 2007. http://www.heritage.org/rese-

arch/reports/2007/11/the-birth-of-the-administrative-state-where-it--came-from-and-what-it-means-for-limited-government.

29. Thomas Jefferson, "From Thomas Jefferson to Edward Carrington, 27 May 1788", Founders Online, National Archives. https://founders.archives.gov/documents/Jefferson/01-13-02-0120.

30. Woodrow Wilson, *Woodrow Wilson: The Essential Political Writings*, editado por Ronald J. Pestritto (Lanham: Lexington Books, 2005), p. 23.

31. Walter Lippmann, *The Essential Lippmann: A Political Philosophy for Liberal Democracy*, editado por Clinton Rossiter e James Lare (Cambridge: Harvard University Press, 1982), p. 88.

32. Ibid., p. 85.

33. James Madison, "*Federalist* No. 10: The Utility of the Union as a Safeguard Against Domestic Faction and Insurrection (continued)", Constitution Society. http://www.constitution.org/fed/federa10.htm.

34. Pestritto, "The Birth of the Administrative State."

35. Richard Milner, "Tracing the Canals of Mars: An Astronomer's Obsession", Space.com, 6 de outubro de 2011. https://www.space.com/13197--mars-canals-water-history-lowell.html.

36. Essa lista veio do indispensável livro de Thomas Leonard, *Illiberal Reformers*, p. x-xi.

37. Citado em McGerr, *A Fierce Discontent*, p. 282.

38. William Leuchtenberg, *The FDR Years: On Roosevelt and His Legacy* (Nova York: Columbia University Press, 1995), p. 39.

39. G. J. Meyer, *The World Remade: America in World War I* (Nova York: Bantam Books, 2016), p. 550.

40. Ver Goldberg, *Liberal Fascism*, p. 109.

41. Ibid., p. 117.

42. Ibid., p. 115.

43. Robert Higgs, "How War Amplified Federal Power in the Twentieth Century", Independent Institute, 1º de julho de 1999. http://www.independent.org/publications/article.asp?id=113.

9. O ESTADO ADMINISTRATIVO: O GOVERNO DAS SOMBRAS

1. Ryan Teague Beckwith, "Read Steve Bannon and Reince Priebus' Joint Interview at CPAC", *Time*, 23 de fevereiro de 2017. http://time.com/4681094/reince-priebus-steve-bannon-cpac-interview-transcript/.

2. Um influente grupo de escritores e acadêmicos conservadores — a maioria associada ao Instituto Claremont, na Califórnia, e à Faculdade Hillsdale, em Michigan — apoiou Donald Trump desde o início, em grande parte porque eles acreditavam que o empresário do mercado imobiliário e de reality shows poderia ser um elefante na loja de porcelana que é o Estado administrativo. A despeito de meu profundo respeito e amizade por muitos desses acadêmicos, acho que foi um grande erro. Muitas discussões, a maioria cordial, algumas não, se seguiram. Mas uma coisa na qual conservadores tanto oponentes quanto apoiadores de Trump concordam é o perigo apresentado pelo Estado administrativo.

3. Citado em Matthew Continetti, "The Managers vs. the Managed", *Weekly Standard*, 21 de setembro de 2015. http://www.weeklystandard. com/the-managers-vs.-the-managed/article/1028522.

4. Philip Klein, "The Empress of ObamaCare", *American Spectator*, 4 de junho de 2010. https://spectator.org/39516_empress-obamacare/.

5. Ibid.

6. Christopher C. DeMuth, "Unlimited Government", *American*, 1º de janeiro de 2006. http://www.aei.org/publication/unlimited-government/print/.

7. Rudy Takala, "FCC Commissioner: Expect a Broadband Internet Tax", *Washington Examiner*, 2 de março de 2016. http://www.washingtonexaminer.com/fcc-commissioner-expect-abroadband-internet-tax/article/2584747.

8. Ver, por exemplo, Katie McAuliffe, "Fraud Still Plagues the FCC's Universal Service Fund", *The Hill*, 14 de fevereiro de 2017. http://thehill.com/blogs/pundits-blog/technology/319446-fraud-still-plagues-the-fccsuniversal-service-fund.

9. DeMuth, "Unlimited Government".

10. "Public Company Accounting Oversight Board 2017 Budget by Cost Category, 2015-2017", Public Company Accounting Oversight Board. https://pcaobus.org/About/Administration/Documents/Fiscal%20Year%20Budgets/2017.pdf.

11. Charles Murray, *By the People: Rebuilding Liberty Without Permission* (Nova York: Crown Forum, 2015), p. 68-69.

12. Philip Hamburger, *Is Administrative Law Unlawful?* (Chicago: University of Chicago Press, 2014), p. 7.

13. Ibid., p. 6.

14. Ibid.

15. James Madison, "*Federalist* No. 47: The Particular Structure of the New Government and the Distribution of Power Among Its Different Parts", Constitution Society. http://www.constitution.org/fed/federa47.htm.

16. Ver p. 27 do parecer concordante do juiz Thomas em *Department of Transportation et al., Petitioners vs. Association of American Railroads.* https://www.supremecourt.gov/opinions/14pdf/13-1080_f29g.pdf.

17. Hamburger, *Is Administrative Law Unlawful?*, p. 5-6.

18. Emily Zanotti, "EPA Causes a Major Environmental Disaster, the Question Is: Will It Fine Itself and Fire Those Involved?", Watts Up with That?, 10 de agosto de 2015. https://wattsupwiththat.com/2015/08/10/epa-causes-a-major-environmental-disaster-the-question-is-will-it--fine-itself-and-fire-those-involved/.

19. Hamburger, *Is Administrative Law Unlawful?*, p. 363.

20. Murray, *By the People: Rebuilding Liberty Without Permission*, p. 5

21. Ibid., p. 6.

22. Hamburger, *Is Administrative Law Unlawful?*, p. 370-71.

23 Vale lembrar que, sob Wilson, a reforma do funcionalismo público significou, entre outras coisas, purgar os negros do governo. Wilson segregou Washington, D.C. novamente e foi pioneiro na prática de exigir fotos com os currículos, a fim de assegurar que nenhum candidato de raça "inferior" fosse admitido. Ver Nancy J. Weiss, "The Negro and the New Freedom: Fighting Wilsonian Segregation", *Politi-cal Science Quarterly* 84, n. 1 (março de 1969), p. 61-79.

24. Quil Lawrence, "U.S. Office of Special Counsel Calls Out VA Firing of Whistle-blowers", NPR, 17 de setembro de 2015. http://www.npr.org/2015/09/17/441222434/u-s-office-of-special-counsel--calls-outva-firing-of-whistleblowers.

25. John Locke, "Chap. VI: Of Paternal Power", seção 138, "The Second Treatise of Government: An Essay Concerning the True Original, Extent, and End of Civil Government", *Two Treatises of Government*, editado por Peter Laslett (Cambridge: Cambridge University Press. 1988 [1960]), p. 301.

26. F. A. Hayek, *The Road to Serfdom* (Nova York: George Rutledge, 1944), p. 108.

27. Dennis Cauchon, "Some Federal Workers More Likely to Die Than Lose Jobs", *USA Today*, 19 de julho de 2011. http://usatoday30.usatoday.com/news/washington/2011-07-18-fderal-job-security_n.htm.

28. "National Treasury Employees Union: Party Split by Cycle", OpenSecrets.org (Center for Responsive Politics). https://www.opensecrets.org/pacs/lookup2.php?strID=C00107128.

29. "American Federation of Government Employees: Total Contributions by Party of Recipient", OpenSecrets.org (Center for Responsive Politics). https://www.opensecrets.org/orgs/totals.php?id=D000000304&cycle=2016.

30. Citado em Hamburger, *Is Administrative Law Unlawful?*, p. 368.

31. Mancur Olson demonstrou isso em seu livro de 1965 *A lógica da ação coletiva*. Quase vinte anos depois, Jonathan Rauch expandiu a tese em *Demosclerosis: The Silent Killer of American Government* (Nova York: Three Rivers, 1995). Em 2015, os problemas diagnosticados por Olson e Rauch pioraram tanto que Charles Murray publicou *By the People*, pedindo o desmantelamento do Estado administrativo através da desobediência civil maciça e de agressivas ações judiciais.

32. Mesmo considerando-se somente os últimos vinte anos, o crescimento foi espantoso. O valor total gasto em lobby mais que dobrou entre 1998 e 2016, indo de 1,45 bilhão para 3,15 bilhões de dólares. Ver "Lobbying Database", OpenSecrets.org (Center for Responsive Politics). https://www.opensecrets.org/lobby/.

33. Rauch continua: "Se você vê outros fazendo lobby por leis e regulamentações favoráveis, você faz o mesmo, a fim de não ficar em desvantagem. Mas existe um limite para aquilo que o governo pode fazer. Sua base de recursos e sua habilidade gerencial são limitadas e sua adaptabilidade diminui com cada benefício adicional conseguido pelos grupos de interesse. De fato, quanto mais coisas diferentes tenta fazer, mais inefetivo o Estado tende a se tornar. Assim, se todo mundo vai para Washington tentando conseguir políticas favoráveis, o governo se torna rígido, sobrecarregado e incoerente. Em breve, sua capacidade de solucionar problemas é destruída. Todo mundo sai perdendo." Jonathan Rauch, *Government's End: Why Washington Stopped Working* (Nova York: PublicAffairs, 1994), p. 270.

34. R. H. Coase, "The Federal Communications Commission", *Journal of Law and Economics* 2 (outubro de 1959), p. 36.

35. James Q. Wilson, *Bureaucracy: What Government Agencies Do and Why They Do It* (Nova York: Basic Books, 1989), p. 76.

36. Milton Friedman, *Capitalism and Freedom* (edição de décimo quarto aniversário) (Chicago: University of Chicago Press, 2002 [1962]), p. 138 [Ed. bras.: *Capitalismo e liberdade*. Rio de Janeiro: LTC, 2017].

37. James Davis, *Medieval Market Morality: Life, Law and Ethics in the English Marketplace, 1200-1500* (Cambridge: Cambridge University Press, 2012), p. 298.

38. Deirdre N. McCloskey, *Bourgeois Equality: How Ideas, Not Capital or Institutions, Enriched the World* (Chicago: University of Chicago Press, 2016), p. 462. Tentei responder essa pergunta retórica. A resposta é que havia 1.976 farmácias na Holanda em 2011, de acordo com a Organização Mundial da Saúde. (Ver página 8 de http://www.who.int/medicines/areas/coordination/netherlands_pharmaceutical_profile.pdf.) Nos Estados Unidos, havia 64.356 (http://journals.plos.org/plosone/article?id=10.1371/journal.pone.0183172). Levando-se em conta a população (em 2011: http://databank.worldbank.org/data/reports.aspx?source=2&series=SP.POP.TOTL&country), havia quase duas vezes mais farmácias por pessoa nos EUA que na Holanda.

39. Ele continua: "Esses homens e mulheres, que na maioria dos casos são oficiais somente em tempo parcial, podem ter interesse econômico direto em muitas das decisões relacionadas aos pré-requisitos para a admissão e à definição dos padrões a serem observados pelos licenciados. Ainda mais importante, eles em geral são representantes diretos de grupos organizados no interior das profissões. Normalmente, são indicados por esses grupos como passo na direção de um ou outro cargo governamental. Frequentemente, as indicações são apenas uma formalidade que pode ser dispensada, com a nomeação sendo feita diretamente pela associação profissional, como acontece, por exemplo, com os embalsamadores na Carolina do Norte, os dentistas no Alabama, os psicólogos na Virgínia, os médicos em Maryland e os advogados em Washington." Walter Gellhorn, "The Right to Make a Living", *Individual Freedom and Governmental Restraints* (Baton Rouge: Louisiana State University Press, 1956), p. 106. Citado em Milton Friedman, *Capitalism and Freedom*, p. 140.

40. Morris P. Kleiner e Alan B. Krueger, "The Prevalence and Effects of Occupational Licensing", documento de trabalho do NBER n. 14308, setembro de 2008, p. 2-3. http://www.nber.org/papers/w14308.

41. Jeffrey Zients e Betsey Stevenson, "Trends in Occupational Licensing and Best Practices for Smart Labor Market Regulation", The White House: President Barack Obama, 28 de julho de 2015. https://oba-mawhitehouse.archives.gov/blog/2015/07/28/trends-occupational--licensing-and-best-practices-smart-labor-market-regulation.

42. "Braiding: IJ Untangles Regulations for Natural Hair Braiders", Institute for Justice. http://ij.org/issues/economic-liberty/braiding/.

43. Ver "Economic Liberty: The Institute for Justice Files Lawsuits Nationwide to Defend Honest Enterprise", Institute for Justice. http://ij.org/issues/economic-liberty/.

44. Ver "Certification, Licensing, and Charters", Tennessee Department of Agriculture. https://www.tn.gov/agriculture/article/ag-businesses--certification.

45. George Gilder, *Wealth and Poverty: A New Edition for the Twenty-First Century* (Washington: Regnery, 2012), p. 326.

46. Nick Sabilla, "Are Taxi Medallions Too Big to Fail?", Fox News, 16 de agosto de 2016. http://www.foxnews.com/opinion/2016/08/16/are-taxi--medallions-toobigto-fail-too.html.

47. Peter Jamison, "Outrage After Big Labor Crafts Law Paying Their Members Less Than Non-Union Workers", *Los Angeles Times*, 9 de abril de 2016. http://www.latimes.com/local/cityhall/la-me-union--minimum-wage20160410-story.html.

48. Benjamin T. Smith, "Teachers, Education Reform, and Mexico's Left", *Dissent*, 7 de outubro de 2013. https://www.dissentmagazine.org/online_articles/teachers-education-reform-and-mexicos-left.

49. Marion Lloyd, "Striking Mexico Teachers See Jobs as Things to Sell", *Houston Chronicle*, 13 de outubro de 2008. http://www.chron.com/life/mom-houston/article/Striking-Mexico-teachers-seejobsas-things--to-1642091.php.

50. Informação disponível em "Historical Data Sets and Trends Data", Doing Business: Measuring Business Regulations, World Bank, http://www.doingbusiness.org/Custom-Query. O Banco Mundial tem uma vasta base de dados sobre a facilidade de fazer negócios; a melhor maneira de encontrar os números que usei é criar seu próprio conjunto, embora, infelizmente, esse processo não gere uma única URL. Criei meu conjunto no link mencionado restringindo os tópicos a "execução

de contratos", "alvarás de construção" e "registro de propriedades", os anos a 2007, 2009, 2016 e 2017 e os países a Grécia e Estados Unidos.

51. J. D. Harris, "The Decline of American Entrepreneurship—in Five Charts", *Washington Post*, 12 de fevereiro de 2015. https://www.washingtonpost.com/news/on-small-business/wp/2015/02/12/the-decline-of-american-entrepreneurship-in-five-charts/?utm_term=.1392d11fe67c.

52. Daniel Bell, *The Coming of Post-Industrial Society: A Venture in Social Forecasting* (Nova York: Basic Books, 1976), p. 361.

53. Citado em Matt Continetti, "The Managers vs. the Managed", *Weekly Standard*, 21 de setembro de 2015. http://www.weeklystandard.com/the-managers-vs.-the-managed/article/1028522.

54. Ver Natalie Goodnow, "'The Bell Curve' 20 years later: A Q&A with Charles Murray", AEIdeas (American Enterprise Institute), 16 de outubro de 2014. http://www.aei.org/publication/bell-curve-20-years-later-qa-charles-murray/.

55. Adam Liptak, "An Exit Interview with Richard Posner, Judicial Provocateur", *New York Times*, 11 de setembro de 2017. https://www.nytimes.com/2017/09/11/us/politics/judge-richard-posner-retirement.html?_r=0.

56. David Brooks, "How We Are Ruining America", *New York Times*, 11 de julho de 2017. https://www.nytimes.com/2017/07/11/opinion/how-we-areruining-america.html.

10. TRIBALISMO HOJE: NACIONALISMO, POPULISMO E POLÍTICA IDENTITÁRIA

1. Barack Obama, "Remarks Following the New Hampshire Primary—January 8, 2008", American Presidency Project, editado por John Woolley e Gerhard Peters. http://www.presidency.ucsb.edu/ws/index.php?pid=62272.

2. Peter Schramm, "American by Choice", *Weekly Standard*, 27 de junho de 2007. http://www.weeklystandard.com/article/14917.

3. *Chae Chan Ping v. United States*, Legal Information Institute, Cornell Law School. https://www.law.cornell.edu/supremecourt/text/130/581.

4. Mark Lilla, "The End of Identity Liberalism", *New York Times*, 18 de novembro de 2016. https://www.nytimes.com/2016/11/20/opinion/sunday/the-end-of-identity-liberalism.html?mcubz=1.

5. A Universidade do Wisconsin — Madison oferece um curso de "problema da brancura": http://www.cnn.com/2016/12/23/health/college-course-white-controversy-irpt-trnd/index.html. A Faculdade Carl Sandburg proíbe "comentários depreciativos": http://www.campusreform.org/?ID=9455. Salon declara que os homens brancos precisam ser parados: http://www.salon.com/2015/12/22/white_men_must_be_stopped_the_very_future_of_the_planet_depends_on_it_partner/. Geógrafas feministas advertem contra citar homens brancos demais: http://www.nationalreview.com/article/449507/feminist-geographers-warn-against-citing-too-many-white-men-scholarly-articles. A King's College, no Reino Unido, substitui retratos de acadêmicos brancos barbados por uma "parede da diversidade": http://www.telegraph.co.uk/education/2017/07/14/top-uk-university-replaces-busts-portraits-bearded-white-scholars/. Pesquisadora de estudos culturais e de gênero argumenta que a física newtoniana prejudica as minorias: http://www.nationalreview.com/article/448102/quantum-physics-oppressive-marginalized-people. A Universidade de Oxford declara que evitar contato visual é racista: http://www.telegraph.co.uk/education/2017/04/22/students-avoid-making-eye-contact-could-guiltyof-racism-oxford/. Escola primária de elite em Manhattan ensina aos alunos que eles nasceram racistas: http://nypost.com/2016/07/01/elite-k-8-school-teaches-white-students-theyre-born-racist/.

6. Ibram Rogers, "'Merit Plea' Inherently Racist as Argument Against Affirmative Action", Diverse Education, 19 de novembro de 2012. http://diverseeducation.com/article/49589/.

7. Ian Schwartz, "Van Jones: Republicans Who Want a Colorblind Meritocracy Have a Racial 'Blind Spot'", RealClearPolitics, 5 de dezembro de 2016. https://www.realclearpolitics.com/video/2016/12/05/van_jones_republicans_who_want_a_colorblind_meritocracy_have_a_racial_blind_spot.html.

8. Anderson Cooper 360 Degrees, Transcrições da CNN, 2 de agosto de 2017. http://transcripts.cnn.com/TRANSCRIPTS/1708/02/acd.01.html.

9. Lauren Rankin, "Colorblindness Is the New Racism", PolicyMic, 22 de julho de 2013. https://mic.com/articles/55867/colorblindness-is-thenew-racism#.rqbARSvWO.

10. Adia Harvey Wingfield, "Color-Blindness Is Counterproductive", Atlantic, 13 de setembro de 2015. http://www.theatlantic.com/politics/archive/2015/09/color-blindness-is-counterproductive/405037/.

11. Zach Stafford, "When You Say You 'Don't See Race,' You're Ignoring Racism, Not Helping Solve It", *Guardian*, 26 de janeiro de 2015. https://www.theguardian.com/commentisfree/2015/jan/26/do-not-seerace--ignoring-racism-not-helping.

12. Ta-Nehisi Coates, *Between the World and Me* (Nova York: Spiegel & Grau, 2015), p. 50.

13. Ibid., p. 10.

14. Ibid., p. 6.

15. Ibid. Ver, por exemplo, p. 66.

16. Ibid., p. 42.

17. Dana Bash e Emily Sherman, "Sotomayor's 'Wise Latina' Comment a Staple of Her Speeches", CNN, 8 de junho de 2009. http://www.cnn.com/2009/POLITICS/06/05/sotomayor.speeches/.

18. Wendy Doniger, "All Beliefs Welcome, Unless They Are Forced on Others", On Faith. https://www.onfaith.co/onfaith/2008/09/09/all--beliefs-welcome-unless-the/578.

19. Há muitas variáveis em jogo. Os homens tendem a gravitar para trabalhos mais perigosos — construção, mineração, extração de madeira —, explicando por que responderam por 92,3% das mortes no local de trabalho em 2014. Eles também trabalham mais horas que as mulheres, sem dúvida por causa da divisão desigual do trabalho quando se trata de criar os filhos. Para mais sobre isso, ver Mark J. Perry, "Some Thoughts on Equal Pay Day and the 23 Percent Gender Pay Gap Myth", AEIdeas (American Enterprise Institute), 11 de abril de 2016. http://www.aei.org/publication/some-thoughts-on-equal--payday-and-the-23-gender-paygapmyth/.

20. "Cracking the Gender Code: Get 3x MORE Women in Computing", Accenture and Girls Who Code, p. 3. https://www.accenture.com/t20161018T094638__w__/us-en/_acnmedia/Accenture/next-gen-3/girls-whocode/Accenture-Cracking-The-Gender-Code-Report.pdf.

21. Scott Alexander, "Contra Grant on Exaggerated Differences", Slate Star Codex, 7 de agosto de 2017. http://slatestarcodex.com/2017/08/07/contra-grant-on-exaggerated-differences/.

22. Christine Rosen, "You Will Not Think Outside the Box", *Commentary*, setembro de 2017. https://www.commentarymagazine.com/articles/you-will-notthink-outside-box/.

23. Nancy P. McKee e Linda Stone, *Gender and Culture in America*, 3ª edição (Nova York: Sloan Publishing, 2007), p. 7.

24. Jessica Neuwirth, *Equal Means Equal: Why the Time for an Equal Rights Amendment Is Now* (Nova York: New Press, 2015), p. 88. Para uma incitante refutação de ambos os argumentos, ver Christina Villegas, "The Modern Feminist Rejection of Constitutional Government", Heritage Foundation, 8 de agosto de 2016. http://www.heritage.org/political-process/report/the-modern-feminist-rejection-constitutional--government#_ftnref22.

25. Stanley Fish, *There's No Such Thing as Free Speech: And It's a Good Thing, Too* (Nova York: Oxford University Press, 1994), p. 19.

26. Citado em Daniel A. Farber e Suzanna Sherry, *Beyond All Reason: The Radical Assault on Truth in American Law* (Nova York: Oxford University Press, 1997), p. 25.

27. Raymond Aron, *The Opium of the Intellectuals* (New Brunswick: Transaction, 2011 [1957]), p. 26 [Ed. bras.: *O ópio dos intelectuais*. São Paulo: Três Estrelas, 2016].

28. Isabel Knight, "Students Share Mixed Responses to George/West Collection", *Daily Gazette* (Swarthmore), 13 de fevereiro de 2014. http://daily.swarthmore.edu/2014/02/13/students-share-mixed-responses--to-georgewest-collection/.

29. Sandra Y. L. Korn, "The Doctrine of Academic Freedom", *Harvard Crimson*, 18 de fevereiro de 2014. http://www.thecrimson.com/column/the-redline/article/2014/2/18/academic-freedom-justice/?page=single#.

30. Hank Berrien, "Yale Students Scream to Block Free Speech", *Daily Wire*, 11 de novembro de 2015. http://www.dailywire.com/news/1041/yale-students-scream-block-free-speech-hank-berrien.

31. Há uma rica tradição de décadas nesse tipo de texto, especialmente na direita, começando com *God and Man at Yale*, de William F. Buckley; passando por *The Closing of the American Mind*, de Allan Bloom; e *Tenured Radicals*, de Roger Kimball; e florescendo hoje em obras como *Sex and God at Yale*, de Nathaniel Harden; *End of Discussion*, de Guy Benson e Mary Katherine Ham; *Silenced*, de Kirsten Powers; *The Victims' Revolution*, de Bruce Bawer; *The Intimidation Game*; de Kimberely Strassel; e muitos, muitos outros.

32. Ver Charlotte Allen, "King of Fearmongers", *Weekly Standard*, 15 de abril de 2013. http://www.weeklystandard.com/king-of-fearmongers/article/714573.

33. Ver "ADL Report: Anti-Semitic Targeting of Journalists During the 2016 Presidential Campaign; A Report from ADL's Task Force on

Harassment and Journalism", Anti-Defamation League, 19 de outubro de 2016, p. 6. https://www.adl.org/sites/default/files/documents/assets/pdf/press-center/CR_4862_Journalism-TaskForce_v2.pdf.

34. Tariq Nasheed, Twitter, 14 de setembro de 2017. https://twitter.com/tariqnasheed/status/908463507246522368?lang=en. Os tuítes também estão disponíveis aqui, caso o sr. Nasheed os apague: https://twitchy.com/dougp-3137/2017/09/14/wait-what-tariq-nasheeds-take-on-how--ben-shapiro-masks-racist-rhetoric-sends-heads-to-desks/.

35. Ayaan Hirsi Ali, "Why Is the Southern Poverty Law Center Targeting Liberals?", *New York Times*, 24 de agosto de 2017. https://www.nytimes.com/2017/08/24/opinion/southern-poverty-lawcenter-liberals-islam.html?mcubz=1.

36. Como escreveu um aluno da faculdade: "Em outras palavras, dar um tapa na cara de alguém e fazer comentários racistas sobre esse alguém são percebidos similarmente pelo cérebro, ativando muitos dos mesmos receptores de dor. E está claro, a partir de eventos recentes, que muitos alunos da UCLA foram estapeados." Keshav Tadimeti, "Hurtful, Discriminatory Comments Should Not Be Defended as Free Speech", *Daily Bruin*, 16 de maio de 2016. http://dailybruin.com/2016/05/16/keshav-tadimeti-hurtful-discriminatory-comments-should-not-be--defended-as-free-speech/.

37. Jencey Paz, "Hurt at Home", *Yale Herald*, 6 de novembro de 2015, apagado desde a publicação original, mas ainda disponível aqui: http://web.archive.org/web/20151107010454/http://yaleherald.com/op-eds/hurt-at-home/.

38. Jonathan Holloway, "An Announcement from Campus", Yale College, 28 de abril de 2016. http://yalecollege.yale.edu/deans-office/messages/announcement-campus.

39. Algumas das organizações disponíveis incluem Aprendizado e Experiência Interativa Vietnamita; Aliança de Estudos Asiático-Americanos; Força-Tarefa de Estudos Asiático-Americanos; Organização de Alunos da Associação de Nativos Americanos em Yale; Índia em Yale; IvyQ (de "queer"); Alunos Japoneses em Yale; Mulheres Latinas em Yale; Partido Liberal; Liga de Ação pelos Direitos Reprodutivos em Yale; Conselho de Planejamento da Semana de Sexo e Sexualidade; Parceria dos Alunos de Baixa Renda e Primeira Geração; Mulheres na Física; Iniciativa de Liderança das Mulheres em Yale; Asiáticos Queer+ em

Yale; Coletivo Urbano de Yale; Conferência da Solidariedade Negra em Yale; Centro das Mulheres de Yale; Movimento do Sudeste Asiático em Yale; revista Q (como em "queer"); Aliança dos Alunos do Sudeste Asiático; Associação dos Estudantes Árabes; Associação das Alunas Salvadorenhas de Yale; Aliança Negra em Yale; Clube Brasil; Associação dos Estudantes Canadenses em Yale [falando em espaços seguros!]; Associação dos Estudantes Sino-Americanos; Alunos Chineses em Yale; Clube Colômbia; Clube dos Estudantes Argentinos em Yale; Clube dos Estudantes Romenos em Yale; Associação dos Alunos Cubano-Americanos; Despierta Boricua, Organização de Estudantes Porto-Riquenhos em Yale; DisOrient; Associação de Estudantes Eritreios e Etíopes em Yale; In the Q[como em "queer"]loset; União dos Estudantes Nipo-Americanos; Kama, o Clube Filipino em Yale; Estudantes Coreano-Americanos em Yale; La Revolucion; La Société Française; Lo Stivale; Associação Malásia e Singapurense; Organização pela Abertura Racial e Étnica; Clube Cultural Russo; Irmãs de Todas as Nações; Sociedade Sul-Asiática; Sociedade do Sudeste Europeu; Associação dos Estudantes Tailandeses em Yale; Estudantes da Nigéria; Estudantes Suíços e Afiliados em Yale; Sociedade dos Tailandeses-Americanos; Sociedade Alemã de Alunos da Universidade de Yale; Sociedade dos Estudantes Poloneses da Faculdade de Yale; Associação dos Estudantes Vietnamitas; Associação dos Estudantes Africanos de Yale; Coalizão das Mulheres Negras de Yale; Alunos Britânicos em Yale; Organização dos Estudantes Caribenhos em Yale; União dos Estudantes Negros da Faculdade de Yale; Sociedade dos Estudantes Tchecos e Eslovacos da Faculdade de Yale; Associação dos Estudantes Dominicanos de Yale; Alunos Europeus de Yale; Amigos da Turquia em Yale; Instituto Havaí em Yale; Yale Kala; Cooperativa LGBTQ em Yale; Organização dos Estudantes Mexicanos em Yale; Sociedade Escandinava de Yale; Associação de Alunos Portugueses de Yale; Coletivo Ativismo Lésbico, Gay, Bissexual, Transgênero e Queer+; Margem: Perspectivas Estudantis da Esquerda; Resolução do Oriente Médio Através da Educação, da Ação & do Diálogo; Partido da Esquerda; Estudantes pela Justiça na Palestina e Associação Nacional para o Progresso das Pessoas de Cor em Yale.

40. Ver Rosalie Pedalino Porter, "The Case Against Bilingual Education", *Atlantic*, maio de 1998, https://www.theatlantic.com/magazine/ar-

chive/1998/05/the-caseagainst-bilingual-education/305426/; Peter J. Duignan, "Bilingual Education: A Critique", Hoover Institution. http://www.hoover.org/research/bilingual-education-critique.

41. Lani Guinier, *Tyranny of the Majority: Fundamental Fairness in Representative Democracy* (Nova York: Free Press, 1994), p. 5-6.

42. Lani Guinier, "The Triumph of Tokenism: The Voting Rights Act and the Theory of Black Electoral Success", *Michigan Law Review* 89, n. 5 (março de 1991), p. 1108.

43. Ibid., p. 1103.

44. Ibid., p. 1107.

45. Paul Gigot, "Hillary's Choice on Civil Rights: Back to the Future", *Wall Street Journal*, 10 de maio de 1993.

46. Yanan Wang, "A Course Originally Called 'The Problem of Whiteness' Returns to Arizona State", *Washington Post*, 12 de novembro de 2015. https://www.washingtonpost.com/news/morning-mix/wp/2015/11/12/a-course-originally-called-the-problem-of-whiteness-returns-to-asu-as-racial-tensions-boil-over-on-campuses/?utm_term=.6127c9c2182f.

47. Preston Mitchum, Twitter, 23 de julho de 2017. https://twitter.com/PrestonMitchum/status/889165691529637888.

48. Alia Wong, "Asian Americans and the Future of Affirmative Action", *Atlantic*, 28 de junho de 2016. http://www.theatlantic.com/education/archive/2016/06/asian-americans-and-the-future-of-affirmative-action/489023/.

49. "The Model Minority Is Losing Patience", *Economist*, 3 de outubro de 2015. http://www.economist.com/news/briefing/21669595-asian-americans-are-united-states-most-successful-minority-they-are-complaining-ever.

50. Lee Bollinger, "Pro: Diversity Is Essential", *Newsweek*, 26 de janeiro de 2003. http://www.newsweek.com/pro-diversity-essential-135143.

51. Lyndon B. Johnson, "Commencement Address at Howard University: 'To Fulfill These Rights'—June 4, 1965", American Presidency Project, editado por John Woolley e Gerhard Peters. http://www.presidency.ucsb.edu/ws/index.php?pid=27021&st=Howard+University&st1=.

52. Amy Wax e Larry Alexander, "Paying the Price for Breakdown of the Country's Bourgeois Culture", *Philadelphia Inquirer*, 9 de agosto de 2017. http://www.philly.com/philly/opinion/commentary/paying-the-price-for-breakdown-of-the-countrys-bourgeois-culture-20170809.html.

53. Penn Alumni & Students, "Guest Column by 54 Penn Students & Alumni: Statement on Amy Wax and Charlottesville", *Daily Pennsylvanian*, 21 de agosto de 2017. http://www.thedp.com/article/2017/08/guest-column-amy-wax-charlottesville.

54. Jonathan V. Last, "Weekly Standard: Obamacare vs. the Catholics", NPR, 7 de fevereiro de 2012. http://www.npr.org/2012/02/07/146511839/weekly-standard-obamacare-vs-the-catholics.

55. Chris Murphy, Twitter, 28 de julho de 2017. https://twitter.com/ChrisMurphyCT/status/890924515999526912.

56. Constituição japonesa, primeiro-ministro do Japão e seu gabinete, http://japan.kantei.go.jp/constitution_and_government_of_japan/constitution_e.html.

58. Emma Green, "Bernie Sanders's Religious Tests for Christians in Public Office", *Atlantic*, 8 de junho de 2017. https://www.theatlantic.com/politics/archive/2017/06/bernie-sanders-chris-van-hollen-russell--vought/529614/.

57. Os muçulmanos acreditam que judeus e cristãos que nunca ouviram a mensagem de Maomé — e levam vidas corretas — irão para o paraíso. Os cristãos que ouviram a mensagem de Maomé ainda podem ir para o paraíso se acreditarem que só há um Deus. Mas, se rejeitarem a mensagem de Maomé, estarão condenados à danação. Ver Camila Domonoske, "'Is It Hateful to Believe in Hell? Bernie Sanders' Questions Prompt Backlash", NPR, 9 de junho de 2017. http://www.npr.org/sections/thetwo-way/2017/06/09/532116365/is-it-hateful-to-believe-in--hellbernie-sanders-questions-prompt-backlash.

59. Sohrab Ahmari, "The Dogma of Dianne Feinstein", *New York Times*, 11 de setembro de 2017. https://www.nytimes.com/2017/09/11/opinion/the-dogma-of-dianne-feinstein.html?mcubz=1.

60. "New PRRI/The Atlantic Survey Analysis Finds Cultural Displacement—Not Economic Hardship—More Predictive of White Working--Class Support for Trump", Public Religion Research Institute, 9 de maio de 2017. https://www.prri.org/press-release/white-working-class--attitudes-economy-trade-immigration-election-donald-trump/.

61. Ver, por exemplo, Brenda Major *et al.*, "The Threat of Increasing Diversity: Why Many White Americans Support Trump in the 2016 Election", *Group Processes & Intergroup Relations*, 20 de outubro de 2016. http://journals.sagepub.com/doi/pdf/10.1177/1368430216677304.

62. Franklin D. Roosevelt, "Acceptance Speech for the Renomination for the Presidency, Philadelphia, Pa.—June 27, 1936", American Presidency Project, editado por John Woolley e Gerhard Peters. http://www.presidency.ucsb.edu/ws/?pid=15314.

63. Max Roser, "Life Expectancy", Our World in Data. https://ourworldindata.org/life-expectancy.

64. Max Roser, "Child Labor", Our World in Data. https://ourworldindata.org/child-labor/.

65. Max Roser, "Life Expectancy".

66. Robert Nozick, *Anarchy, State, and Utopia* (Nova York: Basic Books, 2013 [1974]), p. 163.

11. POLÍTICA DA CULTURA POPULAR: GODZILLA, ROCK & ROLL E O ESPÍRITO ROMÂNTICO

1. William Blake, "Chapter IX", *The [First] Book of Urizen*, 1794, Bartleby. com. http://www.bartleby.com/235/259.html.

2. Max Weber, "Science as a Vocation", 1918. Ver p. 15 de http://anthropos-lab.net/wp/wp-content/uploads/2011/12/Weber-Science-as-a--Vocation.pdf. De H. H. Gerth e C. Wright Mills (tradutores e editores), *Max Weber: Essays in Sociology* (Nova York: Oxford University Press, 1946), p. 129-56.

3. Tim Blanning, em seu excelente livro *The Romantic Revolution: A History,* Modern Library Chronicles (Nova York: Random House, 2011, edição Kindle), faz um breve resumo de quão elusivas as definições do romantismo têm sido.

4. Isaiah Berlin, *The Roots of Romanticism,* A. W. Mellon Lectures in the Fine Arts (Princeton: Princeton University Press, 1999 [1965]), p. 1 [Ed. bras.: *Raízes do romantismo.* São Paulo: Três Estrelas, 2015].

5. Blanning, *The Romantic Revolution,* localização Kindle 281-90.

6. David Brooks, *Bobos in Paradise: The New Upper Class and How They Got There* (Nova York: Simon & Schuster, 2010, edição Kindle), p. 67.

7. "O que quer que possamos pensar sobre os méritos ou deméritos do movimento usualmente chamado de romantismo", continua ele, "ele certamente forneceu uma compreensão mais profunda da sociedade pré-capitalista e da evolução histórica em geral e, consequentemente, revelou alguns dos erros fundamentais do utilitarismo e da teoria

política à qual o utilitarismo serviu de base." Joseph A. Schumpeter, *Capitalism, Socialism and Democracy*, 3ª edição (Nova York: Harper Perennial Modern Thought, 2008 [1942]), p. 249.

8. William Blake, "Auguries of Innocence", Poetry Foundation. https://www.poetryfoundation.org/poems/43650/auguries-of-innocence.

9. Ver Richard Kieckhefer, "The Specific Rationality of Medieval Magic", *Historical Review* 99, n. 3 (junho de 1994), p. 813-36; Gregory W. Dawes, "The Rationality of Renaissance Magic", *Parergon*, 1º de julho de 2013; Valerie I. J. Flint, *The Rise of Magic in Early Medieval Europe* (Princeton: Princeton University Press, 1991).

10. Sobre esse ponto, recomendo enfaticamente o livro do psicólogo e vencedor do prêmio Nobel Daniel Kahneman, *Thinking, Fast and Slow* (Nova York: Farrar, Straus and Giroux, 2011) [Ed. bras.: *Rápido e devagar: Duas formas de pensar*. Rio de Janeiro: Objetiva, 2012]. Ele analisa uma vida inteira de pesquisas mostrando as inumeráveis maneiras pelas quais nosso cérebro animal pode enganar a mente humana.

11. Maureen Cleave, "The John Lennon I Knew", *Telegraph*, 5 de outubro de 2005. http://www.telegraph.co.uk/culture/music/Rockandjazzmusic/3646983/The-John-Lennon-I-knew.html.

12. Joe Bosso, "The Edge Interview: Memory Man", *Guitar World*, 10 de novembro de 2008. http://www.guitarworld.com/edge-u2-interview--memory-man.

13. Victor Hugo, *William Shakespeare*, parte I, livro II, capítulo IV. https://archive.org/stream/williamshakespea00hugouoft/williamshakespea00hugouoft_djvu.txt.

14. Nietzsche disse em *Assim falava Zaratustra*: "Eu só poderia acreditar em um Deus que soubesse dançar. É preciso ainda ter caos dentro de si para gerar uma estrela dançante", o que possui uma vibração decididamente panteísta. Friedrich Nietzsche, "VII. Reading and Writing", *Thus Sprach Zarathustra*. http://www.gutenberg.org/cache/epub/1998/pg1998.txt.

15. Martha Bayless, *Hole in Our Soul: The Loss of Beauty and Meaning in American Popular Music* (Chicago: University of Chicago Press), p. 36.

16. Susan J. Wolfson, "'This Is My Lightning' or, Sparks in the Air", *Studies in English Literature 1500-1900*, 55, n. 4 (outono de 2015), p. 751.

17. B. F. Schonland, "Wilkins Lecture: Benjamin Franklin: Natural Philosopher", *Proceedings of the Royal Society of London* 235, n. 1203 (Series A, Mathematical, Physical, and Engineering Sciences, 12 de

junho de 1956), p. 433-44: "Antes que ele ouvisse falar disso, Franklin foi aclamado na Europa como Prometeu moderno. A descoberta mais tarde foi descrita por Joseph Priestley, ele mesmo um grande juiz dos experimentos científicos, como 'talvez a maior já feita em todo o compasso da filosofia desde a época de Sir Isaac Newton'. O efeito na mente pública foi assombroso e pode ser comparado ao produzido, em nossa época, pela explosão da bomba atômica."

18. Chieko Tsuneoka, "A New Godzilla Faces a More Nationalistic Japan", *Wall Street Journal*, 4 de setembro de 2016. http://www.wsj.com/articles/a-newgodzilla-faces-a-more-nationalistic-japan-1472834845.

19. William M. Tsutsui, "Review: *Shin Godzilla*", *ArkansasOnline*, 7 de outubro de 2016. http://www.arkansasonline.com/news/2016/oct/07/shin-godzilla-20161007/?f=entertainment.

20. Tsuneoka, "A New Godzilla Faces a More Nationalistic Japan".

21. William Peter Blatty, "*The Exorcist* Script—Dialogue Transcript", 1973. http://www.script-o-rama.com/movie_scripts/e/exorcist-script--transcript-blatty-friedkin.html.

22. William Peter Blatty, *The Exorcist* (Nova York: HarperCollins, 2011 [1971]), p. 345 [Ed. bras.: *O exorcista*. Rio de Janeiro: HarperCollins Brasil, 2019].

23. Como afirmou Thomas Hibbs: "Em vez de terror, *O exorcista* deveria ser agrupado a vários dramas clássicos da década de 1970, como *Amargo pesadelo*, *Taxi Driver* e *Chinatown*, que revelam o caos e o mal logo abaixo da superfície da civilização. Tanto o livro quanto o filme estão intimamente conectados à revolta cultural do fim da década de 1960; o filme no interior do filme que leva Chris MacNeil a Georgetown mostra um protesto antiguerra em um campus". "*The Exorcist* at 40", *National Review* online, 31 de outubro de 2013. http://www.national-review.com/article/362662/exorcist-40-thomas-hibbs.

24. Helen Childress, "*Reality Bites* Script—Dialogue Transcript", 1994. http://www.script-o-rama.com/movie_scripts/r/reality-bites-script--transcript-stiller.html.

25. Alan Ball, *American Beauty*, 1999. http://www.dailyscript.com/scripts/AmericanBeauty_final.html.

26. "*Point Break*: Quotes", IMDB. http://www.imdb.com/title/tt0102685/quotes.

27. John Steinbeck, *The Grapes of Wrath* (Nova York: Penguin Books, 2006 [1939]), p. 33.

28. "*Mr. Robot* (2015–): Quotes", IMDB. http://www.imdb.com/title/tt4158110/quotes.

29. Ibid.

30. "*Fight Club* (1999): Quotes", IMDB. http://www.imdb.com/title/tt0137523/quotes.

31. Tom Schulman, "*Dead Poets Society:* Final Script", 1989. http://www.dailyscript.com/scripts/dead_poets_final.html.

32. Kevin J. H. Dettmar, "*Dead Poets Society* Is a Terrible Defense of the Humanities", *Atlantic*, 19 de fevereiro de 2014. http://www.theatlantic.com/education/archive/2014/02/-em-dead-poets-society-em-is-a--terrible-defense-of-the-humanities/283853/.

33. Berlin, *The Roots of Romanticism*, p. 12.

34. Ibid.

35. Carlyle elogiou Maomé porque, nas palavras de Berlin, o profeta era "uma força elementar, teve uma vida intensa, conseguiu muitos seguidores; algo elementar aconteceu, um tremendo fenômeno que foi um episódio grandioso e comovedor na vida da humanidade e passou a ser representado por Maomé. A importância de Maomé é seu personagem, não suas crenças. A questão se aquilo em que Maomé acreditava é verdadeiro ou falso teria parecido perfeitamente irrelevante para Carlyle". Ibid., p. 13.

36. Allan Bloom comenta em *The Closing of the American Mind* que muitos de seus pares com tendências esquerdistas admiram os terroristas por causa de seu comprometimento com uma autoafirmação radical. De fato, explique a um típico aluno de faculdade, que usa camiseta do Che Guevara, que ele está idealizando um assassino a sangue-frio e ele revirará os olhos. O apelo de Guevara vem de seu comprometimento com sua causa. É possível encontrar ecos dessa forma de pensar em incontáveis apologias ao terrorismo em todo o mundo: "Ao menos eles acreditam em algo!" Ou, como diz Walter em *O grande Lebowski*: "Diga o que quiser sobre os preceitos do nacional-socialismo. Ao menos é um etos."

37. Compare com a conhecida máxima latina *Fiat justitia ruat caelum* ou "Faça-se justiça meio que caiam os céus".

38. Ver Jonah Goldberg, "Life and Death on Basic Cable", *National Review* 65, n. 15, 19 de agosto de 2013. https://www.nationalreview.com/nrd/articles/354946/life-and-death-basic-cable.

39. Paul MacInnes, "*Breaking Bad* Creator Vince Gilligan: The Man Who Turned Walter White from Mr. Chips into Scarface", *Guardian*, 18

de maio de 2012. https://www.theguardian.com/tv-and-radio/2012/may/19/vince-gilligan-breaking-bad.

40. Ver Jonah Goldberg, "Empty Integrity", *National Review* 66, n. 21, 17 de novembro de 2014. http://www.nationalreview.com/article/392395/empty-integrity-jonah-goldberg.

41. Samuel Taylor Coleridge, "Chapter XIV", *Biographia Literaria*. http://www.english.upenn.edu/~mgamer/Etexts/biographia.html.

42. Ver, por exemplo, *Eles vivem* ou o episódio "A most unusual camera" [Uma câmera muito incomum] de *Além da imaginação*.

12. A FAMÍLIA ESTÁ PERDENDO A GUERRA CONTRA A BARBÁRIE

1. Joseph A. Schumpeter, "The March into Socialism", *American Economic Review Papers and Proceedings of the Sixty-Second Annual Meeting of the American Economic Association* 40, n. 2 (maio de 1950), p. 450. (Esse foi o último artigo no Schumpeter trabalhou. Ele morreu um pouco antes de terminá-lo e o artigo foi concluído por sua esposa.)

2. Nicholas Wade, *Before the Dawn: Recovering the Lost History of Our Ancestors* (Nova York: Penguin, 2007, Edição Kindle), p. 169.

3. Ibid.

4. Joseph Henrich, Robert Boyd e Peter J. Richerson, "The Puzzle of Monogamous Marriage", *Philosophical Transactions of the Royal Society B: Biological Sciences*, 5 de março de 2012, p. 657-69. https://www.ncbi.nlm.nih.gov/pmc/articles/PMC3260845/.

5. Eric D. Gould *et al.*, "The Mystery of Monogamy", *American Economic Review* 98, n. 1 (março de 2008), p. 333-34.

6. Robin Fox, *The Tribal Imagination: Civilization and the Savage Mind* (Cambridge: Harvard University Press, 2011), p. 49.

7. Susan Dominus, "Is an Open Marriage a Happier Marriage?", *New York Times Magazine*, 11 de maio de 2017. https://www.nytimes.com/2017/05/11/magazine/is-an-open-marriage-ahappier-marriage.html?mcubz=1&_r=0.

8. Kathleen Doheny, "The Truth About Open Marriage", WebMD. http://www.webmd.com/sex-relationships/features/the-truth-about-open--marriage#1.

9. W. Bradford Wilcox, "The Evolution of Divorce", *National Affairs*, outono de 2009. http://www.nationalaffairs.com/publications/detail/

the-evolution-of-divorce. Devo muito aos estudos de Wilcox para grande parte de minha discussão sobre o divórcio.

10. Ibid., citando Barbara Dafoe Whitehead, *The Divorce Culture: Rethinking Our Commitments to Marriage and Family* (Nova York: Vintage Books, 1998).

11. Wilcox, "The Evolution of Divorce".

12. Wade F. Horn, "Wedding Bell Blues: Marriage and Welfare Reform", Brookings Institution, 1º de junho de 2001. https://www.brookings.edu/articles/wedding-bellblues-marriage-and-welfare-reform/.

13. Ver "Table 15. Births and Birth Rates for Unmarried Women, by Age and Race and Hispanic Origin of Mother: United States, 2015", em *National Vital Statistics Reports* 66, n. 1 (5 de janeiro de 2017). https://www.cdc.gov/nchs/data/nvsr/nvsr66/nvsr66_01.pdf. Ver também George A. Akerlof e Janet L. Yellen, "An Analysis of Out-of-Wedlock Births in the United States", Brookings Policy Brief Series, Brookings Institution, 1º de agosto de 1996. https://www.brookings.edu/research/an-analysis-of-out-of-wedlock-births-in-theunited-states/.

14. Wilcox, "The Evolution of Divorce".

15. Devo crédito a Ben Shapiro por essa sucinta formulação.

16. W. Bradford Wilcox *et al.*, "Mobility and Money in U.S. States: The Marriage Effect", Social Mobility Papers, Brookings Institution, 7 de dezembro de 2015. https://www.brookings.edu/research/mobility-and-money-in-u-s-states-the-marriage-effect/ (citando Sara McLanahan e Isabel Sawhill, "Marriage and Child Well-being Revisited: Introducing the Issue", *The Future of Children* 25, n. 2 [edição especial: "Marriage and Child Wellbeing Revisited" [outono de 2015], p. 4).

17. Wilcox, "The Evolution of Divorce".

18. Andrew Cherlin, *The Marriage Go-Round: The State of Marriage* (Nova York: Vintage Books, 2009), p. 5-6.

19. Steven Pinker, *The Blank Slate: The Modern Denial of Human Nature* (Nova York: Penguin, edição Kindle), p. 165.

20. Nicholas Zill, "The Paradox of Adoption", Institute for Family Studies, 7 de outubro de 2015. https://ifstudies.org/blog/the-paradox-of-adoption/.

21. Pinker, *The Blank Slate*, p. 165.

22. Suzanne Woolley, "This Is How Much Your Kids Are Worth", Bloomberg Business, 28 de agosto de 2017. https://www.bloomberg.com/amp/news/articles/2017-08-28/this-is-the-best-long-term-careinsurance.

23. Isabel V. Sawhill, "Beyond Marriage", *New York Times*, 13 de setembro de 2014. https://www.nytimes.com/2014/09/14/opinion/sunday/beyond-marriage.html?_r=0.

24. W. Bradford Wilcox *et al.*, "Strong Families, Prosperous States: Do Healthy Families Affect the Wealth of States?", American Enterprise Institute, 19 de outubro de 2015. http://www.aei.org/publication/strong-families-prosperous-states/.

25. Jim Tankersley, "Why States with More Marriages Are Richer States", *Washington Post*, 20 de outubro de 2015. https://www.washingtonpost.com/news/wonk/wp/2015/10/20/why-states-with-more-marriages-are--richer-states/?utm_term=.9d08e445e746.

26. Bryan Caplan, "What Is the Male Marriage Premium?", Library of Economics and Liberty, 28 de fevereiro de 2012. http://econlog.econlib.org/archives/2012/02/what_is_the_mar.html.

27. Ver Pascal-Emmanuel Gobry, "Finally, Economists Acknowledge That They're Biased", *Forbes*, 18 de março de 2013. https://www.forbes.com/sites/pascalemmanuelgobry/2013/03/18/finally-economists-acknowledge--that-theyre-biased/#6543da0f1f57. Para os homens, a bonificação é de 44% pelo casamento e somente 34% pela faculdade. Ver Bryan Caplan, "The College Premium vs. the Marriage Premium: A Case of Double Standards", Library of Economics and Liberty, 23 de janeiro de 2012. http://econlog.econlib.org/archives/2012/01/the_college_pre.html.

28. Ver Gobry, "Finally, Economists Acknowledge That They're Biased".

29. Ron Haskins, "Three Simple Rules Poor Teens Should Follow to Join the Middle Class", Brookings Institution, 13 de março de 2013. https://www.brookings.edu/opinions/three-simple-rules-poor-teens-should--follow-to-join-the-middle-class/.

30. Annie Kim, "Why Is Marriage Thriving Among (and Only Among) the Affluent?", *Washington Monthly*, março/abril/maio de 2016. http://washingtonmonthly.com/magazine/maraprmay-2016/why-is-marriage-thriving-among-and-only-among-the-affluent/.

31. Ibid.

32. Kim Parker e Renee Stepler, "As U.S. Marriage Rate Hovers at 50%, Education Gap in Marital Status Widens", Pew Research Center, 14 de setembro de 2017. http://www.pewresearch.org/fact-tank/2017/09/14/as-u-s-marriage-rate-hovers-at-50-education-gap-in-marital-status--widens/?utm_content=buffer2c241&utm_medium=social&utm_source=facebook.com&utm_campaign=buffer.

33. Jason DeParle, "Two Classes in America, Divided by I Do", *New York Times*, 14 de julho de 2012. http://www.nytimes.com/2012/07/15/us/two-classes-in-america-divided-by-i-do.html.

34. Ver Milton Kurland, "Romantic Love and Economic Considerations: A Cultural Comparison", *Journal of Educational Sociology* 27, n. 2 (outubro de 1953), p. 72-79; Charles Lindholm, "Romantic Love and Anthropology", *Etnofoor* 19, n. 1 (2006), p. 5-21; Robert Levine *et al.*, "Love and Marriage in Eleven Cultures", *Journal of Cross-Cultural Psychology* 26, n. 5 (setembro de 1995).

35. Ver Courtland Milloy, "Why Is Baseball Striking Out in the Black Community?", *Washington Post*, 30 de outubro de 2012. https://www.washingtonpost.com/local/why-is-baseball-striking-out-in-the-black--community/2012/10/30/57fa1aca-22c7-11e2-ac85-e669876c6a24_story.html?utm_term=.955c36217479. Ver também Mark Armour e Daniel R. Levitt, "Baseball Demographics, 1947-2016", Society for American Baseball Research. http://sabr.org/bioproj/topic/baseball--demographics-1947-2012.

36. Ver Barbara Dafoe Whitehead, "Dan Quayle Was Right", *Atlantic*, abril de 1993. https://www.theatlantic.com/magazine/archive/1993/04/dan-quayle-was-right/307015/.

37. Joseph A. Schumpeter, *Capitalism, Socialism and Democracy*, 3ª edição (Nova York: Harper Perennial Modern Thought, 2008 [1942]), p. 157.

13. A ERA TRUMP: OS PERIGOS DO POPULISMO

1. Deirdre N. McCloskey, "Creative Destruction vs. the New Industrial State: Review of McCraw and Galbraith", *Reason* (outubro de 2007). Acessado via http://www.deirdremccloskey.com/articles/galbraith.php.

2. Franklin Delano Roosevelt, "4—State of the Union Message to Congress—January 11, 1944", American Presidency Project, editado por John Woolley e Gerhard Peters. http://www.presidency.ucsb.edu/ws/?pid=16518.

3. Lincoln Steffens, *The Autobiography of Lincoln Steffens, Volume II: Muckraking/Revolution/Seeing America at Last* (Nova York: Harcourt, Brace & World, 1931), p. 799. A frase mais tarde foi editada e memorizada como "Eu vi o futuro, e ele funciona".

4. Em *Fascismo de esquerda*, narro a paixão dos intelectuais progressistas americanos por governos dispostos a "experimentar" novas e excitantes

alternativas ao capitalismo democrático liberal. Por exemplo, Rexford Guy Tugwell, membro influente do Brain Trust de FDR, disse sobre o fascismo italiano: "É a mais limpa, organizada e eficiente peça operacional de maquinaria social que já vi. Estou com inveja." "Estamos tentando a economia do fascismo sem termos sofrido todas as suas devastações sociais ou políticas", proclamou o editor da *New Republic*, George Soule, um apoiador entusiástico da administração FDR. Stuart Chase, o homem que ajudou a popularizar a expressão "New Deal", se maravilhou com o fato de os soviéticos não serem guiados por um "grupo faminto de acionistas", sendo "informados por batalhões de estatísticos" e chefes de partido que não tinham "nenhum incentivo para além do escaldante zelo de criar um novo paraíso e uma nova terra que arde no coração de todo bom comunista". E quanto ao fato de as pessoas terem sido forçadas a essa nova ordem? E daí? "A massa de camponeses", escreveu Tugwell sobre o povo russo, não deve "ser culpada por ter vislumbrado que a necessidade de avanço racial requeria uma mudança drástica e nem por tê-la promovido, impiedosamente se necessário." Chase terminou seu livro *A New Deal* perguntando: "Por que os russos deveriam ficar com toda a diversão de recriar o mundo?" Como meu livro permanece um anátema para muitos, para aqueles interessados em aprender mais, recomendo *Mussolini and Fascism: The View from America*, de John Patrick Diggins; *Three New Deals: Reflections on Roosevelt's America, Mussolini's Italy, and Hitler's Germany, 1933-1939*, de Wolfgang Schivelbusch; *The Forgotten Man*, de Amity Shlaes; e o seminal ensaio de 1962 "American Travelers to the Soviet Union 1917-32: The Formation of a Component of New Deal Ideology", de Lewis S. Feuer, em *American Quarterly*.

5. Ver, por exemplo, William Easterly, *The Tyranny of Experts: Economists, Dictators, and the Forgotten Rights of the Poor* (Nova York: Basic Books, 2013) e *The White Man's Burden: Why the West's Efforts to Aid the Rest Have Done So Much Ill and So Little Good* (Nova York: Oxford University Press, 2006). Também recomendo enfaticamente essa discussão no indispensável podcast de Russell Robert, "Econtalk": http://www.econtalk.org/archives/2011/05/easterly_on_ben.html.

6. William Easterly, "Benevolent Autocrats", *National Bureau of Economic Research* (documento de trabalho), agosto de 2011. https://williameasterly.files.wordpress.com/2011/05/benevolent-autocrats-easterly-2nd-draft.pdf.

7. "Singapore Has Highest Death Penalty Rate", Associated Press, 14 de janeiro de 2004. http://www.nbcnews.com/id/3958717/ns/world_news/t/singapore-has-highest-death-penalty-rate/#.WcFTprKGNhE.

8. Thomas L. Friedman, "Our One-Party Democracy", *New York Times*, 8 de setembro de 2009. http://www.nytimes.com/2009/09/09/opinion/09friedman.html.

9. Thomas L. Friedman, "The Power of Green", *New York Times Magazine*, 15 de abril de 2007. http://www.nytimes.com/2007/04/15/magazine/15green.t.html.

10. Donald J. Trump, "58—Inaugural Address—January 20, 2017", American Presidency Project, editado por John Woolley e Gerhard Peters. http://www.presidency.ucsb.edu/ws/index.php?pid=120000.

11. Roberto Stefan Foa e Yascha Mounk, "The Democratic Disconnect", *Journal of Democracy* 27, n. 3 (julho de 2016), p. 7-8.

12. Ibid., p. 9.

13. Ibid., p. 7.

14. Jacob Poushter, "40% of Millennials OK with Limiting Speech Offensive to Minorities", Pew Research Center, 20 de novembro de 2015. http://www.pewresearch.org/fact-tank/2015/11/20/40-of-millennials-ok--with-limiting-speech-offensive-to-minorities/.

15. "The William F. Buckley Program at Yale: Almost Half (49%) of U.S. College Students 'Intimidated' by Professors When Sharing Differing Beliefs: Survey", McLaughlin & Associates. http://mclaughlinonline.com/2015/10/26/the-william-f-buckley-jr-program-at-yale-almost--half-49-of-u-s-college-students-intimidated-by-professors-when--sharing-differing-beliefs-survey/.

16. Ver Michael Munger, "On the Origins and Goals of Public Choice", Independent Institute, 29 de junho de 2017. http://www.independent.org/issues/article.asp?id=9115.

17. Para um ataque à livre expressão como agressão, ver: http://dailybruin.com/2016/05/16/keshav-tadimeti-hurtful-discriminatory-comments--should-not-be-defended-as-free-speech/. Para uma defesa da agressão como livre expressão, ver: http://www.dailycal.org/2017/02/07/violence-helped-ensure-safety-students/.

18. Samuel Earle, "Macron Shouldn't Misinterpret His Mandate", Atlantic, 11 de junho de 2017. https://www.theatlantic.com/international/archive/2017/06/macron-france-election/529656/.

19. Sohrab Ahmari, "Illiberalism: The Worldwide Crisis", *Commentary*, 16 de junho de 2016. https://www.commentarymagazine.com/articles/illiberalism-worldwide-crisis/.

20. Jonah Goldberg, "Days of Future Past", *National Review* 66, n. 18, 6 de outubro de 2014. http://www.nationalreview.com/article/388860/days-future-past-jonah-goldberg.

21. Andras Kovacs, "Antisemitic Prejudice and Political Antisemitism in Present-Day Hungary", *Journal for the Study of Antisemitism: Eastern European Antisemitism* 4, no. 2 (2012), p. 445. http://web.ceu.hu/jewishstudies/jsa.pdf#page=93. See also Sam Sokol, "Ultra-Nationalist Jobbik Party's Gains Worry Hungarian Jews", *Jerusalem Post*, 7 de abril de 2014. http://www.jpost.com/Jewish-World/Jewish-News/Ultra-nationalist-Jobbik-partys-gains-worry-Hungarian-Jews-347799.

22. Ahmari, "Illiberalism".

23. Daphne Halikiopoulou, "Why the Golden Dawn Is a Neo-Nazi Party", Huffington Post, 23 de junho de 2016. http://www.huffingtonpost.co.uk/daphne-halikiopoulou/golden-dawn_b_7643868.html.

24. Ver, por exemplo, Harriet Alexander, "Nicolas Maduro Threatens to Throw 'Bourgeois Parasite' Heinz Executives into Prison", *Telegraph*, 2 de dezembro de 2015. http://www.telegraph.co.uk/news/worldnews/southamerica/venezuela/12029569/Nicolas-Maduro-threatens-to--throw-bourgeois-parasite-Heinz-executives-into-prison.html.

25. Hubert Tworzecki e Radoslaw Markowski, "Why Is Poland's Law and Justice Party Trying to Rein in the Judiciary?", *Washington Post*, 26 de julho de 2017. https://www.washingtonpost.com/news/monkey-cage/wp/2017/07/26/why-is-polands-law-and-justice-party-trying-to-rein--in-the-judiciary/?utm_term=.8eb83d5c10fb.

26. Ahmari, "Illiberalism".

27. Maggie Haberman e David E. Sanger, "Transcript: Donald Trump Expounds on His Foreign Policy Views", *New York Times*, 26 de março de 2016. https://www.nytimes.com/2016/03/27/us/politics/donald-trump--transcript.html?_r=1&mtrref=www.theatlantic.com.

28. Robert Costa, "Listening to Donald Trump Swear and Talk Politics on His Private Plane", *Washington Post*, 12 de julho de 2015. https://www.washingtonpost.com/news/post-politics/wp/2015/07/12/listening-to--donald-trump-swear-and-talk-politics-on-his-private-plane/?utm_term=.467d43bf40f5.

29. Bob Woodward e Robert Costa, "In a Revealing Interview, Trump Predicts a 'Massive Recession' but Intends to Eliminate the National Debt in 8 Years", *Washington Post*, 2 de abril de 2016. https://www. washingtonpost.com/politics/in-turmoil-or-triumph-donald-trump- -stands-alone/2016/04/02/8c0619b6-f8d6-11e5-a3ce-f06b5ba21f33_ story.html?utm_term=.88433f6f2926.

30. Jeremy Diamond, "Donald Trump: 'I Keep Whining and Whining Until I Win,'" CNN, 11 de agosto de 2015. http://www.cnn.com/2015/08/11/ politics/donald-trump-refutes-third-party-runreport/.

31. Donald J. Trump, "58—Inaugural Address—January 20, 2017".

32. Franklin D. Roosevelt, "130—Address at Oglethorpe University in Atlanta, Georgia—May 22, 1932", American Presidency Project, editado por John Woolley e Gerhard Peters. http://www.presidency.ucsb. edu/ws/?pid=88410.

33. Jonathan Martin e Adam Nagourney, "Mocking Critics, Donald Trump Says He Can Win Without Republican Unity", *New York Times*, 29 de abril de 2016. https://www.nytimes.com/2016/04/30/us/politics/ trump-campaign.html.

34. John Patrick Diggins, "Flirtation with Fascism: American Pragmatic Liberals and Mussolini's Italy", *American Historical Review* 71, n. 2 (janeiro de 1966), p. 495.

35. Ver Jonah Goldberg, *Liberal Fascism: The Secret History of the American Left from Mussolini to the Politics of Change* (Nova York: Broadway Books, 2009 [2007]), p. 166-67.

36. *Time* Staff, "Read President Trump's Interview with *Time* on Truth and Falsehoods", *Time*, 23 de março de 2017. http://time.com/4710456/ donald-trump-time-interview-truth-falsehood/?xid=homepage.

37. Donald J. Trump [e Tony Schwartz], *Trump: The Art of the Deal* (Nova York: Ballantine Books, 2015 [1987]), p. 58 [Ed. bras.: *A arte da negociação*. Rio de Janeiro: Campus, 1988].

38. Timothy L. O'Brien, "How Much Is Trump Worth? Depends on How He Feels", *Newsweek*, 19 de outubro de 2015. http://www.newsweek. com/how-muchtrump-worth-depends-how-he-feels-384720.

39. Daniel White, "Donald Trump Tells Crowd to 'Knock the Crap Out of' Hecklers", *Time*, 1º de fevereiro de 2016. http://time.com/4203094/ donald-trump-hecklers/.

40. Mark Berman, "Trump Tells Police Not to Worry About Injuring Suspects During Arrests", *Washington Post*, 28 de julho de 2017. https://www.washingtonpost.com/news/post-nation/wp/2017/07/28/

trump-tells-police-notto-worry-about-injuring-suspects-during-
-arrests/?utm_term=.150e4947530e.

41. Sophie Tatum, "Trump Defends Putin: 'You Think Our Country's So Innocent?'", CNN, 6 de fevereiro de 2017. http://www.cnn.com/2017/02/04/politics/donald-trump-vladimir-putin/index.html.

42. Steve Turnham, "Donald Trump to Father of Fallen Soldier: 'I've Made a Lot of Sacrifices'", ABC News, 30 de julho de 2016. http://abcnews.go.com/Politics/donald-trump-father-fallen-soldier-ive-made-lot/story?id=41015051.

43. Trump venceu no colégio eleitoral não em uma vitória histórica, como ele afirma, mas por uma margem relativamente estreita. (Ele ficou com o quadragésimo sexto melhor resultado; ver https://www.nytimes.com/interactive/2016/12/18/us/elections/donald-trump-elec-toral-college-popular-vote.html). Além disso, se não fosse por quatro condados — quatro na Flórida e um em Michigan —, ele teria perdido para Hillary Clinton, que venceu no voto popular por uma margem decisiva. Suas margens nos estados historicamente "azuis" também foram notavelmente estreitas: 10 mil votos em Michigan, 22 mil em Wisconsin e 46 mil na Pensilvânia. (Ver http://www.thedailybeast.com/articles/2016/12/02/donald-trump-s-pollster-says-the-election-came-down-to-five-counties.html.)

44. Jan-Werner Muller, *What Is Populism?* (Filadélfia: University of Pennsylvania Press, 2016, edição Kindle), localização Kindle 69-70.

45. Ibid., localização Kindle 323-25.

46. Ibid., localização Kindle 471-72.

47. Ver, por exemplo, https://theoutline.com/post/1122/study-excluded-people-more-likely-to-believe-conspiracy-theories.

48. William Jennings Bryan, "Bryan's 'Cross of Gold' Speech: Mesmerizing the Masses", History Matters, George Mason University. http://historymatters.gmu.edu/d/5354/.

49. Goldberg, *Liberal Fascism*, p. 47.

50. "Populist Party Platform of 1892", 4 de julho de 1892, Political Party Platforms, American Presidency Project, editado por John Woolley e Gerhard Peters. http://www.presidency.ucsb.edu/ws/index.php?pid=29616.

51. Christopher Hitchens, "From Christopher Hitchens", Filmsnobs Reader Mail, Filmsnobs.com. http://www.filmsnobs.com/index.php?nowShowing=articles&by=Shimes&id=44.

52. Seria extremamente injusto e inexato negar que, às vezes, os sentimentos populistas de ressentimento são justificados. Os fazendeiros do movimento Prata Livre tinham queixas legítimas. As massas que formaram as fileiras iniciais do fascismo italiano ou da União Nacional de Justiça Social de Coughlin podem ter chegado às conclusões erradas, mas estavam certas ao se sentirem mal servidas por seus líderes. Mesmo as hordas que engrossaram as fileiras de Adolf Hitler tinham boas razões para procurar um caminho melhor, mesmo que sua busca as tenha levado em uma direção maligna e calamitosa. A onda de nacionalismo populista que levou à vitória do movimento Brexit tinha muitos argumentos razoáveis. Similarmente, aqui nos Estados Unidos, muitos dos ressentimentos que Donald Trump explorou eram totalmente compreensíveis.

53. Zeke J. Miller, "Donald Trump Has a Grand Unified Campaign Conspiracy Theory", *Time*, 13 de outubro de 2016. http://time.com/4530568/donald-trump-hillary-clinton-conspiracy/.

54. Tim Hains, "Donald Trump's 'Argument for America' Ad Targets 'Failed and Corrupt Political Establishment'", RealClearPolitics. https://www.realclearpolitics.com/video/2016/11/04/ad_donald_trumps_argument_for_america.html.

14. AS COISAS DESMORONAM: O EXPERIMENTO NORTE-AMERICANO EM RISCO

1. Abigail Geiger, "For Many Voters, It's Not Which Presidential Candidate They're for but Which They're Against", Pew Research Center, 2 de setembro de 2016. http://www.pewresearch.org/fact-tank/2016/09/02/for-many-voters-its-not-which-presidential-candidate-theyre-for-but--which-theyre-against/.

2. Nancy Knowlton, "Corals and Coral Reefs", Ocean Portal, Smithsonian National Museum of Natural History. http://ocean.si.edu/corals-and--coral-reefs.

3. Jeremy T. Claisse *et al.*, "Oil Platforms off California Are Among the Most Productive Marine Fish Habitats Globally", *Proceedings of the National Academy of Sciences of the United States of America* 111, n. 43 (22 de setembro de 2014). http://www.pnas.org/content/111/43/15462.full.

4. Jonathan Haidt, *The Righteous Mind: Why Good People Are Divided by Politics and Religion* (Nova York: Knopf Doubleday, 2012, edição Kindle), p. 308

5. Arthur C. Brooks, "America and the Value of 'Earned Success'", *Wall Street Journal*, 9 de maio de 2012, A13.

6. Arthur C. Brooks, "A Nation of Givers", American Enterprise Institute, 11 de março de 2008. https://www.aei.org/publication/a-nation-of--givers/.

7. Barack Obama, "32—Inaugural Address—January 21, 2013", American Presidency Project, editado por John Woolley e Gerhard Peters. http://www.presidency.ucsb.edu/ws/?pid=102827.

8. Yuval Levin, *The Fractured Republic: Renewing America's Social Contract in the Age of Individualism* (Nova York: Basic Books, 2016), p. 209.

9. Ibid., p. 4.

10. Joel Gehrke, "DNC: 'Government Is the Only Thing That We All Belong To'", *Washington Examiner*, 4 de setembro de 2012. http://www.washingtonexaminer.com/dnc-government-is-theonlything-that-we--allbelong-to/article/2506923.

11. O website original já não está ativo, mas os leitores curiosos ainda podem acessar a apresentação de slides aqui: https://web.archive.org/web/20120907070601/https://barackobama.com/life-of-julia.

12. Nicholas Eberstadt, "Our Miserable 21st Century", *Commentary*, março de 2017. https://www.commentarymagazine.com/articles/our--miserable-21st-century/.

13. Ibid.

14. Ibid.

15. George F. Will, "America's 'Quiet Catastrophe': Millions of Idle Men", *Washington Post*, 5 de outubro de 2016. https://www.washington-post.com/opinions/americas-quiet-catastrophe-millions-of-idle--men/2016/10/05/cd01b750-8a57-11e6-bff0-d53f592f176e_story.html?utm_term=.1c72ed7e3967.

16. Stephen J. Rose, "The Growing Size and Incomes of the Upper Middle Class", Research Report, Urban Institute: Income and Benefits Policy Center, junho de 2016, p. 6. http://www.urban.org/sites/default/files/publication/81581/2000819-The-Growing-Size-and-Incomes-of--the-Upper-Middle-Class.pdf.

17. Bernadette D. Proctor *et al.*, "Income and Poverty in the United States", Current Population Reports, U.S. Census Bureau, p. 23. https://www.census.gov/content/dam/Census/library/publications/2016/demo/p60-256.pdf. (Recomendo imprimir ou inclinar a cabeça.)

18. "The American Middle Class Is Losing Ground: Share of Adults Living in Middle-Income Households Is Falling", Pew Research Center: Social & Demographic Trends, 8 de dezembro de 2015. http://www.pewsocialtrends.org/2015/12/09/the-american-middle-class-is-losing--ground/st_2015-12-09_middle-class-03/.

19. Ronald Bailey, "Natural Gas Ambush Killed Off Coal Mining Industry, Not Obama's 'War on Coal'", *Reason*, 11 de outubro de 2016. http://reason.com/blog/2016/10/11/natural-gas-ambush-killed-off-coalminin.

20. Scott Lincicome, "The Truth About Trade", *National Review* online, 4 de abril de 2016. http://www.nationalreview.com/article/433575/trade--american-economy-free-trade-costing-american-jobs.

21. Ver https://www.bea.gov/iTable/iTable.cfm?reqid=56&step=2&isuri=1#reqid=56&step=51&isuri=1&5602=208.

22. Ana Swanson, "A Single Chart Everybody Needs to Look at Before Trump's Big Fight over Bringing Back American Jobs", *Washington Post*, 28 de novembro de 2016. https://www.washingtonpost.com/news/wonk/wp/2016/11/28/theres-a-big-reason-trump-might-not-be-able--to-keep-his-promise-on-jobs/?utm_term=.bde6c7d970f0.

23. Rich Lowry e Ramesh Ponnuru, "For Love of Country", *National Review* 69, n. 3, 20 de fevereiro de 2017. https://www.nationalreview.com/magazine/2017-02-20-0000/donald-trump-inauguration-speech--and-nationalism.

24. ACS, "My Country Right or Wrong", American Chesterton Society. https://www.chesterton.org/my-country-right-or-wrong/.

25. Frederic Cople Jaher, *The Jews and the Nation: Revolution, Emancipation, State Formation, and the Liberal Paradigm in America and France* (Princeton: Princeton University Press, 2002), p. 135.

26. Hans Kohn, "Napoleon and the Age of Nationalism", *Journal of Modern History* 22, n. 1 (março de 1950), p. 21-37.

27. "Todo povo", insistiu Rousseau em 1765, "possui ou deveria possuir um caráter nacional e, se não o possui, a primeira coisa a fazer é lhe fornecer um". Jean-Jacques Rousseau, "Constitutional Project for Corsica", Constitution Society. http://www.constitution.org/jjr/corsica.htm.

28. Isaiah Berlin, "Herder and the Enlightenment", em *Three Critics of the Enlightenment: Vico, Hamann, Herder*, editado por Henry Hardy (Princeton: Princeton University Press, 2013), p. 256.

29. Tim Blanning, *The Romantic Revolution: A History*, Modern Library Chronicles (Nova York: Random House, 2011, edição Kindle), localização Kindle 1856-58.

30. Donald J. Trump, "58—Inaugural Address", 20 de janeiro de 2017, American Presidency Project, editado por John Woolley e Gerhard Peters. http://www.presidency.ucsb.edu/ws/index.php?pid=120000.

31. Ian Schwartz, "Trump: 'We Will Have So Much Winning If I Get Elected That You May Get Bored with Winning", RealClearPolitics, 9 de setembro de 2015. https://www.realclearpolitics.com/video/2015/09/09/trump_we_will_have_so_much_winning_if_i_get_elected_that_you_may_get_bored_with_winning.html.

32. Geoffrey Skelley, "Just How Many Obama 2012-Trump 2016 Voters Were There?", Sabato's Crystal Ball, University of Virginia Center for Politics, 1º de junho de 2017. http://www.centerforpolitics.org/crystalball/articles/just-how-many-obama-2012-trump-2016-voters--werethere/.

33. Publius Decius Mus [Mike Anton], "The Flight 93 Election", *Claremont Review of Books*, 5 de setembro de 2016. http://www.claremont.org/crb/basicpage/the-flight-93-election/.

34. Citado em George J. Borjas, *We Wanted Workers: Unraveling the Immigration Narrative* (Nova York: W. W. Norton, 2016), p. 15.

35. Ver ibid., p. 13-31, para começar.

36. Ronald F. Inglehart e Pippa Norris, "Trump, Brexit, and the Rise of Populism: Economic Have-Nots and Cultural Backlash", Faculty Research Working Paper Series, Harvard Kennedy School, agosto de 2016, p. 4-5. https://research.hks.harvard.edu/publications/getFile.aspx?Id=1401.

37. David Card *et al.*, "Immigration, Wages, and Compositional Amenities", Norface Migration, documento de discussão n. 2012-12. http://davidcard.berkeley.edu/papers/immigration-wages-compositional--amenities.pdf.

38. Hillary Clinton, Twitter, 19 de novembro de 2015. https://twitter.com/hillaryclinton/status/667371059885301761?lang=en.

39. Robert D. Putnam, "*E Pluribus Unum*: Diversity and Community in the Twenty-First Century: The 2006 Johan Skytte Prize Lecture", *Scandinavian Political Studies* 30, n. 2 (junho de 2007), p. 150-51.

40. Ibid., p. 149.

41. Fukuyama, *Trust: The Social Virtues and the Creation of Prosperity* (Nova York: Free Press, 1996), p. 26.

42. "Chapter 5: U.S. Foreign-Born Population Trends", Pew Research Center, 28 de setembro de 2015. http://www.pewhispanic.org/2015/09/28/chapter-5-u-s-foreign-born-population-trends/.

43. Anna Brown e Renee Stepler, "Statistical Portrait of the Foreign-Born Population in the United States, 2014", Pew Research Center, 19 de abril de 2016. http://www.pewhispanic.org/2016/04/19/statistical--portrait-of-the-foreign-born-population-in-the-united-states-2014--key-charts/#2013-fb-origin.

44. "FFF: Back to School: 2015-2016", U.S. Census Bureau, 2 de setembro de 2014. https://www.census.gov/newsroom/facts-for-features/2015/cb15-ff17.html.

45. Robby Soave, "The University of California's Insane Speech Police", Daily Beast, 22 de junho de 2015. http://www.thedailybeast.com/the--university-of-californias-insane-speech-police.

46. Amanda Taub, "The Real Story About Fake News Is Partisanship", *New York Times*, 11 de janeiro de 2017. https://www.nytimes.com/2017/01/11/upshot/the-real-story-about-fake-news-is-partisanship.html?_r=1.

47. Ibid.

48. Carolyn Declerck e Christopher Boone, *Neuroeconomics of Prosocial Behavior: The Compassionate Egoist* (San Diego, Waltham, Oxford: Academic Press, 2016), p. 158.

49. Taub, "The Real Story About Fake News Is Partisanship".

50. Tyler Cowen, "Move On—This Isn't True Here", Marginal Revolution, 26 de julho de 2008. http://marginalrevolution.com/marginalrevolution/2008/07/xxxxxxx.html.

51. Amy Chozick, "Hillary Clinton Calls Many Trump Backers 'Deplorables', and G.O.P. Pounces", *New York Times*, 10 de setembro de 2016. https://www.nytimes.com/2016/09/11/us/politics/hillary-clinton--basket-of-deplorables.html.

52. Citado em "Happiness", em Tyron Edwards, *A Dictionary of Thoughts: Being a Cyclopedia of Laconic Quotations from the Best Authors, Both Ancient and Modern* (Detroit: F. B. Dickerson Company, 1908), p. 215.

53. Allahpundit, "Confirmed: Republicans Like Democratic Ideas Better When They're Trump's", Hot Air, 2 de setembro de 2015. http://hotair.com/archives/2015/09/02/confirmed-republicans-like-democratic-ideas-better-when-they-think-theyre--trumps/?utm_source=Sailthru&utm_medium=email&utm_campaign=Gfile09042015&utm_term=GFile.

54. Ariel Malka e Yphtach Lelkes, "In a New Poll, Half of Republicans Say They Would Support Postponing the 2020 Election If Trump Proposed

It", *Washington Post*, 10 de agosto de 2017. https://www.washington-post.com/news/monkey-cage/wp/2017/08/10/in-a-new-poll-half-of--republicans-say-they-would-support-postponing-the-2020-election--if-trump-proposed-it/?utm_term=.b31482067e85.

55. Gabby Morrongiello, "Conway Jokes CPAC Could Become 'TPAC' in Honor of Trump", *Washington Examiner*, 23 de fevereiro de 2017. http://www.washingtonexaminer.com/conway-jokes-cpaccould-become--tpacin-honorof-trump/article/2615550.

56. "Celebs Pledge Allegiance to Obama", Fox News, 20 de setembro de 2012. http://video.foxnews.com/v/1852139055001/?#sp=show-clips.Se ealsoFrancisRomero,"CelebsPledgeAllegiance",*Time*,January20,2009. http://content.time.com/time/arts/article/0,8599,1872644,00.html.

57. Mark Morford, "Is Obama an Enlightened Being? Spiritual Wise Ones Say: This Sure Ain't No Ordinary Politician. You Buying It?", *San Francisco Gate*, 6 de junho de 2008. http://www.sfgate.com/enter-tainment/morford/article/Is-Obama-an-enlightened-being-Spiritual--wise-2544395.php.

58. Deepak Chopra, "Obama and the Call: 'I Am America'", Huffington Post, 25 de maio de 2011. http://www.huffingtonpost.com/deepak--chopra/obama-and-thecalliam-a_b_80016.html.

59. Eve Konstantine, "The Obama Vibe", Huffington Post, 5 de fevereiro de 2008. http://www.huffingtonpost.com/eve-konstantine/the-obama--vibe_b_85143.html.

60. Washington Free Beacon Staff, "Barbara Walters: We Thought Obama Was Going to Be 'The Next Messiah'", Washington Free Beacon, 18 de dezembro de 2013. http://freebeacon.com/culture/barbara-walters-we--thought-obama-wasgoing-to-be-the-next-messiah/.

61. Hillary Rodham Clinton, "Remarks by First Lady Hillary Rodham Clinton, University of Texas, Austin, Texas, April 7, 1993", Liz Carpenter Lecture Series. https://clintonwhitehouse3.archives.gov/WH/EOP/First_Lady/html/generalspeeches/1993/19930407.html.

CONCLUSÃO: O DECLÍNIO É UMA ESCOLHA

1. Charles Krauthammer, "Decline Is a Choice", *Weekly Standard*, 19 de outubro de 2009. http://www.weeklystandard.com/decline-is-a-choice/article/270813.

2. Tenho uma dívida para com *Inventing the Individual: The Origins of Western Liberalism* (Cambridge: Belknap Press/Harvard University Press, 2014), de Larry Siedentop, por essa discussão.

3. Linda C. Reader, "Augustine and the Case for Limited Government", *Humanitas* 16, n. 2, (2003), p. 97–98.

4. Ibid., p. 98.

5. De acordo com a American G. K. Chesterton Society, esse é um bom resumo de seu modo de pensar, mas ele nunca disse isso explicitamente. Ver "When Man Ceases to Worship God", American Chesterton Society. https://www.chesterton.org/ceases-to-worship/.

6. O ano de 2006 foi um marco: de acordo com o Gabinete do Censo, foi nesse ano que, pela primeira vez na história da república, os americanos preferiram água à cerveja. Como comenta a cientista política Susan McWilliams, a cerveja é uma bebida socialmente orientada e a água, privadamente orientada. "Há uma razão para os comerciais de cerveja tenderem a incluir várias pessoas juntas em uma sala", escreve ela, "e comerciais de água tenderem a incluir indivíduos escalando coisas e correndo sozinhos, usualmente na praia ao pôr do sol, muito embora não estejam sendo perseguidos." Susan McWilliams, "Beer and Civic Life", Front Porch Republic, 20 de março de 2009. http://www.frontporchrepublic.com/2009/03/beer-and-civic-life/.

7. Essa frase vem da série americana *American Gods*. Baseada no romance de mesmo nome de Neil Gaiman, a série defende que transformamos a TV, a tecnologia etc. nos novos deuses de nossa era. "Você é o que venera", explica Vulcan, o antigo deus dos vulcões, agora transformado em deus das armas. "A tela é o altar. Eu sou aquele a quem eles fazem sacrifícios", explica Media, o novo deus da TV. "De então para agora. Era dourada para era dourada. Eles se sentam lado a lado, ignoram uns aos outros e se entregam a mim. Agora seguram uma tela menor no colo ou na palma da mão, para não ficarem entediados assistindo à tela maior. Tempo e atenção, melhor que sangue de cordeiro. Hum?"

8. Kif Leswing, "The Average iPhone Is Unlocked 80 Times per Day", Business Insider, 18 de abril de 2016. http://www.businessinsider.com/the-average-iphone-is-unlocked-80-times-per-day2016-4.

9. "Americans Are Poorly Informed About Basic Constitutional Provisions", Annenberg Public Policy Center of the University of Pennsylvania, 12 de

setembro de 2017. https://www.annenbergpublicpolicycenter.org/americans-are-poorly-informed-about-basic-constitutional-provisions?utm_source=news-release&utm_medium=email&utm_campaign=2017_civics_survey&utm_term=survey&utm_source=Media&utm_campaign=e5f213892a-Civics_survey_2017_2017_09_12&utm_medium=email&utm_term=0_9e3d9bcd8a-e5f213892a-425997897.

10. Um membro dessa multidão é o criador do Facebook, Mark Zuckerberg. Entre várias propostas para causas das quais os millennials podem derivar sentido comunal, ele perguntou: "E se pudéssemos modernizar a democracia, a fim de que todo mundo possa votar online?" Ver "Mark Zuckerberg's Commencement Address at Harvard", Harvard Gazette, 25 de maio de 2017. https://news.harvard.edu/gazette/story/2017/05/mark-zuckerbergs-speech-as-written-forharvards-classof-2017/.

11. John Courtney Murray, "The Return to Tribalism", Woodstock Theological Library at Georgetown University. http://www.library.georgetown.edu/woodstock/murray/1961d.

12. "Idiotia" partilha a mesma raiz — *idios* — de "idioma" e "idiossincrasia", significando privado, egoísta, distante do bem comum, sozinho. Um *idiota*, em espanhol moderno, significa o mesmo que em português. Mas em latim significa leigo ou pessoa comum. Para os gregos, o idiota era o oposto do cidadão que tinha conhecimento e apreciação pela comunidade mais ampla. "Um idiota", escreve Walter C. Parker, "é alguém cujo autocentramento mina sua identidade como cidadão, fazendo com que ela definhe ou jamais crie raízes, para começar. O ganho privado é o objetivo, e a comunidade não deve ficar em seu caminho. Um idiota é um suicida, de certo modo, definitivamente autodestrutivo, pois não sabe que a privacidade e a autonomia do indivíduo dependem inteiramente da comunidade." Tenho problemas com parte da caracterização de Parker e com sua política, mas concordo com sua queixa central. A função da educação é transformar bárbaros e idiotas em cidadãos. Walter C. Parker, "Teaching Against Idiocy", *Phi Delta Kappan* 86, n. 5 (janeiro de 2005), p. 344-45.

13. Patrick J. Deneen, "How a Generation Lost Its Common Culture", Minding the Campus, 2 de fevereiro de 2016. http://www.mindingthecampus.org/2016/02/how-a-generation-lost-itscommon-culture/.

14. Neil Postman, prefácio de *Amusing Ourselves to Death: Public Discourse in the Age of Show Business* (Nova York: Penguin, 2005 [1985]), p. xix-xx.

15. Irving Kristol, "On Conservatism and Capitalism", *Wall Street Journal*, 11 de setembro de 1975, p. 20.

16. Stan M. Haynes, *President-Making in the Gilded Age: The Nominating Conventions of 1876-1900* (Jefferson: McFarland, 2016), p. 216.

17. Jonah Goldberg, *Liberal Fascism: The Secret History of the American Left, from Mussolini to the Politics of Change* (Nova York: Broadway, 2009 [2007]), p. 143-44.

18. Eugene Peterson, *The Pastor: A Memoir* (São Francisco: HarperOne, 2012), p. 157.

19. Elias Canetti, *Crowds and Power*, traduzido por Carol Stewart (Nova York: Farrar, Straus and Giroux, 1960), p. 18 [Ed. bras.: *Massa e poder*. São Paulo: Companhia das Letras, 1995].

20. C. S. Lewis. *The Abolition of Man* (Nova York: HarperOne, 1974 [1944]), p. 26 [Ed. bras.: *A abolição do homem*. Rio de Janeiro: Thomas Nelson Brasil, 2015].

21. Ibid., p. 25.

22. Francis Fukuyama, "The End of History?", *National Interest*, n. 16 (verão de 1989), p. 18.

23. Julian Benda, *The Treason of the Intellectuals* (Nova York: Routledge, 2017 [1927]), p. 15 [Ed. bras.: *A traição dos intelectuais*. São Paulo: Peixoto Neto, 2017].

24. Rebecca Savransky, "Eric Trump: 'Nepotism Is Kind of a Factor of Life'", *The Hill*, 4 de abril de 2017. http://thehill.com/homenews/news/327244-eric-trump-nepotism-is-kind-of-a-factor-of-life. Ele o chamou de "coisa bela" separadamente. Ver http://thehill.com/homenews/news/328201-eric-trump-nepotism-is-a-beautiful-thing.

25. Isso é frequentemente atribuído ao ativista trabalhista e político francês Alexandre Auguste Ledru-Rollin, embora a atribuição seja apócrifa. Algumas fontes atribuem a Gandhi, embora isso pareça ainda mais improvável.

26. "88. Shutting Down Media Outlets", Economist/YouGov Poll: July 23-25, 2017—1500 US Adults, YouGov, p. 98. https://d25d2506sfb94s.cloudfront.net/cumulus_uploads/document/u4wgpax6ng/econTabReport.pdf.

27. Ver "More Americans Say Personal Immorality Not Disqualifying for Elected Officials", em "Clinton Maintains Double-Digit (51% vs.

36%) lead over Trump, PRRI/ Brookings Survey", Public Religion Research Institute, 19 de outubro de 2016. https://www.prri.org/research/prri-brookings-oct-19-pollpolitics-election-clinton-double--digit-lead-trump/.

28. Calvin Coolidge, "Address at the Celebration of the 150th Anniversary of the Declaration of Independence in Philadelphia, Pennsylvania—July 5, 1926", American Presidency Project, editado por John Woolley e Gerhard Peters. http://www.presidency.ucsb.edu/ws/index.php?pid=408.

29. "ingratitude", Merriam-Webster. https://www.merriam-webster.com/dictionary/ingratitude.

APÊNDICE: PROGRESSO HUMANO

1. "Margaret Thatcher on Socialism: Did Margaret Thatcher Once Say That 'the Trouble with Socialism Is That Eventually You Run Out of Other People's Money'?", Snopes. http://www.snopes.com/politics/quotes/thatcher.asp.

2. Yuval Noah Harari, *Sapiens: A Brief History of Humankind* (Nova York: Harper-Collins, 2015, edição Kindle), p. 4.

3. Ibid., p. 11.

4. Eric Beinhocker, *The Origin of Wealth: Evolution, Complexity, and the Radical Remaking of Economics* (Boston: Harvard Business School Press, 2006), p. 9.

5. Todd G. Buchholz, "Dark Clouds, Silver Linings", em *New Ideas from Dead Economists: An Introduction to Modern Economic Thought* (Nova York: Penguin, 2007 [1990]), p. 313.

6. Francisco Ferreira, "The International Poverty Line Has Just Been Raised to $1.90 a Day, but Global Poverty Is Basically Unchanged. How Is That Even Possible?", World Bank, 4 de outubro de 2015. http://blogs.worldbank.org/developmenttalk/international-poverty--line-has-just-been-raised-190-day-global-poverty-basically-unchanged-how-even.

7. Beinhocker, *The Origin of Wealth*, p. 9.

8. David Landes, *Prometheus Unbound: Technological Change and Industrial Development in Western Europe from 1750 to the Present* (Cambridge: Cambridge University Press, 1969), p. 5; citado em Beinhocker, *The Origin of Wealth*, p. 11.

9. Douglass C. North *et al.*, *Violence and Social Orders: A Conceptual Framework for Interpreting Recorded History* (Nova York: Cambridge University Press, 2009), p. 3.

10. Estou usando 1700 como ano no qual o crescimento econômico decolou (terminando no ano de 2018; portanto, 318 anos) e 365,25 dias como duração do ano. Por essa medida, a vasta maioria do progresso humano ocorreu nas últimas 13 horas e 56 minutos.

11. Confúcio, "*The Analects—13: The Analects Attributed to Confucius [Kongfuzi], 551-479 BCE, by Lao-Tse [Lao Zi]* (tradução de James Legge (1815-1897)", USC U.S.-China Institute, Annenberg School for Communication and Journalism, University of Southern California. http://china.usc.edu/confucius-analects-13.

12. Irving Kristol, "'When Virtue Loses All Her Loveliness'—Some Reflections on Capitalism and 'the Free Society'", *Public Interest 33*, outono de1970. https://www.nationalaffairs.com/public_interest/detail/when-virtue-loses-all-her-loveliness-some-reflections-on--capitalism-and-the-free-society.

13. Robert J. Gordon, *The Rise and Fall of American Growth: The U.S. Standard of Living Since the Civil War* (Princeton: Princeton University Press, 2016), p. 2-3.

14. Ronald Bailey, *The End of Doom* (Nova York: St. Martin's, 2015), p. 67-69.

15. Deirdre N. McCloskey, *Bourgeois Dignity: Why Economics Can't Explain the Modern World* (Chicago: University of Chicago Press, 2010), p. 1.

16. Ver, por exemplo, Chelsea German e Marian L. Tupy, "No, Capitalism Will Not 'Starve Humanity' by 2050", Human Progress, 17 de fevereiro de 2016. http://humanprogress.org/blog/no—capitalism--will-notstarve-humanity-by-2050.

17. "Quantifying History: Two Thousand Years in One Chart", *Economist*, 28 de junho de 2011. http://www.economist.com/blogs/dailychart/2011/06/quantifying-history.

18. McCloskey, *Bourgeois Dignity*, p. 1.

19. Beinhocker, *The Origin of Wealth*, p. 9.

20. Ibid., p. 49.

21. "GDP, 1990 International Dollars", Human Progress. http://human-progress .org/ f1/2128.

22. Chelsea German, "Extreme Poverty's End in Sight", Human Progress, 24 de setembro de 2015. http://humanprogress.org/blog/extreme--povertys-end-sight.

23. "Share of People Living in Extreme Poverty", Human Progress. http://humanprogress.org/static/3469.

24. "Absolute Poverty Rates in East Asia and the World, Percent of Population", Human Progress. http://humanprogress.org/static/2636.

25. "Towards the End of Poverty", *Economist*, 1º de junho de 2013. http://www.economist.com/news/leaders/21578665-nearly-1-billion-people--have-been-taken-out-extreme-poverty-20-years-world-should-aim.

26. Sebastien Malo, "World's 'Extremely Poor' to Fall Below 10 Percent of Global Population: World Bank", Reuters, 4 de outubro de 2015. http://www.reuters.com/article/2015/10/04/us-global-poverty-worldbank--idUSKCN0RY0WI20151004.

27. Matt Ridley, *The Rational Optimist: How Prosperity Evolves* (Nova York: HarperCollins, 2010), p. 15 [Ed. bras.: *O otimista racional: Por que o mundo melhora.* Rio de Janeiro: Record, 2015].

28. Franklin Delano Roosevelt, "4—State of the Union Message to Congress—January 11, 1944", American Presidency Project, editado por John Woolley e Gerhard Peters. http://www.presidency.ucsb.edu/ws/?pid=16518.

29. "Employment in Agriculture (% of Total Employment)", World Bank. 2https://data.worldbank.org/indicator/SL.AGR.EMPL.ZS.

30. Gordon, *The Rise and Fall of American Growth*, p. 52-53.

31. Ver, por exemplo, "Agricultural Sector Employment, Percent of Total Employment", Human Progress. http://humanprogress.org/sharable/8249.

32. "Hours Worked per Worker", Human Progress. http://humanprogress.org/story/2246.

33. "Labor Productivity per Hour Worked", Human Progress. http://humanprogress.org/story/2254.

34. Francis Fukuyama, *The Origins of Political Order: From Prehuman Times to the French Revolution* (Nova York: Farrar, Straus and Giroux, 2011), p. 463.

35. "Vegetables [*sic*] Yields", Human Progress. http://humanprogress.org/f1/2156.

36 "Cereal Yields", Human Progress. http://humanprogress.org/f1/2413.

37. Registrado em todos os quatro evangelhos canônicos, mas estou fazendo referência à versão segundo João. https://www.biblegateway.com/passage/?search=John+6&version=NIV.

38. A renda domiciliar média nos Estados Unidos em 2015 era de 55.775 dólares. Ver Kirby G. Posey, "Household Income: 2015", U.S. Census Bureau, setembro de 2016, p. 2. https://www.census.gov/content/dam/Census/library/publications/2016/demo/acsbr15-02.pdf.

39. Brian Wansink e C. S. Wansink, "The Largest Last Supper: Depictions of Food Portions and Plate Size Increased over the Millennium", *International Journal of Obesity* 34 (2010), p. 943—44, doi:10.1038/ijo.2010.37. https://foodpsychology.cornell.edu/research/largest-last-supper-depictions-portion-size-increased-over-millennium.

40. "Food, Net Production, Relative to 2004-2006", Human Progress. http://humanprogress.org/f1/2263.

41. "Meat Consumption, Developing Countries, per Person", Human Progress. http://humanprogress.org/static/1897.

42. "Food Supply, per Person, per Day", Human Progress. http://humanprogress.org/f1/2126.

43. "Food Consumption Shortfall Among Food-Deprived Persons", Human Progress. http://humanprogress.org/f1/2107.

44. "Undernourished Persons", Human Progress. http://humanprogress.org/f1/2339.

45. "Access to Electricity", Human Progress. http://humanprogress.org/f1/3274.

46. Ridley, *The Rational Optimist*, p. 236.

47. Mark J. Perry, "Each American Has the Energy-Equivalent of 600 Full-time 'Human Energy Servants'", AEIdeas (American Enterprise Institute), 2 de dezembro de 2015. https://www.aei.org/publication/each-american-hastheenergy-equivalent-of-nearly-600-full-time-human-energy-servants/.

48. Bailey, *The End of Doom*, p. 61-62.

49. Ridley, *The Rational Optimist*, p. 245.

50. Bailey, *The End of Doom*, p. 65.

51. Ibid., p. 62.

52. "Greenhouse Gases from Agriculture", Human Progress. http://www.humanprogress.org/f1/2176.

53. Gordon, *The Rise and Fall of American Growth*, p. 129.
54. William Manchester, *A World Lit Only by Fire* (Boston: Little, Brown, 1993 [1992]), p. 63-64.
55. Ibid., p. 142.
56. Robert Bryce, *Smaller Faster Lighter Denser Cheaper* (Nova York: PublicAffairs, 2014), p. 74.
57. Brink Lindsay, *Against the Dead Hand: The Uncertain Struggle for Global Capitalism* (Nova York: John Wiley, 2002), p. 63.
58. Ver, por exemplo, "Passenger Kilometers Travelled", Human Progress, http://humanprogress.org/f1/2374. Os números estão incompletos, mas completá-los somente aumentará o já impressionante total e reforçará a tendência já real.
59. De acordo com o jornalista científico Ronald Bailey, pesquisadores das tendências florestais declararam, em um artigo de 2006 em *Proceedings of the National Academy of Sciences*, que "entre cinquenta nações com florestas extensas relatadas na abrangente Avaliação dos Recursos Florestais Globais da Organização para Alimentação e Agricultura, nenhuma nação no qual o PIB *per capita* anual excedia 4.600 dólares teve taxa negativa de crescimento das áreas florestais." Ver Ronald Bailey, *The End of Doom*, p. 250.
60. Ridley, *The Rational Optimist*, p. 305.
61. Bailey, *The End of Doom*, p. 250.
62. "Forest Area, Square Kilometers", Human Progress. http://human-progress.org/ sharable/8143.
63. Ronald Bailey, "Rage Against the Machines", *Reason,* julho de 2001. http://reason .com/ archives/2001/07/01/rage-against-the machines/1.
64. "U.S. Energy-Related Carbon Dioxide Emissions", Human Progress. http://humanprogress.org/static/3391.
65. Bailey, *The End of Doom*, p. xvii.
66. Ibid., p. 2.
67. Bryce, *Smaller Faster Lighter Denser Cheaper,* p. 59.
68. Manchester, *A World Lit Only by Fire*, p. 55.
69. "Life Expectancy at Birth", Human Progress. http://humanprogress. org/f1/2314.
70. Bailey, *The End of Doom*, p. 2.
71. Gordon, *Rise and Fall of American Growth*, p. 322.
72. Max Roser, "Child Mortality", Our World in Data. http://ourworl-dindata.org/data/population-growth-vital-statistics/child-mortality/.

73. "Infant Mortality Rate", Human Progress. http://humanprogress.org/f1/2386.

74. "Death rate", Human Progress. http://humanprogress.org/f1/2104.

75. Ver, por exemplo, "Wealth & Health of Nations", Gapminder. http://www.gapminder.org/world/#$majorMode=chart$is;shi=t;ly=2003;lb=f;il=t;fs=11;al=30;stl=t;st=t;nsl=t;se=t$wst;tts=C$ts;sp=5.59290322580644;ti=2013$zpv;v=0$inc_x;mmid=XCOORDS;iid=phAwcNAVuyj1ji MAkmq1iMg;by=ind$inc_y;mnıid=YCOORDS;iid=phAwcNAVuyj2t PLxKvvnNPA;by=ind$inc_s;uniValue=8.21;iid=phAwcNAVuyj0XOo BL_n5tAQ;by=ind$inc_c;uniValue=255;gid=CATID0;by=grp$map_x; scale=log;dataMin=194;dataMax=96846$map_y;scale=lin;dataMin=23 ;dataMax=86$map_s;sma=49;smi=2.65$cd;bd=0$inds=;modified=60.

76. Manchester, *A World Lit Only by Fire*, p. 62.

77. T. Anderson. "Dental Treatment in Medieval England", *British Dental Journal* 197, n. 7, 9 de outubro de 2004, p. 1. http://www.nature.com/bdj/journal/v197/n7/pdf/4811723a.pdf.

78. D. H. Robinson e A. H. Toledo, "Historical Development of Modern Anesthesia", *Journal of Investigative Surgery* 25, n. 3 (junho de 2012), p. 141-49. http://www.ncbi.nlm.nih.gov/pubmed/22583009.

79. Bryce, *Smaller Faster Lighter Denser Cheaper,* p. 166.

80. Gordon, *The Rise and Fall of American Growth*, p. 226.

81. McCloskey, *Bourgeois Dignity*, p. 57.

82. Gordon, *The Rise and Fall of American Growth*, p. 228.

83. Max Roser, "Maternal Mortality", Our World in Data. https://ourworldindata.org/maternal-mortality/.

84. Bryce, *Smaller Faster Lighter Denser Cheaper,* p. xxiii.

85. Max Roser e Esteban Ortiz-Ospina, "Global Extreme Poverty", Our World in Data (publicado inicialmente em 2013; revisão significativa em 27 de março de 2017). https://ourworldindata.org/extreme-poverty/.

86. Jared Rhoads, "The Medical Context of Calvin Jr.'s Untimely Death", Calvin Coolidge Presidential Foundation, 7 de julho de 2014. https://coolidgefoundation.org/blog/the-medical-context-of-calvin-jr-s-untimely-death/.

87. Gordon, *The Rise and Fall of American Growth*, p. 214.

88. Chelsea German, "Modern Chemicals, Health, and Hunger", Human Progress (13 de janeiro de 2016). http://humanprogress.org/blog/modern-chemicals—health—and-hunger.

89. Ridley, *The Rational Optimist*, p. 310.

90. Gordon, *The Rise and Fall of American Growth*, p. 214.

91. German, "Modern Chemicals, Health, and Hunger".

92. Ver "You Have Died of Dysentery", Know Your Meme. http://knowyourmeme.com/memes/you-have-died-of-dysentery.

93. "Heart Disease", NIH Research Portfolio Online Reporting Tools (RePORT). https://report.nih.gov/NIHfactsheets/ViewFactSheet.aspx?csid=96.

94. Bryce, *Smaller Faster Lighter Denser Cheaper*, p. 41.

95. Ridley, *The Rational Optimist*, p. 298.

96. Bailey, *The End of Doom*, p. 97–98.

97. Ibid., p. 116-17.

98. Ridley, *The Rational Optimist*, p. 18.

99. Max Roser e Esteban Ortiz-Ospina, "Literacy", Our World in Data. https://ourworldindata.org/literacy/.

100. "Mean Years of Schooling", Human Progress. http://humanprogress.org/f1/3246.

101. Gordon, *The Rise and Fall of American Growth*, p. 178.

102. Victor Davis Hanson, "Progressive Mass Hysteria", *National Review* online, 30 de junho de 2015. http://www.nationalreview.com/article/420496/progressive-mass-hysteria.

103. "Battle of New Orleans", *Encyclopaedia Britannica*. https://www.britannica.com/event/Battle-of-NewOrleans-United-States-United-Kingdom-1815.

104. Gordon, *The Rise and Fall of American Growth*, p. 178.

105. Ibid., p. 431.

106. "Mobile Cellular Subscriptions", Human Progress. http://humanprogress.org/f1/2537.

107. Gordon, *The Rise and Fall of American Growth*, p. 431.

108. Ibid., p. 440.

109. Ver https://www.youtube.com/watch?v=ziVpqh9UXmI.

110. Bryce, *Smaller Faster Lighter Denser Cheaper*, p. 113.

111. James B. Meigs, "Inside the Future: How PopMech Predicted the Next 110 Years", *Popular Mechanics*, 10 de dezembro de 2012. http://www.popularmechanics.com/technology/a8562/inside-thefuture-howpopmech-predicted-thenext110-years-14831802/.

112. Gordon, *The Rise and Fall of American Growth*, p. 444.

113. Bryce, *Smaller Faster Lighter Denser Cheaper*, p. 111.

114. Gordon, *The Rise and Fall of American Growth*, p. 444.

115. Bryce, *Smaller Faster Lighter Denser Cheaper*, p. xxiii.

116. Ridley, *The Rational Optimist*, p. 24.

117. Bryce, *Smaller Faster Lighter Denser Cheaper*, p. 107.

118. Ibid., p. 117.

119. Ibid., p. 121.

120. "Internet Users", Human Progress. http://humanprogress.org/f1/2536.

121. Tim Montgomerie, "Two: Capitalism Has Produced a $600 Billion Global Marketing Machine but It Has Completely Failed to Sell Its Enormous Achievements", Legatum Institute, Shorthand Social, 9 de novembro de 2015. https://social.shorthand.com/montie/3gPcCzNQ2uc/two.

122. Citado em Ridley, *The Rational Optimist*, p. 11.

AGRADECIMENTOS

Algumas pessoas amam escrever livros. Essas pessoas são estranhas, ao menos para mim. Se eu não tivesse prazos para produzir colunas e artigos de revista, talvez gostasse mais de escrever livros. Afinal, há muito que amar no ato de aprender sobre um assunto e pensar seriamente sobre ele. E, se eu fizesse apenas isso profissionalmente, talvez também amasse escrever livros.

Mas não foi essa a vida que escolhi. E, por essa razão, sou imensamente grato a grande número de pessoas que ajudaram a tornar este livro possível.

A lista começa com minha esposa, Jessica Gavora, que não somente é uma excelente escritora e pensadora, como também a melhor confidente, amiga e parceira que eu poderia esperar. Ela aguentou muita coisa nos últimos anos — e desde que me conheceu! — e minha gratidão por ela é infinita.

Meu assistente de pesquisa, Jack Butler, também tem sido uma dádiva. Ele se mostrou incansável ao me ajudar nesse processo (um termo muito generoso para o suplício cacofônico que foi a experiência). Em particular, a seção do apêndice sobre progresso material humano é mais obra dele que minha. Ele tem mente aguçada, é decente e trabalha duro, e não vejo a hora de assumir crédito indevido por seu inevitável sucesso na vida. Ele também me auxiliou a gerenciar um talentoso fluxo de estagiários que ajudaram em várias etapas deste livro: Chris Gavin, Matt Winesett, Robbie Rosamelia e James Altschul.

Minha editora, Mary Reynics, se mostrou heroicamente inabalável e inumanamente animada desde o primeiro dia. Sei que alguns editores seriam acometidos de fúria assassina se um autor entregasse 2,5 vezes mais palavras que o contratualmente combinado. Ela foi um valioso ativo e uma aliada durante todo o processo, assim como todos na Crown.

Meu agente literário, Jay Mandel, tem sido o melhor porto seguro, advogado e amigo que alguém poderia esperar no mutável cenário editorial.

Eu me considero uma das pessoas mais sortudas do mundo, por razões longas e adocicadas demais para listar aqui. Mas, perto do topo da lista, está o fato de que tenho um lar em duas instituições que considero as melhores do mundo no que fazem. A primeira é a *National Review,* onde sou editor sênior da revista e membro do National Review Institute. Meu amigo Rich Lowry, o brilhante editor da *National Review,* me contratou há duas décadas, essencialmente seguindo sua intuição. Desde então, a *National Review* se tornou mais que um empregador, sendo meu pequeno pelotão burkiano. Rich generosamente me deu o tempo e o espaço necessários para escrever este livro, com o total e generoso apoio do National Review Institute e sua profundamente talentosa presidente, Lindsay Craig.

A segunda instituição que chamo de lar é o American Enterprise Institute, para mim a melhor e mais significativa *think tank* do mundo. Arthur Brooks, presidente do AEI, tem sido um patrono, um mentor, um amigo e um modelo. Ele também seguiu sua intuição ao me contratar em 2010, e minha vida mudou para melhor desde então.

Também desejo expressar minha sincera gratidão a Thomas e Diane Smith por seu generoso apoio a este projeto.

As instituições são importantes, e muito. Mas o que importa mais e realmente é a medida de minha boa sorte são as amizades. No AEI, na NR e além, sou abençoado por ter um grupo de pessoas que são não somente amigas, mas guias e recursos intelectuais. Elas me ajudaram, de grandes e pequenas maneiras, a organizar (mais ou menos) meus pensamentos neste livro. Agradecimentos especiais a meu amigo John Podhoretz, que ofereceu *insights* brilhantes e encorajamento desde a proposta do livro até o produto final, assim como Charles Murray, outro amigo e recurso indispensável. Toby Stock, vice-presidente de desenvolvimento e programas acadêmicos do AEI, foi um tremendo advogado e fonte de encorajamento e insight. Kevin Williamson, meu enfurecedoramente talentoso colega na *National Review,* leu todo o manuscrito e ofereceu comentários extremamente úteis. Steven

Teles, do Niskanen Center, também foi generoso o bastante para oferecer comentários críticos muito úteis perto do final.

Marian Tupy e sua equipe no website HumanProgress.org, do Cato Institute, foram simplesmente uma mina de ouro, particularmente no esforço para compilar dados para a seção sobre o progresso humano. Eu gostaria de agradecer sua generosa ajuda.

Os últimos anos foram particularmente difíceis, inquietantes e distrativos, em termos de mudanças no cenário político e também em termos mais pessoais. Steven Hayes, A.B. Stoddard, Ramesh Ponnuru, Yuval Levin, Charles Cooke, Jack Fowler, Jay Nordlinger, Ronald Bailey, Bret Baier, Chris Stirewalt, James Rosen, Nick Schulz, Doug Anderson, Scott McLucas, Cliff Asness, Martin Eltrich, Harlan Crow, Chelsea Follett, Meg Cahill, Michael Pratt, Mark Antonio Wright, Reihan Salam, Scott Immergut, Rob Long, Patrick Fitzmaurice (o melhor editor de artigos do mercado), Drucilla Davida, Kirsten Reisz e Ashley Koerber me ajudaram de maneiras grandes e pequenas, com questões relacionadas ao livro e outras demandas a meu cérebro, meu trabalho e meu tempo. Não sei como teria atravessado os últimos anos sem sua amizade, conselhos e assistência. Também quero agradecer a toda a equipe da Signature Cigars, em Washington, D.C., que tem sido não somente meu escritório fora do escritório, como também, e de várias maneiras, um refúgio.

Também agradeço a alguns intelectuais que graciosamente responderam a minhas perguntas, sem dúvida estranhas ou tolas. Jonathan Haidt, da Universidade de Nova York, e Paul Bloom, de Yale, foram generosos em suas respostas a meus e-mails. Também quero agradecer a Russ Roberts, da Hoover Institution. Jamais o encontrei, embora tenhamos trocado alguns e-mails. Mas seu podcast EconTalk não somente me poupou muito tempo na hora de aprender e pensar sobre várias questões complicadas, como também me ensinou muito sobre como refletir a respeito de algumas das questões suscitadas neste livro.

Todos os erros, é claro, são meus (mas não diga isso ao Jack).

Há duas Lucy em minha vida: minha mãe, Lucianne Goldberg, que tanto me ensinou sobre lutar pelo que importa, e minha filha Lucy, que, mais que ninguém, me faz relembrar diariamente o que realmente importa.

ÍNDICE

O

Este livro foi composto na tipografia Minion Pro,
em corpo 11/15,5, e impresso em
papel off-white no Sistema Cameron da
Divisão Gráfica da Distribuidora Record.